韓奉均 文集

흔적(痕迹)

창조문학사

문집(文集)을 내면서

어떤 현상이나 실체가 있다가 없어지거나 지나간 뒤에는 자취나 자국이 남는데, 우리가 일생을 살면서 지나가는 자리에도 흔적이 남는다.

눈으로 볼 수 있는 흔적도 있고 머릿속에만 남아 있는 추억도 있겠다. 보이지 않게 지워버릴 수 있는 것도 있겠고, 기억에서 사라지지 아니하고 오래도록 남게 되는 경우도 있겠다.

우리의 뇌리에 남아 있는 흔적에는 아름답고 오래 간직하고 싶은 추억도 있을 것이나 잊어버리고 싶은 일도 있겠다. 나는 어느새 소년시절, 학창시절, 청·장년 시설을 다 지내고 이제 인생의 한참 후반부에 와 있게 된 듯하다.

지금까지 지나온 역정(歷程)의 곳곳에 남겨진 흔적(痕迹)들을 정리해놓고, 볼 수 있는 방법에는 여러 가지가 있겠으나 우선 이 문집(文集)을 만들어서 남기고 싶은 충동을 때때로 느끼게 되었다.

군복무기간과 학창시절의 일기장들은 반세기도 더 지나온 세월을 통하여 낡을 대로 낡아서 더 보관하기 어려운 상태에 이르렀고, 간간이 적어서 기고하여 활자화(活字化) 되었던 글들도 스크랩해 두었으나 오랜 세월 지나고 보니 만지면 훼손될 상태가 된 것도 있다.

이대로 두면 나의 젊은 날의 생각들이 기록되어 있어 애지중지하며 보관해온 것들이 다 폐물로 없어지게 될 것을 생각하니 아까운 생각이 들게 되었다. 재준, 재혁, 재용 그리고 호재, 이들 네 아들이 성장하고 사회에 진출하기까지 한 집에서 가족으로 함께 살던 세월 동안에는 다 제각기 주어진 과업에 충실하려고 노력하는 일상생활의 연속이었다. 그러기에 서로를 얘기하는 데는 그리 많은 시간을 가지지 못하고 살아 왔다.

그러다가 이제는 다 제각기 독립하여 생활하고 있으니 때로는 부모형제에 대한 생각이 나면 볼 수 있도록 내가 가지고 있는 내 나름의 귀중한 것들을 정리해 남겨줄 방안을 여러 가지로 궁리해 보았다.

우선 지난 날 간간히 적어 둔 기록들을 모아서 문집으로 만들어 나의 네 아들과 커가는 손자손녀들에게 남겨주고 싶은 생각에서, 이 문집 흔적(痕迹)을 만들게 되었다.

여기에 수록한 기고글은 나와 인연이 있었던 잡지, 행보(行報), 신문 등의 정기간행물 편집 관련자들로부터 의뢰를 받아 게재(揭載)하게 되었던 당시의 기고내용을 그대로 옮겨 실었으며, 일기초록(日記抄錄)은 내 인생을 준비하던 시기라고 볼 수 있었던 20대 초반의 군복무 시절과 대학시절의 일기노트 중에서 주로 발췌(拔萃)하여 실었고, 그 후에도 간간이 적어두었던 몇 편의 일기문을 수록하였다.

편지글은 군복무시절과 대학시절에 고향의 부모님께 보낸 편지와 분가(分家)하기 전의 두 분 형님께 보낸 편지들이 고향집에 그대로 남아 있어, 뒷 날 모아두었던 것을 이번에 수집하여 이 문집을 만들면서 몇 장의 편지내용을 수록하였고, 그 후 훨씬 뒷날인 2천 년 대에 들어오면서 이메일(e-mail)이 일반화되어 우리 아이들 식구와 몇몇 고향출신 벗들에게 보낸 몇 편의 이메일을 여기에 또한 수록하였다.

끝으로 부록으로 하여 한은(韓銀) 조사역 시절, 한 때의 업무와 관련되었던 글을 싣게 되었다.

1975년 기준 도매물가지수 개편업무의 책임을 맡아, 동료직원들과 함께 근 한 해 동안에 걸친 작업을 마치고 나서 그 결과 보고서를 국문과 영문으로 집필하여 한은 조사월보(1977. 5월, 제31권 제5호)와 영문판 계간(季刊), Quarterly Economic Review (1977. 9월)에 각각 게재되었는데 당시의 게재내용을 그대로 사진판으로 옮겨, 이 또한 이번에 만드는 나의 문집에 수록하였다.

또한 부록에, 한은(韓銀) 동경사무소 근무시절(1987~1990), 일본의 중앙은행인 일은(日銀)에서 세계 유수의 몇 몇 중앙은행을 일은(日銀) 행내보(行內報)인 '니찌깅(にちぎん)'에 소개하는 특집을 기획하면서 두 번째로, 가장 가까운 이웃나라의 중앙은행인 한은(韓銀)을 1990. 2월 발행한 '니찌깅'에 소개한 바 있었다. 그 내용을 당시 본점 기획부의 협조를 받아 '니찌깅' 편집 담당자들과 함께 작성하여 게재하게 되었는데 이 또한 당시 '니찌깅'에 소개된 내용을 그대로 사진판으로 옮겨 이 문집에 싣게 되었다.

이 문집에는 20대 초반의 생각이나 느낌이 미숙했던 시절에 썼던 일기초록을 비롯해 문집의 곳곳에, 조악한 문장력 때문에 잘 이해가 가지 않는 부분도 많이 있겠으나, 글을 쓰는 일을 위해 특별히 노력하지 않은 사람의 문집인 탓으로 돌리고자 한다.

앞에서도 언급했듯이 오래도록 보관해온 젊은 날의 삶과 생각들이 기록되어 있는 편린(片鱗)들이 이대로 가면 폐휴지 조각이 되어 다 없어지게 되는 것이 서운하고 아쉬운 일이기에, 아내와 함께 정성껏 양육하여 장성한 우리 집의 네 아들과 그들의 뒤를 이어 자라나고 있는 손자 손녀, 현석 지연 정연 수연 지석 서연 이게두, 그들이 태어나기도 전에 썼던 글들을 한데 모아, 한 권으로 된 문집으로 간행하여 남겨주고자 한다.

한봉균 문집
혼적(痕迹)

한봉균 문집
흔적(痕迹)

수상문
(隨想文)

잊혀 지지 않는
초등학교 시절의 선생님

초등학교 시절의 은사님들 가운데서 기억에 남아 있는 분들은 꽤 여러분이 있다. 학교생활을 시작하면서 생전 처음 대해 본 입학 당시의 담임선생님과 입학식에서 검정 두루마기를 입고 훈화를 하시던 교장선생님으로부터, 한 학기의 모든 과목의 성적을 100점으로 평가하여 평균 100점의 기록을 보인 통지표를 받게 하여 나의 재능을 지나치게 과대평가해 주신 일이 있는 어느 학기 때의 담임선생님, 흑판에 쓴 글씨가 꼭 인쇄된 활자와 흡사하게 예쁜 글씨를 쓰시기에 그 흉내를 아무리 내어도 잘 되지 않던 때의 담임선생님, 사범학교를 갓 나온 건장한 체격에 교단에서 말을 할 때에는 몹시 침을 튀겨 맨 앞줄에 앉은 나에게 피해를 주시던 선생님, 동급반의 여학생들을 골려 주었다가 그들이 고자질한 일 때문에 수업이 끝난 후에도 귀가를 못하고 남게 하여 심한 벌을 주시던 선생님, 중학교 진학을 위한 전국연합고사에서 군내(郡內) 최고의 득점을 얻게 하여 내게 벅찬 감격을 안겨 주셨던 6학년 때 가르쳐 주신 선생님에 이르기까지 생각하면 어린 시절 나를 가르쳐 주신 은사님들의 모습이 주마등처럼 뇌리를 스쳐간다.

초등학교 시절의 6년을 통하여 이렇듯 기억에 남아 있는 선생님들 가운데서도 어느 해 새 학기가 시작되던 날 아침에 있었던 대화 하나로 인해 지금도 잘 잊혀 지지 않는 한 분 선생님이 있다.

학년이 바뀌거나 새 학기를 맞을 때면 보통은 담임선생님도 새로운 분을 만난다. 4학년에 올라오던 때의 일로 기억된다. 한 해 동안 정들었던 교실의 책상과 걸상을 작별하고 새로 정해진 교실에서 새 담임선생님을 맞이하여 대청소를 실시하고 책상과 걸상을 배정받게 되는 날이었다.

우리 학급을 맡아서 이끌고 한동안 학교생활을 지도해 주시게 된 선생님은 눈썹이 약간 짙고 두툼한 입술에 혈색이 그리 좋지 않았으며 키는 낮으막 하였다. 초등학교 졸업 후 20년이 가까운 세월이 지난 지금도 5백호 정도의 호수(戶數)를 포용하고 있고, 면사무소가 있는 우리 마을에 소재한 초등학교가 당시에는 그 고장 유일의 교육기관이었으며 군내(郡內)에서는 손꼽히는 오랜 전통을 가지고 있었다. 그래서 근처 20리 안팎의 마을로부터 통학하는 생도들도 있었는데, 전교생은 약 칠팔백 명에 달했고 학급수는 10여개 될까 말까하는 시골 초등학교였는지라 전교생의 얼굴도 대개는 기억하고 선생님들의 이름이나 담당 학년까지도 충분히 기억하고 있을 정도였다.

이러한 학교 분위기에서 새 학기를 맞아 새 담임선생님이 오시고 서로 인사를 나누고 일과가 시작되어 대청소가 시작되었는데 담임선생님은 급장인 나의 이름을 미처 알지 못하였던 때문인지 이름을 부르는 대신 손짓으로 나를 향하여 약간 거칠고 신경질적인 어조로 "야, 이 새끼야. 여기 와서 이것 좀 해" 하면서 담임선생님으로 부임해서 처음으로 나에게 대해 지시를 하셨다.

물론 선생님의 요청대로, 곧 행동하고 있었지만 새 담임선생님의 예기치 않았던 언사로 제법 불쾌감을 느꼈고, 그 때 어린 생각으로 인격적인 수모를 당한 것 같아서 적이 의아한 생각으로 선생님을 대했다.

감수성이 예민했던 소년시절이었기 때문이겠지만 새로운 반을 맡아서 미처 이름을 기억하지 못하여 엉뚱한 인칭대명사로 나를 불러 주었기 때문에 그 같은 불쾌감을 느꼈던 모양이다. 그 후 그 선생님에게서 얼마동안 학교생활의 지도를 받았지만 그 일로 인해서 선생님에 대한 인상은 나빴으며 지금도 잊혀 지지 않고 그 선생님의 모습과 함께 떠오른다.

한 사람이 사회생활을 하게 되기까지는 각급의 학교 교육을 받는다. 이들 학교교육 가운데서 어떤 이는 초등교육인 초등학교 교육으로 끝나는 수도 있어, 이때에 받은 학교교육이나 스승의 언행이 그들의 전 생애를 통한 인격형성과 사회생활에 지대한 영향력을 주게 될 것이다.

소련의 수상으로 지냈고, 바로 작년에 70여 평생을 일기로 작고한 니키타 호루시초프는 그가 사회생활을 시작하기 전에 정상적으로 받은 학교 교육은 소학교과정 뿐이라고 알려져 있다. 그는 소학교 교육을 마치자 곧 사회생활로 들어갔는데 처음에는 양치기 노릇을 했고 나중에는 공장과 광산 등지에서 일한 적이 있다고 한다.

그는 그 후에도 직장에서의 기술교육과정도 거쳤고, 소비에트 공산당에 들어가면서 요직을 많이 맡았지만 그의 소학교 교육이 자신의 인간 형성에 지대한 영향을 주었을 것이며, 그가 소련의 대 정치가로서 행한 정치연설 중에는 소학교 시절 수신 시간에 배운 러시아의 격언들을 많이 인용해서 청중의 주목을 끌었고 또한 그것이 그의 정치 생활의 큰 밑천이었다고 한다.

축음기, 백열등을 만들어 인류 생활에 불멸의 공헌을 한 미국의 발명가 토마스 에디슨은 초등학교시절부터 잘 알고 있다. 그도 학교교육은 포-트 휴론의 공립학교에서 자기를 가르치던 선생님을 거부하므로 불과 3개월로 학교 교육은 끝나 버렸으며, 12살에 철도 신문배달부가 됐고, 15세 이후에는 여러 도시를 전전하면서 전신기사로서 생계비를 벌면서 여가만 있으면 늘 연구하고 실험하였다는 얘기는 초등학교 시절에 종종 들었던 값있는 얘기다.

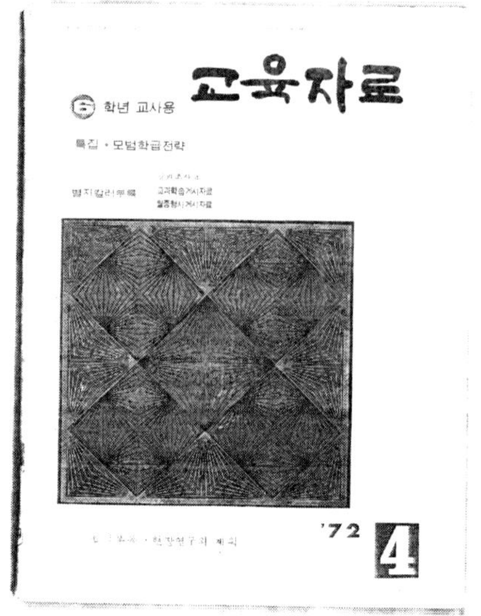

위의 두 사람은 초등학교 교육이 그가 받은 학교 교육의 전부였으나 한 나라의 지도자로서 세계적으로 유명하였거나, 초등학교마저도 아주 초기 단계에서 끝나 버렸으나 인류를 위해 위대한 업적을 남긴 사람들이다.

이렇듯 한 인간이 받는 초기의 학교 교육은 그 사람의 인격 형성의 저변에서 밑거름이 되고 훗날 사회인으로서의 활동에 큰 영향을 미치게 되는 것 같다.

한 소년의 이름을 미처 기억하지 못하고 엉뚱한 인칭대명사로 나를 불렀기 때문에 자기를 기억하게 하였고, 매사에 침착하고 언행에 신중해야 하겠다는 무언의 자극을 준 그 선생님은 그 후 소식을 알 길이 없는 채로 많은 세월이 흘렀다.

- 1972년 4월호, 초등학교 6학년 교사용 교육자료 기고문

구름

얼마 전에 우리나라를 방문하여 'Hurry, Hurry, Hurry' 라는 연재(演題)로 가난한 우리 국민도 부지런히 일하여 부강한 국가를 이룩할 것을 당부하는 강연(講演)을 하여준 바 있는 세계의 석학(碩學) 임어당(林語堂) 박사는 이런 말을 한 적이 있다.

그는 평소에 행복한 감정을 가질 수 있는 세 가지 경우가 있는데 그 중의 하나는 하늘에 점점이 떠 있는 구름을 조용한 마음으로 바라보는 순간이라고 한다. 세계적인 석학 아닌 우리네 필부(匹夫)들이라 할지라도 이 같은 행복한 감정을 때때로 맛 볼 수 있다.

산에 올랐을 때나 시원한 들판에 나갔을 때 옆에 누가 없더라도 혼자 팔베개를 하고 누워서나 혹은 앉아서도 광활무변(廣濶無邊)한 하늘을 조용히 흐르는 구름을 바라보노라면 마음속을 흐르는 일말(一沫)의 즐거움을 아니 느낄 수 없다.

구태여 산이나 들에 나가지 않더라도 창(窓)을 마주한 책상 앞에서 보던 책을 잠시 멈추거나 또는 하루의 집무(執務) 중에도 때때로 고개를 들면 창을 통한 제한된 하늘이 눈에 들어오고 그 속엔 몇 폭의 구름이 흐른다. 그런 땐 한없는 사념(思念)이 일고 마음도 그 속을 날게 된다.

이렇게 바라보는 구름에도 여러 가지가 있다. 무더운 한 여름철 매미 우는 나무그늘 밑에서 흔히 볼 수 있는 것으로 서산마루에 뭉게뭉게 피어오르는 하얀 솜 같은 구름, 그리고 천고마비(天高馬肥)의 가을철 넓게 퍼져 있는 조개구름, 새털 구름, 비늘구름, 해가 지고 황혼이 질 무렵에 서쪽하늘에 노랗고 빨갛게 물들어 있는 저녁노을이 있다.

여름 구름에는 또 해변에서 바라볼 수 있는 것으로 수평선 저쪽에 엷은 구름이 직선으로 펼쳐져 있고 그 밑으로 어선 몇 척이 떠 있고 갈매기 몇 쌍이 한가히 나는 광경은 그지없이 평화롭다. 그뿐인가. 소음이 일고 사람들의 왕래가 많은 도심을 달리는 차 속에서도 우리는 마음의 여유만 있으면 눈을 들고 차창을 통하여 유유히 흐르는 구름을 바라볼 수 있다. 바라보는 순간에도 시시각각으로 변모되면서 하늘을 가는 구름을 따라 상상의 날개를 펴보노라면 오늘을 사는 보람을 느끼게 된다고 하면 이는 우스운 일일까?

- 1968년 9월 1일자 韓銀뉴우스 기고문

우리생활의 어제, 오늘과 내일

잘 포장된 시골길을 자동차로 지나노라면 어린 시절에 본 영화 속의 한 장면이 뇌리에 떠오르게 되는 적이 있다.

지금부터 40여 년 전의 시골 면사무소가 있는 동네에는 영화관 같은 것이 없었다. 그 당시는 이 동네 저 마을을 순회이동하면서 야외에 영사막(映寫幕, screen)을 가설하고 영사기를 돌려, 저녁밥을 먹고 몰려온 마을 사람들에게 활동사진을 보이던 시절이었기에 그 무렵 어느 여름날 밤 동네 장터마당에서 감상하였던 외국영화속의 한 장면을 상기하게 되는 것이다.

산천경개(山川景槪)가 수려하고 맑은 호수가 있는 유럽 어느 나라 산간지방의 말끔히 포장된 길로 예쁜 세단승용차가 미끄러지듯이 달리는 풍경을 보고, 당시 우리의 생활에서는 자동차가 귀하던 시절이라 그 나라 사람들의 생활상이 퍽 인상적이었기에 오랜 세월이 지난 지금도 잊혀지지 않는다.

자동차에 관한한 오늘 우리 한국 사람들은 어릴 적에 본 그 한편의 영상에서 본 것과 같은 생활수준을 향유하고 있는 것이 아닌가. 우리나라의 자동차 보유는 최근 몇 년 동안 급속히 늘고 있어 우리의 인구 4,450만 명이 보유하는 자동차가 지난 9월로 6백만 대가 넘었다. 7명에 1대씩의 자동차를 보유하게 되어 핵(核)가족으로 해도 한 집 건너 자동차 하나가 있는 셈이다. 자동차등록대수가 1950년도에 1만 6천대였다고 하니 40여 년 동안에 자동차보유는 실로 경이적으로 늘어났다.

자동차가 우리나라에 처음 들어온 때는 지금부터 90여 년 전인 1903년으로 구한말(舊韓末) 고종황제 재위(在位) 40주년 기념행사장까지 고종을 모시고 가기 위하여 미국의 포드 자동차 1대를 들여온 것이 우리나라 자동차의 효시라고 한다. 그 때 태어난 분들 중에는 아직 살아있는 이도 있을 것이니 당대에 우리는 자동차 물결 속에서 살게 된 것이다.

도로사정은 조금 다르다고 하겠으나 지금은 웬만한 지방읍면(地方邑面)의 도로는 물론 농어촌 산간벽지의 도로까지도 말끔히 포장되어 있다. 맑은 물이 굽이굽이 흐르는 풍치 좋은 계곡의 기암절벽을 따라 잘 포장되어 있는 도로에는 사철의 어느 때나 늘 자동차들이 달리고 있다. 기화요초(琪花瑤草) 만발한 5월의 산천(山川)을 바라보면서 자가용차를 몰고 고향 길을 가는 사람들, 녹음방초(綠陰芳草) 우거진 고속도로를 지나 동해바다의 푸르고 맑은 물결을 내려다보면서 8월의 휴가를 즐기는 사람들의 승용차 대열, 오색찬란(五色燦爛)하게 물든 가을 단풍구경을 하러 심산유곡(深山幽谷)을 찾는 단풍놀이객들의 자동차 행렬, 험준한 산맥을 따라 만들어 놓은 산간 지방도로의 얼어붙은 겨울 길을 아슬아슬하게 운전해가면서 저만큼 연이어 펼쳐지는 설봉(雪峰)들을 감상하는 주말 등산객들의 자동차들…. 40여 년 전 어느 수입외화에서 본 서구 선진국 사람들의 생활도(生活圖)가 오늘 우리 앞에 이렇게 전개되고 있다.

우리의 생활은 지난 삼사십년 동안에 놀라운 변모를 했다. 서구선진국 사람들의 경우는 100년 내지 200년 걸려서 이룩한 변화를 이렇게 단 시일 내에 성취했다. 우리 경제는 60년대 초 경제개발계획을 수립 추진하면서부터 연평균 9% 가까운 고도성장을 지속하여 전근대적 농업국가로부터 이제는 세계의 주목을 받는 대표적 신흥공업국으로 탈바꿈하였다. 우리가 비교적 짧은 시간 내에 이처럼 경이로운 경제적 성과를 거둘 수 있었던 것은 우리에게 주어진 환경에 적합한 개발전략을 마련하고 이를 적극적으로 추진하였기 때문이다. 그러나 그 과정에서는 정상적으로 거쳐야 하는 단계를 생략하고 경제발전만을 추구한 면도 있었다. 예컨대 국내저축을 쌓지 못하고 곧바로 외국자본을 도입하여 성장을 이룩한 점이다. 사회적 화합이나 정치발전을 뒤로 젖혀 둔 채로 수단과 방법의 문제는 논외(論外)로 하고 부(富)의 축적이라는 결과를 많은 사람들이 추구하였다. 이러한 과정이 우리사회에 불균형(不均衡)과 비윤리성(非倫理性)을 노정(露呈)하기도 하였다.

어찌하였든지 우리의 경우는 경제 제1주의를 표방하고 경제발전에 대한 왕성한 국민적 욕구를 효율적으로 조직화하여 우리의 유일한 자원이라 할 수 있었던 풍부한 저임노동력(低賃勞動力)을 바탕으로 해외로부터 도입한 외국자본과 기술을 함께 결합해서 노동집약적 경공업을 중심으로 공업화를 이루었다. 당시의 호황을 누리던 세계경제여건과 각국의 자유무역주의체제는 우리 경제를 수출 산업화하는데 성공할 수 있는 좋은 배경이기도 하였다. 우리의 변화된 모습의 또 하나는 산업간 취업인구의 이동이다. 우리나라의 경제활동인구 중 취업자 구성비의 변화를 보면 60년대에 농림어업에 종사하던 인구가 60% 수준이었던 것이 이제는 16%수준으로 내려갔다. 서구선진국들의 경우는 이 같은 변화를 가져오는데도 100년 이상 걸렸다.

- '창원상의' 1993. 11월호

이렇게 그동안 괄목할 만한 경제발전을 해오면서 우리의 소득수준이 크게 향상되었고 세계 속의 우리나라 위상 또한 크게 높아졌다. 그러나 밖으로부터는 그동안 우리의 성공이 가져다 준 새로운 도전이 직면해오고 있다. 해외시장에서 우리상품이 경쟁력을 가지려면 무엇보다도 값싸고 질 좋은 상품을 만드는 것이 요체이다. 산업의 대외경쟁력은 하루아침에 크게 향상될 수 있는 것이 아니므로 기업 근로자 가계 모두가 노력해야 한다. 이렇게 해서 눈부신 발전을 이룩해

온 것처럼 앞으로도 지금보다 더 번영된 생활을 국민모두가 골고루 누리도록 해야 한다.

우리의 생활에서 시대에 따라 사람들의 관심과 인기를 모으는 상품들의 양상도 변한다. 동란(動亂)을 겪었던 50년대에는 의식(衣食)의 해결이 우선되어 쌀 광목 고무신 등이 사람들의 관심품목이었고 경제개발이 본격 추진되던 60년대에는 라디오와 흑백 TV가, 80년대에 들어와서는 집집마다 전기냉장고와 칼라 TV를 마련하는 것이 소원이었다. 오늘날에는 가가호호 승용차와 PC를 구입하고 있다. 내일의 인기품목내지는 관심을 두고 찾을 만한 것은 아무래도 대형고급승용차나 휴양지의 별장 같은 것이 될 것으로 전망된다.

더 나은 내일을 바라보면서 그동안 우리 경제를 발전해오던 과정에서 우리가 내걸었던 사회 경제적 캐치프레이즈를 한번 살펴본다. 50년대에는 동란으로 폐허가 된 이 땅에서 전후경제의 부흥을 외쳤고 60년대에는 자립경제구축과 수출・공업입국(輸出・工業立國)을, 80년대에는 안정성장과 국민 복지 향상을 내세웠다. 지금은 사회적 발전과 함께 새로운 가치를 창조하자고 하면서 질적으로 오늘보다 나은 생활을 영위할 수 있는 선진국대열에의 진입(進入)을 눈앞에 두고 있다. 그렇다. 향후 25년 정도를 꾸준히 기술수준을 향상하고 산업구조를 개선하여 국제경쟁력을 키워 가면서 지난 30여 년 동안의 성장속도를 유지한다면 1인당 소득에서 선진국을 추월하게 되어 우리의 앞날은 더욱 밝게 전개될 것이다.

- 1993. 11월호 창원상공회의소 발행 '창원상의' 기고문,
당시 한국은행 창원지점장

외환병(外換病)과 편작(扁鵲)

마음이 어린 후이니 하는 일이 다 어리다/ 만중운산(萬重雲山)에 어느 님 오리마는/ 지는 잎 부는 바람에 행여 그인가 하노라. 이것은 이조(李朝) 중종(中宗) 당시 개성(開城)의 박연 폭포, 황진이(黃眞伊)와 함께 송도삼절(松都三絶)을 이루었던 서화담(徐花潭)의 상사(相思)의 정(情)을 그린 시조(時調)로 알려지고 있다.

몇 겹 구름으로 둘러싸인 깊은 산속에서 나뭇잎 지는 소리나 바람 부는 소리만 나면 행여나 그것이 그에게 글을 배우러 오는 황진이의 발자취 소리가 아닌가 하고 기다리면서 지은 것으로 전해지고 있다. 이처럼 임을 기다리는 안타까운 심정의 상황에 있던 서경덕(徐敬德)에게는 임은 체념할 수 없는 대상이었을 것이다.

이성간(異性間)에 서로 연정(戀情)에 사로잡혀 생기는 '상사(相思)의 정(情)'이 지나쳐 병증세(病症勢)의 경지에까지 처한 사람에 대한 진단과 처방은 그가 그리워하는 일념(一念)에 사로잡혀 있는 사정을 누군가가 바로 파악하여 상사불견(相思不見)의 상대방을 가까이 해주면 그 같은 증세는 말끔히 치료되어 버릴 것이다.

국제간에 대외거래를 함에 있어서 외국환(外國換)을 외국에 대하여 지급하고자 하거나 외국으로부터 영수하고자 하지만 외국환관리(外國換管理)관계법규나 절차를 잘 알지 못하여 외환관리기구의 창구를 찾아오는 사람들이나 기업들은 '외환(外換)의 병(病)' 에 걸려 있는 경우가 된다.

하루의 일과가 시작되면 이러한 증후(症候)를 가지고 오는 사람들을 수없이 대한다. "○○상사(商社)에서온 김××입니다. 무역외거래(貿易外去來)에 따른 지급에 관하여 여쭈어 볼일이 있어서 왔습니다." "아, 그러세요. 저리로 앉으시지요." 과

내(課內)에 비치된 빛바래진 내객용 의자에 이 '외환병(外換病)'에 걸려서 온 고객을 앉힌다. 이 손님은 필경 자신이나 또는 그가 소속한 기업이 대외거래를 하고자하여, 외화(外貨)를 외국에 지급할 사유가 발생하였거나 외국으로부터 영수할 필요성이 대두되었으나 어떻게 하면 우리나라의 외환관리관계법규정에 합당하게 거래나 행위를 할 수 있는지를 알아보기 위하여 찾아온 것이다.

우리나라는 60년대 초 비약적인 경제발전을 추진하는 과정에서 제1차 경제개발 5개년 계획을 시행하기에 앞서 외국환(外國換)과 대외거리(對外去來)를 관리하여 국제수지(國際收支)의 균형, 통화가치(通貨價値)의 안정과 외화자금(外貨資金)의 효율적 운용을 기할 목적으로 외국환관리법(外國換管理法)을 제정하였다.

그리고 이어 그 시행령과 규정을 또한 제정하였다. 그 후 우리의 대외거래 규모는 계속 증대되어 왔고 거래형태 또한 다양해짐에 따라 이들 법 규정을 여러 차례 개정하여 왔다. 그러나 이 같은 과정을 거쳐 오는 동안 우리의 외환관리관계법규정들은 복잡다기화 되어있는 실정이어서 외국환관리에 관하여 필요한 사항을 고루 알기는 용이하지 않게 되어 있다.

이러한 상황에서 외국환을 수반하는 형형색색의 대외거래를 하고자 하는 사람들이 오늘도 외국환관리창구를 찾아오고 있다. 모두가 '외환병(外換病)'에 걸려 이 병을 진단받고 치료함을 얻고자 찾아오는 사람들이다. 가벼운 증상을 가지고 오는 경우도 있고 때로는 거래 외국환 은행을 몇 번씩 방문하였어도 해결 받지 못하고 종국은 우리은행의 외환관리 창구 안내석을 찾아오는 중환(重患)의 경우도 있다. 접대용 좌석에 앉힌 예의 이 고객이 지니고 온 병에 대하여 담당행원과 책임자가 함께 진단을 한다. 국제수지(國際收支)와 국민경제(國民經濟)에 좋은 영향을 미칠 수 있고 외환자금(外換資金)사정에 비추어 타당하다고 판단되는 경우에는 그 거래는 성립할 수 있게 되어 거뜬히 치료된다.

이런 일은 계속 되노리니 우리 과원들은 모두가 미지 '외환병(外換病)'의 전문의(專門醫)가 되어가고 있는 것 같고 대외거래(對外去來)를 통하여 기업을 육성시키고 우리나라 국제수지의 개선과 국민경제 발전에 기여하고자 외국환을 동경하는 이들 '외환병환자'의 치료에 관한 한 우리는 모두 편작(扁鵲)이 되고 싶어 한다.

- 1981. 4. 1일자 월간 '한은소식' 기고문, 당시 외환관리부 심사과장

外換동경 患者의 扁鵲되고파

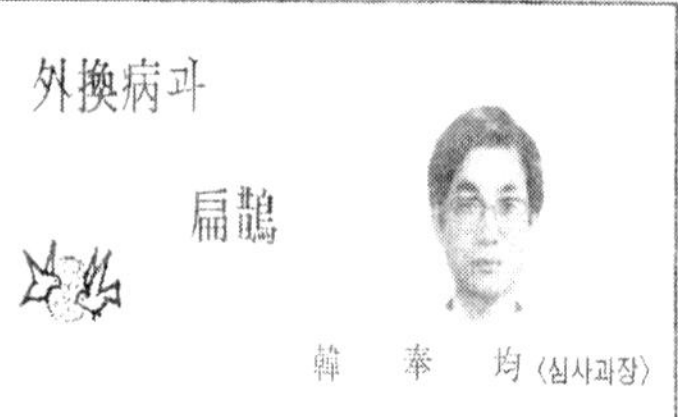

마음이 어린 후이니 하는 일이 다 어리다. /萬中雲山에 어느 님 오리마는/지는 잎 부는 바람에 행여 그인가 하노라. 이것은 李朝 中宗 당시 開城의 박연폭포, 黃眞伊와 함께 松都三絶을 이루었던 徐花潭의 相思의 情을 그린 時調로 알려지고 있다.

몇겹 구름으로 둘러 싸인 깊은 산속에서 나뭇잎 지는 소리나 바람부는 소리만 나면 행여나 그것이 그에게 글을 배우러 오는 黃眞伊의 발자취 소리가 아닌가 하고 기다리면서 지은 것으로 전해지고 있다.

이처럼 임을 기다리는 안타까운 심경의 상황에 있던 徐花潭에게는 임은 체념할 수 없는 대상이었을 것이다.

異性間에 서로 戀情에 사로잡혀 생기는「相思의 情」이 지나쳐 病症勢의 경지에까지 처한 사람에 대한 診斷과 處方은 그가 그리워하는 一念에 사로잡혀 있는 사정을 누군가가 바로 파악하여 相思不見의 상대방을 가까이 해 주면 그같은 증세는 말끔히 치료되어 버릴 것이다.

국제간에 대외거래를 함에 있어서 外國換을 외국에 대하여 지급하고자 하거나 외국으로부터 영수하고자 하지만 外國換管理관계법규나 절차를 잘 알지 못하여 외환관리기구의 창구를 찾아오는 사람들이나 기업들은「外換의 病」에 걸려 있는 경우가 된다.

하루의 일과가 시작되면 이러한 病候를 가지고 오는 사람들을 수없이 대한다. 『○○商社에서 온 金××입니다. 貿易外去來에 따른 지급에 관하여 의논드릴 일이 있어서 왔습니다.』『아, 그러세요. 저리로 앉으시지요.』課內에 비치된 빛바래진 내객용 의자에 이 『外換病』에 걸려서 온 고객을 앉힌다. 이 손님은 필경 자신이나 또는 그가 소속한 기업이 대외거래를 하고자 하며 外貨를 외국에 지급할 사유가 발생하였거나 외국으로부터 영수할 필요성이 대두되었으나 어떻게 하면 우리나라의 외환관리관계법규정에 합당하게 거래나 행위를 할 수 있는지를 알아보기 위하여 찾아온 것이다.

우리나라는 60년대초 비약적인 경제발전을 추진하는 과정에서 제1차경제개발 5개년계획을 시행하기에 앞서, 外國換과 對外去來를 관리하여 國際收支의 균형, 通貨價値의 안정과 外貨資金의 효율적 운용을 기할 목적으로 外國換管理法을 제정하였다. 그리고 이어 그 시행령과 규정을 또한 제정하였다. 그후 우리의 對外去來 규모는 계속 증대되어 왔고 거래형태 또한 다양해짐에 따라 이들 법규정을 여러차례 개정하여 왔다. 그러나 이같은 과정을 거쳐오는 동안 우리의 외환관리관계법규정들은 복잡다기화되어 있는 실정이어서 外國換管理에 관하여 필요한 사항을 고루 알기는 용이하지 않게 되어 있다.

이러한 상황에서 外國換을 수반하는 형형색색의 대외거래를 하고자 하는 사람들이 오늘도 외국환관리창구를 찾아오고 있다. 모두가「外換病」에 걸려 이 병을 진단받고 치료함을 얻고자 찾아오는 사람들이다. 가벼운 증상을 가지고 오는 경우도 있고, 때로는 거래 외국환은행을 몇번씩 방문하였어도 해결받지 못하고 종국은 우리은행의 외환관리창구 안내석을 찾아오는 重患의 경우도 있다. 접대용 좌석에 앉힌 예의 이 고객이 지니고 온 병에 대하여 담당행원과 책임자가 함께 진단을 한다. 國際收支와 國民經濟에 좋은 영향을 미칠 수 있고 外換資金사정에 비추어 타당하다고 판단되는 경우에는 그 거래는 성립할 수 있게 되어 거뜬히 치료된다.

이런 일을 계속하노라니 우리 과원들은 모두가 마치「外換病」의 專門醫가 되어 가고 있는 것 같고, 對外去來를 통하여 기업을 융성시키고 우리나라 國際收支의 개선과 國民經濟발전에 기여하고자 外國換을 동경하는 이들「外換病 환자」의 치료에 관한 한 우리는 모두 扁鵲이 되고 싶어한다

일은(日銀) 사람들의 이미지

나는 동경사무소 근무를 마치고 지난해 돌아왔다. 그곳에서 일하는 동안에는 서울로부터의 조사 의뢰에 대한 회보작성이나 출장 직원을 위한 면담주선과정에서 일본의 금융기관 사람들을 많이 만나게 마련이고 그 중에도 중앙은행인 일본은행 사람들은 직급의 고하를 막론하고 많이 접촉할 수밖에 없었다.

여러 일은(日銀) 사람들을 대하면서 언제나 그들의 친절, 정중, 용의주도, 열심, 업무에의 해박한 지식 등을 경험하면서 그들에 대한 좋은 이미지를 가지게 되었고 우리와는 가장 가까운 나라요, 경제대국이기도 한 그 나라 중앙은행의 인사, 조직, 업무운영방식 등에 깊은 관심을 가지고 보려 하였다.

일은 사람들은 외부사람과 처음 만나 수인사(修人事)를 할 때에 행하는 명함교환도 그들의 첫인상을 결정하는데 영향을 주는 중요한 일이라 여긴다.

입행 후 반년이 지나면 실시하는 여사 신입행원 보충연수과정에서 명함교환시의 예절에 관한 실습연수 장면을 본 일이 있는데 그런 데에서도 그들이 자신의 이미지를 위하여 노력하는 사람들이구나 하는 생각이 들었다.

여기서 나는 일본은행의 행내보(行內報)인「にちぎん」(日銀)에 실렸던 '일본은행의 이미지 전략' 이라는 제하의 글에서 읽은 일은에 대한 내외부의 이미지조사 결과가 퍽이나 흥미진진하였던 기억이 있어, 우리 한은(韓銀)직원들에게 타산지석이 되었으면 하여 그 일부를 소개하고자 한다.

일본은행에 대한 긍정적인 이미지 —

일은(日銀) 직원 이외의 사람들로부터는, 일은은 우수한 인재가 모여 있는 집단으로 열심히 노력하는 사람들이고 신사적이라는 이미지와 함께 완벽한 조직으로 인식되어 건전하고 계획성 있게 일하는 곳이라는 인상을 받고 있다.

한편, 일은 직원내부에서 자신들의 직장을 어떻게 보고 있는가에 대하여는 근무연수가 비교적 긴 베테랑 층과 근무연수가 비교적 짧은 젊은 층으로 나누어 조사 되었는바, 내부의 베테랑 층으로부터는 혜택 받은 직장환경이라고 생각되고 있는바 상식적이며 건전하고 세련된 직장 분위기를 들고 있다. 그리고 내부의 젊은 층은 일은의 견실한 일처리 스타일로부터 오는 긍정적인 이미지로서 의지할만한 직장이라고 보고 있어 책임감이 강하다, 정확하다, 공정하다고 말하고 있다.

다음은 일은에 대한 부정적인 이미지 —

외부로부터는 지나치게 점잖다, 폐쇄적이다, 바깥과의 유대가 약하다는 이미지를 들고 있다. 너무 점잖기 때문에 속마음을 털어놓고 이야기하지 않고 지나치게 신중하며 폐쇄적이어서 건물에 들어가기 어렵고 만나기 거북한 이미지를 갖게 되며, 외부와의 연계가 약한 탓으로 위기의식이 부족하며 관료적인 인상을 준다고 하였다. 이러한 것은 아마 일은 직원들이 외부와 접촉하는 기회가 적은데서 오는 것이라고 생각된다고 그 조사내용에서 지적하고 있었다.

한편 내부로부터는 고정관념이나 완벽주의를 고집하는 나머지 시대의 변화에 유연하게 대응하지 못하는 답답한 이미지를 지니고 있다는 것을 베테랑 층이나 젊은 층이나 다 같이 들고 있다. 내부 베테랑 층이 일은에 대한 부정적인 이미지로서 답답하다고 한 것으로서는 유연성 부족과 자기 변명식 발상 등을 들고 있으며 고고하여 경쟁상대가 없고 현상에 안주하기 쉽다고 했다. 또한 내부 젊은 층의 일은(日銀) 스스로에 대한 부정적인 이미지로는 완벽주의를 지향하는 나머지 융통성이 없으며 필요이상으로 세심하고 상사에게 이론(異論)을 주장하지 않는다는 점 등이 지적되고 있으며, 현실에 안주하는 경향이 있어 효율적이지 못하고 코스트 의식이 희박하며 예산사용에 있어 안이한 사고방식을 지니고 있다고 개탄하고 있다.

이와 같은 일은(日銀)의 이미지 조사결과로 일은(日銀)에 대한 외부로부터의 의견제안과 내부에서 생각되고 있는 금후(今後)의 과제가 제기되었다. 외부로부터는 PR부족을 들어 홍보활동의 재검토 추진, Social Service의 강화, 이미지 다듬기에 생각을 돌려 열린 일은(日銀)이 되도록 적극적인 노력을 해야 한다는 의견이 제안되었고 내부로부터는 의식개혁, 업무와 조직의 재검토, 변화에 대응하는 유연한 사고방식 등 내부적인 개혁을 지향하면서 외부와의 경쟁력과 교섭력을 기르고 밖으로부터의 충격을 흡수하는 이미지 전략이 필요하다는 의견이 제기되었다.

일은(日銀) 사람들이나 우리 한은(韓銀)사람들은 다 같이 통화의 파수꾼이라는 사명을 가지고 일하고 있으니 신뢰받는 중앙은행 사람이 되어야 한다는 그들의 감각이 우리에게도 적용될 수 있겠다고 생각되어 그들의 이미지 조사 결과를 여기에 소개하였다.

- 1991. 1월호 '한은소식' 기고문

OB의 변(辯)

졸지에 한은(韓銀)을 떠나게 되었었다. 평생의 일터로 알고 27개 성상을 하루같이 다니던 직장을 어느 날 갑자기 자의반(自意半) 타의반(他意半)으로 떠났다. 일본 사람들의 아마쿠다리(天下り)와 같은 낙하산 인사도 아니요, 그렇다고 능력이 출중한 인물로 평가되어 영입된 케이스도 아닌 것 같았다. 어쨌든지 이런저런 연유로 해서 낙향(落鄕)한 처지가 되어 지방은행에서 일하게 되었다. 언제 어디서나 들어도 싫지 않던 한은맨이 아니고 이제는 한은 OB가 된 것이다.

군복무와 대학을 마치고 스물일곱에 한은가족이 되는 영광을 누렸다. 예정대로 정년까지 근무하게 되었더라면 서른 한해를 한은(韓銀)배에 타고 일하다가 후배들과 석별의 정을 나누면서 동갑네 몇몇 행우들과 함께 한은의 육중한 철문을 홀가분하게 나오게 되었을 것이다.

고향은 강원도 동해안 남부의 조그만 한 면소재지(面所在地). 입행시험을 치르고 나서 최종합격자 발표가 있던 날 상업은행 쪽 후문 입구에 들어서서 지금도 그대로인 돌집 벽에 써 붙여 놓은 방(榜)에서 내 수험번호를 확인하였다. 그 후 고향에 내려가 몇 달간 노부모님 곁에서 오래간만에 황금 같은 자유를 누리고 있던 때가 있었다. 여든 여섯해를 사시고 지금은 고인이 되신 어머님은 이 아들이 한국은행에 입행하게 되었다고 그렇게도 자랑스럽게 여기시며 한동안 동네 사람들과의 화제에 올려놓곤 하셨다. 사실 노부모님이 흐뭇해하시는 바람에 나도 기쁜 나날을 보냈던 추억을 간직하게 되었다. 마치 Abraham Maslow의 hierarchy of needs의 마지막 단계인 자아실현(Self-actualization needs)의 경지라도 도달한 것 같은 희열 속에서 지낸 것도 같았다.

입행하던 해는 한은에서 외환은행이 분리되어 나가 새로이 발족했기 때문에 일손이 부족했던 때였다. 그래서 그 무렵 새해가 시작되던 정초부터 입행하여 짧은 연수기간을 보내고 곧바로 부서에 배치되었다. 생(生)의 귀중한 시절을 한은에서 일하며 지냈다는 것은 가족을 비롯한 주위의 많은 사람들에게 자랑스러운 일임에는 틀림없다.

그런데 4반세기가 넘도록 그렇게 몸 바쳐 일해 왔던 한은의 법 개정 문제는 그 동안에도 몇 차례나 대두되었고, 최근에 또 다시 제기되어 재경원과의 관계와 함께 중앙은행의 현역과 OB 모두에게 깊은 관심을 갖게 하고 있다. 통화와 물가의 파수꾼이자 신용질서의 유지자로서의 막중한 책무를 맡고 있는 이 나라 중앙은행의 향후 역할은 어떻게 될 것인지. 그 동안 보도되어온 일련의 사태진전을 예의 주시하게 된다.

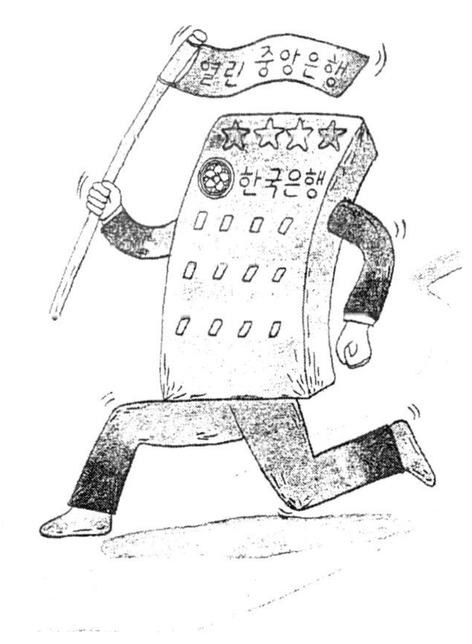

물가안정과 경제성장은 때로는 상반(相反)되는 면이 있어 그럴 때마다 정부는 경제 성장에 강한 관심을 보이고, 중앙은행은 물가안정에 먼저 중점을 두게 되는 것이므로 정부와 중앙은행은 의견이 갈리는 경우가 있게 되고 이러한 때에는 중앙은행의 독립성 문제가 제기된다. 이 같은 딜레마는, 실은 우리나라 뿐만 아니라 세계 각국의 중앙은행과 정부와의 사이에서 영원한 과제로 남아있다.

법률이라는 것은 어떤 때는 운용의 문제가 중시되기도 하고 때로는 법조문 자체가 문제이기도 한 것일진데 그 동안 현행의 한은법(韓銀法)체계에시 한은과 재경원 사이에 협조가 이루어지지 아니하여 문제가 되었던 일이 실제로 얼마나 있었는지? 현재의 한은법으로도 통화금융정책의 운용과 경제정책의 시행에 있어서 무슨 지장이 있는 것은 아닐 것이다. 따라서 본질적인 면에서 꼭 한은법을 어떻게 해서라도 개정하지 않으면 안 된다는 식의 논리는 설자리를 잃게 되리라는 생각에 이르게 된다.

그 좋은 실례로 우리와 지리적으로 가까운 경제대국 일본의 경우도 현재의 일본은행법은 2차 세계대전 중에 전시(戰時)임무를 수행하도록 만들어진 것이어서 법률상으로는 일은(日銀)을 정부의 감독 하에 두고 있다.

1997년 2월 27일 목요일 제1300호

韓 奉 均 강원은행상무

『열심히 하겠습니다.』

26일 개최된 강원은행 주주총회에서 상무이사에 연임된 韓奉均상무이사(57·삼척출신)는 열심히 하겠다는 말로 임기 3년에 임하는 새로운 자세를 다짐했다.

강릉상고 삼척공고를 거쳐 연대상대를 졸업한 韓상무는 지난 68년 한국은행에 입행한 이후 외환관리부등 주로 국제금융분야에서 근무하며 한국은행의 국제금융통으로 인정받았던 인물.

한국은행인천지점차장 은행감독원 금융개선국국장 한은마산지점장등을 지낸후 지난 94년 강원은행 상무이사로 영입됐다.

외모와 같이 대쪽같은 성품으로 유명한 韓상무는 은행내에서 원칙주의자로 통하고 있으며 특히 부모를 잘 모시는 효자로 유명.

휴일에는 주로 등산을 즐기며 李典司여사와의 사이에 4남.

국제 금융통 원칙주의 정평

새의자

강원도민일보 1997. 2. 27. 임원프로필

대장대신이 가지고 있는 권한으로는 일반적인 업무명령권 감독명령권 뿐만 아니라 이에 더하여 임원해임권도 있다. 그러나 현실에서는 그러한 권한이 발동된 일이 없이 금융정책은 양자(兩者)의 협의로 원활히 이루어지고 있고 일본경제는 그동안 발전을 지속해 오는 것을 우리는 보아왔다.

이와 같이 전쟁 중에 입법된 중앙은행법을 가지고도 평화시에도 일본경제는 계속해서 안정된 물가와 성장을 유지해 온 것이다. 이런 점에서 보면 결국은 좋은 법률을 가지고 있기보다는 법운용의 묘를 기하는 것이 최고의 지혜라는 교훈을 얻게 되는 것이다.

또 하나의 교훈은 중앙은행의 독립정도와 인플레율(率)과의 상관관계를 살펴본 하버드 대학의 알버트 알레시너 교수의 고찰에서도 볼 수 있다. 그는 중앙은행 독립성의 척도를 ①중앙은행과 정부사이의 제도적 관계나 비공식적인 접촉관계 ②정부의 경제정책에 중앙은행의 금융정책을 종속시키는 법규의 존재 등을 감안하여 중앙은행의 독립도 지수를 작성하여 판정을 내리고 있다. 그리고 그 결과를 호텔의 등급을 매기듯이 별의 숫자로 나타내고 있다. 금융대국 일본의 중앙은행은 미국의 FRB와 함께 별 3개로 마크되어 상당히 독립도(獨立度)가 높은 것으로 판정되고 최상의 등급인 별 4개는 역시 독일의 분데스방크와 스위스 중앙은행이다.

韓銀서도 인정받던 국제금융통

韓奉均 상무

대쪽같다는 소리를 듣는 원칙주의자。 한국은행내에서 인정받던 국제금융통으로 국제화 추세에 맞춰 올 주총에서 영입된 케이스。 부모를 잘 모셔 孝子로 소문났다。

40년 삼척출신으로 연세대 상대를 나와 한국은행에 입행、 외환관리부 행원으로 시작해 이따금 지점근무를 한 것을 제외하고는 대부분 외환부문에서 근무했다。

\- 1994년 2월 26일(토) 매일경제신문의 새임원 프로필 중에서

최하의 독립도를 나타내는 별 하나 그룹에는 스페인, 뉴질랜드 등이 있다. 전세계의 17개 중앙은행을 4개의 그룹으로 분류해 봄으로써 중앙은행의 독립도가 높은 나라일수록 인플레율이 낮고 거꾸로 중앙은행의 독립도가 낮은 나라일수록 인플레율이 높게 나타나고 있다는 사실을 보여주었다. 이처럼 한 나라의 중앙은행의 독립도와 인플레율은 역상관관계(逆相關關係)에 있는 것이다.

작금 우리의 금융환경은 금융자유화·국제화의 진전과 함께 하루가 다르게 변모하고 있는 때에 이 나라 통화금융정책의 중책을 맡고 있는 나의 친정 한은(韓銀)을 생각하면 한은법(韓銀法) 운용의 묘를 기하는 풍토가 정착되어 중앙은행 독립도가 높게 되고 인플레율은 낮아져서 별 4개를 받는 중앙은행으로 발돋움하고, 열린 중앙은행으로서의 책무를 훌륭히 다할 수 있는 날이 오기를 창립 45주년이

되는 이때에 두 손 모아 기원한다.

- 1995. 6월호 '한은소식' 기고문, 당시 강원은행 상무이사

○…丁渽錫부총리가 연일 국회에서 물가문제로 집중타를 맞고 있는 가운데, 행정력 총동원령에도 불구하고 물가오름세가 수그러들 기세를 보이지 않자 경제기획원 담국자들은 2월 물가발표를 앞두고 밤을 세워 대책을 세우는등 전전긍긍。

기획원 담국자들은 『최근 오르고 있는 물가의 절반정도는 파、양파、시금치등 3개 농산물 때문』이라며 『이들 3개 농산물이 정권을 흔들고 있는 꼴』이라고 푸념。이들은 『농산물은 계절적 특수성 때문에 어쩔 수 없다 하더라도、개인서비스요금은 앞으로도 도무지 막을 방법이 없다』고 실토。〈宋仁培기자〉

기획원,「물가질타」에 밤샘대책

韓銀「간부방출」저조… 인사적체 걱정

대우조선, 東歐國과 합작조선소 추진

○…매년 고참부장급 중 5~6명씩은 꼭 시중·지방은행에 내보내 자체 인사 적체를 해소하곤 했던 한국은행은 올해엔 「방출실적」이 저조하기 그지없어 초조한 모습。한은은 작년만 해도 시중·지방은행 쪽에 은행장급(崔鍾文 강원은행장) 1명을 포함、5명을 임원으로 방출했으나 올해는 은행 주총시즌 마감일을 하루 앞둔 25일까지 韓泰均창원지점장 한명만 강원은행 상무로 내보내는데 그친 상태。〈朴正薰기자〉

○…대구은행([illegible])은 최근 현금카드를 창구에서 즉석 발급하는 컴퓨터 소프트웨어를 특허청에 특허출원。금융기관이 소프트웨어를 특허출원한 것은 처음인데、대부분의 은행은 고객이 카드발급을 신청하면 1주일~10일후 발급하고 있는 상태。

즉석발급시스템으로 대구은행의 현금카드 발급건수가 종전에 월평균 2만5천여건에서 지난 1월에는 3만2천여건으로 28%이상 늘어났다고。【大邱=石璟薰기자】

○…조선산업합리화조치 해제이후 국내 주요 조선업체들이 설비증설을 경쟁적으로 서두르고 있는 가운데 대우조선이 동유럽국가들과의 해외합작조선소 건설을 추진。

朱德永 상공자원부기계공업국장은 25일 『대우측이 이같은 해외진출계획을 밝혀왔다』며 『그러나 아직 정확한 해외 합작대상은 알 수 없다』고 설명。국내 조선소의 해외합작진출

…이 갈수록 무거워지는 것으로 나타났다。

국세청이 25일 잠정집계한 지난해 거둬들인 근로소득세는 2조9천4백60억원으로 봉급 생활자 1인당 세액이 31만원 수준으로 밝혀졌다。〈金泳秀기자〉

한국통신 주식 재매각 28일-내달2일 이틀간

한국통신은 25일 지난번 제1、2차 공개입찰을 통해 매각하고 남은 한국이동통신 주식 1백16만9백20주(총발행주식의 20.96%)를 오는 28일과 3월 2일 이틀간 희망수량에 의한 공개수의매각 방식으로 재매각키로 했다。〈金灝기자〉

강원銀 임원1명 줄여

어제 株總

강원은행은 25일 주총에서 韓泰均 한국은행 창원지점장과 李秀孝 강원은행 서울지점장을 신임 임원으로 뽑았다。또 黃燦學상무를 전무에、曹炳鉉상무를 감사에 각각 승진시켰으며、朴寶鎬감사와 朴亨喆상무를 퇴임시켜 임원수를 7명에서 6명으로 줄였다。〈朴正薰기자〉

삼천리제약의 사장 金泰星씨

삼천리 제약은 24일 주총에서 대표이사 사장에 [illegible]

- 1994. 2. 26(토) 일자 조선일보 기사

Deadwood가 최소한인 조직(組織)

한 조직의 구성원을 분류하는 데는 여러 가지 방법이 있겠으나 관리자의 관점에서 볼 때 Stars, Solid Citizens, Learners 및 Deadwood의 네 가지 카테고리로 분류하는 방법이 있다. 이러한 구분은 그 구성원들을 다음의 두 가지 관 점, 즉 현시점에서의 직무수행정도와 향후 수년 내의 승진 가능성 여부에 근거를 둔 것으로 조직구성원 각자는 어느 한 카테고리에 계속 머물러 있는 것이 아니라 이들 네 분류 간을 이동하게 되는 것이다.

현시점에서 직무수행의 정도가 아주 훌륭하고 향후 몇 년 안에 승진의 기회도 주어질 조직구성원의 그룹을 Stars, 상당한 기간 내에는 직위가 오를 가망이 희박하지만 원만하게 직무를 수행하고 있는 충실한 일꾼들을 Solid Citizens, 각종 연수나 훈련과정에 참여하고 있어 현재로서는 어떠한 직무를 수행하고 있지 않으나 장차 조직의 운영에 기여할 것이고 일정한 기간 내에 승진의 전망도 있는 사람들을 Learners, 현시점에서 볼 때 직무 수행실적이 극히 저조할뿐더러 앞으로 상당한 기간은 승진의 전망도 보이지 않는 조직구성원들을 Deadwood로 본다.

따라서 하나의 조직을 관리하는데 있어서는 Solid Citizen의 집단을 최대한으로 보유하고 적정수의 Star와 Learner를 유지하고 있으며 Deadwood를 최소한으로 줄이는 것을 조직 관리의 이상으로 삼아야 한다는 것이다.

일반적으로도 조직 내의 Solid Citizen들은 자기가 맡은 직무에 대해 확고한 책임감을 가지고 있고 자기의 위치를 인식하고 있으며, 분명한 목적의식을 지니고 직무에 임하고 있는 충실한 조직구성원들이다. 그들은 조직이 수행하는 목표에 동감하는 태도를 지닌다. 그리고 자기개발을 위하여 직무와 관련되는 것은 물론이고 조직의 직무와 직접 관련되지 않는 여러 가지 활동에도 참여하고 협조적인 자세를 취하는 사람들이다. 사실상 조직 내의 대부분의 사람들은 이 부류에 속하는 경우가 많다고 볼 수 있으며, 이러한 구성원을 많이 보유하고 있을수록 그 조직은 건전하다 할 것이다.

Deadwood들은 조직 내에서 결코 일에 대한 더 많은 이니시어티브나 리스크를 갖지 않으려고 한다. 이들은 자기가 맡은 직무를 비능률적으로 마지못해 수행하거나 귀찮게 생각한다. 일에 임하면 스스로 권태감을 갖거나 오히려 일을 망쳐버리는 경우도 왕왕 있다. 그들 자신이 슬럼프에 빠져있거나 침체기에 들어서 있고 자기관리 기능이 상실되어 있다. 조직은 이런 사람들을 최소한에 그치도록 모든 계층의 관리자들이 노력해야 하는 것이다.

한편 Star들은 조직 내에서 우월감을 가지고 적극적인 자세로 변화에 대응하면서 자기직무에 임한다. 이들은 지난날 자기가 수행한 업적이나 경험에 대하여 높은 만족감을 누리고 있으며 그에 따른 승진 기대나 보수 개선의 희망을 가지고 그 조직 내에 상당한 기간 머무르고 싶어 한다. 또한 건전한 조직이라면 경력과 전망이 상이한 Learner들을 항상 유지해야 한다. 이들은 조직의 바깥에서 일어나는 변화를 터득하면서 자기 직무와 관련되는 전략이나 정책들을 염두에 두어 앞으로 조직의 발전에 기여할 방도를 구상한다.

여기서 우리들이 다함께 생각해 볼만한 점이 있다. 조직이 그 특별한 목적이나 일반적인 업무를 수행하는 과정에서 Solid Citizen이나 Deadwood들을 위하여 무엇을 할 수 있느냐 하는 것이다. 피라미드형의 조직 내에서 그 구성원이 더 이상의 발전 가능성이 있을 것 같지 않다고 볼 때에 그들은 어떻게 행동할 것인지, 이제는 더 이상 승진이나 경력개발의 기회가 존재하지 않고 많은 구성원들이 경력침체기(Career Plateau)에 있게 되면 그 조직은 어떻게 될 것인지, 이들을 위해 직무수행과정에서 관리자와의 또는 동료 간의 간단없는 커뮤니케이션이 유지될 수 있다면 그것으로 직무수행에 얼마만큼 주효(奏效)할 수 있을 것인지, 구성원의 자질 개발을 위한 각종 프로그램이나 직무와 직접 관련되지 않는 특별활동 등이 그들의 직무에 대한 이해력을 증진하고 이니시어티브를 갖게 할 수 있을는지, 조직이 Solid Citizen이나 Deadwood들의 자질개발을 위하여 보다 다양한 계획들을 많이 마련할 할 수 있는지, 이와 같이 이들을 위하여 무엇을 하고자 더 많은 지혜가 동원된다면 이는 상당한 도움이 되지 않을까?

수년간 베스트셀러였던 One Minute Manager에서는 관리자가 보내는 시간 가운데 가장 의미 있고 값진 순간은 사람에 투자하는 순간이라고 술회하면서 다음과 같이 지적하고 있다. “아이러닉한 것은 대부분의 기업들이 경비의 50%에서 70%까지를 사람들의 봉급으로 지출하고 있다. 그럼에도 그들은 자기 기업의 사람들을 양성하고 개발하는 데는 예산의 1%도 안 되는 돈을 지출하고 있다. 실제로 대부분의 회사는 사람을 유지하고 개발하는데 보다는 건물이나 시설을 유지하는데 더 많은 시간과 돈을 쓰고 있다.”

좋은 결과를 얻으려면 조직 구성원의 개발을 위한 투자는 확실히 중요함을 의미하는 것이겠다. 적정수의 Star와 Learner, 최대한의 Solid Citizen들, 그리고 최소한의 Deadwood를 보유하고 있게 되는 우리 은행을 생각해본다. 그리고 구성원 각자는 모두가 Abraham Maslow가 정리한 바 있는 인간 욕구충족단계의 상위수준에까지 이르게 되어 자기실현 내지는 자기완성의 꽃을 피우게 되는 것을 상상해 본다.

- 1985. 3. 1일자 '한은소식' 기고문, 당시 한국은행인천지점 차장

반세기를 넘게 송현 언덕에서

우리 집 장남이 한국은행에 입행하게 되던 날은 왠지 흘가분한 마음과 착잡한 심경이 교차되고 있었다. 흐뭇한 마음을 가지게 되었던 것은 내가 봉직했던 직장에서 베풀어 준 모든 것으로 양육한 우리 집 첫 아이가 아내와 내가 바라고 권유했던 안정된 일터에서 생활하게 되었다는 생각에서 오는 것이었고, 착잡한 심경은 본인이 한 세대를 보냈던 직장에 대를 이어 다니게 되는 아들이 또 한 세대를 일하고 난다면 우리 집은 반세기가 넘는 세월을 한 나라의 중앙은행에서 일하게 되는 것이니 이 나라의 중앙은행과 국민경제의 발전에 상당히 기여하는 바가 있어야 할 텐데 그 막중한 사명을 얼마나 잘 감당할 수 있을까 하는데서 오는 중압감 때문에 가지게 되는 생각으로 여겨졌다.

한은을 떠난 지 2년이 된 지난봄에 18년의 학교교육과정을 거쳤지만 아직도 매사에 철없어 보이는 아들이 내 뒤를 이어 한은에 입행하게 되면서 이런저런 염려를 해 오던 참에 총재께서는 창립 46주년 기념일에 즈음하여 2대에 걸쳐 한국은행에서 일하게 된 부자(父子) 12쌍을 초청하여 격려해 주는 시간을 갖고자 한다면서 초청장을 보내 주셨다.

그날은 큰 보람을 느낄 수 있었고 다른 데서는 볼 수 없었던 이러한 행사를 마련해 준 분들께 고마운 생각도 들었다. 그리고 그 다음날 사람들이 많이 읽는 한 일간신문에서는 이 행사 후 촬영한 기념사진과 함께 부자(父子)의 이름들도 나란히 사람들 소식란에 소개해 주어, 우리 가족은 또 하나의 작은 기쁨도 가질 수 있었다. 한은가족 여러분이 이 나라 통화의 파수꾼으로서의 소임을 무궁토록 훌륭하게 다해 주었으면 한다.

※ 송현언덕 : 한국은행 본점이 위치한 자리의 옛지명

◇한은 신관앞에 모인 2대 한은맨들. 앞줄 왼쪽부터 林光植 安基正 金璟林 趙昌濟 李經植 金正濂 蔣正煥 權寧鎭 韓奉均씨.

"아버지직장이 곧 제 직장입니다"

한국은행 父子2대근무 임직원 초청행사

한국은행은 창립일을 맞아 父子(부자) 2대가 한은에서 근무한 임직원들을 초청, 오찬을 함께 하는 「부자 상봉」 행사를 19일 개최했다. 현직으로 아들과 함께 근무중인 경우는 金璟林이사(김경림·기획 담당)-俊煥씨(준환·행원), 宋炳男(송병남)검사1국수반 은행검사역-敏圭씨(민규·행원), 林光植(임광식)안전관리실 수석부실장-映沃씨(영옥·행원)등.

또 청와대 비서실장을 지낸 金正濂(김정렴)씨(前조사부장)의 아들 斗經(두경)씨는 지금부 부부장으로, 金建(김건) 前한은총재의 아들 聖民(성민)씨도 지금 부과장으로 각각 근무중. 韓奉均(한봉균·前창원지점 지점장)강원은행상무- 在濬씨(재준·행원), 權寧鎭(권영진·前검사1국장)신한은행감사- 旼秀씨(민수·행원), 蔣正煥(장정환·前동경사무소장)前동화은행감사- 孝旭씨(효욱·행원), 趙昌濟외환은행 상무(조창제·자장)-相昱씨(상욱·행원)등도 2대에 걸쳐 근무중이다.

한편 李賢承(이현승·前외환관리부장·작고)前조흥은행장의 아들인 重植씨(중식·행원), 安命煥(안명환·작고)前감독원장의 아들인 基正(기정)인천지점장, 申鉉俊(신현준·작고)前업무부장의 아들인 源씨(원·행원)등도 한은에서 일하고 있다. <金載瑠기자>

- 1996. 6. 20(목) 일자 조선일보 기사

참된 대화의 광장이 되어 주었으면

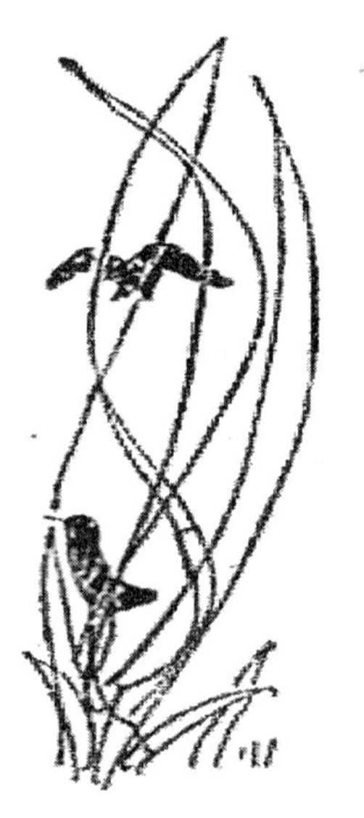

'행원'지(誌)는 참으로 값진 책이다, 최고의 지성들을 독자로 가진 신문이 대학신문이라고 하는데 우리의 '행원'지는 한 나라의 중앙은행의 행원들을 대상으로 집대성한 책이기에 참으로 좋은 책이 될 수 있다. 다른 분야에 종사하는 사람들의 생각이 미치지 못하는 귀중한 내용들을 많이 싣게 되는데, 이것은 산파역을 맡은 편집자들의 숨은 노력 끝에 이루어져 반년에 한 번씩 참신한 표지를 갖추어 집무중의 책상위에 조용히 배포된다.

돈에 대한 이야기, 국내외 은행의 복지제도, 주택과 은행원, 한국은행인론 등 우리 생활과 밀접한 관련을 가지고 있는 것에서부터 전문적인 것에 이르기까지 이런 것들을 잘 아는 사람들끼리 모여서 다루고 있다. 일상의 바쁜 업무 중에도 이루어낸 창작, 수필, 시, 기행문, 사진 작품들은 모두 아마추어의 경지를 넘어선 수작들로 읽는 이로 하여금 감탄을 금치 못하게 한다. 본업과는 달리 불후의 명작을 많이 지어낸 송강 정철의 후예들을 마치 우리 은행에서 수없이 보는 듯하다고나 할까?

그 뿐이 아니다. 어느 날 퇴근길에 들고 간 '행원'지가 우리 집안 식구의 건강에 도움이 되고 있다. '자연요법의 신비'라는 제목의 글(42집)을 집의 형님이 읽으시고는 건재약방을 찾아 가서 결명자, 현초 등의 약초를 그리 비싸지 않게 사오셨다. 이것들을 다려서 먹었더니 배탈이 난 식구들이 거뜬히 나았고, 만성위장병으로 고생하시던 형님은 밥맛이 좋아진단다. 이후부터는 배탈이 나면 양약방을 찾는 대신 건재약방에 가서 이런 약재들을 싼값으로 사다가 다려 먹는다. 그 방면의 종사자도 아닌 우리 직원이 일상 업무와는 판이한 일을 조사 연구해서 '행원'지에 실어준 데 감사한다. 그 밖에도 신장병, 심장병, 당뇨병, 고혈압 등 현대인들의 생활을 위협하는 허다한 병들을 고칠 수 있는 자연요법을 그 필자는 일일이 제시해 주고 있다. 그런데 이 글이 편집자에 주는 것이니 다 좋다고는 할 수 없다.

지난 42호의 특집 '복지제도'에서 몇 분이 '우리가 바라는 복지시설'을 기고해 주었는데 그 어느 하나도 실현된 것을 아직 보지 못한 것은 '행원'지가 명실상부한 대화의 광장이 되지 못하고 있는 듯 하다. 어딘가 아쉬운 데가 있다.

'행원'지는 행우들을 대상으로 편집자들의 의도에 따라 만들어 지는 것이니 바쁜 일과로 건강증진에 소홀하기 쉬운 점을 배려하여 건강에 도움이 되는 글을 많이 실어주고 또한 참된 대화의 광장으로서 하의상달과 상의하달의 일역도 되어 주었으면 한다.

- 1970. 6월 발행 '한은' 제43집 기고문

성전의 자리

예수님! 지금은 주일아침 9시 20분! 우리 교회의 성전에는 주님을 만나 볼 부풀은 기대를 안은 성도님들이 꾸역꾸역 몰려들어 오고 있습니다.

아직도 2부 예배가 시작되기 까지는 40분이 남았고 예배시작하기 전에 주님께 몇 곡절 드리는 찬양도 20분쯤은 더 있어야 시작될 시간입니다.

벌써 많은 성도님들이 대성전 아래층과 이층 발코니를 메우고 있는데 더러는 조용히 정좌하여 성경구절을 읽으시는 성도님들도 있고 더러는 기도를 드리는 이들도 있습니다.

그런데 언제부터인가 우리 교회 성전에서는 야릇한 광경을 보게 되었답니다.

칠팔명은 족히 앉게 될 좌석에 혼자 앉아서 좌우 양편에 띄엄띄엄 가방, 성경, 찬송가 등을 늘어놓고는 뒤에 올 친지나 이웃 성도들의 좌석을 예비하여 주기 위하여, 기도를 드리거나 성경을 읽기는커녕 좌우를 두리번거리느라고 정신을 못 차리는 성도들이 있답니다.

아침 일찌감치 주일학교에 오는 아이들을 거느리고 집에서 출발하여 번잡한 버스에 시달리면서도 주님을 만나볼 부푼 기대를 안고 교회에 도착하여 아이들을 성전 지하층의 주일학교에 데려다 주고 나서 대성전에 들어서는 중년의 한 성도님이 있습니다.

이리저리 앉을 자리를 찾아 헤매다가 빈 좌석에 혼자 덩그렁 앉아 있는 성도와 대화를 했습니다.

“여기 좀 앉아도 될까요?”

“안됩니다. 앉을 사람이 있습니다.”

밖에서 보기에는 아직도 성전에는 빈 좌석이 많아 사람들이 자꾸 모여들고 있는데 이와같이 하여 다시 돌아 나가는 성도님들로 대성전 입구는 더욱 붐비고 있습니다.

예수님! 우리는 당신의 신성한 제단 앞에서 아직도 이런 꼬라지를 보여주고 있답니다.

우리는 이 주일 아침 주님을 예배하고 찬양하러 주님의 몸된 성전에 나왔습니다. 대부분은 수십리 길을 버스를 두 번 씩이나 갈아타고도 하늘의 신령한「만나」를 먹으려는 일념으로 이렇게 일찍 나왔습니다.

오는 순서대로 차례대로 대성전에 들어오고 이 성전이 차고 넘치면 다음에는 기념관에서, 그리고 예루살렘 성전에서, 유아를 동반한 어머님은 베들레헴 성전에서, 또 이곳들도 다 차면 1층 홀에서 어디에서나 주님은 우리와 함께 계시는데 경건하게 주님을 예배하고 목사님을 통하여 주시는 하나님의 꿀을 마음껏 먹고 각기 집으로 돌아가는 우리들이 되게 하여 주시옵소서.

"오른편 뺨을 얻어맞은 후에는 왼편 뺨을 한 번 더 맞어라"

"속옷을 갖고자 하는 이에게 네 겉옷 마저 거저 주어라"

"오리를 함께 가자는 사람에게 십리를 함께 가는 친절을 베풀라" 고 하신 예수님의 가르침이 6반 우리 성도님들의 골수에 스며들고 이들을 몸소 실행할 수 있게 하여 주시옵소서.

우리 교회 성도님들은 모두가 다 옥토에 떨어진 씨앗이 되어 좋은 땅의 양분을 흡족히 섭취하고 자라서 무성하여 삼십 배, 육십 배, 백배의 결실을 맺게 하여 주시옵소서.

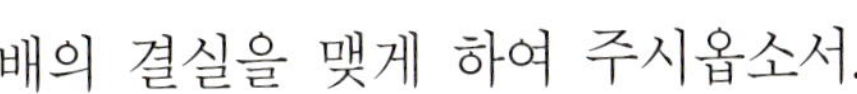

결코 길가에 떨어지거나 돌밭에 떨어지거나 가시떨기에 떨어진 씨앗이 되어 새들이 와서 먹어버리거나 뿌리가 없어 마르거나 가시가 지라서 기운을 막아 버리는 일이 없게 하여 주시옵소서.

- 1978년 11월호 월간 '신잉계' 기고문

나의 신앙, 나의 가족

우리 기독교인은 사람마다 자기가 즐겨 부르는 찬송이 있다. 나는 우리의 통일 찬송가 460장의 찬송 '지금까지 지내온 것 주의 크신 은혜라'를 노래하면 언제 어디서나 감사와 기쁨이 용솟음친다. '한이 없는 주의 사랑 어찌 이루 말하랴. 자나 깨나 주의 손이 항상 살펴주시고 모든 일을 주안에서 형통하게 하시네.'라고 우리가 살아오면서 체험하는 한량없는 축복을 베풀어 주시는 주의 은혜를 찬양한다. 2, 3절의 가사는 일생을 살아가면서 나이를 더 먹어 가더라도 날로 날로 새 힘 받아가면서 주의 은혜 족한 가운데 살다가 결국에는 무거운 짐 주께 맡기고 주의 품 안에서 영원토록 살리라고 노래한다.

이 찬송시는 19세기 후반 일본의 초교파 전도대원으로 복음전도사역에 힘썼던 사사오 테쯔사보르(笹尾鐵三郎)가 썼고, 찬송곡은 서울 영락교회 성가대 지휘자로, 국내 여러 대학에서 음악교수로 활동한 박재훈(朴在勳)목사가 작곡하였다. 사사오씨가 작시한 이 찬송 가사는 우리 찬송 459장에서도 미국의 개척시대부터 전래되어오던 속요에 John Wyeth라는 사람이 편곡한 곡조 Nettleton에 붙여서 부르기도 하는데 이 곡으로는 흔히 구역예배를 드릴 때 헌금 순서에서 부르기도 한다.

지금까지 나는 정녕 주안에서 날로 날로 새 힘 받아 맡은 일을 감당하고 있다. 우리 집은 가정예배를 드릴 때는 온 식구가 돌아가면서 각기 좋아하는 찬송을 한 장씩 부르면서 예배를 진행하곤 한다. 그럴 때에 나는 대개는 이 460장의 찬송을 부르자고 한다. 학교를 마치고 사회에 나온 이듬해인 1969년에 결혼하여 그 다음해에 우리 집 장남이 태어나고, 그 다음해인 1971년 가을, 서대문 로터리의 순복음 교회시절에 순복음 가족이 된 후 순복음의 신앙생활은 우리가족에게 한없는 축복을 주어왔다. 양친께서는 여든을 훨씬 넘도록 건강한 삶을 누리셨고, 연년생인 네 아들은 모두가 유치부에서부터 대학부에 이르기까지 순복음의 신앙생활을 하면서 학업을 잘 해오고 있고, 네 아들의 어머니는 순복음 신학교를 마치고 여의도 순복음교회의 전도사역을 받은 지 열두 해가 되었다. 가장인 나는 1985년에 여의도 순복음 교회의 안수집사로 사명을 받았다.

우리 가족은 내가 27개 성상을 일했던 한국은행의 동경사무소 근무시절 3년은 동경 순복음교회에 출석했었다. 아이들의 어머니는 그곳에서도 전도사역을 맡도록 배려해 주었기에 그 당시 장로가 없었던 동경 순복음교회에서 나는 아내와 교대로 주일예배의 사회를 맡기도 했었다. 귀국해서도 바로 아이들 어머니는 여의도 순복음교회에서의 전도사역이 이어져 교구 성도님들의 신앙생활을 돌보면서 아이들 어머니 역과 아내의 역할에 손색이 없고, 네 아이들은 모두 대학에서 자기들의 학업에 충실하나. 나는 새로운 일터에서 최선을 다하면서 주일은 모교회의 예배에 출석하여 은혜 받고 새 힘을 얻으면서 지금껏 생활한다.

- 1995. 10. 1일자 여의도순복음교회신문 '행복으로의 초대'(제48호) 기고문

베다니(Bethany)의 형제자매들이여

주안에서 새로운 천년(the second millennium AD)이 시작되는 첫해에도 평강이 있을 지어다.

주일 새벽이면 세상의 많은 사람들은 한 주일 동안 모자란 수면을 보충하느라 늦잠을 만끽하고 있을 시간, 우리 베다니 성가대의 형제자매들은 주님을 향한 믿음과 봉사의 일념에서 새벽이슬 닮은 맑은 마음으로 성전으로 발길을 재촉하지요. 어떤 이는 자명종에 의지하고 또 어떤 이는 가족들에게 모닝콜을 부탁하겠지만, 우리는 모두가 성령님의 이끌림을 받은 형제자매들이지요. 복 있을 지어다.

편집부 자매들이여!

나의 청년시절에는 교회들이 어떤 모습으로 예배와 찬양을 드렸었는지, 또 본인의 믿음생활은 어떠하였는지 회상하면서 자유롭게 A4 용지 한 장 정도의 분량으로 써달라고 하였건만 한 달이 다 되도록 응하지 못하여 죄송만만.

청년시절에는 하나님을 만나지 못하고 지냈어요.

그 시절에는 하나님에 대한 믿음도 없었고, 교회에 출석하지도 아니했어요. 그저 하루하루의 생활에 충실하여 주어진 일이나 학업에만 열중했지요. 우리 베다니의 젊은 형제자매들처럼 좀 더 일찍 하나님을 알았더라면 지금의 내가 아닌 다른 내가 되었을 테지요.

초등학교 시절 시골의 고향동네에 안식교와 감리교회가 있었는데, 4학년 때에 6.25동란이 났으며 그 무렵 얼마동안을 친구들과 안식교에 다녔어요. 교회라 해도 동넷집 사랑방에 모여 예배를 드리는 형편이었고, 목사나 전도사도 없이 그 집

주인 아저씨가 예배를 인도했어요. 예배가 진행되는 동안에 성경구절을 인용할 때에는 누구든지 먼저 찾는 사람이 낭독을 하게 되었는데 나는 곧잘 성경구절을 빨리 찾는 편이어서 다른 사람들보다 자주 성경구절을 낭독했던 일이 회상되곤 한답니다. 찬송을 불렀으나 성가대 같은 건 구경도 못했어요.

좀 더 뒷날에는 감리교회에 출석한 일이 있는데 가정집을 개조하여 예배당으로 사용하였던 기억이 납니다. 그 자리에는 전쟁 후에 교회 건물이 지어졌고, 나의 양친께서는 환갑이 넘은 연세에 이 교회에서 하나님을 영접하였고, 두 분 다 여든이 훨씬 넘도록 장수하시고 소천하였을 때에는 그 예배당에서 장례식을 치렀어요. 그러니까 나의 믿음생활은 초등학교 시절 얼마동안 예수님이나 성령을 알지도 못한 채로, 성경구절을 찾아 사람들 앞에서 낭독하는 재미로 교회에 다니는 정도로 지나갔어요.

그 후 대학시절과 군대생활, 직장생활로 이어지는 청년시절은 하나님을 모르고 지났어요. 결혼하여 서른의 나이를 넘어서 아이들을 낳고 나서야 집사람과 함께 우리교회의 서대문 교회시절에 그곳에 출석하면서 하나님을 영접하게 된 게 진정한 나의 신앙생활의 시작이었고 지금에 이이져 왔습니다.

베다니의 형제자매들이여 여러분은 정말 축복받은 하나님의 자녀들임을 여러분과 함께 하나님을 찬양할 때마다 나는 확인하고 있답니다.

※ 베다니(Bethany) : 여의도 순복음교회의 주일 1부 성가대명
예수께서 활동하던 시대 유대나라 예루살렘
남동쪽의 마을 이름이기도 하다.

나의 청소년기(靑少年期)- 가정 사역 숙제 1

돌이켜보면, 나의 청소년기는 양친께서 더할 나위 없이 있는 힘과 마음을 다하여 다섯 형제자매를 사랑하시고 교육시켜주신 은혜의 절정기로 각인되어 있다.

그 시절은 부모님이 강원도 영동지방의 시골에서 중농(中農) 정도의 농사를 짓는 일을 업으로 하시면서 생활하셨기에 경제적으로는 그렇게 넉넉한 형편이 못되었다. 그럼에도 나의 양친은 자식들에 대하여는 남달리 강한 교육열을 지니고 일하셨기에, 그 시절 나는 고등학교 졸업 후 대학에 진학하여 학업을 계속할 수 있었고, 군복무를 마치고 대학을 졸업하면서 남들이 부러워하는 이 나라의 중앙은행인 한국은행에 입행하여 사회에 진출하였으며, 가정을 이루어 아내와 함께 네 아들을 낳아 양육하면서 생을 영위하여 왔다. 그러기에 내 인생의 중요한 세월들을 보낼 수 있도록 꿈을 키웠던 시기가 나의 청소년 시절이었음이 새삼 확연하게 자리매김 되어지고 있다.

청소년 시절의 중요한 부분을 보내었던 내 고향은 강원도 동해안의 한 시골지방으로 당시는 면사무소가 있는 동네였는데, 지금은 읍사무소의 소재지가 된 곳으로 그 시절 그 고장의 많은 사람들은 반농반어(半農半漁)로 생계를 삼고 있었다.

중학시절에는 고향에서 부모님 슬하에 지냈으며, 6.25동란(動亂) 후 설립된 지 몇 해 안되었던 학교에서 공부하였는데 학교는 가건물(假建物)이었고, 책상도 걸상도 없는 교실에서 맨바닥에 앉아서 3년을 수업하였다. 나의 학업성적은 늘 우수하여 은사님들의 총애를 받았고 동료학우들에게는 선망의 대상이 되었던 것으로 지금도 기억하고 있다. 영어와 수학은 언제나 자신 있는 과목이었고, 학교생활이 보람된 나날이었던 것은 내 인생의 값진 추억으로 남아있다.

중학을 졸업하면서 당시에는 강원 영동지역의 교육도시였던 강릉에 있는 고등학교로 진학하게 되었고 그곳에서 강원 영동지역의 우수한 인재들과 만나 함께 공부할 수 있었다. 고교시절에는 방학 때가 되면 고향의 부모님 집에 가서 보냈으며, 초・중교 시절의 죽마고우들과 어울려 방학동안의 해방감을 만끽하면서 지냈던 날들은 내 인생의 또 하나의 잊을 수 없는 추억으로 남아 있기도 하다.

여름철에는 산과 들과 해변에서 벗들과 어울려 다니며 놀기도 하였고, 겨울방학 때는 친구네 집을 전전하면서 친구 부모님들의 사랑을 받으면서 함께 밥상을 펴놓고 공부하였고 미래를 얘기하기도 하였다.

청소년 시절에 나는 늘 힘자라는데 까지 최선의 노력을 다한다는 생각으로 공부하였지만 대학에 진학할 때는 실패의 쓴 잔을 마시기도 한 후에, 용기를 잃지 않고 공부하여 대학진학의 꿈을 이루게 된 경험을 갖게 되었다.

어느새 나는 벌써 내 인생의 성년 후기에 접어들게 된 것을 알게 되었고, 나의 청소년 시절에 양친이 베풀어 주신 자식에 대한 사랑과 교육의 열정을 귀중한 유산으로 물려받았으니, 나 또한 아내와 함께 우리의 네 아들에게 이를 전수해 주려고 지금도 노력하고 있다. 그리고 우리의 선하신 여호와 하나님께 그렇게 되도록 늘 간구하면서 살아가고자 한다.

- 2002년 가정치유아카데미과정, 평신도반, 가정사역(정동섭교수) 숙제 1

가정 사역 숙제 2

1. 자기소개

① 출생 : 1940년 2월 15일 강원도 삼척군 호산리

② 교육과정

- 출생지 호산에서 초등학교·중학교 졸업
- 강릉과 삼척에서 전학하면서 고등학교 졸업
- 연세대학교 상학과에 입학하고 졸업
- 한국은행 재직 중 미국 Univ. of Connecticut에 1년간 학술연수원으로 파견
  Public Management Development Program Course 이수

③ 경력

- 대학 졸업하면서 1968년 한국은행에 입행. 외환관리부, 조사부, 은행감독원, 국내지점, 해외사무소 등에서 일하였고 국장과 지점장을 역임하다가 1994년 2월, 27년을 근무한 한국은행을 퇴직하면서
- 지방은행인 강원은행 상무이사로 선임되어 4년을 일한 후 1998년 2월 상임감사로 선임되어 일하다가, 그 해 8월 IMF관리체제하에서 은행부실화에 따른 연대책임을 사유로 퇴임
- 또다시 1998년 12월 경기도 안양에 본점을 둔 대양상호신용금고(주)의 상임감사로 선임되어 일하다가 2000년 8월 약 33년간의 금융기관 근무를 끝내고 퇴직한 후, 일상생활을 영육 간에 강건하게 하려고 노력하면서 현재에 이르렀음

④ 신앙생활

- 1971년 가을, 서대문 교회시절의 순복음교회에 출석하여 순복음교회 성도가 되었고, 그 후 물침례받고, 서리집사, 안수집사로 봉사하다가 1997년 장로 장립되었음

⑤ 가족관계

- 1969년 결혼, 4명의 아들을 낳아 장성토록 양육하였으며, 아내는 순복음교회의 전도사로 20년간 사역해 오다가 금년 7월말로 퇴임하였음.
- 장남(재준)은 서울대학교 국제경제학과 및 동대학원을 졸업하면서 한국은행에 입행, 군복무를 필하고 2년 근무하는 동안 결혼하였고, 2000년 6월 미국 Univ. of Texas at Austin에 유학, 경제학 박사과정에서 학업 중
- 차남(재혁)은 연세대학교 의과대학 졸업, 그 대학병원에서 전문의 과정 마치고, 소아과 전문의가 되어 금년 5월 소아과 의원을 차려 의업에 종사
- 3남(재용)도 연세대학교 의과대학 졸업, 역시 신촌세브란스 병원에서 내과전문의 과정 4년차 수련 중
- 4남(호재)은 연세대학교 경영학과 졸업 후, 롯데쇼핑(주)에 입사, 사원으로 일하고 있음
- 장남과 차남은 결혼하였으며, 장남은 아들, 차남은 딸을 낳아 양육하고 있어 손자손녀 각각 하나씩 두게 되었음

2. 가장 고통스러웠던 경험

지금까지 60평생을 살아오면서 마음에 고통스런 충격을 받았던 일들이 때때로 있었습니다. 그러나 그 어떤 경우가 가장 마음 아팠던가는 비교가 잘 안되기에 그런 일들 중의 하나를 적어, 과제에 대한 답으로 하고자 합니다.

나의 어머님은, 82세로 천국 가신 아버님보다 5년의 수(壽)를 더 누리시고 1992

년 2월 17일 저녁, 86세를 일기로 하늘나라로 가셨습니다. 어머님에 관한 비보를 접하고 귀향길에 올라 그 다음날 고향집에 도착하여, 호흡이 멈추신 어머님 곁에 다가앉아 어머님의 이마에 손을 얹어보고 또 손을 잡아보았을 때, 모두 싸늘한 촉감을 내 손을 통하여 느끼면서, '아, 이제는 어머님도 영영 우리 곁을 떠나시는구나!' 하는 상념에 사로잡히게 되면서, 살아계셨던 동안 어머님을 좀더 많이 기쁘시게 해드리지 못한 통한을 느끼고 눈물지으며 흐느껴 울었던 일이 그 후 때때로 상기됩니다.

어머님이 작고하신 해보다 9년 전인 1983년 5월~1984년 5월의 한 해 동안은 내가 일하였던 한국은행으로부터 학술연수원으로 파견되어 미국의 Univ. of Connecticut에서 수학한 때가 있었습니다. 그 무렵에는 연로한 노부모님이 고향에서 살고 계셨기에 매월 한 번씩은 낙향하여 양친을 찾아뵙곤 하였습니다. 한 해 동안은 부모님을 뵙지 못하게 된다는 말씀을 드리려고 출국에 앞서 고향집에 갔을 때의 일이, 숨을 거두신 어머님 곁에 앉아 있으면서 떠올랐습니다. 그때 부모님 곁을 떠나던 날, 헤어질 때 어머님은 우리 집 근처의 냇가 제방 둑길까지 나오셨고, 나는 어머님께 손을 흔들며 작별인사를 하고 떠나와 상경하였으며, 며칠 후 아내와 네 아들과도 떨어져 한 해를 미국에서 수학하였습니다.

이국땅에서 홀로 학업을 하던 기간 내내, 그 때 고향집을 나오면서 제방길까지 따라 나오셨던 어머님의 주름 잡힌 손을 잡아주지 못하고 작별인사만 하고 떠나왔던 일을, 그 한 해 동안 때때로 아쉬워했던 일이 있었습니다.

이런 일이 있었기에 그로부터 아홉 해를 더 사시고 우리 곁을 영원히 떠나시게 되는 어머님의 싸늘하게 식은 손을 잡게 된 순간, 평소에 어머님의 손을 더 많이 잡아주지 못했던 불효했던 생각이 엄습해 왔고, 흐느낌으로 변했던 아픈 마음을 금할 수 없었던 기억이 남아있어, 오늘 그 일을 적었습니다.

3. 가장 아름다운 추억

아내와 결혼하기 전 1968년 어느 가을날, 산과 들에 추색(秋色)이 완연하였던 수원근교의 신갈저수지 들판을 둘이서 처음으로 손도 잡아보고, 포옹도 하면서 데이트하였던 일

- 2002년 가정치유아카데미과정, 평신도반, 가정사역(정동섭 교수)숙제 2

- 가족사진 (2013년 9월)

영산교회 중등부 주일 성찬예배 기도문

우주와 삼라만상(森羅萬象)을 주관하시며 지금 이 시간에도 성령으로 임(臨)하시어 우리와 함께 하시는 하나님 아버지,

존귀와 영광을 돌립니다.

오늘 이 성찬예배(聖餐禮拜)로 주께서 택하신 우리들 한 사람 한 사람을 불러주시고 주님을 찬양하고 예배하게 하여 주시니 감사를 드립니다.

하나님 아버지,

우리는 지난 한 주간에도 가정에서, 학교에서, 또는 일터에서 주님 뜻대로 행하지 못하고 때로는 잘 못한 적도 있습니다.

이 시간 회개하오니 십자가의 보혈(寶血)로 우리를 정결(淨潔)케 하여 주시옵소서.

하나님 아버지,

우리나라를 주변열강(周邊列强)의 패권경쟁 가운데서도 굳건히 지켜주시옵소서. 대통령을 비롯한 이 나라의 지도자들에게 하늘의 지혜와 명철을 내려 주시사 우리나라를 번영의 길로 가게 하여 주시옵소서. 그리스도의 복음(福音)이 삼천리방방곡곡(三千里坊坊曲曲)에 전파(傳播)되게 하여 주시사 주의 나라가 확장되게 하여 주시옵소서

하나님 아버지,

여의도 순복음교회를 굳건한 반석위에 서게 하여 주시고, 세계적인 교회로 성장케 하여 주시며 곳곳에 지교회(支敎會)를 건립하게 하여 주시고 5대양 6대주에 주의 복음을 전파하게 하여 주시니 감사를 드립니다.

당회장 조용기 목사님에게 독수리 같은 새 힘을 항상 허락하여 주시옵소서.

함께 사역하는 우리교회의 모든 교역자들과 해외에 파송한 선교사들에게 풍성한 열매를 맺게 하여 주시옵소서

하나님 아버지,

영산교회를 크게 부흥되게 하여 주시고 우리에게 맡겨주신 선교 사명을 훌륭하게 감당케 하여 주시옵소서

우리교회학교의 이 중등부에 큰 은혜를 베풀어 주시어 이 중등부 교실이 주님의 새싹들로 차고 넘치게 하여 주시옵소서.

최치정 담임목사님에게 성령께서 늘 함께 하여 주시어 맡겨주신 그 귀한 사명 잘 감당케하여 주시옵소서. 이 아침에도 제단위에 서실 때 주의 성령께서 도우사 우리에게 은혜로운 말씀을 선포하게 하여 주시옵소서.

우리가 다시 한 번 새롭게 변화되는 시간되게 하여 주시옵소서.

하나님 아버지,

이 시간 이 성찬예배에 참여하여 머리 숙여 기도하는 우리 한사람 한사람의 심령을 굽어 살피사 우리에게 은혜와 긍휼을 베풀어 주시옵소서.

지혜와 총명과 건강이 늘 우리와 함께 하게 하여 주시옵소서.

공부에 열심을 다하여 우리 모두가 남의 위에 있게 하여 주시고 남의 꼬리 되지 않게 하여 주시옵소서.

먼 장래를 내다보고 큰 꿈을 가지게 하여 주시고 그 꿈을 실현하도록 노력하는

사람들 되게 하여 주시옵소서.

가정에서는 부모 형제 자매들의 기대에 어긋나지 않게 하여 주시고 학교에서는 선생님들과 동료 학우들로부터 칭찬받는 사람들 되게하여 주시옵소서

장차 이 나라의 온갖 분야에서 귀하게 쓰이는 일꾼들이 이 중등부에서 많이 배출되게 하여 주시고, 교회의 훌륭한 지도자들로 성장하게 하여 주시옵소서

이 중등부에서 천국복음(天國福音)을 가르치는 선생님들 한 분 한 분의 가정과 하는 일들 위에 늘 평강과 복이 있게 하여 주시옵소서

우리들의 그 누구도 길가에나 돌밭이나 가시떨기 위에 떨어지는 씨앗이 되지 아니하고, 좋은 땅에 뿌려지는 씨앗이 되어 혹은 30배, 혹은 60배, 혹은 100배의 풍성한 믿음의 결실을 맺도록 하여 주시옵소서.

하나님 아버지,

오늘 이 성찬예배의 아름다운 진행을 위하여 봉사하는 주의 일꾼들을 일일이 기억하여 주시옵고 아름다운 찬양을 불러 주님께 영광 돌리기를 원하는 성가대를 격려하여 주시옵소서.

이 예배를 주께서 온전히 받아 주시옵기 원하오며 주 예수 그리스도의 이름으로 기도합니다. 아멘.

- 2006. 7. 2일 중등부 성찬예배 기도문

※영산교회 : 경기도 고양시 일산신도시에 있는 여의도순복음교회의 지성전

김학철 대리의 결혼주례사

오늘 신랑 김학철군과 신부 김필원양의 결혼식을 거행함에 있어서 귀한 시간을 내어 이렇게 참석하여 축복을 해주시는 하객 여러분께 진심으로 감사를 드립니다. 그리고 오늘이 있기까지 온갖 어려움과 사랑으로 이렇게 신랑 신부를 훌륭히 키워주신 양가의 부모님들께 삼가 경의를 표하는 바입니다.

오늘 결혼하는 신랑 신부는 지금까지는 서로 다른 가정환경에서, 또 서로 다른 사고방식을 가지고, 그리고 서로 다른 교육과정을 거치면서 성장하여 왔습니다. 그러나 지금 이 순간부터는 이렇게 서로 만나 '부부의 연'을 맺고 함께 가정을 이루고 살아가게 됩니다. 두 사람은 한 쌍의 부부로 두 사람 공통의 길을 걸어가게 되었습니다.

이제부터는 이 세상을 사는 동안은 즐거움과 괴로움을 함께 하며, 서로 도와가면서 살아가게 됩니다.

주례자의 앞에 선 두 분이 이 자리에 서기까지는 이 세상 누구에게서도 볼 수 없는 서로의 좋은 점을 보고 인정하였기에 이렇게 부부가 되기로 약속하고 이 자리에 서게 된 것입니다.

오늘 이 성스러운 결혼식의 주례를 맡은 본인이 두 분에게 꼭 당부하고 싶은 말씀을 드리고자 합니다.

이제부터는 죽음이 두 분을 서로 갈라놓을 때까지는 어떤 일이 있더라도 두 분은 서로를 존중하고, 자기를 양보하고, 참는 자세를 가지고 살아가야 합니다.

서로를 존중하면서 가정을 이룩해 나가야 한다는 것은 서로가 존중하는 마음이 깃들어 있지 아니한 사랑은 참사랑이 아니며 인격을 갖춘 부부의 도리가 아니기 때문입니다.

그리고 항상 자기를 양보하고 참을 줄 알아야 한다는 것은, 사랑은 참고 양보하는 것이며 이렇게 하는 것이 가정의 화평을 이루는 첩경인 것을 경험으로 알게 되는 때문입니다.

사람이라는 것은 신과는 다른 것이기에 누구나 완벽하지 못한 것입니다. 그러기에 그 어느 누구라도 좋은 점과 함께 결점도 가지고 있는 존재인 것입니다. 오늘부터 시작되는 부부로서 두 사람이 함께 지내노라면, 결혼 전에는 보지 못했던 상대방의 결점들이 눈에 띄게 될 것입니다. 그런 때 그것을 일일이 서로가 나무라게 되면, 원만한 가정생활을 할 수 없게 되는 것입니다.

웬만한 일에는 눈을 감는 것이 가정을 화평하게 합니다. 그러기에 17세기 영국의 성직자이며 사학자인 토마스 플러(Thomas Fuller)는 말하기를 "결혼 전에는 두 눈을 크게 뜨고 보라. 그러나 결혼하고 나서는 한 쪽 눈을 감으라."고 했습니다. 한 쪽 눈을 감고 사는 만큼의 마음가짐이 필요하다는 말입니다.

오늘 이렇게 새롭게 시작하는 결혼 생활의 가정을 이루어가는 두 분은 이 말을 반드시 인생을 살아가면서 마음속에 담아두고 살아가 주시기를 간곡히 당부합니다.

부디 보람 있고도 성공적인 가정을 꾸려가기를 바라겠습니다. 그러면, 하나님의 가호가 신랑 김학철 군과 신부 김필원 양 두 분의 앞날에 늘 함께 하시기를 빌고 양가의 부모님과 하객 여러분께 다시 한 번 감사의 말씀을 드리며 이만 주례사를 마치겠습니다.

감사합니다.

※ 김학철 대리 : 강원은행 상무이사 시절(1994~98년)의 기획조사부 직원

흔적(痕迹)

나에게는 잊을 수 없는 추억 중에 이런 일이 있다. 1967년 늦은 가을의 어느날 대학 졸업을 앞두고 치른 입행시험 합격자 발표를 보러 남대문 근처에 있는 한국은행으로 갔다.

은행의 동쪽 후문으로 들어가 석조건물의 뒷벽에 붙은 방(榜)을 쳐다보았다. 합격되었음을 확인했다. 합격통보는 지도교수님으로부터 들어 이미 알고 있었지만, 내 눈으로 확인하고 싶었고 은행 측으로부터 합격자들에게 고지(告知)할 사항도 있을 것 같아서 직접 게시내용을 보러 간 것이다.

일제시대에 건축된 고색창연한 석조건물의 벽에 붙은 합격자명단에는 분명히 내 이름 석자도 들어 있었다. 그런데 그 게시문 하단에 나를 포함한 5명의 이름이 다시 적혀 있고, 이 사람들은 3개월 경과후 흉부 X-ray 재촬영을 실시한다는 내용이 적혀 있는 게 아닌가.

어찌된 까닭인지 알아보려고 학교에 돌아와, 우리를 지도하셨던 한기춘(韓基春) 교수님을 찾아보았다. 우리 학교에서는 나와 강형문이 신체검사에서 흉부 X-선 촬영 결과 무슨 흔적이 있어, 일정기간 경과 후 재촬영해 보고 입행여부가 결정된다는 것이었다. 그 때 한 교수님도 답답하다고 하시면서 나와 강군을 데리고 어디 병원에 한 번 가보자고 하시어 함께 교정(校庭)을 나서게 되었다. 무악산 아래 자리 잡은 늦가을 캠퍼스의 나무마다 단풍이 아름답게 물들어 있는 백양로(白楊路)를 함께 걸어 나오면서 이런 말씀을 하신 것으로 기억에 남아 있다.

"야, 이렇게 숲도 많고 공기도 맑은, 이 좋은 환경 속에서 공부한 사람들이 왜 폐결핵에 걸리다니! 어찌된 일이야?"

나는 참으로 이상하다는 생각이 들었다. 폐결핵에 걸려 앓아보거나 치료 받아 본 적이 없었으니 말이다. 4학년 2학기 동안에는 강의시간도 뜸하여져 학교 도서관에서 공부하는 일이 계속되다가 취직시험도 끝났고, 그 이후로는 사실상 학교 수업도 거의 종강된 때여서 나는 낙향하여 건강문제를 부모형제들과 상의하였다.

그 때부터는 고향집에서 소일하면서 3개월 정도를 밥 잘 먹고, 어머님이 손수 만들어 주시는 귀한 음식도 섭취하면서 건강관리를 했다. 그 후 한국은행에서 정한 절차에 따라 흉곽 X-ray 재촬영을 한 결과 3개월 전의 사진과 동일하여 비활동성(非活動性)으로, 이상 없다는 판정이 나와서 다른 동료들과 함께 입행(入行)하게 되었으며, 그 후 반세기 다 되어가는 지금까지도 이상이 없이 살아왔다.

한은에 입행하기 7년전 쯤으로 다시 돌아가, 군대에 입대(入隊)하여 복무를 하고 있을 때의 일이 또 있다. 논산훈련소에서 신병훈련을 마치고, 당시 부산 동래에 주둔하고 있던 1206건설공병단에 배치되어 근무하게 되었다. 논산훈련소에서 함께 훈련받고 같은 부대에 배치된 향우(鄕友)로는 이완교와 박희철이 있었다. 박희철과 나는 그 공병단소속 중장비 중대에 배속되어, 나는 작전교육계(作戰敎育係)에, 박희철은 사병계(士兵係)에 복무하고, 이완교는 공병단본부 인사처 상벌계(賞罰係)에 근무하게 되었다.

군대생활 1년쯤 지났을 때의 일이다. 공병단 본부 인사처에 근무하던 이완교가 힘을 써 나를 카투사(KATUSA)로 차출되도록 특명을 나게 해주었다. 공병단본부의 인사명령에 따라, 전출수속을 밟고 이동하여 나는 당시 경기도 부평 어디엔가 있던 미군부대에서 한 나절에 걸쳐 신체검사를 받게 되었다.

그날 저녁 무렵에 신체검사 결과, 가슴 부위 X-ray에 문제가 있다고 하여 카투사 전출 불가판정이 내려져 한국군부대로 귀대 조치되고 말았다. 그 당시만 해도 군대에서는 카투사로 차출되어 받게 되는 하루 동안의 신체검사 과정으로는 가슴(chest) 부분의 이상 여부에 대한 추이를 살펴볼 정황이 못되었던 탓인지 그 날로 당시 서울의 구로동에 있던 한국군보충대로 나는 돌려보내지게 되었다. 며칠 동안 보충대에서 사역병으로 일하였고, 그 후 다시 대전에 있는 3관구사령부 공병

근무대 장비과에 재배치되어 복무하다가 제대하였다.

이런 일로 해서 많은 세월이 지난 뒤에야 생각해 보게 되었는데, 내 가슴속의 허파에는 X-ray 촬영을 해 보면 무슨 흔적(痕迹)이 남아 있음이 나타나게 되는데도, 의학상식에 어두웠던 탓으로 그 때마다 이상하다 생각하면서 상당한 세월을 지나왔다. 내가 군대에 가기 이전 청소년시절 언젠가 나도 모르게 폐결핵에 가볍게 걸렸다가 자연 치유되는 과정에서 내 허파의 한 부분에는 석회화(石灰化)된 공동(空洞)이 생겨, 남아 있다는 것을 알게 되었다.

이 공동은 그 당시만 해도 일정한 기간 동안의 관찰 결과를 보아서, 의학적 표현으로는 비활동성(inactive)임이 판명되어 건강에 이상이 없었기에 한국은행에 입행하게 되었을 것이다.

그렇지만 그 보다 더 오래전에 군대에서 있었던 일로, 카투사로 차출되어 받게 되었던 짧은 신체검사 기간 중에는 그것이 활동성결핵인지 비활동성인지 그 흔적의 변화추이를 살펴볼 정황이 못 되었던 탓으로 한국군부대로 돌려보내진 것이라 생각되었다.

※ 카투사(KATUSA): 한국에 주둔하는 미국 육군에 배속된 한국 군인, Korean Augmentation Troops to U.S.Army의 약칭

지역경제(地域經濟)에서의 지방은행(地方銀行)

우리나라 지방은행은 주된 영업기반을 지역(地域)에 두고 지역에서의 자금을 집대성하여 지역사회 발전에 기여하도록 설립되어 이제 그 연륜이 4반세기가 지났다.

그동안 지방은행은 각기 그 지역에서의 기업 가계 공공단체 등의 다양하고 종합적인 금융수요에 부응하여 자금을 공급하는 한편 그들에게 금융자산의 적절한 운용수단을 제공하는 금융서비스를 해 온 지역중심은행(地域中心銀行)이자 향토은행(鄕土銀行)으로서 지역경제와 지역사회에 상당한 소임을 수행해 왔다.

근년(近年)에 와서는 국제화·개방화의 물결이 거세게 됨에 따라 밖으로는 금융국제화가 빠른 속도로 진행되고 있어 국제업무부문이 은행의 주된 수익원(收益源)으로 변화되어 가는 과정에 있고, 안으로는 지방자치제 실시로 지방화시대의 본격적인 전개를 앞두고 경제력 서울집중현상의 완화와 지역경제의 균형발전에 그 어느 때 보다도 크게 기여할 것이 우리의 지방은행들에게 요구되고 있는 실정이다.

그동안 우리나라 지방은행의 소임(所任) 가운데 가장 돋보이는 것은 지방중소기업금융지원의 주축이 되어 온 것이라 하겠다. 지방은행은 그 지역에서 다른 금융기관들보다 지방중소기업에 자금을 더 많이 공급해 왔다. 무엇보다 지방은행은 중소기업에 대한 의무대출비율이 타금융기관보다 월등히 높다. 지방의 중소기업 육성을 위하여 금융지원의무를 지방은행은 더 크게 지도록 금융정책을 운용해 왔기 때문이다. 지방은행은 자행(自行) 대출증가액의 70%이상을(지난 5월 이전까지는 80%이상) 중소기업에 융자하도록 중소기업의무대출비율을 높게 하고 있는데 비하여 시중은행은 45%, 우리나라에 와 있는 외국은행국내지점은 35%로 하고 있다.

강원도의 경우 한국은행 자료에 의하면 도내 금융기관 전체의 중소기업금융지원규모가 지난해 말로 8,533억 원으로 총대출 2조 441원의 41.7%에 해당하는 중소기업금융지원 비율을 보이고 있다. 지방은행인 강원은행은 지방중소기업에 3,409억 원을 융자하여 강원은행 도내(道內)대출의 83.4%에 달하고 있고, 도내 전체금융기관대출의 중소기업금융지원 비율의 배(倍)나 되는 실적을 보이고 있다.

그리고 지방은행은 주영업기반을 지방에 두고 있기 때문에 수도권 점포에서 조성한 자금도 본점이 있는 역내(域內)로 자금을 유입(流入)해 올 수밖에 없어 다른 금융기관에 비하여 역내의 예대율이 높게 마련이다. 한국은행 자료에 의하면 금융기관이 예수금으로 조성한 자금 중 대출금액규모의 비중을 나타내는 지표인 예대율이 지난해 연말(年末) 도내 일반은행 가운데 시중은행은 51.5%, 지방은행인 강원은행은 103.2%를 보이고 있다. 또한 금융감독기관은 지방은행 서울소재 영업점의 대출한도는 당해점포 총예수금의 100% 이내로 운용토록 하고 있어 역내조성자금의 수도권으로의 역외유출은 제도상 불가능하게 되어 있기도 하다. 강원은행의 경우는 지난 6월말 강원도외 지역인 수도권에서의 대출규모는 2,345억 원으로, 수도권에서 조성된 수신규모 4,256억 원의 55.1%를 보이고 있다. 한편 강원은행의 수도권지역의 여수신규모가 차지하는 비중은 수신이 강원은행 총수신 1조 1,091억 원의 38.4%, 대출은 7,111억 원의 32.9%였다.

다음으로는 지방은행은 도내총생산(道內總生産)(GRP, Gross Regional Product)과 지역사업에 상대적으로 많이 기여하고 있다.

지방은행의 도내 중소기업금융지원은 주로 제조업 건설업 전기가스업 기술적서비스업을 영위하는 기업이고, 이들의 도내 총생산에서 차시하는 비중이 매우 높다. 강원도의 경우도 도내 총생산의 산업별구조를 보면 광공업 건설 전기가스

서비스업 순으로 되고 농림어업의 기여도는 줄어들고 있다. 산업사회로 이행하면서 공업화가 진전됨에 따라 우리나라 농림어업인구의 비율은 60년대의 60%수준에서 90년대에 들어 16%수준으로 내려가게 되었고 농림어업부문의 국내 총생산 기여도도 줄게 된다. 따라서 금융부문의 지원도 산업의 기여도와 함께 제조업위주로 이루어지게 되어 지방은행의 금융지원도 제조업이나 기술적 서비스업 위주로 이루어지게 되는 것이다.

또 하나는 지방은행은 지역중심은행이라는 제도상의 위상 때문에 지역사회의 발전과 함께 성장할 수밖에 없다. 우리나라의 10개 지방은행이 다 그러하듯이 지역세와 상당한 관련성을 보이고 있음도 주지의 사실이다. 강원은행의 경우도 근년에 와서 지역문화 · 예술 · 체육행사지원, 지역개발연구원기금출연, 학생회관건립기증, 대학생논문현상모집과 같은 산학협동 등 지역사회에 애착을 가지고 지역발전과 더불어 성장하려는 노력을 보여 왔다.

이제 여기서 지방화시대의 지역금융발전을 위한 과제로서 다음 몇 가지를 강조하고자 한다.

무엇보다도 지방화시대의 진전에 따라 지역금융활성화의 상당한 소임을 지방은행이 담당하게 될 것이고, 지방정부는 지역경제발전에 지역에 본거지(本據地)를 두고 있는 지방은행을 잘 활용하는 것이 바람직하다. 지방은행의 연륜이 25년이나 되어 이제는 어떤 업무도 감당할 수 있어 지방화시대에 향후 지역개발사업에 필요한 자금조달을 위하여 발행하는 지방정부채권의 인수요구와 같은 것도 수용할 수 있을 만큼 능력을 보유하고 있다. 앞으로 금융개혁이 더욱 추진되면 전국을 영업기반으로 하는 금융기관보다는 지역사정에 밝아 지역의 경제주체들에 관한 보다 많은 정보를 가지고 있는 지방은행이 더 많이 성장하고 지역경제발전에의 공헌도가 높아질 것이기 때문이다. 앞에서도 언급(言及)한 바와 같이 제도상 지방은행은 시중은행이나 제2금융권보다는 지역의 기업이나 가계에 더 많은 환원

금융(還元金融)을 하게 되어 있고, 수도권점포에서 조성한 자금도 본점을 통하여 관리되기 때문에 경제력 서울집중현상의 완화와 지역경제발전을 가일층 촉진할 수 있는 것이다.

다음은 지방자치제가 실효를 거두기 위해서는 지역경제의 균형적 발전이 전제되어야 하고 이를 위해서는 그 지역을 주된 영업기반으로 하는 지방은행을 지역금융의 중추기관으로 육성하여 지역금융활성화의 선도적 역할을 담당하도록 해야 할 것이다. 지방은행은 주영업기반을 지역에 두고 있어 지역조성자금의 역외유출을 하지 아니하고, 지방중소기업대출도 현저히 많을뿐더러 추석·연말 같은 때의 긴급자금지원 등 지역금융의 큰 몫을 수행하고 있기 때문이다.

또 하나는 지방화시대에 맞는 종합금융시스템을 갖추고 있고 영업기반을 지역에 두고 있는 지방은행의 공금고(公金庫) 취급확대로 공금고자금을 지역개발로 연계(連繫)기키는 것이 바람직하다. 이렇게 함으로써 지방은행은 지역에서의 영업기반을 더욱 튼튼히 하여 그 설립목적대로 지역에서의 자금집대성, 다양하고 종합적인 지역에서의 금융수요부응, 지역사회발전에 기여하는 향토은행(鄉土銀行)으로서의 기능과 역할이 강화될 것이기 때문이나. 지방자치제가 발달한 일본의 경우도 47개 도도부현(都道府縣)에서 지방은행이 관장하는 지방정부의 공금고는 41개(87.2%)에 이르고 있어, 지방정부의 공금고가 지역개발과 관련 있음을 보여주고 있는 사례는 타산지석(他山之石)으로 삼을만 하다고 하겠다. 이 지역의 학계(學界)에서도 지역경제발전에 지방은행을 육성·참여하게 하여야 한다는 주장을 하고 있다. 지난 5월 10일 강원대학교 주최 국제학술심포지움 "지역발전격차에 대한 정치경제학"에서 이 대학 박대순(朴大淳)교수는 발표논문 '경제발전에 대한 춘천시 Dilemma의 정부간역동성고찰(政府間力動性考察)'을 통하여 공금고 지방은행 담당의 낭위성을 제시한 바 있다. 또한 한국은행 창립 제40주년 기념행사로 한은 춘천지점에서 개최되었던 지역경제세미나 "강원지역발전과 지역금융의 역할"에서도 한림대(翰林大) 장대홍(張大洪)교수는 발표논문 '강원지역발전을 위한 지역금융활성화 방안'을 제시하면서 지역에 본거지를 둔 금융기관이 지역사회에 보다 밀착해 있는 만큼 지역개발에 있어 주인의식을 기대할 수 있기 때문에 지역에 본거지를 둔 금융기관의 지역금융에서의 역할이 중요하다고 강조한 바 있다.

이러한 과제는 사실 어느 한 지방에만 국한되는 것이 아니고 우리나라 각 지방의 지역금융이 안고 있는 공통적인 문제이다. 향후 금융자율화의 진전과 함께 각종 정책금융이 단계적으로 축소되고 금융기관업무도 시장원리에 의하여 운영될 것이기 때문에 지역경제의 활성화와 장기적 발전을 위하여 지원이 불가피한 지방중소기업에 대한 대출재원을 여하히 확충하느냐 하는 과제를 우리는 해결해야 한다.

오늘날 심각히 거론되고 있는 경제력 서울집중현상의 완화와 지역금융의 낙후성 즉, 자금 흐름의 왜곡현상, 토착중소기업의 영세성과 경쟁력 취약성 등을 해결하고 지역실물경제의 활성화와 자립기반확충을 위하여 지방정부의 지역경제에 대한 역할이 증대되어야 할 것이며, 지방중소기업금융지원에 상당한 소임을 수행해온 지방은행의 발전이 지역금융발전의 주축이 되는 것이, 지역사회발전을 앞당기고자 하는 지방화시대의 지역자치정신에도 부합되는 것이라 하겠다.

- 1994. 10. 12일자 강원일보'江原時論' 기고문, 당시 강원은행 상무이사

江原時論

地域經濟에서의 地方銀行

韓奉均

<강원은행상무>

우리나라 지방은행은 주된 영업기반을 地域에 두고 지역에서의 자금을 집대성하여 지역사회발전에 기여하도록 설립되어 이제 그 연륜이 4반세기가 지났다。

그동안 지방은행은 각기 그 지역에서의 기업 가계 공공단체등의 多樣하고 종합적인 금융수요에 부응하여 자금을 공급하는 한편 그들에게 금융자산의 적절한 운용수단을 제공하는 금융서비스를 해온 地域中心銀行이자 鄕土銀行으로서 지역경제와 지역사회에 상당한 소임을 수행해 왔다。

近年에 와서는 국제화·개방화의 물결이 거세게 됨에 따라 밖으로는 금융국제화가 빠른 속도로 진행되고 있어 국제업무부문이 은행의 주된 收益源으로 변화되어 가는 과정에 있고 안으로는 지방자치제 실시로 지방화시대의 본격적인 전개를 앞두고 경제력 서울집중현상의 완화와 지역경제의 균형발전에 그 어느때 보다도 크게 기여할 것이 우리의 지방은행들에게 요구되고 있는 실정이다。

그동안 우리나라 지방은행의 所任 가운데 가장 돋보이는 것은 지방중소기업금융지원의 주축이 되어 온 것이라 하겠다。 지방은행은 그 지역에서 다른 금융기관들보다 지방중소기업에 資金을 더많이 공급해 왔다。 무엇보다 지방은행은 중소기업에 대한 의무대출비율이 타금융기관보다 월등히 높다。 지방의 중소기업육성을 위하여 금융지원의 무를 지방은행은 더 크게 지도록 금융정책을 운용해 왔기 때문이다。 지방은행은 自行 대출증가액의 70%이상을(지난 5월이전까지는 80%이상) 중소기업에 융자하도록 중소기업의무대출비율을 높게 하고 있는데 비하여 시중은행은 45% 우리나라에 와 있는 외국은행국내지점은 35%로 하고 있다。

강원도의 경우 한국은행 자료에 의하면 도내 금융기관 전체의 중소기업금융지원규모가 지난해말로 8천5백33억원으로 총대출 2조4백41억원의 41.7%에 해당하는 중소기업금융지원 비율을 보이고 있다。 지방은행인 강원은행은 지방중소기업에 3천4백9억원을 융자하여 강원은행 도내 대출의 83.4%에 달하고 있고、道內전체금융기관대출의 중소기업금융지원비율의 배나 되는 실적을 보이고 있다。

그리고 지방은행은 주영업기반을 지방에 두고 있기 때문에 수도권점포에서 조성한 자금도 본점이 있는 域內로 자금을 流入해 올 수 밖에 없어 다른 금융기관에 비하여 역내의 예대율이 높게 마련이다。 한국은행 자료에 의하면 금융기관이 예수금으로 조성한 자금중 대출금액규모의 비중을 나타내는 지표인 예대율이 지난해 年末 道內일반은행 가운데 시중은행은 51.5% 지방은행인 강원은행은 1백3.2%를 보이고 있다。 또한 금융감독기관은 지방은행 서울소재 영업점의 대출한도는 당해점포 총예수금의 1백%이내로 운용토록 하고 있어 역내조성자금의 수도권으로의 역외유출은 제도상 불가능하게 되어 있기도 하다。

다음으로는 지방은행은 道內총생산(GRP)과 지역 사업에 상대적으로 많이 기여하고 있다。 지방은행의 도내 중소기업금융지원은 주로 제조업 건설업 전기가스업 기술적 서비스업을 영위하는 기업이고 이들이 도내 총생산에서 차지하는 비중이 매우 높다。 강원도의 경우도 도내 총생산의 산업별구조를 보면 광공업 건설 전기가스 서비스업순으로 되고 농림어업의 기여도는 줄어들고 있다。

또 하나는 지방은행은 지역중심은행이란 제도상의 위상때문에 지역사회의 발전과 함께 성장할 수 밖에 없다。 우리나라의 10개 지방은행이 다 그러하듯이 지역세와 상당한 관련성을 보이고 있음도 주지의 사실이다。 강원은행의 경우도 근년에 와서 지역문화·예술·체육행사지원 지역개발연구원기금출연 학생회관건립기증 대학생논문현상모집과 같은 사회협동으로 지역사회에 애착을 가지고 지역발전과 더불어 성장하려는 노력을 보여 왔다。

이제 여기서 지방화시대의 지역금융발전을 위한 과제로서 다음 몇가지를 강조하고자 한다。

무엇보다도 지방화시대의 진전에 따라 지역금융활성화의 상당한 소임을 지방은행이 담당하게 될 것이고 지방정부는 지역경제발전에 지역에 본거지를 두고 있는 지방은행을 잘 활용하는 것이 바람직하다。

지방은행의 연륜이 25년이나 되어 이제는 어떤 업무도 감당할 수 있어 지방화시대에 향후 지역개발사업에 필요한 자금조달을 위하여 발행하는 지방정부채권의 인수요구와 같은 것도 수용할 수 있을 만큼 능력을 보유하고 있다。 앞으로 금융개혁이 더욱 추진되면 전국을 영업기반으로 한 금융기관보다는 지역사정에 밝아 지역의 경제주체들에 관한 보다 많은 정보를 가지고 있는 지방은행이 더 많이 성장하고 지역경제발전에의 공헌도가 높아질 것이기 때문이다。

다음은 지방자치제가 실효를 거두기 위해서는 지역경제의 균형적 발전이 전제되어야 하고 이를 위해서는 그 지역을 주된 영업기반으로 하는 지방은행을 지역금융의 중추기관으로 육성하여 지역금융활성화의 선도적 역할을 담당하도록 해야 할 것이다。 지방은행은 주영업기반을 지역에 두고 있어 지역조성자금의 역외유출

방중소기업대

려 추석·연말

원등 지역금융

있기 때문이다

또 하나는

합금융시스템

기반을 지역에

의 公金庫취급

지역개발로

직하다。 이

은 지역에서의

특히 하여 그

서의 자금

인 지역에서

사회발전에 기

서의 기능과

때문이다。 지

론의 경우도

방은행이 관

금고는 41개(

어、지방정부

파 관련있음

는 他山之石

겠다。 이 지

경제발전에

히게 하여야

있다。 지난

주최 국제학

지방은행 해외증권(海外證券)발행이 의미하는 것

지방은행인 강원은행이 드디어 국제금융시장에 당당히 첫발을 내디디고 변동금리부채권(Floating Rate Notes)의 처녀발행에 성공하였다.

그동안 국내에서는 규모는 작지만 견실한 지방은행으로 평판을 받아오던 강원은행이 국제금융시장에서 높은 신인을 받아 미화 4천만 달러 규모, 상환기간 5년의 중장기채권을 발행한 것이다. 금리 또한 그렇게 높지 않은 리보(런던은행간금리)+0.4%의 변동금리부채권을 10개 주요국제금융기관들로 구성된 차관단에 인수하므로써 발행자와 투자가 쌍방이 금리변동위험을 피할 수 있도록 하여 성공적으로 거래를 성립시켜 외화자금을 조달하였다.

이 증권발행으로 국제금융시장에서 조달하는 4천만 달러의 자금이 원화로는 308억원에 상당하는 것으로, 이 돈은 강원은행 자본금인 1,062억원의 약 3분의 1 규모의 큰 자금인 것이므로 그 의미가 자못 크다고 하겠다.

지난 3일 홍콩의 만다린호텔 이스트·웨스트룸에서 서명식을 가진 이 외화자금 차입은 이달 10일에 전액 인출되고 또한 강원은행이 발행한 이 증권들은 유럽의 주요 금융시장인 룩셈부르크 증권거래소에 상장되어 자유로이 국제투자가간에 거래되도록 되어있다.

영국계의 스탠다드 차타드은행이 주간사를 맡아 세계의 유수금융기관으로 구성된 차관단이 제공하는 이 자금의 절반인 2천만 달러는 국내에서 강원은행의 거래기업에 국제금리수준의 저렴한 금리인 연 6~7%의 외화대출로 지원되고 나머지 2천만 달러는 다시 해외금융시장에서 투자재원으로 활용됨으로써 외환수익 증대에 기여하게 된다.

강원은행은 이미 그동안 머니마케트 라인을 통해서 조달한 자금으로 1억 달러 규모의 국제투자실적을 가지고 있으나 이번의 4천만 달러 변동금리부채권발행을 통한 중장기외화자금 차입은 국제 금융시장에서의 강원은행 입지를 한층 강화한 것이다.

우리나라의 조그마한 지방은행이 발행한 이 증권(FRN)이 이렇듯 국제금융시장에 유통되게 되었으니 명실상부하게 지방은행으로서의 강원은행 위상이 제고되었다고 하겠다.

이번에 발행한 4천만 달러의 강원은행 발행 변동금리부채권의 인수에 참여한 금융기관은 미국, 일본, 영국, 독일, 스위스의 은행 및 증권회사와 함께 우리나라의 해외현지법인 금융기관도 인수단에 참가하였다.

미국계 금융기관으로는 아메리칸 엑스프레스은행, 뱅커스 트러스트은행과 메릴린치증권회사가 참여하였고, 영국계의 스탠다드 차티드은행, 독일계의 베르리니은행, 스위스계의 UBS, 일본계의 사쿠라은행, 일본장기신용은행이 각각 참여하였고 우리나라의 산업은행과 국민은행의 싱가포르 현지법인 금융기관도 참여함으로써 다양한 국적의 금융기관들로 구성된 거래라는 평가를 받았으며 국제금융시장에서의 강원은행의 신인도를 입증하였다고 볼 수 있다.

이처럼 세계의 유수한 금융기관들이 우리나라의 지방은행이 발행한 증권을 사게 된 데는 무엇보다도 강원은행의 다이나믹한 영업활동에 높은 점수를 매기고 있다는 것이다. 자산의 건전성 안전성과 수익성이 놀라울 정도로 돋보인 점이 있기 때문이다. 이들 금융기관은 제일 먼저 강원은행의 자산건전성을 들고 있다.

BIS(국제결제은행)기준 자기자본비율이 지난해는 16.4%로 우리나라의 시중은행 평균비율 10.2%와 비교하면 크게 높아 경영활동과 수익성이 대단히 좋은 것으로 보고 있는 것이다.

BIS는 스위스의 바젤에 설립되어 있는 주요국의 공동출자에 의한 국제기관으로 국제 업무를 영위하는 민간은행의 건전성을 확보하도록 자기자본비율에 관한 통일규제를 하고 있는데 각 은행은 자산의 위험도에 따른 가중치를 부여한 총자산에 대한 자기자본비율을 8%이상 유지하지 않으면 안 되도록 요구하고 있다.

이 BIS기준 자기자본비율이 강원은행의 경우, 93년에는 19.4%였던 것이 지난해에는 다소 떨어져 16.4%였으나 시중은행평균 10.2%, 지방은행평균 13.1%보다도 월등히 높은 수준에 있어 강원은행이 자본과 자산의 건전성에서 높은 평가를 받고 있다.

국제금융기관들이 관심을 가지는 또 다른 지표로는 수익성지표를 들고 있다.

은행의 총자산에 대한 당기순이익의 비율을 나타내는 ROA(Return on Assets)가 강원은행은 국내 28개 은행가운데 2번째로 높고, 자기자본에 대한 당기순이익의 비율을 나타내는 ROE(Return on Equity)도 5번째로 높은 수준인 점을 눈여겨 본 것이다.

그리고 여신의 건전성을 나타내는 지표로서 총여신에 대한 부실비율 역시 대부분의 한국 내 은행들보다 훨씬 낮아 6개의 주도적인 국내은행의 절반도 안 되는 낮은 수준인 점을 들면서 이러한 경영지표들이 바로 강원은행을 스스로 대변할 뿐만 아니라 근본적인 힘인 것을 잘 설명해 주고 있다고 그들은 보고 있는 것이다.

강원은행은 그동안 거래를 해오던 외국금융기관들 간의 머니마켓 라인을 통하여 이루어지는 자금조달에 주로 의지하여 국내 거래기업의 외화대출 수요에 적절히 대응해왔고 국제투자도 해왔다.

그러나 앞으로 거래기업의 외화대출 수요증대에 적기에 대응하고 국제투자업무도 확대하기 위해서는 국제금융시장에 보다 적극적으로 진출함으로써 외화자금조달 수단을 다양화하고 외화자금 운용상의 유동성확보도 기하여 종국적으로는 지방은행에 기대를 걸고 있는 지역경제발전에 보다 기여하도록 할 것이다.

- 1995. 11. 12일자 강원일보 '江原時論' 기고문, 당시 강원은행 상무이사

지역경제와 금융

경제활동에 있어서의 금융은 인체활동에서의 혈맥과 같은 것으로 흔히 비유되고 있다.

우리 몸의 혈맥을 통하여 혈액순환이 잘 이루어지면 인체활동이 정상적이고 활발하게 이루어지지만 혈맥이 터져 출혈현상이 심하면 체내에서 혈액부족과 순환의 장애로 인체활동도 정상적으로 되지 못하여 종국에 가서는 빈사상태 내지는 죽음에 이르게 된다.

지역경제에서의 금융도 마찬가지다. 지역의 금융기관, 특히 지역밀착형 금융기관의 수신기반, 영업기반 등이 튼튼해지고, 지방에서 조성된 금융자금(金融資金)의 역내환류(域內還流)가 잘 이루어지면 지역의 실물경제부문도 고르게 발전할 수 있을 것이다.

그러나 우리경제는 그동안 경제력의 서울집중과 함께 금융의 경우도 과도한 서울집중현상이 이어지고 있고 지방에서의 지역경제 발전도 저해되어 왔다. 따라서 금융의 서울 편중을 완화하고, 지역조성자금의 역외유출(域外流出)을 최소화하는 문제 등이 지방자치의 본격실시와 함께 그동안 당면과제로 대두되어 지역에서 경제를 다루는 사람들이나 지역의 경제학자들에 의하여 본격적으로 거론되고 있다. 무엇보다도 지방조성자금의 역외유출은 서울에 본사나 본점을 두고 있는 '역외본점—역내지점' 형태의 금융기관에 의하여 주로 이루어져 왔으며, 이는 서울을 중심으로 한 수도권에 자금을 공급해 주는 결과가 되어 왔다. 그리고 이러한 현상은 바로 지방에 진출해 있는 시중은행들의 역내(域內)에서의 낮은 예대율에서 입증되고 있으며 이러한 서울과 지방 사이의 자금수급 불균형은 특히 지방소재 중소기업에 필요한 자금을 적절하게 공급하지 못해 만성적인 자금부족현상을 가져오게 하였다.

이와 같이 지역에서 조성된 금융자금이 지역에서 순환되지 아니하고 역외유출이 심하게 되면 지역 내에 자금공급기반이 약화되고 지방의 기업이나 가계에 필요한 자금공급이 원활히 이루어지기 어렵고 나아가 지방금융산업의 자생적 발전을 저해하게 되고 지역경제활성화도 어렵게 된다.

일반적으로 지방에서의 금융자금 역내환류는 지방은행, 상호신용금고, 신협 등 지역 내에 본사 또는 본점을 둔 지역밀착형 금융기관에 의하여 이루어지는 반면 자금의 역외유출은 '역외본점—역내지점'형 금융기관의 지방점포 즉 시중은행, 투자신탁, 생명보험, 증권회사 지점들에 의하여 주도되고 있다.

실제로 한국은행의 강원지역경제동향에 나타난 금년 9월말 현재의 도내 은행권 금융기관의 예대율을 보면, 시중은행은 60.1%, 특수은행이 82.2%를 보여주고 있고, 본점이 지역에 있는 지방은행은 92.1%로 나타나고 있어 지방은행의 경우는 법정예금지급준비금을 제외한 지역 내 조성자금이 사실상 모두 지역 내에서 환원 융자되고 있음을 보여주고 있다. 또한 비통화금융기관 즉 비은행금융기관에서는 역시 지역에 본사를 두고 있는 상호신용금고와 신용협동조합의 예대율은 각각 90%를 넘고 있는데 반하여 본사가 서울에 있는 투자신탁과 자금을 서울에서 운용하고 있는 체신예금 등은 자금이 모두 서울로 이전, 집중적으로 운용하고 있어 역내환류는 전무하며, 은행신탁(28.0%)과 농·수·축협의 상호금융(73.9%) 등은 그 성격상 낮은 예대율을 보이고 있으며 도내 금융기관 전체의 예대율은 63.4%를 보이고 있다.

이렇듯 도내에 진출되어 있는 금융기관의 여수신 활동을 통하여 지역에서 조성된 자금이 지역 내에 환류되지 아니하고 끊임없이 역외로 유출되고 있음은 안타까운 일이다.

지난 9월말의 도내(道內) 예금은행과 비통화금융기관의 예금총액이 10조 8천억원에 이르고 금융자금 대출총액은 6조 8천억 원으로 발표되고 있으므로 약 4조원의 자금은 이 지역에서 대출되지 아니한 것으로 추정할 수 있을 것으로 생각된다. 따라서 이 지역에 환류되지 않은 4조원의 자금가운데서 금융기관에서 예금지급준비금조로 보관하고 있는 시재금과 한국은행에 예치한 법정지급준비예금을 제외하면 대출금이외의 형태로 운영하고 있거나 역외본점 등으로 유출된 자금이 된다.

이와 같이 도내에서 조성된 금융자금의 역외유출은 그렇지 않아도 가뜩이나 자금기반이 취약한 지역경제의 활성화를 어렵게 하고 있다.

본격적인 지방자치시대의 지역경제활성화를 추진하는 데는 오늘날 심각하게 거론되고 있는 경제력의 서울집중현상의 억제와 함께 지역자금의 역외유출을 최소화하여 지역에서 조성된 자금의 지역내환류를 촉진시키는 지역 나름의 대응방안이 마련되어야 할 것이다. 사실상 지역조성자금의 역내환류는 지역에서의 환원금융 비율이 일반적으로 높고 중소기업대출비율도 높은 '역내본점—역외지점'형태의 지역밀착형 금융기관에 의하여 이루어지고 있음을 눈여겨보아야 할 것이며 이렇게 함으로써 지방소재 중소기업의 만성적인 자금부족을 더는 문제도 여기서부터 찾을 수 있다고 하겠다.

- 1996. 12. 13일자 강원일보 기고문, 당시 강원은행 상무이사

부하육성의 중요성

한 때 뉴욕타임즈지가 선정한 베스트셀러 리스트에 상당한 기간 올라 있었던 '1분 경영자(one minute manager)'라는 소책자에서는 경영자가 보내는 시간 가운데 가장 의미 있고 값진 시간은 사람에 투자하는 것을 결정하는 순간이라고 했다. 이 말은 기업이 그 조직의 생산성 극대화를 위한 인재육성의 중요성을 강조한 표현으로 이해된다. 이 책의 저자는 또한 다음과 같이 지적하기도 하였다. '더욱 아이로니컬한 것은 대부분의 기업이 경비의 50%에서 70%까지를 종업원의 급여로 지출하고 있으면서 그들을 교육하고 훈련하는 일에는 그 예산의 1%도 안되는 돈을 쓰고 있다' 는 것이다. 실제로 많은 기업은 그 기업을 살아 움직이게 하는 사람을 유지하고 계발하는 것보다는 회사의 건물이나 시설을 유지·관리하는데 훨씬 많은 돈과 시간을 쓰고 있다고 이 책의 저자는 말하고 있다.

우리의 현실도 많은 기업들이 이러한 형편에서 그렇게 벗어나 있지는 않을 것이라는 생각이 든다. 더구나 원재료를 구입하여 사람을 투입해서 부가가치를 더하여 새로운 재화를 만들어 내는 제조업과는 달리, 은행은 사실상 사람에 드는 비용이 가장 큰 몫을 차지하고 있다. 은행업을 영위함에 있어서는 결국은 사람이 가장 중요한 요소라고 할 수 있는 것이므로 사람을 잘 채용해서 그들을 훈련하고 자질을 계발·유지하는 것이 은행을 잘 되게 하는 길일 것이다. 그리고 이렇게 육성된 조직의 구성원들은 자기 은행을 이용하는 고객이 무엇을 원하고 있는지, 그들이 은행에서 어떤 일을 당하면 난처해 할 것인지에 대해서 훌륭하게 대처하여 이른바 고객감동의 실현도 가능하게 할 것이다.

은행경영에 관한 책에는 흔히 지점장이나 관리자의 책임은 업적목표의 달성과 부하의 육성이라고 기술되어 있다는 것쯤은 대다수의 사람들이 알고 있다. 그렇지만 실제로 관리자의 일상 업무 수행과정에서는 직원의 지도육성이라는 요소는 무시되거나 경시되고 만다. 왜냐하면 지점장 또는 관리자들은 그들에게 주어진 목표와 이익관리에 급급할 수밖에 없어 부하지도라고 하는 대단히 중요한 책임을 평소에 수행하지 못하고 있거나 이 부분을 소홀히 하는 경향이 있기 때문이다. 지점장이나 본부의 관리자에게 "당신이 늘 생각하고 있는 과제가 무엇입니까?"라고 묻는다면 대개는 "업적목표의 달성"이라고 대답하거나 "지점 또는 조직의 사고 없는 관리"라는 회답이 금방 나오게 될 것이다. 이러한 대답이 틀린다고 누가 감히 말하겠는가마는 이것만으로는 정답이라고 하기는 어렵다는 것이다. 영업점이나 본부의 책임자는 자기 조직의 구성원들과 함께 중지를 모으고 영업 전략에 참여토록 하여 그들의 능력을 신장시키고 업적목표의 달성도 하는 것이 경영의 전부라 해도 될 것이다.

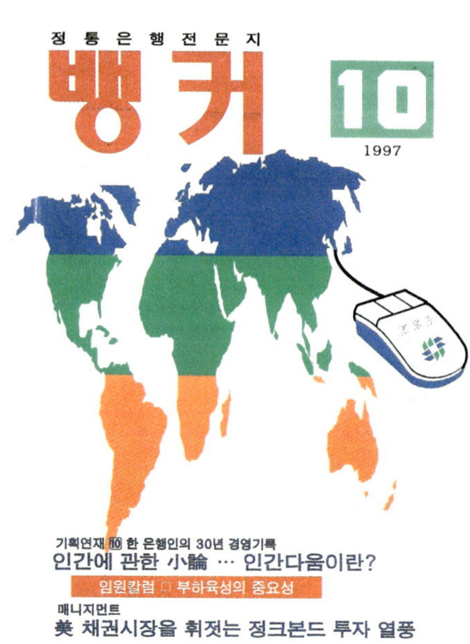

일반적으로 우리가 몸담고 있는 조직 내에는 두 가지 유형의 사람들이 있다. 하나는 자기가 맡은 직무에 대해 확고한 책임감을 가지고 있고, 자기의 위치를 인식하고 있으며 분명한 목적의식을 지니고 있는 건전한 구성원이다. 이들은 조직이 수행하는 목표에 동감하는 태도를 지닌다. 그리고 자기계발을 위하여 직무와 관련되는 것은 물론이고, 나아가서는 조직의 직무와 직접 관련되지 않는 여러 가지 활동에도 협조적인 자세를 취하는 사람들이다. 이런 사람들이 많으면 그 조직과 이를 운영하는 관리자는 좋은 업적을 올리게 되는 것은 불을 보듯 분명하다.

다른 하나는 그 반대의 경우로 별로 가치를 발휘하지 못하는 조직구성원이 있다. 그들은 결코 일에 대한 더 많은 이니셔티브나 리스크를 갖지 않으려고 한다. 이들은 자기가 맡은 직무를 비능률적으로 마지못해 수행하거나 귀찮게 생각한다. 일에 임하면 스스로 권태감을 갖거나 오히려 일을 망쳐버리는 경우도 있게 된다. 그들 자신이 슬럼프에 빠져 있거나 침체기에 들어서 있고 자기관리 능력이 상실되어 있다. 조직이 이런 사람들을 최소한에 그치도록 모든 계층의 관리자들이 노력해야 한다.

오늘의 은행 업무에는 많은 변혁이 일어나고 있고 경쟁이 날이 갈수록 더욱 심해지고 있다. 은행의 관리자도 그가 맡은 조직을 운영하여 최대한의 좋은 결과를 얻기 위해서는 조직의 구성원들과 함께 다양한 계획과 지혜를 동원하여야 하는데 여기에는 여러 가지의 어려운 상황이 얽혀 있다.

첫째는 오늘날 은행들이 처하고 있는 환경이 혹심해지고 있어 업적목표의 달성과 조직의 관리가 날로 어려워져가고 있기 때문이다. 부하를 지도하고 그들의 능력을 계발하는 일보다는 우선 당면한 업적달성에 많은 시간과 노력을 바쳐야 한다고 말하고 싶을 정도의 상황에 몰려 있는 지점장도 적지 않을 것이다.

둘째로는 부하지도란 본래부터 성가신 일이기 때문이기도 하다. 근래에 와서 한층 어려움을 더해주고 있는 사회적 배경으로는 가치관의 다양화, 귀속의식의 부족, 사생활우선 풍조 등 그 무엇을 들더라도 몇 십 년 전과는 같지 않은 변혁의 시대에 와 있다. 지금은 사람 구하기가 어떤 면에서는 호전되기도 했지만 이러한 상황에서도 '월급도둑'이나 다름없는 사람이 있다고 해도 은행을 그만두지 않을 뿐만 아니라, 지점장이나 관리자의 힘으로는 월급만 축내는 그 구성원을 어찌할 수 없는 경우가 더 많기도 하다. 이런 사람은 오히려 여가를 즐기는 것은 곧잘 하면서도 업적 따위는 안중에도 없지만 그렇다고 사직하게 할 수도 없어 이런 부하를 다루는 데 남모르는 괴로움을 겪고 있는 지점장이나 관리자도 있을 것이다.

셋째로는 원래 업적목표의 달성과 부하의 지도·육성은 이율배반적인 것으로 어느 하나에 치중하면 다른 하나는 잘 안 되는 면이 있다는 것이다. 그러기에 이 두 가지를 다 해내려면 관리자는 전략적 발상의 전환으로 여러 가지의 대책을 세우고 상당한 노력을 할 수 밖에는 없다. 어느 정도 궤도에 오르도록 잘 양성된 부하가 지점의 업적향상에 공헌하게 되기까지는 역시 공이 많이 들 수밖에 없다. 그렇기 때문에 일반적으로 성급한 관리자는 업적을 올리는 데만 급급한 나머지 부하지도는 소홀히 할 수밖에 없게 된다는 것이다. 그러므로 그 어느 편을 택하더라도 당연히 응분의 대가를 받게 된다. 특히 오늘날과 같이 기계화가 진전되고 지점의 행원 수가 줄어들게 되더라도 팀플레이가 잘 발휘되는 지점은 개인플레이 밖에 안 되는 지점과는 업적 면에서 차이가 날 수 밖에 없을 것이다. 팀워크가 잘 되지 않을 경우에는 무엇보다도 하루하루가 재미없을 뿐더러 업적신장을 위해 지점장이 눈초리를 치켜 올려 봐야 그런 지점은 당연히 사기가 떨어지고 분위기는 어둡게 되고 말 것이다.

좋은 업적을 얻으려면 주직구성원의 능력개발을 위한 관리자의 투자는 그 무엇보다 중요한 것이겠다. 직무수행의 정도가 아주 훌륭하고 향후 몇 년 안에 승진의 기회도 주어질 충실한 일꾼들을 많이 보유하는 것이 관리자가 이끄는 조직이 살아남고 발전하는 길이다. 부하직원으로 하여금 각종 연수나 훈련과정에 남보다 앞서 참여시켜야 하며, 부하직원의 자기계발을 위하여 끊임없이 자극을 주어야 한다. 이러한 조직에는 그 구성원이 상당한 기간 머무르고 싶어 한다. 그리하여 건전한 조직에는 언제나 경력과 전망이 상이한 구성원을 항상 유지해야 한다. 건전한 조직의 구성원들은 조직의 바깥에서 일어나는 변화를 터득하면서 자기직무와 관련되는 전략이나 정책들을 염두에 두고 앞으로 자기조직의 발전에 기여할 방도를 찾아낸다. 그리고 그 구성원 각자는 모두가 에이브라함 매슬로(Abraham Maslow)가 정리한 바 있는 인간욕구충족 단계의 상위수준에까지 이르게 되어 자아실현(self-realization) 내지는 자기완성(self-fulfillment)의 꽃을 피우게 될 것이다.

결론적으로 부하지도는 우선은 노력이 많이 들게 되는 것이지만 이것을 무시 내지는 경시하지 말고 꾸준히 지속할 수밖에 없는 것이다. 이것이 종국에는 부하의 사기진작과 업적신장으로 연결되기 때문이다.

- 1997. 10월호 '뱅커'誌 임원칼럼기고문, 당시 강원은행 상무이사

A Brief Thought on Parents

Good morning, Jo and all of our participants. I will begin the story from my mother and father.

My parents are living at my hometown in the country. The small village is located at the coastal area of the eastern part of the country. The scenery of the hamlet is picturesque, for the landscape is mountainous and it has seashore. To go there it takes about seven hours by highway express bus from Seoul, the capital city of the country, where my wife and children live.

While I was in my country before coming here, I visited the town once a month to see my parents. My mother is seventy-seven years old and my father is seventy-eight. Still they are considerably in good health. They go to church every Sunday to take part in the worship. They had brought up three sons and two daughters, and their third son is myself. My father was a farmer while young. These days from spring to autumn they grow some kinds of vegetables and make some money from the work.

Now I know that almost every day my mother wakes up so early at dawn and prays to God for the prosperity of her sons and daughters. I often have the question about the reason why she does so. The answer is that she does sincerely hope the good health, happiness, and affluence of her sons and daughters. Since I came here in Hartford, I can not meet them and can not talk each other, even by telephone because my hometown does not have international telephone system. I have had thoughts what I can do to give a joy to my parents.

It is to write letters frequently to them and to pray to God for their well-being as my mother does. Therefore I have made efforts to write my parents at least once a week and to pray for the good fortune of them when I awake in the morning.

Now let's think of mother and father. The Holy Bible says ; A wise son brings joy to his father, but a foolish son brings grief to his mother.

(Proverbs 10:1)

And the Bible says again ; "Honor your father and mother" - which is the first commandment with a promise - "so that it may go well with you and that you may enjoy long life on the earth."

(Ephesians 6:2-3)

And it goes on ; Listen to your father, who gave you life, and do not despise your mother when she is old. (Proverbs 23:22)

As you know in this class here are eight women and nineteen men from thirteen countries. Most of the women, not all of them, are mothers, or will bc mothers in the future. On the other hand men are fathers, or will be fathers. All of us we are the sons and daughters of a mother and father. I think some parents of our participants were dead while the others are still alive.

Now I'd like to suggest you that you should have an opportunity to remind of your mother and father, and to give your parents heartfelt gratitude, and to think how to bring a joy to your mother and father.

Thanks.

※ Jo는 J. Mavromatis 교수의 애칭

폴란드 출신의 미국 이민 2세대인 J. Mavromatis 교수는, 본인이 1983. 5~1984. 5월의 기간 중 한국은행의 해외학술연수원으로 파견되어 미국 동북부의 주, 주도 Hartford에 있는 코네티컷주립대학(University of Connecticut)의 Public Management Development Program 과정에서 수학할 때, Oral Presentation Skills 과목을 지도하였다.

이 과정이 끝날 무렵, 참가자들에게 7~8분 정도의 발표 (a brief presentation)를 하도록 하였는데, 그 때 본인의 발표를 듣고 나서 50대 중반이었던 이 여자 교수의 첫 말씀이 "잘했어요. Mr. Hahn의 발표를 듣고 있었을 때 눈물이 났다."고 소감을 피력했던 일이 기억에 남아 있다. 그 때의 발표 원문을 미숙한 데가 있기는 하겠지만 이 문집에 싣게 되었다.

일기문
(日記文)

군복무(軍服務) 시절

1962년 6월 7일 목요일

큰형님 내외분이 벽지근무(僻地勤務) 부부교사로 부임해서 지내고 있는 이 산골마을 창죽리(蒼竹里)에서 하루를 보낸다.

지난해 7월 11일 논산훈련소에 입소(入所), 8주간의 신병훈련을 마치고, 부산 동래의 서면계곡에 주둔하고 있는 1206건설공병단에 배치되어, 군부대생활을 한 지 근 1년 만에 얻은 정기휴가 중의 하루다.

두 분은 이 시간 학교에서 아이들을 가르치고 있다. 형님 내외가 살고 있는 학교사택 아래로 계곡이 펼쳐져 있어, 이곳 계곡으로 내려와 바윗돌 위에 앉아 한나절을 보내고 있다.

사방이 조용하고 평화롭기 그지없다.

초여름으로 접어드는 6월의 녹음이 싱그럽다. 오늘은 하늘도 푸르다.

바윗돌 사이로 맑은 물이 졸졸졸, 조르륵 조르륵 소리 내며 흐른다.

먼 곳 가까운 곳에서 뻐꾸기 울음소리가 연신 들린다. 맞은편 숲속에서는 장끼 한 마리가 까투리를 부르는지 꽥꽥 거리며 운다.

여기저기서 조그마한 몸집의 산새, 물새들이 지저귄다. 언덕위의 집 앞마당에서는 어미 닭을 부지런히 따라다니는 병아리들의 삐약삐약거리는 소리도 들린다.

그 옆에서 수탉이 길게 목을 빼고 울고 있다. 이 모두가 이 계곡 속의 주인공들이 만들어 내는 경탄할만한 음향(音響)들이다. 이 산골 주변의 모든 것들이 만들어내는 소리들이 마음 속속들이 파고든다.

자연이 만들어내는 교향곡(交響曲)이다. 자연의 미묘함과 아름다움에의 심취가 이런 것인가 보다.

우리 인간은 일상적으로 타인의 영향 속에서 행동하게 된다는 것을 읽은 적이 있다. 참으로 그렇다고 생각된다. 언제나 우리는 남과의 관계에 매이어 생활한다. 다른 사람의 비위를 맞추는 언동(言動)을 취하려고 하는 우리 인간(人間)의 모든 아첨, 복종, 추종 이런 것들이 이래서 생기는 것이리라.

한 해 동안의 단체생활 궤도에서 벗어나 잠시라도 이런 자연 속에서 홀로 있노라니, 자기 본연의 자태로 돌아가는 것을 느낄 수 있다. 이 순간의 생각이야말로 순전한 나의 생각이요, 그럴 때의 행동은 순전한 나의 뜻에 의한 것이 아닌가.

어제는 파스칼의 명상록(冥想錄)을 마저 읽었다.

- 태백 · 황지의 창죽리에서

1962년 7월 23일 월요일

1206건설공사병단에서 마련한 하기 휴양 계획에 의해서 그 첫 번째 팀원으로 우리 중대에서 나를 보내주어서 5일간 이 광안리 해수욕장에서 휴양하게 되었다. 지금은 그 사흘째 되는 날의 석양 무렵이다.

그 동안 볕에 탄 살갗이 따가운 것을 느낀다. 요 며칠은 고달픈 영내생활에 비하면 자유가 훨씬 많아서 무엇보다도 좋고, 탁 트인 대양을 바라보고 지내노라니 그 동안 늘 맑은 기분으로 생활한다.

광안리 해수욕장의 하루를 스케치 해본다. 길게 뻗어 구부러져 있는 해변엔 한낮 동안에는 숱한 사람들로 소란하너니 석양이 깔리는 이 무렵엔 모두들 제 거처로 돌아가고 띄엄띄엄 남은 사람들이 보일 뿐이다.

7월 하순의 불볕더위가 기승을 부리던 한낮에는 우리 부대가 진치고 있는 막사 주변에 각급학교 생도들이 많이 몰려왔었다.

그들 중에는 우선 전교생이 동원되어온 각급학교의 해양훈련단을 꼽을 수 있다. 어느 여학교 학생들이 차지한 물가는 온통 수영복의 오색찬란한 화원을 이루기도 했다. 제멋대로들 조잘대고 물속에서 뛰노는 광경은 일대장관을 이루었다.

처음엔 교감인 듯한 어느 선생님이 열중쉬어·차려를 목이 터져라 몇 번 반복하더니 다음에는 또 다른 남자선생이 나오더니 수영 중에 알아 두어야 할 주의사항의 시달이 있었고 이어서 준비 체조가 일률적으로 시작되었다.

우리들이 텐트를 치고 있는 막사 바로 앞에는 어느 초등학교 아동들이 또 쏟아져 나왔는데, 그 수백의 조무래기들을 다루는 선생님들이 몇 시간을 좋이 땀을 빼는 모습을 보고는 큰형님과 형수님 생각이 났다.

몇 몇 남자 선생들은 안전하다고 인정되는 물속에 죽 늘어서서 아동들이 그 밖을 못 나가도록 쉴 새 없이 호각을 불며 손짓으로 막고 하느라고 애를 썼다.

여자선생들은 밖의 모래사장에서 혼잡을 이루는 조무래기 저학년 생도들을 보살피느라고 물속에도 들어가지 못하면서 양산을 받쳐 들고 연신 수건으로 이마와 볼을 흐르는 땀을 닦고 있었다.

저쪽에는 또 남자 중고 학생들이 떼 지어 왔고, 그리고 온 부산시민이 밀려나온 것으로 착각을 일으킬 정도로 많은 피서객들이 개미떼처럼 와글거렸다.

지금은 한결 조용해진 해변에 작은 파도가 밀려오고 밀려가면서 먼 추억을 안겨다 주는 듯하다.

종일 모래 위에서 뛰고, 뒹굴고, 물속에서 헤엄치던 사람들이 대부분 돌아가고 태양이 사라진 해변엔 냉기찬 바람이 살결을 스쳐갔다.

회색빛 바다와 황혼이 드리운 하늘을 쳐다보면서 가슴을 펴고 앉은 채로 심호흡을 해본다. 날아갈 듯한 기분이다. 어느새 냉한 바람이 더해진다. 작업복을 주워 입어야 하겠다. 그리고 또 취침 시까지의 남은 시간을 즐겨야겠다.

- 황혼이 깃든 광안리 해변에서

1962년 7월 24일 화요일

누님에게 편지 쓰다.

해산 후의 몸조리는 잘 되었는지요. 창죽리의 큰 형님댁에서 나오는 길에 들르지 않고 그냥 집으로 내려온 저를 얼마나 나무랬겠습니까? 그곳 생활이 너무나 즐겁고 정이 들어서 하루라도 더 있고 싶은 맘 때문에 머물다 보니 귀대 날짜가 임박했기에 그냥 고향집으로 내려와 1박하고 곧 부대로 떠나왔습니다.

무엇보다도 누님의 해산 뒤의 몸조리에 큰 도움이 될 꿀을 갖다드리지 못하고 온 것이 마음에 걸립니다.

형수께서나 큰형님이 꼭 속한 시일 내에 갖다 주겠다고 굳게 약속받고 저는 바로 고향집으로 내려온 것입니다. 누님께서는 한 번만 더 저의 무성의함을 용서해 주시면 앞으로는 이런 일이 없노록 하겠습니다.

지금 편지를 쓰고 있는 곳은 부산의 광안리라고 하는 해수욕장입니다.

부대에서 하기 휴양소를 이곳에 설치 해놓고 5일간씩 교대로 해수욕을 시켜 줍니다. 그 첫 번째 차례로 보내주어서 이곳 해변에서 며칠을 보내고 내일 부대로 가게 되어 있습니다.

1962년 7월 25일 수요일

7월달 한낮의 볕이 따갑게 내려쬔다. 흙탕물이 된 바닷물이 불어오는 바람에 출렁이고, 흰 파도가 물가로 밀려오고 또 밀려나간다.

긴 해수욕장엔 많은 피서객들이 들끓는다. 우리부대가 치고 있는 천막 주변에는 여학생들이 연일 몰려왔기에 물가엔 오늘도 오색찬란한 수영복의 화원을 이루었다.

물 속에서 구김살 없이 뛰노는 그들을 바라보노라니 왠지 부러운 생각이 들고 철없이 보낸 듯한 어린 시절에 대한 그리움이 와락 치솟는다.

해풍에 넘실거리는 바닷물을 응시하고 있노라면 한없는 추억을 되새김질 하게 한다. 이런 즐거움을 마음껏 누릴 수 있게 하던 고향의 한없이 푸르고 맑은 동해바다가 눈에 선하다.

그리고 심중이 통하는 몇 벗들과 밥보자기를 차고 바다낚시로 하루해를 보내던 날들이 생각난다. 그들도 모두 지금쯤은 나와 다름없는 신세가 되었겠다.

우리들이 들어앉은 그늘 밑은 시원하다. 오늘 아침에 모래밭에 새로 생긴 판매점에 구미가 저절로 당기는 수박, 참외 등의 여름 과일과 사이다를 비롯한 음료수 몇 가지가 가지런히 놓여있다.

주인인 듯한 젊은 아낙네는 노트와 만년필을 들고 기웃거리는 나에게 자리를 권했다. 아무 말도 않고 서슴거리지도 않고 고맙게 생각하면서 앉았다.

도련님이 군에 간 지 몇 개월 되는데 휴가를 오지 않아 보고 싶다는 얘기를 했다. 안고 있는 애기도 삼촌을 보고 싶어 한다고 한다. 나는 형수 생각이 나고 조카들 생각이 났다.

파도가 밀려와서 닿고는 밀려가는 해변엔 수영복만의 남녀들이 지나간다. 오늘 하루의 볕쬐는 시간들을 마음껏 즐겨보자는 심사들이다. 볼록한 젖가슴의 아가씨들이 지나갈 때마다 시선들은 또렷이 그곳으로 쏠린다.

우리들이 머물고 있는 천막 좌우편엔 여러 명칭의 부대들이 와서 자리를 잡았다. 모두들 하기휴양계획에 따른 행사를 치르고 있는 것이다.

1962년 10월 15일 월요일

내무반에서도 벌써 냉기가 전신을 엄습해 온다. 연병장에서 동초(動哨)를 서고 있는 보초병은 지루한 시간을 떨며 지내겠다.

다가오는 추위에 견디어 낼 일이 기막힌다. 동복(冬服)의 보급도 시원치 않으니 더욱 그러하다.

작일(昨日)은 일요일이었지만 정식외출은 금지 당했다. 이런 상황에서도 정상병, 박일병과 함께 한나절을 유성에서 보냈다. 포켓 속이 넉넉지 못한 탓으로 별로 시원치는 못했다. 고구마와 빵을 먹을 수 있었고 대포집에서 탁주 한 되로 취기가 돌았다.

처음 가 본 유성면은 대전의 외곽 고을로 온천 호텔 등이 있어서 제법 사람들이 찾아올만한 곳 같았다.

서쪽으로 기우는 볕을 받으며 제방 위에 누워 잠시 풋잠들을 자고 나서 부대로 들어오는 길에 언쟁(言爭)이 벌어졌다.

두 시간으로 배당된 불침번 시간, 지루하게 한 시간 반쯤이 흘러간 듯하다. 여전히 추운 느낌으로 시간을 보내고 있다.

1962년 10월 16일 화요일

차량보초병(車輛步哨兵)들은 연병장(練兵場)에 나무를 쪼개어 불을 피워 놓았다. 추운 겨울날 밤을 지낼 일이 걱정된다.

어제 하루는 별 일 없이 지냈다. 큰 형님댁에 편지를 낼 생각을 했으나 실행하지 못했나.

도계가 읍(邑)으로 승격되고 속초가 시(市)로 승격됐다는 신문 보도를 보고 한편 반가운 일이라 생각했다.

고향집에서 가져온 돈이 예상외로 적게 남았다. 필요 되는 물건, 명찰, 계급장, 마후라 등을 사고 동복 상하를 양복점에서 찾고 나면 일이십 원이나 남을 것 같다.

토요일 외출이 허용되는 날, 영내생활(營內生活)을 하지 않으려면 또 고향집에 편지 내야 될 것 같다. 내 자신이 덜 고달프려니 노부모님과 형님들께 더 큰 죄업을 저지르게 되는 것이겠다.

1962년 10월 17일 수요일

어제는 강군에게 보낼 편지를 썼다.

일등병계급장을 붙이고 고향에 갔을 땐 아직도 군대생활의 맛을 모르던 강군이, 지금은 새까만 이등병이 되어 포병학교(砲兵學校)에서 교육을 받고 있다 하니 정말로 시간이 흐르게 되면 올 것은 오고 마는가 보다.

강군에게 쓴 편지사연도 늘 고향에 있을 때 주고받던 말들을 회상한 글이다. 이젠 그도 군복을 입었고, 그 많은 집안일을 뒤에 두고, 할 수 없이 매인 몸이 된 것이다. 군무(軍務)에만 열중하라고 썼다. 내 편지가 반가울는지 의문이 간다.

낮에는 비교적 따뜻한 날씨였다. 들에서 한집 식구들인 듯이 보이는 어른이며 아이들이 밭일을 하는 광경을 보고 고향 생각을 했다.

1962년 10월 18일 목요일

맑은 날씨로 한낮엔 따뜻했다. 오전은 교육으로 메꾸어졌다. 양복점에 수선 의뢰했던 동정복을 찾아 입었다. 형님의 제대복(除隊服)이 내게 지금 퍽 유용하게 쓰여지는 셈이다.

저녁엔 사령부 연병장에서 영화 '두고 온 산하(山河)'를 관람했다.

북괴(北傀)의 동란전(動亂前)의 정치사회상을 묘사한 내용. 소련 고문관의 딸과 김진규와의 열렬한 사랑, 김지미(고문관의 통역)의 사랑과 연유한 애국충정 등이 표현되었다. 몇 시간 동안 볼만한 영화였다.

1962년 10월 20일 토요일

어제 오후는 806부대에 다녀오는 것으로 보내어졌다. 거의 백지상태인 업무인지라, 그네들께 그저 잘못을 시정해 주는 대로 그러겠노라고 다짐하면서 이후로도 많이 괴로움을 끼치게 되겠다고 인사를 닦으려고 애써 보았다.

이렇게 일을 하게 되면 선임하사와 과장님은 내게 일을 떠맡기기 시작할 것이다. 이렇게 되면 MOS (군대에서의 주특기구분 · Military Occupational Specialty) 변경이 된 후에 다른 곳으로 옮아갈 수 있을런지 걱정된다. 귀대(歸隊)하는 길엔 806부대 앞의 노변(路邊)에서 우리과의 차를 기다렸다.

영(營)을 빗어난 기분은 역시 좋았다. 기다리는 동안 앞을 지나가는 차량의 대부분은 군용트럭과 지프차였고, 학교가 파하고 집에 돌아가는 학동들의 끼리끼리의 모습, 고구마를 캐어 구루마에 끌고 가는 늙은 농부, 논에서 누렇게 익은 벼를 베어 눕히는 사람들, 이렇게 이것저것 보려고 하면서도 오전에 손에 들어온 Pen Pal 소책자를 꺼내들고 들여다보려고 애썼다.

한참 후에 선임하사님이 세차하러 끌고 갔던 '맹꽁이'를 만났기에 타고 부대로 돌아 왔다. 날이 밝으면 토요일 오전이다. 포켓 속에 남게 될 십 원짜리 서너 장을 믿고 외출할 꿈을 주초부터 마음먹어 왔다. 일주일 치나 받아 둔 신문을 읽기 위해서도 영문(營門)을 나가야만 하겠다.

1962년 10월 21일 일요일

어제 오후, 마음 먹었던 대로 외출증을 손에 넣을 수 있었다. 철조망 밖의 아주머니로부터 일주간 밀린 신문을 받았다.

포켓 속엔 솔직히 30원이 남아 있는 셈이었다. 박일병, 정상병과 또 함께 어울리게 되었다.

지금 생각하면 그저 모험적이었고 좋은 추억거리가 될 체험인 것만 같다.

정처 없이 산길을 들어오다가 만난, 방앗간집 부엌에서 불을 때던 목수 아저씨, 방에는 자리도 없으나 따뜻하므로 하룻밤 자고 가겠다는 청을 쉽게 들어주고, 고구마도 구워 먹어라 했다.

들에서 어두워 들어오던 고구마를 짊어 진 할아버지를 만났다. 팔려고 하던 애초의 뜻과는 달리 셋이서는 그런대로 먹을 만큼 그저 집어주기에 얻어 와서 부엌 아궁이속의 타는 불에 그냥 묻어두고 익기도 전에 한 두 개씩 파내 먹었다. 셋이서 서로들 많이 먹으려고 하는 욕심은 한결 같았다. 거의 주워 먹을 무렵에는 시장끼도 어느 정도 메꾸어졌다.

방앗간을 짓고 있는 집 할아버지도 아들들도 모두 자리 없는 흙바닥방에서 얼마간 우리들과 시간을 함께 보냈다. 집에서 가져온 보자기를 펴 놓으니 방바닥에 찼고 이 집의 장남이라는, 서른이 훨씬 넘어 보이는 젊은이와 넷이서 나란히 누웠다. 방바닥이 따뜻했으므로 이불 하나로도 단잠을 잤다. 그렇지만 문쪽 맨 가장자리의 아저씨는 이불도 제대로 못 덮고 추웠을 것 같았다.

기상(起床)하자 정상병은 엊저녁 고구마 사려고 내게 준 10원 받아가지고 선임하사님댁으로 떠났다. 정상병에게서 받은 10원, 분명히 왼편 하의 주머니에 넣었는데 어디서 빠져버렸다. 그들은 이 사실을 믿지 않는 것 같았다. 20원이 남은 셈인데 그들에겐 한 푼도 없노라 했다. 박일병을 따라 발길을 돌렸다. 여기가 탄동면 ○○리로 지난번에도 셋이서 한 푼 없이 와서 한씨댁에서 묵고 간 적이 있다.

박일병은 논에 들어가 벼를 베기 시작했다. 신문을 읽을 생각으로 잔디위에서 펴들었으나 제대로 읽혀지지 않았다. 얼마 뒤엔 주인집 아가씨가 술과 먹을 것을 이고 왔다. 박일병과 함께 일하던 사람들은 오라고 권했다. 시장끼가 들었던 뱃속이다. 이대로 사양한다는 것도 쑥스런 일이었다. 밀가루를 반죽해서 뜯어 넣은 국이었다. 권하는 대로 국 한 사발을 다 먹고 막걸리도 한 잔 마셨더니 빈속이었는지라 전신에 술기운이 확 올랐다.

윗옷을 벗어 두고 낫을 잡고 다음 논배미로 따라갔다. 낫질을 했으나 그들에게 비하니 상대가 되지 않았다. 한 배미가 다 베어졌고 또 다음 논으로 옮겨왔다. 차츰 낫질이 나아진 것 같았다. 점심때가 되어서 또 논임자의 딸인 듯한 스무살 남짓할 그 아가씨가 저쪽에서 점심밥을 이고 왔다. 모두 나와서 점심을 먹었다.

좋은 쌀밥에 강낭콩을 넣었는데, 먹기에 아주 좋았다. 두부무침, 두부찌개, 김치, 장에 저린 깻잎, 새우젓 등 부대 밥에 비할 바가 아니다. 배불리 먹었다. 구수한 숭늉도 오래간만에 마셨다.

일을 힘차게 하지는 못했다. 가지고 온 신문을 오늘 읽지 않으면 그냥 버려야 할 판이다. 밥을 얻어먹는다는 저열한 생각보다도 이왕 남의 일을 할라치면 애써 해주어야 한다는 것은 내가 여태껏 익혀온 진리이다. 그러나 오늘 나의 행동은 그것과는 멀다. 소극적이요, 자아 이기심이 앞선 것이다.

박일병은 어쨌든 애써 일해 준다. 좋은 성격의 일면이다. 낫이 하나 부족했기에 점심 먹고 시작되는 참에서 박일병은 나를 나가서 신문이나 읽으라 한다. 그대로 나왔다. 여기저기 논에서, 베고 걷어 들이는 모습이 한없이 평화스럽고 행복해 보인다. 또 그들의 움직임이 어쩐지 한가로워 보인다. 저쪽 초옥(草屋)들이 옹기종기 모여 있는 곳에선 컹컹 개짖는 소리며, 염소의 웃음소리, 어른·아이들의 떠드는 소리도 들린다.

멀리 보이는 산들, 그리고 그 위로 맑은 가을 하늘이 아련히 높다. 살결에 와 닿는 산들바람이 차가운 듯하다. 더러는 영락(零落)하고 또 더러는 붉게 혹은 노랗게 물든 잎사귀들이 가을로 다가가는 것을 알려준다.

어제도 유성쪽으로 오는 포도(鋪道) 양편에 늘어선 플라타너스, 포플러의 마른 잎사귀들이 지나가는 옆으로 사르륵사르륵 떨어지는 모양을 똑똑히 보았다. 그리고 한없이 높고 푸른 하늘에서 이렇게 병영(兵營)을 빠져나온 기쁨을 실감할 수 있었다.

- 탄동면 논들에서

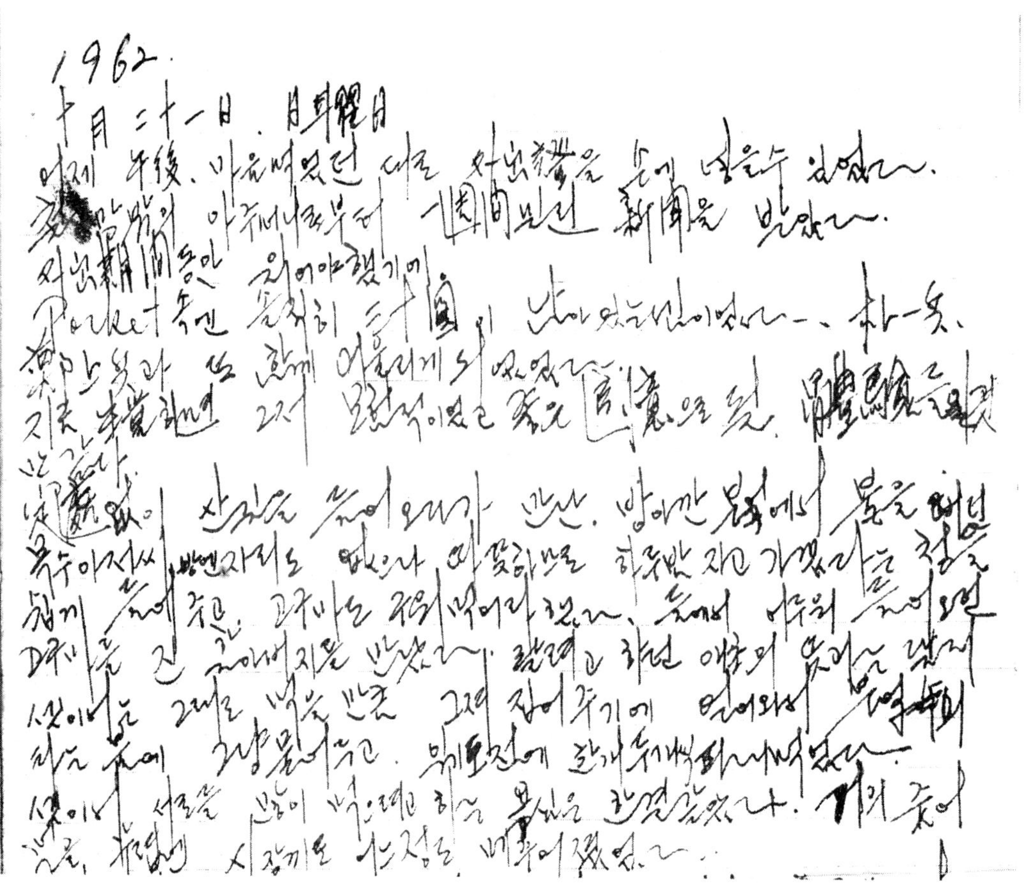

- 1962. 10. 21일의 일기장

1962년 10월 22일 월요일

동이 틀 무렵이다. 안개가 막사 주위에 뿌옇게 깔렸다. 조각달이 군인교회 지붕 위편에 걸려 있고, 연병장 주변의 전봇대위에 달아 둔 전등의 불빛이 있어 연병장에서의 움직임을 볼 수 있다. 말번 불침번(不寢番)인데 동초(動哨)를 서면서 연병장 청소를 해야 했기에, 옷을 입고 나가면서부터 가마니를 끌고 연병장을 고루고루 다녔다.

눈에 보이기 위한 청소를 하는 셈이다. 눈가림 청소, 이렇게 함으로서 상급자들이 원하는 청소로서는 족한 것이다. 청소 본연의 의도가 무엇인가는 알 바 없는 것으로 되어 버린 것 같다.

어제의 외출에서 겪은 일이 생각났다. 그리고 토요일 밤은 비록 맨흙바닥 방에서나마 밑바닥이 따뜻했기에, 실컷 잤다고 생각했다.

1962년 10월 23일 화요일

하루의 생활 가운데서 가장 괴로운 시간이 이 불침번 시간이요, 그 중에서도 잠에서 깨어나는 순간이 특히 고통스럽다. 좀 일찌감치 8시전에 취침(就寢)하는가 했더니 술에 취한 병장급 몇 명이 행패(行悖)를 부리는 통에 내무반의 전원이 몇 번씩 기상을 하게 되었고 공포에 떨어야 했다.

어제 오전에도 이빨은 몹시 쑤시고 아팠나. 의무실(醫務室)을 찾아 갔더니 의외로 발치(拔齒)한다고 했다.

군의관은 내가 발치를 원하지 않는다고 했으나 붙잡아 두고 발치해야 한다고 했다. 먼저 아픈 쪽의 이틀 주위에 마취제 주사를 놓았으나 잡아 빼려고 기계를 넣는 순간, 아픔을 참을 수 없어 거절했더니 의사는 나의 공포심을 나무라면서 다시 또 주사를 놓고 오른쪽 팔에도 무슨 종류의 주사바늘을 찔렀다.

얼마간의 고통스러운 시간이 흘렀고 잡아 빼는 순간의 아픔도 지나고 나니 써어들던 왼쪽 아래의 큰 어금니는 마침내 뿌리째 뽑혀지고 말았다.

군의관이 주는 약 두 종류와 취침증을 갖고 부대로 와서 선임자들이며 선임하사에게도 말하고 하루 종일 양지쪽에 누워 지냈다. 지시하던 시간대로 약을 먹으려고 노력했는데 어제는 두 차례 먹었다.

빼고 난 자리의 공간이 내 생각엔 너무 크다. 튼튼한 이빨을 박을 일이 걱정이다. 불침번을 서고 있는 지금 시간도 그 부분의 아픔을 느낀다.

어제도 작은형님에게 편지 낼 생각을 가졌다가 분위기 시끄러워 그만 두게 되다.

1962년 10월 25일 목요일

어제는 과장님 인솔로 102호차에 과원 스무 명 남짓이 계룡갑사(鷄龍甲寺)로 구경 다녀왔다. 점심식사가 끝나고 출발했는데 가는 도중에 타고 가던 트럭이 여러 번 고장이 나서 고쳐가면서 갔으나 오후 3시 못 되어 절에 도착했다.

도로 양편에 보이는 산마다 단풍이 붉었고 차가 달리는 연변(沿邊)에서 바라보이는 마을마다 들에서 추수하는 사람, 보리를 갈고 있는 사람들을 보았다. 모두가 분주한 시기를 맞아 일하는 모습이 평화로워 보였다.

차를 주차시켜 놓고 절을 향해 함께 걸었다. 길 양편엔 큰 나무들이 우거져 있고 단풍이 들어 실로 볼만한 풍경이었다.

우리 일행이 절 경내로 들어가고 있을 때, 벌써 구경 왔다가 돌아가는 사람들도 많았다. 남녀학생들도 여러 무리가 있었다. 절 안에 들어갔으나 불교에 대해서 잘 모르고 안내하거나 설명해 주는 이도 없어, 보는 것마다 수박 겉핥기였다.

그저 웅장한 절의 건물과 주위의 가을 경치를 보고 마음으로 평화스런 느낌을 받았다. 절 구경을 하면서 시장기를 느끼고 있었기에 사찰 경내에 누렇게 익은 감이 주렁주렁 달려있는, 잎진 뒤의 감나무만 눈에 띄었다.

절 구경을 대충 마치고 절 한구석에 모여앉아 가지고 온 과자와 술, 오징어를 과원들이 나누어 먹었다. 이빨을 뺀 나는 술을 권해 왔으나 마시지 않고 과자 몇 조각, 사과 반 조각을 먹었다.

절간인데도 유흥장은 설치되어 요란하게 술타령을 하는 사람들도 있었다.

돌아오는 길에도 자동차는 여전히 고장이 몇 차례 났고, 마침내는 지나가는 미군 트럭을 타고 저물어서야 부대에 돌아왔다. 가고 온 길 합해서 200여리의 드라이브를 한 셈이었다.

'카리브해의 긴장(緊張)'으로 오늘밤도 배낭을 꾸려 놓은 채, 경계심을 풀지 못하고 근심스런 밤을 새워야 한다.

1962년 10월 28일 일요일

고향집에 안부를 전하고 송금을 바라는 편지를 써놓다.

작은형께 여간 미안스럽지 않다. 잠을 청하느라고 자리에 누워서 누군가의 생각을 했다. 편지는 받아 보았는지 궁금하다.

쿠바 사태로 긴장됐던 국제정세(國際情勢)가 완전히 풀리지 못하고 그대로 주춤해 있어 외출이 금지되었다. 배당된 2시간의 불침번 시간이 거의 흘렀다. 신문은 맑을 정신으로 읽었다.

1962년 10월 29일 월요일

어제의 날씨는 퍽 따뜻한 편이었다. 양지쪽에 앉으면 볕이 따가울 정도였다. 통신 근무대의 김형이 면회와 주었다. 발치(拔齒) 때문에 술을 못하는 것을 알고, 부대 내의 매점에 갔는데 찹쌀떡을 사주기에 체면 없이 주워 먹기만 했다. 다음엔 내가 찾아가서 술을 몇 잔씩 마셔야 할 것 같다.

부모님 집과 큰형 댁에 써놓은 편지를 김형 편에 부쳐 달라고 주었다.

1962년 10월 30일 화요일

앞차례의 불침번 병이 깨기 힘든 잠을 또 깨웠다. 4시가 되었던 모양이다. 잠에서 깰 때의 그 참기 힘든 고통스러움은 무엇에 비할 데 없다.

내무반의 문밖엔 새벽안개가 자욱하다. 막사 밖에서는 냉기(冷氣)가 전신을 엄습해 왔다. 문을 닫고 들어서니 그래도 좀 낫다.

연병장에서 동초(動哨)를 서던 보초병(步哨兵)은 좀 시간이 덜 됐는데도 다음 교대자를 내 보내달라고 한다. 잠에 취하여 일어나기 힘들어 하는 사람을 기상하게 하는 일도 괴로운 노릇이다.

1962년 11월 1일 목요일

가을이 무르익었다. 모든 활엽수들의 잎은 단풍으로 물들었다. 들판의 논들마다 볏단들이 널려 있다. 바라보이는 산들이 가을볕에 아물거린다.

사뭇 파랗기만 한 하늘, 볕살이 따사롭다.

과장님이 국화 한 줌을 꺾어 왔다. 분홍색과 흰색의 두 종류의 것이다.

김일병이 잉크병을 씻어서 꽃을 꽂아 과장님 책상 위에 얹어 놓았다.

코로 국화꽃 향기를 맡아 보는 내음에서 향수(鄕愁)를 느낀다.

할 일도 별로 없고 해서 사역병으로 나가 양철판을 두드려 편편하게 하는 일을 하다 왔다. 한참 두드리고 나니 마침내 손바닥이 아파왔다.

여전히 고향서 편지 한 장 없다. 영 서운하기만 하다.

1962년 11월 2일 금요일

오늘은 고향소식 담은 편지들이 도착했으리라. 기대를 가지고 신문 찾으려 철조망 밖으로 뛰어 내려가 보았으나 역시 아무런 소식이 없다. 지난 번 편지 받고서 답서들을 보낼 생각들을 하지 않은 집안 식구들을 원망해 보았다. 송금을 요구하는 편지를 보낸 바 있는 작은형님으로부터의 소식도 벌써 기다려진다.

수십 분 전부터 시작된 오늘이다. 진일병은 혼잣말을 뇌까리며 보초교대를 하고 자리에 누웠다. “지금 시간으로 오늘 하루를 완전히 보낸 셈이다” 라고 하는 말을 듣고 보니 일상 날짜와 시간 흐르는 것이 무던히도 힘들게 생각되는 모양이다. 군에의 입대가 늦어 서른을 헤아린다는 그의 나이에, 이렇게 서글픈 군대생활이 시작된 지 일천한 그의 넋두리 같은 혼잣말이었다.

1962년 11월 4일 일요일

아직도 고참병(古參兵) 소리를 듣기는 먼 것 같다. 한 달씩 한 달씩 채워도 여전히 하급병 생활을 면치 못하는 실정이다.

오는 열하룻 날이면 꼭 열여섯 달을 채우게 된다. 소속 부대(部隊)의 전속(轉屬) 탓으로 오히려 잔 고통은 더 당하는 셈이다.

내일이 음력 10월 9일로 생일날이이시 그러한시 고향(故鄕)에 계신 부모님 생각이 자꾸만 난다. 백발이 더해가도 여전히 일하시는 모습을 고향집에 가면 보게 된다.

생각을 가다듬고 가능한 최선의 노력을 할 것과 자식 된 도리를 할 날을 앞당길 수 있기를 다짐한다.

오늘도 편지 기다리는 맘 한 결 같았다.

1962년 11월 6일 화요일 (음 10월 10일)

군대생활 치고서는 무난히 넘긴 하루라고 생각했다. 어제는 음력 10월 9일로 생일이었기에 불미스런 일이 신변 주위에서 야기(惹起)될까봐 걱정했었다.

부모님이나 형제들로부터 받는 따스한 정이나 별다른 생일 음식 같은 것은 생각지도 않았기에, 그저 하루를 별일 없이 보낸 것으로 만족하고 싶다.

ESP로 Compressor의 송증 사본(寫本)을 전달할 목적으로 문화동(文化洞)까지 102호 적재함에 타고 다녀왔다. 도중에 대전대학의 ROTC로 생각되는, 군복 입은 대열이 웃통을 벗은 채로 구보하는 광경을 보았다. 가슴뼈들이 앙상한 게 유달리 눈에 띄었다.

부대 근처의 들에서, 말린 볏단을 마차에 싣고 있는 아주머니의 얼굴에 웃음이 실렸음을 보고, 수확의 계절에 마음 흐뭇해하는 그들의 심사(心思)가 헤아려졌다.

새벽 두 시가 가까웠다. 교대하고 또 몇 시간이나마 수면을 취해야겠다.

1962년 11월 7일 수요일

새벽공기는 여전히 차갑기만 하다. 콧물이 맺히고 냉기가 몸속에 스며드는 듯하다. 어제 저녁엔 군인휴양소에 인솔 목욕 다녀왔다. 생각했던 것보다는 시설이 깨끗한 편이었다.

서울에 첫 눈이 내렸고 최전방(最前方)의 백암산(白岩山), 대우산(大愚山), 대성산(大成山), 적근산(赤根山) 등엔 벌써 눈이 내렸다는 보도가 있었다. 모두 영하 십도 이하의 기온을 보였다 한다.

그리고 국토건설단원(國土建設團員)들을 11월 중에 귀휴(歸休) 조치한다는 희소식도 있었다.

1962년 11월 8일 목요일

어제는 그의 회신을 받아 읽고 또 읽었다. 농번기로 인해서 고향에 다녀오느라고 편지 늦게 받은 모양이다. 내 편지받고는 무척 반가웠으며 나의 호의를 고맙게 생각하고, 여러모로 새로이 느낀 점도 많으며 종종 편지하겠노라고 정성껏 또박또박 써 보내주었다.

지금은 불침번을 서고 있다. 몇 십분 남지 않은 오늘이란 시간이다. 그의 편지를 또 꺼내어 들고 미소 지으며 읽어 보았다. 한가한 마음 생기는 시간엔 답장을 쓰련다. 편지 보내주면 또한 즐거워 할 터이고 내 호의를 저버리지 않는 그가 더욱 귀여워진다.

같은 날 부친 강군의 편지엔 어째서 소식이 없는지. 어쩌면 그때 벌써 포병학교를 나와서 부대배치를 받았기에 내 편지 받아보지 못했는지 고향에 다시 물어봐야겠다.

오전엔 선임하사님과 806부대에 가서 새로운 청구서를 접수시키고, 일전에 청구했던 부품들을 수령해 와서, 창고에 정리하고 카드정리까지 저녁시간에 마무리했다. 내일 또 무슨 검열이 있다는 과장님의 전달이 있었기에, 저녁 늦도록 작업했다.

1962년 11월 9일 금요일

며칠 동안 쌀쌀하던 날씨가 이 저녁엔 한결 풀렸고 하늘엔 구름이 끼고 그 틈사이로 달빛이 희미하다. 고향 생각이 번듯 났고 그의 생각도 났다.

오후엔 모래 실으러 갔다 왔다. 철조망 밖을 나가 보고 싶었고, 도로에 차가 달릴 때 눈앞에 전개되는 연변(沿邊)의 민가와 사람들을 구경할 수도 있다는 생각도 들어 차에 올랐다. 삽으로 모래를 퍼서 차에 싣는 일을 반복하노라니 추운 것도 사라지고 땀이 날 정도였다.

1962년 11월 11일 일요일

오후 한 때 막사주변의 언덕 너머 마른 잔디위에 앉을 시간을 가졌다. 퍽 따사로웠다. 졸음이 쏟아질 정도였다. 우리 부대 막사 저 아래에 펼쳐져 있는, 추수 끝난 들판을 내려다보면서 가을이 깊어가는 것을 느꼈다.

큰형님과 작은형님의 편지가 한꺼번에 손에 쥐어졌다.
작은형님께선 기대하던 대로 등기우편에 환증서를 넣어 보내주셨다. 모두에게 편지를 내려 했는데 큰형께 겨우 답서를 써놓았다.

외출 없는 일요일이었는데 비교적 한가했다.

1962년 11월 13일 화요일

모(毛) 와이셔츠의 복장만으로도 더울 만치 온난한 날씨를 보였다. 이렇게만 온난한 날씨로 이 달이나마 지냈으면 좋겠다.

1개월분 신문대금 60원(圓)을 치러주었다. 작은형님께 송금을 요구하지 않았더라면 곤란한 입장에 놓일 뻔 했을 것이다.
다음 외출을 허가 받게 되면 통신근무대의 김광재군을 찾아가고 싶다. 어제는 병참부의 최형철형이 찾아와 주었는데 이야기만 주고받다 헤어졌다.

두 형님들께 답장을 써놓고도 아직 부치지 못했다.

1962년 11월 17일 토요일

어제는 종일 강한 바람이 불었다. 겨울이 다가오는 것을 느낄 수 있으리만치 떨어진 나뭇잎들이 이리저리 뒹굴었다.

그래도 볕이 쬐어서 그리 추운날씨는 아니었다.

두 분 형님과 그에게 쓴 편지를 점호시간 전에 철조망을 빠져나가서 우체통에 집어넣었다. 우체통이 있는 곳까지는 철조망에서부터 한 사백 미터는 되는 거리다. 밤거리의 자동차불은 순찰 헌병 차들일 것만 같아서 찻길을 피하여 논바닥으로 달리다가 무논에 빠지기도 했으나 다시 나와서 달려, 도로 곁의 언덕을 끼고 갔다. 우체통에 집어넣고 오는 길에도 숨어 가면서 부대까지 왔다. 잡히면 무단이탈의 죄목에 해당되기 때문이다.

새벽 두 시 오십분부터 나의 불침번 시간인데 앞의 불침번이 사십분에 단잠을 깨웠다. 다섯 시간 좀 더 잤을지 모르겠다. 내 다음 차례로 말번(末番)인 박군이 아프다고 신음하면서 못 일어나겠다 하는 통에 하는 수 없이 기상 시끼지 대신하여 서 있어야 한다. 뜬 눈의 한 사람은 내무반을 지켜야 한다.

오늘 토요일 오전은 또 내무사열 취한다고 바삐 지낼 터인데 오후는 좀 한가해졌으면 좋겠다.

여기 장비과에 전속(轉屬) 온 이래로, 아니 군대에 들어온 이래로 이처럼 한가하여 마음의 공허를 느껴볼 수 있는 토요일 오후는 오늘이 처음인 듯하다. 다른 전우들은 속리사로 놀러갔는데, 거기서 나는 제외됐다. 과장이 나를 지명하여 부대에 머물러 대기하고 있으라고 명령한 것이다. 동행을 거절당하는 순간 퍽 실망

적이었다.

오랜만에 나가볼 수 있는 세상, 더구나 절을 찾아가서 하룻밤 쉬어볼 수 있는데 얼마나 좋을 것인가. 선임하사님도 차량계는 다 데려갔으나 장비계 한 사람은 남아 있으라 했다. 이런 데서도 자기 소속부하에 대한 편애를 엿볼 수 있었다.

사찰방문에 참가할 수 있는 사람들에서 제외된 이상 마음을 고쳐먹고 달리 지내보면서 무의미한 휴일이 안 되도록 해보기로 했다.

낙엽도 다 져가고 대부분의 나뭇가지들은 앙상한 모습으로 만추(晩秋)의 바람에 이리저리 흔들린다. 냉한 바람이 휭하니 부는 연병장을 돌아다녀 보아도 마음은 줄곧 들뜬 것만 같다.

언뜻 고향 생각도 났다. 가족들에게 편지도 쓰고 싶고, 창학이 오랫동안 서로 소식 없었기에 생각나기도 한다. 노트를 꺼내들고 양지바른 언덕에 올라 와서 만년필로 이렇게 적어본다.

조용히 내려 비치는 늦가을의 태양이 서산위에 걸렸다. 저 아래 유성방면으로 뻗은 아스팔트 도로엔 아담한 택시의 왕래가 드물게 보인다. 돈푼깨나 있는 사람들이 토요일 오후를 즐기느라고 온천장으로 가나보다.

도로 양편에 늘어 서 있는, 잎이 조락(凋落)해 가는 플라타너스 나무들은 남은 잎새들이 초라한 모습으로 매달려 있다.

새벽 불침번 시간엔 누님께 보낼 편지 쓰다.

1962년 11월 20일 화요일

아침부터 궂은 가을비가 내리다.

어제는 승희의 편지를 받았다. 작은형님의 결혼 잔치에 대한 얘기를 썼고, 나의 귀가를 무척 고대한다고 했다. 그리고 새로운 희소식 하나는 동네에서 발전기를 이용해서 전기를 사용할 수 있게 되었다고 한다.

오전엔 806부대에 다녀오는 길에 누님께 써놓았던 편지, 공군기교단 앞의 우체통에 집어넣었다.

1962년 11월 22일 목요일

멀리 바라다 보이는 시가지 한 모퉁이의 총총한 전깃불들이 꽃밭 같다.

포장도로를 이렇게 새벽부터 구르는 마차 바퀴소리가 적막 가운데 유난히 진하게 들려온다. 고달픈 삶들이다.

한 시간 남짓한 보초시간을 발을 동동거리면서 보냈다.

군대생활이란 암만 생각해도 모질다. 하내의(下內衣)만 입고 기합을 받긴 군대생활 하면서 두 번째인 것 같다. 이번엔 더구나 맨발로, 철모만 쓴채 토끼뜀, 총을 양손에 들고 토끼뜀, 서서 왼발 들고 서 있기, 앞에 총으로 구보, 이렇게 생진 처음 당하는, 말대로 쓰라린 기합이다. 사무실에서 마지막으로 무릎 꿇고 정강이를 시멘트 바닥에 대고 앉아 있게 히더니, 또 밖으로 내몰아 계속 시키려 할 듯 하나가 거기서 그만 누게 했다.

참기 힘든 기합을 받으면서도 이성을 잃지 않으려고 애써 보았다. 이렇게 하지 않으면 과장으로서 더 이상 방책이 없었는지, 과장은 이성과 양식을 갖고 있는 사람으로서 취급받으려는 생각을 갖고서 이러한 방법의 벌을 우리들에게 가하는지, 그의 무지의 탓인지, 고통 중에서도 고소(苦笑)를 금치 못했다.

그리고 누가 옳은지 모르겠다고 생각했다.

부산 동래의 1206건설공병단 중장비중대에서 근무할 때, 받은 혹독한 기합이 떠올랐다. 작년 몹시 추운 겨울 어느 날 밤, 퇴근한 줄 알았던 인사계 담당 상사가 돌연 본부 대원 내무반에 나타났다. 취침 중의 중대본부대원 모두를 기상시켜, 하내의(下內衣) 바람으로 연료고(燃料庫) 앞에 집합시켰다. 부대 옆을 흐르는 차디찬 냇물로 뛰어 들어가도록 명령하였다. 대오(隊伍)를 맞추어 냇물로 들어가려는 순간, 뒤로 돌아서도록 하여 그만 두게 하였다. 어제 저녁 받은 벌은 여기에 비할 바 못 될 만치 쓰라렸다.

오후엔 좋지 못한, 과(課)의 분위기 속에서 벗어나 사방공사 작업에 참가하게 되었다. 가고 오는 길엔 산의 능선과 골짜기를 통과하면서 마른 낙엽들이 바람에 날리는 것을 보았고 길바닥에 떨어진 낙엽은 발에 밟히기도 했다. 눈앞에 보이는 겨울철로 접어드는 산의 풍경들을 얼마동안 대하고 나니, 어제 밤에 받은 기합으로 인한 분위기는 일신되었다.

골짜구니에 탐스러울 만치 잘 덮여 있는 깨끗한 뗏장을 삽으로 떠내어 사태 난 곳에 옮겨 심는 일을 했다. 불과 몇 평을 못하고 인솔한 중사의 지시에 따라 귀대했다.

1962년 11월 23일 금요일

금년 들어 최저온도를 보이는 것 같다. 말번 보초를 서야했기에 4시 40분 기상, 사병외투를 뒤집어쓰고 비를 들고 낙엽과 휴지를 쓸었다. 군데군데 물이 고인 곳은 모두 꽁꽁 얼어붙었다.

벌써 어제 저녁 점호 무렵부터 결빙(結氷)이 시작되었다. 두 번째로 얼게 된다. 며칠 전 기상해서 보니 벌써 얼음이 얼은 적이 있었다.

동장군(冬將軍)은 찾아오고 말았고, 이 겨울을 보낼 일이 기막힌다.

1962년 11월 26일 월요일

일상생활에서 비위에 거슬리는 일이 허다한데 구태여 한두 가지를 끄집어내어 탓해본 들 무슨 소용이 있으랴만, 정말 견디어 내기 힘들다.

과장님의 일거수일투족(一擧手一投足), 언행(言行) 하나하나로부터, 고참 병장들의 그러한 것들이 다 못마땅하다.

어제는 일등병이 병장과 싸우는 꼴을 빚어내었다. 평상시엔 없었던 광경이었다. 사건의 자초지종(自初至終)을 적어 두지는 않겠다.

취침전(就寢前)엔 빳따 다섯 대를 맞고 다리를 부들부들 떨었다.

승희의 편지 답장도 저녁엔 써두었다.

신문도 다 읽지 못하고 밀렸다.

1962년 11월 27일 화요일

난로(煖爐)의 연탄불을 갈아 넣노라니 지난 한 해의 겨울을 지내던 일이 기억에 자꾸만 새로워진다.

연탄을 갈아 넣노라면 대개 오히려 불을 꺼버리는 결과를 초래하고 말았기에 다음 불침번에게 힘든 부담을 주게 되던 일, 그리고 또 아예 말번 불침번에는 나를 넣지 말라고 하던 상급자들, 그리고 동료들이 떠올랐다. 그 때만 해도 나보다 하급자라고 기억에 나는 사람은 없는 때였다.

연탄 난롯불 피우는 일 때문에도 몇 번을 집합했고 빳따도 얻어맞기 몇 번이었던가! 오늘 새벽으로, 두 번째 연탄을 갈아 넣어 보면서 '아 - 나도 이젠 연탄 갈아 넣기에 자신이 있구나!' 하는 생각이 들고, 갈아 넣은 후에도 난로가 벌겋게 타오르는 것을 보니 가슴 뻐근한 감회(感懷)를 금치 못하겠다.

추위와 설움과 초조감으로 지내던 지난 한 해의 겨울이여!

생각하면 시원하면서도 아쉬운 그리움 같은 것을 느낀다. 그리고 또 닥쳐온 이 겨울이 막막하기만 하다.

작년의 이맘때는, 첫 휴가를 얻어 고향집에서 한 스무날 지내고 오는 틈에 연탄불 피우기가 시작되었는지라, 그 당초에 불 피우는 기초적 방법을 잘 배우지 못했기 때문에, 겨울이 다가고 연탄난로를 철수하기까지 난롯불을 잘 피울 줄 모른 것이라고 생각했었고, 지금도 그러하다고 생각한다.

지금 몸소 피워 본 무연탄 갈아 넣기의 순서를 적어보면, 먼저 난로 밑의 문을 열고 물을 부어 놓았다가 타던 탄(炭)이 다 타간다고 생각됐을 때, 철쑤시개로 위에서 연탄을 깨어가면서 밑의 받침대를 흔들어 타버린 탄재를 웬만큼 빼내고, 다시 위에서 더 쑤셔 재를 밑으로 내려 보낸 다음, 이겨 논 연탄을 넣고 난롯가에 닿지 않도록 삽으로 펴놓고는 가운데에 구멍을 하나만 뚫어 놓는다.

그런 다음 밑에 쌓인 재를 퍼내고선 물을 또 부어놓았다. 그리고 난로 주변도 대강 청소할 요량으로 더럽혀진 모래는 퍼서 잿통에 넣어버렸다. 이렇게 하였더니 여전히 난롯불은 잘 타오르고 이 불침번 시간도 다 지나가고 있다. 그리고 잠시 후엔 날이 새겠다.

1962년 12월 2일 일요일

CPX 요원에 가담되어 운영과에 다니며 근무해야 한다. 다른 과원들과 접해가면서 근무하기도 하고, 야간엔 불침번을 서지 않는다 해서 본부 내무반에서 이틀째 잠을 잤다.

몇 분 전에, 오전 중에 들어왔던 과장이 나감으로써 다시 조용해졌다. 사무실엔 오일 난로가 훈기 차게 달아오르고 모두 밖으로, 내무반으로 몰려가고 지금은 나만이 앉아 있다. 빨래도 해 놓았다.

혼자 난로 옆에 앉아 있노라니 고향집 생각, 큰형님댁 생각 등 여러 생각이 두루 났다. 고향에 가보고 싶은 생각 간절해진다.

그래도 일요일이라서 그런지 한 번씩은 집생각을 할 수 있는 조용한 분위기가 찾아온다. 큰형 댁과 고향집에 편지 써 보내야 하겠다.

어제 저녁엔 CPX 근무 중에 두해와 기동군에게 편지 써놓았다. 본격적으로 다가온 겨울 날씬데 오늘은 검은 구름이 뒤덮여 돌고 이따금씩 빗살도 떨어진다.

1962년 12월 16일 일요일

그 동안 여러 날이 색다른 생활도 하고 생각도 많은 속에서 흘렀다.

얼마 남지 않은 이 해도 이렇듯 군대생활로 고스란히 흐를 모양이다. 어쨌든 무사히 지내온 것을 부모형제들께 감사히 생각하고 싶다.

내일 고향으로 출발해 보려던 생각으로 선임하사님께 얘기 해 봤더니 대답이 시원치 않다. 기회 있으면 한 번 더 졸라 볼 생각이다.

오전에 신병 두 사람과 유성군인목욕탕에 다녀왔다. 냄새 풍기는 더러운 물에서 목욕을 했기에 꺼림칙하다.

떡국 3그릇에 생과자 몇 조각 사먹었더니 100원이 고스란히 달아났다. 오랜만에 외출했기에, 영양기 없는 음식으로 살던 병영생활에서 벗어나 좀 영양도 보충해 보고, 기분도 풀어본다는 것이 고작 이 정도였다. 군대생활에서 오랜만에 인간성을 찾아보려는 생각에서 예정보다 늦어 철조망 안으로 들어오다.

1962년 12월 19일 수요일

새벽 5시쯤이다. 막사 밖에는 이 겨울 처음으로 함박눈이 소록소록 내리고 있다. 퍽 많이 내리고 있어 제법 쌓일 것 같은 기세다.

내일이 작은 형님의 결혼식이 있는 날이다. 결혼식에 참석하기는 틀렸다. 선임하사님께 청하여 보았으나 승낙을 얻지 못했다.

과장님께 요청해도 쉽사리 허락하리라 기대되지 않는다.

결혼식에 참석은 못하더라도 고향집에 가고픈 생각이어서 오늘 한 번 더 말해봐서 거절되면 아주 단념하겠다.
온 가족이 한결 같이 기다릴 것이라고 생각한다.

1962년 12월 31일 월요일

임인년(壬寅年)의 마지막 날이 시작되는 시간을 내무반에서 불침번 근무를 서면서 이렇게 지키고 있다. 그 동안 부모형제들의 따뜻한 사랑을 받은 며칠을 고향에 다녀왔다. 이 한해도 고스란히 군복입고 철조망 안에서 몇 백의 날을 보내왔다.

지난밤엔 근무조로 남은 과원들끼리 망년회를 한다고 하여 막걸리 타령을 했다. 현실의 고민·고통을 잠시나마 잊고, 노래 부르고 뛰며 유쾌히들 놀았다.

머리가 아프고 몸이 좀 피곤했지만, 이 불침번 시간을 메꾸기 위해서 옷 입은 채 누웠던 잠자리에서 일어났다.
아직도 귀대(歸隊)한 뒤에 보낼 편지를 고향집에 내지 못했다. 또 한해가 지나가는 시점에서 연신 부모형제들의 모습이며 그 동안 따뜻이 대해주던 벗들이 그리워진다.
그럼 이만 적는다. 굿바이 1962년!

1962.
12월 31일. 月
軍隊와의 마지막 날이 시작되는 시간을 지키고 있다. 그 동안 부모형제들의 따뜻한 사랑을 받은 며칠을 고향에 다녀왔다. 이해도 고스란히 군복입고 철조망안에서 대부분 우울했던 몇백의 날을 보내왔다.
지난 밤엔 근무조로 남은 隊員들은 망년회란 題名으로 막걸리 타령을 했다. 현실의 괴로운 고통을 잠시나마 잊고, 노래부르고, 뜨며 유쾌히들 놀았다. 머리가 아프고, 몸이 피곤하도 이 불침번시간을 새우기 위해서 옷입은채 누운 잠자리에서 일어나왔다.
아직도 도착뒤에 보낼 편지를 집에 내지 않았고. 연신 부모형제들의 모습에서 그 동안 따뜻이 대해주던 벗들이 그리워진다.
2줄 이만 적는다. 굳바이, 1962년!

- 1962. 12. 31일의 일기장

1963년 1월 1일 화요일

내무반(內務班)에서 불침번을 서면서 자정(子正)을 넘겼다.

한 해의 첫 날, 처음 시간의 얼마간을 이렇게 지낸다. 막사(幕舍) 밖의 세상엔 눈이 내리고 있어 가까운 곳, 먼 곳이 모두 새하얗다.

도달해 보려는 의욕을 일으켜 가면서 시간을 아껴본다. 힘드는 일이다.

그래도 순조로운 길이 열리리라 기대하면서 꾸준히 해보리라.

지난 해는 고스란히 군대생활을 해왔다. 부산 동래의 1206건설공병단에서 이곳 대전 유성의 3관구사령부 공병근무대로 전속(轉屬)되는 과정도 잘 적응했다.

이 해엔 남은 후반부의 군복무를 잘 마치게 되도록 기대를 걸어본다.

복무기간의 단축이 있기를 희망해 본다. 한 해라도 허송세월로 넘기지 않고 남에게 뒤지지 않으려는 노력을 지속해야 한다.

새해에도 집안 식구들에게 만복이 내리고, 건강한 몸으로 일 할 수 있기를 기원한다.

1963년 1월 2일 수요일

어제 오후부터는 퍽 한가로운 분위기였다. 신년벽두의 연휴기간이라 외출 나간 사람들이 여럿이고, 영내에는 몇 사람 남지 않았기에 조용한 가운데 지낼 수 있었다.

고향집에다 귀대한 후 잘 지내고 있다는 편지 써놓다.

밖에 나갔다온 병장들, 많이들 마시고 왔다. 듣기에 곤란하고 보기에도 좋지 않은 언동(言動)을 보여 주었다.

새해의 첫 날을 무사히 넘기고 잠든 셈이었다.

밖엔 눈이 내려 쌓여 있다. 지금은 활짝 개어 밤하늘엔 별이 총총하다.

아침에 기상하면 또 제설작업이 있을 것이다.

한가한 시간이 있어 책을 좀 볼 수 있었다.

1963년 1월 11일 금요일

한동안 생각을 적어보는 시간을 갖지 못했다. 게으름과 태만, 압박감 속에서만 허덕인 탓이다.

고향집 생각이 이따금씩 났고, 이 순간에도 그러하다.

이제 열여덟 달을 채웠다. 길 것 같으나 얼마 못한 셈이다. 아직도 지난 기간 세월만큼을 더 복무해야 군복을 벗는다. 더 많이 군대생활을 한 고참병들이 수두룩하고, 그들 앞에서 내가 하고 싶은 대로 말을 하거나 책을 볼 수가 없다. 견디기 어려운 괴로움이다.

시간은 흘러가고 말지만, 지루하고 건조하기만 하다.

군대생활을 1년만 살고 나간 교보출신인 K군과 L군 생각이 난다. 지난번 귀향했을 땐 오랜만에 만나보고 반가운 정을 며칠 동안 나누어 보기도 했었기에 더욱 그리워지는 사람들이다.

학보로 같이 입대(入隊)한 L군도 지금쯤은 집으로 돌아갔겠다.

일반병으로 이처럼 3년간의 긴 세월을 군대생활로 보내야 하는 안타까움은 있으나, 견디고 마쳐서 그들과 어깨를 겨누어야 한다. 의지의 관철을 또 한 번 새겨본다.

1963년 1월 12일 토요일

수면 결핍을 가져오지 않기 위해서 몇 줄만 적고 또 때 묻은 침구 속으로 기어들어가야 한다.

날이 새면 토요일. 아침부터 분주히 움직여야 할 것 같다.

신년초의 내무사열이 있다 해서 어제 저녁 취침 전부터 사무실 오일 난로를 전부 뜯어 수입(手入)을 하는 등 법석을 부렸다.

하룻밤 맘대로 실컷 잠을 자보고 혼자 자유시간을 얻고 싶어 외출을 꿈꾸어 본다.

1963년 1월 13일 일요일

"…전략(前略), 그러나 인류의 진보나 생활의 개선이란 역사의 장단(長短)에 의해서 좌우되는 것이 아니라, 좀 더 나은 미래(未來) 를 위한 우리의 부단한 투쟁에 의해서 결정되어 왔다는 사실을 상기할 때, 우리의 관심은 어제에의 회상보다노 다가올 내일을 위해 경주해야 하지 않을까?"

신문의 '써치라이트' 란(欄)에서 읽고 여기 옮겨 적었다. 정말 그렇다. 어제의 모든 그리움의 대상에 연연하고 지난 날의 실패에 구애되어 있을 것만은 아니다. 다가올 미래를 바라보고 고달픈 현실에서 틈틈이 시간을 활용하여 지난날의 패배를 만회해야 되는 것만이 내 유일의 갈 길이 아닌가.

세 시간이나 되는 긴 불침번 시간이 다 지나간다.

1963년 1월 14일 월요일

오늘부터 또 한 주일을 들볶이고 나면 쉬는 하루가 온다.

날씨는 그 동안 몹시 추웠는데 오늘 새벽은 좀 풀린 듯하다. 책을 본다는 일이 여간 힘든 일이 아니다. 이런 상태로 계속해서 나간다면 허사(虛事)로 돌아가겠다. 묘책을 강구해 보고자 하는 알뜰한 생각이 한없어도 군대생활은 개인의 생각과는 다르게 진행되어 간다.

고향집에 편지도 내야 할 때가 됐다. 부모·형제한테서도 소식 없고, 생각나는 몇몇 벗들도 있는데, 다 소식이 돈절이다.

1963년 1월 17일 목요일

가슴을 치며 울고 싶은 심정이다. 사내답지 못해서가 아니다.

뜻을 이룰 수 없음이 너무도 한이 되어서다. 한 시간 남짓이 남은 취침할 수 있는 시간을 이용해 보려고 해도 이것 또한 제대로 안 된다.

일찍 깨우는 불침번 먼저 사람, 늦게 일어나는 다음 불침번. 시간은 나를 애태운다.

일과 시간의 쪼들림과 눈총 속에서 흘러가는 아까운 시간 시간, 이렇듯 시간의 아쉬움과 단체생활 속에서 살아가는 환경 속에서 내 뜻을 펴려는 심정이 야속하다.

사병의 휴가명령을 담당하는 L상병과 상담해 보았다. 필요한 시기에 정식휴가를 갈 수 있도록 선처해줄 것을 타진해 보았더니 너무 쉽사리 그것이 가능하다고 한다. 그러나 무엇을 먼저 바라고 요구하는 그는 감자바위답지 못한 것 같다.

그의 본심을 그런 것을 보고 판단하고 싶어진다.

어제는 창고에서 재고조사를 위해 카드의 명세와 남은 부속품들을 대조해 보느라고 장시간 무척 떨었다. 속까지 텅 비고 차가운 것 같았다.

1963년 1월 25일 금요일

한주일 동안 관물함 속에 처박아 두었던 노트를 빼본다. 잠시나마 불침번 시간에 이 노트와 펜을 잡고 무언가를 적어놓고 보면 그래도 보람을 느낄 수 있는데, 그냥 지내온 날들은 남겨 놓을 만한 일 없이 생각만 하다 보낸 날이 되는 것이다.

정말 이것저것 생각하면 책을 들여다보기란 힘든 일이다.

신문에 서울대의 금년도 지원자들의 경쟁률이 보도되었다. 기막힌 현상을 보여준다. 전체 평균경쟁률이 5 : 1이라 했다.

많은 희생자들이 날 텐데 그들은 모두 한 해 씩 묵을 각오들을 했는지?

경쟁률이 10대 1이 넘는 학과도 있고, 좀 낮은 학과의 경우가 4대 1일이요, 웬만한 학과들은 모두 기막힌 경쟁률이다. 다시 한 번 정신을 가다듬지 않을 수 없다.

과장의 심정에 요즈음은 좀 동조가 간다. 그럴수록 신임을 획득하도록 애쓰고 싶은 게 탈이다.

연일 날씨는 혹한의 연속이다.

1963년 2월 18일 월요일

부대에서 휴가를 얻어 고향집에서 지내고 있다. 엊그제 16일, 이명승 군의 부친이 세상을 떠나셨다. 이군과 그의 모친을 대할 때, 슬픔을 찾기보다는 집안의 기둥을 잃게 되어 한층 무거워질 양어깨가 남의 일 같지 않다.

어제 오전 박용훈군과 함께, 숨거둔 이군의 부친 영정 앞에 절하고, 몇 친우들과 더불어 줄곧 상여에 장식할 꽃 만드는 일에 조력, 이틀 밤을 계속하고 새벽녘에야 집에 돌아왔다.

귀영(歸營) 일자는 21일로 바짝 다가왔다. 심중도 착잡해 오고 무엇을 어떻게 했으면 좋을지 모르겠다. 내일도 이군이 바라는 대로 조문객들의 시중을 들어주어야 한다.

그 다음날은 묘지에 가는 날이고, 또 그 다음날 새벽엔 부대로 출발해야 한다.

계획했던 대로 수학책의 1회 풀이는 실행 못할 것만 같다.

아직도 100여 페이지나 남았는데 이군 부친의 돌연한 작고로 맘대로 되지 않는다. 수시로 듣는 가족들과 친지들의 통곡소리는 듣는 마음을 연신 아프게 하고, 오늘 처음 흰소복차림을 한 명숙이는 그런대로 예뻐 보였으나 처량한 모습 감출 길이 없는 것 같았다. 적은 눈이 울음에 지쳐 발그스름히 부어 오른 모습을 무심히 보아 넘길 수 없었다. 이군의 성심으로 여학교라도 그대로 졸업시켜 주기 바랐다.

조무래기 동생들을 거느린 이군, 앞으로는 그의 부친을 계승해서 가장의 위치를 그의 모친과 함께 지켜 나가야 할 것이다.

이것저것 생각하노라니 잠도 곧 올 것 같지는 않다.

지금 생각 같아서는 남은시간 공부도 그만두고 여러 가지 상념에 사로잡힌 채 이 밤을 새고 싶기도 하다.

가벼운 기침이 자꾸만 난다. 뚜렷한 원인도 모르는데.

1963년 4월 1일 월요일

밤 두시가 조금 지났으니 깊을 대로 깊은 밤이언만 조금도 싫지 않은 시원한 밤바람이 가슴팍에 불어오고 귓전을 스쳐간다. 보초용 외투의 깃을 흔들며 지나간다.

코로도 입으로도 가슴을 펴고 마음껏 들여마시고 싶어져 긴 호흡을 몇 번씩 해 보았다.

이런 시원한 봄철의 밤바람에도 꽃봉오리는 피어나고, 나뭇가지의 움이 돋고, 풀의 속잎이 나는가보다.

이런 깊은 밤에도 그러한 진전은 계속되고 있을 것이다. 이 밤은 한 시간 남짓한 보초시간이 조금도 싫지 않다. 오히려 낮에는 맛볼 수 없는 봄밤의 정취, 봄날의 깊은 밤은 이렇듯 시원하다.

짙어가는 봄철 한밤중의 미묘한 자연의 변화 속에서 받는 즐거움을 누려보는 것이, 추운겨울 보내고 난 뒤의 행복감 같은 것으로 변화되어 오는 것 같다.

4월의 첫 날, 첫 시간을 이렇게 보초 근무를 서면서 지내고 있다. 군대생활도 어언 21개월째 접어들어 간다. 그 동안 온갖 형태의 고통 속에서 지나온 시간들이 합쳐져서 이만한 세월을 메꾸어 놓았다.

여전히 괴로움은 연속되겠지만 이상이 있고 밝은 희망이 있겠기에 참고 견디어 본다. 어제는 그에게 편지를 띄웠다. 이군의 소식도 알고 싶고 군생활에서 느끼는 허무감을 얼마라도 메꾸어 보고 싶은 심정에서다.

오후엔 시내 중앙극장에서 영화 '가정교사'를 보았다. 함께 간 백일병이 수중에 한 푼도 없다 하여 관람료를 내가 지불했다.

나가는 길에 노트 한 권 사다.

1963년 4월 2일 화요일

북녘 하늘엔 북두칠성이 진한 빛을 보이고, 그 밖에도 꽤 많은 별들이 이 밤을 보초근무를 서고 있는 나와 함께 지켜온 것이다. 몹시 차게만 느껴지는 은하수도 길게 뻗혀 있다.

통금해제를 알리는 4시 반 싸이렌이 길게 울려갔다. 전날 밤과는 달리 퍽 내려간 온도를 보여줄 날씨인 것 같다. 한 시간 남짓한 시간이 몹시 지루했다. 발이 시리고 귀가 시려 왔다.

단잠 —결코 충분한 피로회복을 시켜주지 못했을 댓 시간 정도의 수면시간—에서 깨어 일어나는 순간의 고통만 넘기면 그래도 얼마쯤의 보람마저도 느낄 수 있는 보초 근무시간이기도 하다.

보초근무를 서면서 이런 생각을 해보았다.

지금 와서 생각하면 별로 차이를 느껴볼 수도 없는 공상과 이상의 어휘의 뜻 차이가 모호해져 왔다. 아름다운 공상도 우리의 생활에 영향력을 줄 수 있을 것이라면, 이런 공상도 이상의 한 영역일 듯도 하다.

조용히 귀를 기울이면, 수시로 들리는 야간열차의 긴 여운을 남기는 경적소리, 새벽닭의 맑은 울음소리, 인근에 주둔하고 있는 813수송교육중대 야간보초병들의 "전달!" 하고 외치는 구호소리, 이런 것들이 밤이 가고 새벽이 오는 무렵의 고요를 흔들었다.

1963년 4월 7일 일요일

새벽시간에 보초 근무를 마치고 사무실 문을 열고 들어오니 한결 포근한 실내의 공기가 콧속으로 확 들어온다.

일과 후엔 승희에게 편지 써놓았다.

어제 이호용군에게서 반가운 서신 받았는데 내일은 회답을 적어야겠다.

저녁엔 시내 운포극장에 여럿이 몰려가 영화 '겨울나그네'를 보았다.

결핵환자인 아내를 갖고 있는 김진규와 젊은 미망인으로 등장하는 김지미의 아쉬운 애정관계를 그린 작품이다.

저녁 시간에 무단이탈로 극장에 가게된 것이 발단이 되어 결국은 고참 병장들로부터 미움을 샀다. 내일은 어떤 일이 있으려는지 예측 못하겠다.

1963년 4월 8일 월요일

말번 보초근무를 섰다. 싸라기눈이 내린다. 입은 외투 소매에서 쌀알크기만한 눈이 뒹굴어 떨어지면서 녹는다. 남녘에서는 벚꽃이며 진달래가 만개했다는 소식을 알려오는데 여기서는 눈을 맞게 됐다.

사무실 앞 화단에 몇 그루 옮겨다 심어 놓은 진달래가, 어제 보았는데 더러는 벌써 피었고 더러는 피어나고 있었다.

매화꽃은 싸늘한 날씨의 눈 속에서도 피는 꽃으로 알려져 있지만, 진달래가 피고 있을 만큼 봄빛이 짙은 4월의 하늘에서 싸라기눈이 내리고 있으니 철늦은 감이 들고 날씨도 쌀쌀해졌다.

1963년 4월 21일 일요일

4·19 세돌 날에 휴무하고, 오늘도 쉬게 되니 긴장이 많이 풀린 것 같다.

아침엔 기상을 늦게 했으나 몸에 좋을 것은 없겠다. 나뭇잎도 제법 많이 나왔고 바라보면 벌서 녹색이 짙어지고 있다.

봄도 깊숙해진 것이 틀림없다. 심중은 그지없이 한가롭고 주위도 그러하다.

고참병 몇 사람은 외출 나가고, 그리 어렵잖게 대할 만한 하급병들만이 영내에서 방황한다. 불도저를 끄는 심병장이 한 턱 냈다. 빵과 국수에다 막걸리도 두 잔을 마셨더니 얼큰히 취해 올랐다.

휴일을 영내에서 보내노라니 생각나는 일이 많다. 부모형제가 생각나고, 벗들이 그립다. 아무래도 학교를 그만둔 듯한 그도 뇌리에서 떠나지 않는 게 마음이 쓰인다.

잊지 않고 편지를 보내 준 이군에겐 여태 회답을 안 했다. 무정한 친구라고 나무라겠다. 창죽리(蒼竹里)의 봄이 몹시 그리워지고 지난해의 휴가를 그곳에서 보내던 일을 잊지 못하겠노라는 내용으로 전주(前週)에 큰형 댁엔 편지를 냈다. 큰형님이나 형수 중에서 회신이 있을 듯하여 기다려진다.

기다리는 즐거움도 대단하다.

1963년 6월 6일 목요일

요즈음은 드물게 보는 맑은 날씨다. 하늘을 우러러 사방을 둘러봐도 구름이 안 보인다. 볕이 제법 따가워 그늘을 찾아 앉아 본다.

현충일로 휴무라서 영내(營內)에서 아무렇게나 시간을 보내고들 있다.

어젯밤엔 꽤 많은 수면을 취했다. 그런데도 아침부터 정신은 맑지 못하다.

책을 들여다 볼 마음이 없어 이렁저렁 시간을 보냈다. 언덕위에만 올라서면 탁트인 전망이 좋아 늘 비슷한 생각을 가져본다. 한 줄기 시냇물이 들 가운데를 감돌아 흐르고 있는 풍경을 보게 되고, 사뭇 고향을 연상시키는 유성마을이며, 그림처럼 펼쳐진 먼 산들을 바라보고, 향수에 잠겨 보는 것이 상당한 즐거움으로 되어 버렸다.

한창 푸른 잎새들을 바라보고 이따금 들리는 뻐꾸기의 울음소리를 듣노라면 작년 바로 이맘 때 정식휴가로 창죽리의 큰형 내외분한테서 보내던 날들이 상기되어 아쉬운 감정에 사로잡히곤 한다.

형수께서 보낸 편지를 받은 지도 여러 날이 됐다. 차일피일 하다 보니 아직도 답장을 못냈다.

1963년 6월 29일 토요일

태풍이 지나간 뒤에도 장마가 계속된다. 먹구름이 거의 매일 하늘을 덮어 파란 하늘을 보기란 퍽 드물게 되었다.

러닝셔츠, 팬츠, 양말 등을 빨아 놓고도 제대로 말리지 못해 축축한 채 서류함이나 관물함에다 처넣어 두어야 할 형편이다.

과장이 바뀌었다. 전임 과장님은 공병학교로 교육차 입교명령이 났기에 대강 업무를 종결하고 어제 출발했다.

새롭게 부임하는 과장은 어제 오후 늦게 부임했다.

첫 인상이 당차고 똑똑해 보였다. 업무현황을 브리핑하는 과정에서 느낀 것이, 매일 같이 해온 일이 그대로 적당주의였다고 보는 게 솔직할 것 같다. 새 과장이 이것저것 따지고 나니 새삼 사신의 무능함을 깨닫게 되고 앞으로는 전날들 보다는 더 잘해야 할 것이라고 생각했다.

요즈음 거의 매일, 신문의 많은 지면을 굵은 활자로 메꾸는 식량위기, 물가폭등과 같은 보도를 대하면서 차마 양친과 형님들께 잡비 송금을 바라는 편지 쓰지 못하고 차일피일 미루어 온다.

오랫동안 해 오던 기침도 이젠 많이 수그러졌고, 종전처럼 맘과 몸에 기력이 찾아오는 것 같아 또 책을 잡아봐야겠다.

건강유지, 초지일관, 분투를 또 한 번 다짐해 본다.

1963.

6月 29日. 土曜日.

태풍이 지나간 뒤에도 장마가 계속된다. 먹구름이 거의 매일 하늘을 덮어 파란 하늘을 보기란 퍽 드물다.

런닝샤쓰, 빤쓰, 양말 등을 빨아 놓고도 제대로 말리지 못해 축축한채 서류함이나 관물함에다 처넣어 두어야 할 형편이다.

課長이 바뀌었다. 舊課長 사은 공병학교로 교육과 명령이 나왔기에 대강 업무를 종결하고 어제 출발했다.

기대보단 늦게 新課長 어제 오후 늦게 課에 나타났다.

첫 인상. 똑똑해 보이다. 배운 것이 [illegible] 없이. 그대로 정당주의라고 보는게 솔직할 것같다. 새 과장이 이렇저렇대지고 나니 대상 자신의 무능함을 깨닫게 되고. 앞으로 허다한 日課를 처음이 나가자면 전날을 보단 더 골치를 앓아야 할 것같다고 생각했다.

- 1963. 5. 29일의 일기장

1963년 7월 2일 화요일

기상이변(氣象異變)이 계속되는 요즈음 맑은 날씨를 보긴 퍽 힘들다.

오늘도 때때로 비가 내렸다.

퍽 무더운 대낮에는 웃통을 벗어젖히고 물탱크를 이용하여 땀을 닦는다.

학창(學窓) 시절

1965년 5월 7일 금요일

1교시가 시작되기 전의 아침시간이다. 강의가 시작되려면 몇 십분 남아 있어, 이곳 노천강당에 올라와 계단에 걸터앉았다. 꾸불꾸불 뒤틀어진 소나무들의 싱그러운 잎들은 아침 햇살을 가리고 그늘을 만들어 준다. 주위의 숲속에선 새들의 지저귀는 소리가 들리고 본관 건물 옥상의 확성기에선 이제 벌어질 무악축전의 서곡이 되는 듯한 그윽하고도 우렁찬 음악소리가 들려온다. 엊그제 내린 비로 아직 땅은 축축하게 젖어 있다. 새로 돋아나 아직도 여린 햇잎들은 아침햇살을 받아 반짝거린다.

잠자리에서 일어나서부터 학교에 오는 동안엔 표현하기 어려운 착잡한 감정이 흘러갔다. 이렇게 그늘진 숲속에서 웃통을 벗고 다음 강의 시간을 맞을 때까지는 마음속을 정리하면서 시원한 아침 공기를 마시고, 피부로 감촉하면서 지낼 수 있으니 이런 때는 잠시 값진 시간이라 여겨진다. 초여름에 들어서고 있는 듯 계절은 더위를 향하고 있다. 우리 학교 캠퍼스 주변의 수풀도 이 5월이 그 푸르름의 절정이 되겠다. 이곳에서의 나의 지적, 정신적 성장이 계속되는 동안이라도 상당한 시간들이 이와 같이 마음에 흡족한 분위기에서 흐를 수 있게 되었으면 하고 간절히 원해본다.

그러나 내 앞에 놓인 시간들은 이런 것을 기대해보기엔 힘들게 느껴진다. 결코 순탄한 강물이 흐르리라고는 생각키 어려운 엄연한 사실을 대하고 있지 않은가.

박력, 활기, 성실, 건강, 이런 것들만이 나를 형성할 수 있는 힘이다. 더 많이 읽고 더 많이 생각하여야 한다.

여전히 들려오는 새소리가 머리를 맑게 해주고, 숲속 저편에선 어느 건축 현장에서 석공의 함마 소리도 들린다.

1965년 5월 14일 금요일

병석에 계시던 병환 숙부께서 지난달 23일 별세하셨다는 소식을 며칠 전 한꺼번에 받은 형님들의 편지로 알았다. 아버지의 바로 아래 혈육이 한 분 이제 벌써 유명을 달리했다는 일이 더 많은 생각을 하도록 해온다. 그러고도 왜 나는 이처럼 슬퍼할 줄도 모르고 삼촌의 죽음에 대해서 냉랭한 생각만 해오는지 자문해 본다.

청년기에 들어선 한 조카로서는 아직도 이처럼 경제적인 힘을 갖고 있지 못하니 삼촌 병석에 한두 번 찾아가도 아무런 도움이 되지 못했는데, 이제 돌아가셨다하니 영영 뵈올 길 없고, 물질이나 명성도 드릴 수 없게 되었다. 그래도 우리들이 어렸을 적엔 형님의 귀여운 아들, 딸들이었기에 안아 주고 사랑해 주었을 것을 생각하면 더욱 불효스런 생각이 치민다. 숙부님의 영전에 더 많은 시간들이 흘러가기 전에, 이렇게 한번이라도 생각을 돌려보아야 한다고, 며칠 동안 생각만 해오다 이제 이 시간을 가지게 되었다.

병석에 누워 불편스럽고, 고통이 심하고, 심사가 편치 못하셨단다. 형제들도 있고 사촌들 또 다른 집안 친척들이 있지만, 그들 다 제 살길 제하는 일들에 매어 있어, 선뜻 좋은 병원에라도 모실 수 있는 비용을 마련할 사람이 없었겠다. 가장 가까운 윗분인 아버지께서도 아직도 대학 공부를 하고 있는 이 자식의 뒷바라지를 하시느라고, 숨을 돌리지 못하시고 병세(病勢)를 관망(觀望)하셨을 수밖에 없으셨을 것이다. 바로 아랫 동생이 되는 작은 숙부 역시 늙어 가심에 재산 모은 것 없이 지내시니 또한 이에서 예외 되지 못한다. 스스로 강해지지 못하면 다 이러하다. 강한 힘을 가졌고, 생전(生前)에 좋은 일 하고, 뜻있는 생을 살으셨다면 그와 같은 결말을 갖지는 않았을 것이다. 오직 하나인 자식, 완덕형님도 속으로는 일천간장 썩히는지는 몰라도 겉으로는 천하태평이요, 절제하는 생활 태도라고는 볼 수 없다. 작은 형님의 편지 사연 속엔 "이젠 숙부의 사망으로 인한 집안의 슬픔도 웬만큼 가신 때에 너에게 편지 쓴다." 하셨고, 큰 형님의 글 속엔 "나는 소식을 늦게 받고 귀향해서 숙부님 상사(喪事)에 임했으며, 집안의 협력으로 큰 부채 없이 상사를 지냈다. 우리 집에서도 5~6천원 들어갔다." 하셨다. 장남이시라 그러하신지 여전히 돈 걱정을 잊지 않으셨다.

아버지께선 삼촌 보다 몇 살 더 잡수셨어도 60이 되도록 집안의 힘든 일을 다 하시면서도 건강한 편이시다. 돌아가신 숙부에 비하면 얼마나 값진 생활을 하시는가 생각이 된다. 어머니의 힘이 크시긴 하지만 아들 셋을 시골서는 다 힘든 일인 고등교육을 마치게 했고, 이 자식을 대학에까지 공부하게 하고 있다.

어머님의 옛 회고담을 들으면 돌아가신 숙부께서는 결코 좋은 소년기와 청년기를 갖지는 못하신 모양이다. 놀기 좋아하고 일하기 싫어하고 집안에서 말썽 부리고 조부님의 속 썩히고 형님인 아버지께서 일하셔도 쉽게 도울 줄 모르신 성격의 소유자였던 모양이다. 그런 기질의 소유자로서는 오늘날만큼이라도 생을 누리신 것이 이상할 정도라고 생각해 본 적도 있다.

유명을 달리하신 숙부 앞에서 누구보다 목 놓아 울으셨을 분은 숙모이시겠다. 오직 하나인 아들을 상급학교를 시키는 도중 돌아가신 숙모님의 뒤를 이어 들어오신 지금의 작은 어머니는 비교적 알뜰히 살아오면서 집안을 이어나가기에 힘쓴 흔적이 보였다. 이제 황혼기에 오직 믿음 기둥이었던 숙부님이 돌아가시니 제 낳은 자식 아니고 또 제 피 받은 자식의 며느리 아니니, 아들이 있다 해도 삭막하겠고, 늙음의 세월을 어디 낙을 붙이고 살아가실는지. 좀 생각을 달리하고 형제들을 생각하고, 손주들의 장래를 전망하면서 근면 성실하게 생활해 주셨으면 하는 마음이 간절하다.

1965년 5월 15일 토요일

학교로 오는 버스 속에서 '내가 연세캠퍼스에서 공부할 수 있게 된 것은 정말 다행한 일이다' 고, 내게는 좀처럼 있기 힘든 자위를 해보았다. 정서감정이 결핍되기 쉬운 요즈음 대학생들에겐 이와 같은 아름다운 숲이 우거져, 아무데서나 녹음을 대할 수 있는 이 연대캠퍼스야말로 누구에게나 자랑해도 손색이 없을 값진 것이리라. 이렇게 몇 십분 일찍 등교해서 수업이 시작될 때까지의 시간을 날로 푸르러가는 숲속에 앉았노라니, 인공적(人工的)으로 자연(自然)의 어느 한 모퉁이라도 흉내 내어 보려고 하는 인간(人間)들의 수고가 우습기까지 하다. 집안의 뜰에다 정원을 꾸미고, 나무를 심고, 꽃씨를 뿌리는 일, 풍경화를 그려서 방안의 벽에다 붙여 두는 일, 이보다 모든 예술을 창작하는 일이 다 그렇다. 이렇게 그윽한 정취를 언제나 포용하고 있는 자연 속에 인간이 들어가면 그만인 것이 아닌가. 그 속엔 미(美)도 있고, 위안(慰安)도 있다. 그 소리를 문자로 표현하기 어려운 이름 모를 새들의 지저귐은 그대로가 숲의 노래 소리로 들린다. 분간하기 어려운 온갖 색채의 조화는 그대로 훌륭한 그림이다. 아름다운 다색무늬의 깃털을 가진 꿩 한 마리가 긴 꽁지를 하고 얼마 전부터 내가 앉은 주위를 왔다 갔다 한다. 점심밥을 먹고 난 곳에 흘린 밥알들을 주워 먹으러 다니는 모양이다. 사람의 기척을 살피면서 조심조심 걸어 다니는 모양이 귀엽기만 하고 붙잡아 안아주고 쓰다듬어 주고 싶을 지경이다.

숲의 온갖 나무들이 저마다 낮 동안이면 그들의 광합성작용(光合成作用)의 부산물로 내어 놓는 산소가 있으니, 공기 중에 그 함유량이 훨씬 많은 시원한 이 숲 공기를 폐부 깊숙이 들어마시노라면 이것만으로도 온몸이 살찔 것만 같아서 흐뭇해오는 기분을 만끽할 수 있다.

아홉시가 가까워 오니 강의실의 이곳저곳에서 떠드는 소리가 들리고 강의 시간 시작의 벨이 길게 울려온다.

온갖 아쉬운 정서가 모조리 결핍되어 있는 나에게 때때로 이 숲을 대하고 얼마동안이나마 마음을 가라앉히고 이런 생각할 수 있는 것이 여간 다행한 일이 아니라고 생각해 본다.

대기는 뿌옇게 흐려 보이고 솟아오르는 태양빛이 희미하게 비추인다. 아직도 연하디 연한 갈잎을 조금씩 흔들어 줄 정도의 미풍이 살갗을 스쳐가니 그지없이 시원하다. 비올 때가 되어 가는지 개구리의 울음소리가 유난히 크게 들려온다.

1965년 5월 21일 금요일

오후 4시 20분부터 시작된 이기을 교수의 선택(選擇)과 준비(準備)라는 제하(題下)의 강의를 듣다. 이즈음 자제력을 잃은 듯이 극히 상실되어 가던 용기가 이 강의를 들으면서 되살아나는 것은 한 교수의 정성껏 들려주는 이야기의 힘이 이처럼 큰 것임에 놀라웁기까지 하다.

결코 내일은 어둡기만 한 것이 아니고, 오늘이 우울하기만 한 것이 아니고 미래의 밝은 전망이 내다보인다고, 고무적인 생각을 가져 본다.

선생의 강의은 결코 구구한 이론만은 아니었다. 생생한 체험담이요, 노력하면 다 가능한 것임을 제시해주었다.

평소에 느껴오던 생각을 다시 확신할 수 있었고, 몇 가지 의문도 풀렸다. 현명한 최선의 노력만이 승자의 기쁨을 맛볼 수 있게 할 것임은 명약관화한 것이나.

무엇보다 중요한 이 정신적 건전상태와 육체의 건강을 지속 연마하느냐의 여하는 모든 승패를 결정지우는 것이다.

비열한 느낌, 자기파멸을 초래할지도 모를 열등의식 같은 것은 아주 불식(拂拭)해 버려야 하고, 현실적이고 타당성(妥當性) 있는 생각과 생활방식만이 추구되어야 한다.

요 며칠째도 전신을 마비시켰던 생각들은 오늘 이 교수의 고무적인 강연으로 다 멀리할 수 있게 되었으니 더 큰 감사를 드리고 싶다. 나의 용기는 아직도 살아 있음을 또 한 번 깨닫고 마음으로 만족해 본다.

- 1965. 5. 21일의 일기장

1965년 5월 24일 월요일

캠퍼스 주변의 산속에선 뻐꾸기 우는 소리가 여기저기서 들린다. 고향의 앞 뒷산에도 뻐꾸기 한창 우는 시절임을 생각하니 마음은 또 그 곳으로 달린다. 버스 속의 한 시간 남짓한 시달림이 이렇게 온 몸에 땀을 배게 한다.

머리가 맑지 못하다. 곧장 도서관에 들어가 책을 편다 해도 될 것 같지 않다. 노천강당 계단에 걸터앉아 러닝셔츠 바람으로 땀을 식힌다.

새들의 지저귐, 이 뻐꾸기의 울음소리들은 언제 들어도 싫은 줄 모르겠다.

어제는 아저씨와 함께 방바닥을 바를 수 있어, 일하는 즐거움을 맛보며 일요일을 보냈다.

오늘 아침엔 화분의 흙을 갈아 넣으려고 산에 오를 기회를 가졌다. 새벽녘에 비가 조금 내린 모양이지만 땅의 표면만 약간 젖어 있을 뿐이다.

제대할 무렵보다 더 몸이 약해진 듯하다. 생각하면 건강에 별 배려 없이 지내온 것이다. 따로 운동이라고 해온 것 하나도 없고 늘 작심만 해온 터이다. 이런 건강상태로서는 욕심도 다 버려야 할 것 같다. 아침 등교하고 나면 이렇게 몸에 땀이 배고 저녁이면 피곤을 참기 어려운 것이 약화된 건강상태에 기인된 것이라고 생각된다.

이제부터라도 우선 건강증진에 생각을 먼저 돌려야한다고 또 마음 다져본다. 경애도 수일 전에 비하여 어제와 오늘은 퍽 좋은 얼굴로 대해주어 마음속으로 다행한 일이라고 생각한다.

대기는 조금 뿌옇고 하늘은 잔뜩 흐렸으나 기다려지는 비는 쉽사리 내릴 것 같지는 않다.

언제까지 이 가뭄이 계속되려는가. 어느 누구도 비를 안 기다리는 사람이 없다. 중부 이북만이 유달리 이렇게 비가 내리지 않는다고 하니 고향의 보리농사도 해가 크겠다. 물기가 없는 밭보리들의 누렇게 된 모습들을 눈에 보는 듯하여, 사뭇 애가 탄다. 그것들이 잘 되어야 농민들은 보리밥에 감자라도 배불리 먹고 지낼 수 있을 것이 아닌가.

어린 시절 늘 당해보던 일들이기에, 그 형편들이 눈앞에 확연한 듯하다.

참 불쌍한 사람들이다. 근본적인 대책이 하루라도 빨리 이루어 졌으면 좋겠다.

1965년 5월 26일 수요일

비라도 좀 내릴 듯이 하늘은 흐려있다. 버스 속에서 온 몸에 밴 땀을 식히고 있다. 살갗으로만 더위를 느끼는 것이 아니라 정신마저도 흐릿하고 불쾌하더니 이제야 서늘한 바람이 양액(兩腋)을 스쳐가고 맑은 정신으로 돌아온다. 경영학원론을 펴 들었지만 생각은 엉뚱한 데로 달린다. 경애, 현숙이는 늘 기상이 늦어 학교 가는 일을 단념하고 집에 있겠다고 하는 것을 보고 혼자 나왔다.

다음 강의 시간의 준비를 해야 한다. 저 편 계단위로 다람쥐 한 마리가 인적이 잠시 보이지 않는 틈을 타서 나와 다니며 무엇인가 부지런히 찾아다닌다. (1교시 후 노천강당에서)

자정이 넘었다. 밤이 고요히 흐르고 있다. 전신을 감도는 피로가 확연히 느껴져도 잠은 찾아들지 않고 정신은 오히려 맑아온다. 퍽 보기 드문 일이다. 옆방에선 경애도 잠을 못 이루는지 길게 심호흡을 이따 금씩 하는 소리를 듣는다. 이름을 잘 알 수 없는 새의 울음소리가 밤의 정적을 깨트리며 맑게 들려오고, 밤바람이 스쳐가는 소리도 들린다.

베개를 베고 반듯이 누워보아도 구체적으로 뭐라고 표현할 수 없는 환상들만 어지럽게 지나간다. 그러면서도 오늘 학교에서 여태껏 보관해 오던 기록들을 찢어 버리다가 다시 보아둔 파우스트영감의 외침이 쟁쟁히 울려온다. "여러분! 그 귀중한 젊음은 무엇 하고도 바꿀 수 없는 보물입니다. 그리고 여러분은 대야심(大野心)을 갖으십시오. 늙은 나의 최후의 부탁입니다." 무서운 충고이다.

1965년 6월 9일 수요일

묵은 사상계(思想界) 잡지에서 서구(西歐)의 대학에 관한 기록과 유진오(兪鎭午)선생의 대학시절 (22才)의 일기문(日記文)이 실린 것을 학교에서 돌아와 읽다.

역시 훌륭한 분의 학창시절이 나 같은 굼벵이 걸음을 하는 경우와는 판이했음을 알 수 있다. 공부하고 독서하는 일 외엔 다른데 염려를 둘 필요가 없었던 그의 대학시절이 대단히 부러웠다.

그의 일기문에는 이런 주장도 있었다. "증오 질투 불만 자존(自尊)만이 진보를 가져오고, 선의 비굴 체념 만족은 침체(沈滯)를 가져올 뿐이다" 라고, 스물 두 살

때의 그는 일기장에 적어놓고 있었다.

이것이 과연 사실일 것이라고 생각했다.

그리고 묵묵히 노력하여 자신의 이루고자 하는 바를 얻으려는 신념도 강했던 것을 알 수 있다.

어제는 저녁밥을 먹고 동산에 올랐다. 건강이 퍽 나빠졌음을 확연히 느낄 수 있었다. 식사 후에 이렇게 뱃속이 편치 못함은 위가 약해진 증후인 것이라고 생각했다.

역시 현실극복을 구상하는 몇 가지 생각을 해보다.

아이들에게 아무 도움도 주지 못하고 기생하는 생활을 하는 자신이 한 없이 비굴해 보임은 날로 더하다. 방학이 시작 될 때까지는 이대로 있을 수밖에 별도리 없겠으나 이처럼 괴롭다.

나는 기어이 철면피 노릇을 해야 하니, 참 딱한 사람인 것 같다.

방학하면 이번에도 규상군을 함께 데리고 고향에 가서 바닷가에서 지내도록 해주어야겠나고 거듭 마음먹다.

그러나 그 후에는 또 이런 생활을 계속한다는 것은 비약적인 발전이 갈구되는 나에겐 매우 불리한 조건이요. 이 비굴을 더욱 연장해 가면서 남의 신세만 진다는 것은 더욱 안 될 것 같다.

유선생의 생각대로면 나는 정말 자존이나, 증오, 질투 같은 건 모르는 것 같고, 비굴, 선의로만 자신을 지속시키는 것이 아닌가. 놀라운 사실이다.

1965년 6월 12일 토요일

큰형님께 편지 쓰다. 오랫동안 소식 없이 지내 온 잘못을 뉘우치다.

신문을 자세히 뒤져보니 모두가 한심스러운 일뿐이다. 도둑의 집단이 다른 도

두의 집단을 도끼로 살해하는 일, 밀수를 막아야 할 수사기관에서 대규모의 밀수를 스스로 감행하는 일, 마약의 단속을 맡은 공직자들이 마약을 암매하는 일, 정직해야 할 우체국 직원이 야간숙직을 하는 동안 등기 우편물을 몰래 뜯고, 그 속의 10만원이나 되는 수표를 빼내고 은행에서 찾아 쓴 것이 탄로된 사실 등.

신문 3면은 온통 이런 기사들만 굵직한 타이틀로 실려 있다.

정말 이 사회는 어떻게 되려는 것인가. 진실이란 진정 찾아보기 힘든 것인가. 아무래도 신문은 이런 악랄한 사건들만 골라가면서 보도하는 것은 아닌가. 참말 부끄러운 세상이다.

남의 나라, 잘 사는 사람들이 보면 얼마나 창피한 노릇인가. 소득수준은 아시아 지역의 평균 국민소득보다도 낮은 나라라 한다. 정말 좀 더 잘 살 수 있도록 국민을 이끌어갈 지도자는 없는 것인가. 위정자들은 우리가 모를 정도로 사실 부패해 가고 있는 것인가. 일부 식자들의 신랄한 비판 그대로만 사실일 수 있는 건가. 어제는 사상계 6월호의 권두사를 읽으면서 이건 좀 너무 심하다고 생각해 보았다. 나의 단견(短見) 때문인지도 모르지만.

그러면서도 여전히 또 우울한 보도는 이것뿐이 아니다.

장병들이 훈련도중에 전사 아닌 순직을 한다. 젊은 혈기들이 본의 아니게 죽어가는 것이다.

또 월남으로 이번엔 순전히 전투 병력으로, 만 오천 명이나 파견한다는 보도도 있다. 지원 형식에 의하지만 않고 각 사단에서 차출형식으로도 뽑는다 한다. 자의 아닌 타의로 이국(異國)에 가서 목숨을 잃게 되거나 부상을 당하게 될 사람들의 생각을 해본다.

주한미군을 계속 확보하기 위해서는 우리들의 이런 조치는 불가피 할 것도 같다. 그리고 지난 6.25 동란(動亂) 때 우방 여러 나라들의 젊은이들이 이 땅에서 피 흘린 일을 생각하면 결코 정부의 처사를 비난 할 것만도 아니고, 지금의 시점에서 그 입장을 이해 할 수 있기도 하다. 그러나 생각하면 불행한 일이다. 그렇게 해야만 하는 우리의 처지가.

1965년 6월 13일 일요일

비를 기다리는 마음 갈수록 간절하다. 농작물에 해롭기가 예사 아닌 모양이다. 밤새도록 비 왔다는 말을 해보고, 들어 봤으면 좋겠다.

여전히 나를 잃어버린 일요일을 보냈다. 별로 마음에 없는 영화관에도 돈을 들여서 거의 타의(他意)로 들어갔다.

그러나 영화는 좋은 것이었다. 영화 원명(原名)은 'September Song', 우리말로는 '여수(旅愁)' 라고 제목을 붙여 상영하고 있었다. 주인공인 여인의 파격적인 생각이 아니었다면 비행기 추락사고로 모두 목숨을 잃었을 것이 분명했을 그들이 살아 난건 순전히 운명적인 것. 이럴 경우 그 여인의 욕심을 그릇되고 용납할 수 없는 것이라고 할 수 있을 런지, 단정 지워지지 않는다. 시종 흐뭇한 내용이었다. 그리고 마음에 썩 드는 명화라고 생각했다.

저녁한때 천둥과 번개 심했고, 먹구름도 얼마간 지나갔으나 비는 쏟아지지 않았다.

1965년 7월 19일 월요일

퍽 많은 날들이 별로 한 일 없이 지났다. 지나고 보면 언제나 이런 것인지, 안타까운 심정은 늘 이러하면서도 생각했던 분량의 몇 십분의 일도 이루지 못하는 것이다.

어제 하루는 산골짜기에 양을 매어 놓고, 큰 비가 내린 뒤의 산 계곡을 졸졸 흐르는 물소리를 들으며, 바위에 걸터앉아 독서의 즐거움을 맛 볼 수 있었다.

강봉춘, 서순목, 이건우가 함께 이곳 냇물까지 찾아 왔기에 다소 방해를 받은 셈이었으나 그런대로 우정을 나누며 시간을 보낼 수 있었다.

'고독이라는 병'을 어제에 이어 오늘 아침에 다 읽었다. 이형으로부터 빌려올 때는 하룻밤에 다 읽어 버릴 것 같았는데 예상했던 것 보다 시간이 많이 걸렸다. 저자(著者)는 좀 색다른 제목을 붙여놓았다. 더욱 진지한 인생문제 독서 종교 등의 문제를 다루었다. 읽으면서도 스스로의 현실과 과거가 얼마나 헛되고 서툴렀던가를 절감할 수 있었다.

그리고 좀 늦었다 생각되지만 아직도 크게 늦지는 않았다고 마음을 고쳐먹고 차근히 걸어가 보리라 생각했다.

둔한 자의 태도로 더 많은 노력을 경주하면 될 것이 아니겠는가.

1965년 7월 20일 화요일

고향의 품에 안겨 있으면서 고향의 밤 정경이 이처럼 아름답고 풍성한 모습을 보고 새삼 마음으로 찬탄해 본다.

뿌연 밤안개가 앞산의 중허리에 얼마동안 걸려 있더니 잠시 후에 다시 눈을 돌렸을 땐 그 흔적이 온데 간데 없다. 자연 현상의 신비로움을 이 여름밤에 고향집에서 본다.

반 조각으로 변해가고 있어 둥글지는 못하지만 밝은 달이 구름사이에서 지금 막 솟아오른다. 저 멀리 동편 하늘에서 아무 말 없이 서서히 돋아 오르면서 온 누리를 비추이고 잠든 만물을 어루만져 주는 듯하다.

물이 고인 논바닥에서는 개구리의 울음소리가 더욱 요란스럽고, 풀벌레 소리도 또렷이 들린다.

사람의 힘이라고는 털끝 만큼도 가미되지 않은 자연속의 그것들만으로 벌이고 있는 값진 장면이요 음악회이다.

어느새 또 구름이 사라지고 이울어져 가는 반쪽의 달이 그 모습을 드러내었다.

저 달을 향하여 생각에 잠기면서 한 없이 걷고 싶은 정서를 자아내는 밤의 정경이다.

1965년 7월 22일 목요일

계속되는 장마. 퍽 오래 째다. 맑게 갠 하늘이 보고 싶다. 정신 차리고 공부해야 되겠다고 다짐한다. 오전에는 가격론(價格論)을 몇 장 읽었으나 곧 싫증이 난다. 무용한 시간을 보내지 않겠다는 생각에서 매어 두었던 양을 몰고 비를 맞으며 집에 오다.

점심 후에는 이호무형댁에서 Evangeline 단어집(單語集) 만들다.

이형의 모친이 삶아주는 감자를 맛있게 먹고 귀가하다.

이제부터의 시간은 다시 황금처럼 귀하다고 생각한다.

무용한 시간으로 보내지 않도록 해야 한다고 다짐한다.

밤 11시가 넘었다. 조기 기상이 잘 안 되어 걱정이다.

1965년 7월 23일 금요일

가격론(價格論) 공부해 보려고 했으나 별로 효과가 없었다. 내일도 이것으로 하루를 바처 보려한다.

저녁엔 어머니, 승희와 함께 앉아 가족들에 관한 것 또 다른 친척들에 관한 얘기 주고받다.

2차분(二次分) 예비병 근무소집통지서를 받고 면사무소 병적계와 상담, 학생처장에게 보낼 편지 쓰다.

오랜만에 비 안 오는 날이었고 햇볕도 상당한 시간 비쳤다.

심중에서 맴도는 잡다한 생각을 일관성 있게 정리하면 반드시 밝은 희망이 전망될 것 같다.

1965년 9월 14일 화요일

휴업령(休業令)이 내리고 학교 문이 닫힌 지 한주일이 고스란히 지나고도 이틀째 되어간다.

상경한지는 오늘이 9일째. 책과는 퍽 먼 나날을 보냈다. 학교에 세 번 나갔고 등록금으로 보낸 등기 우편을 찾았고 어제는 김청정군과 전세방을 구하고 계약금도 치렀다. 오는 목요일인 16일엔 이사를 하자고 약속.

아직 주인댁 아저씨껜 한 마디도 비치지 않았다.

그러나 내가 취할 행동은 악의 없고 당연한 것일지니 주저해서는 안 되고 오늘이라도 좋아하시는 약주 한 병이라도 사 내놓고 흉중(胸中)에 품고 있는 생각을 토로해야겠다.

남은 걱정 또 하나는 아르바이트를 속히 구하느냐는 문제다.

하루 종일 방안, 마루, 뜰 안을 왔다 갔다 하면서 지냈다. 책은 잡히지 않고 순서 없는 이 생각 저 생각 하며 시간을 보내고 있다.

가을이 온 것을 하늘을 쳐다보고 대기를 촉감해 보고 안다.

가을 하늘답게 푸르고 높아 보인다. 뭉게구름이 맑은 빛으로 아름답게 보이고 점점이 떠돈다.

한참 쳐다보면 황홀한 광경은 탐스럽기만 하다.

방안에서 창으로 내다보면 제한된 부분만 본다.

기와집 지붕으로 가리워지고 보이는 하늘은 답답할 만치나 적어진다.

탁 트이고 그 저쪽으로는 산이 첩첩이 쌓였고 또 넓은 들판엔 누렇게 익어 고개 숙인 벼들이 바람에 넘실거리는 들판이 펼쳐진 농촌의 가을 풍경이 그리워진다.

1965년 9월 16일 목요일

추석을 두 번이나 쉰 아저씨댁에서 입주가정교사 생활을 마감하고 이불보따리, 책들을 싸들고 대문을 나오는 순간은 마음이 아팠다.

모두가 진심인지는 알 길은 없으나 온 식구가 만류했지만 한번 마음먹었고 이렇게 하는 것이 현명하고 나를 위해서 나은 길이라고 생각했으니 결행한 것이었다.

앞에 놓인 길이 더 험준할는지, 경제적으로 좋은 길이 트일는지는 아직 확신하기는 시기가 빠르다.

김청정군도 조금 만족해하는 것 같으니 서로 별 충돌 없이 지낼 수 있기만 바란다.

이삿짐을 옮겨 놓고 은행에서 돈을 찾아 방세를 다 치렀고, 걸레를 빨아 방도 몇 번 닦아 내었다. 이제부턴 모두가 내 손을 거쳐야 한다. 빨래가 그렇고 청소문제도 다 그렇다.

차근차근히 올바른 판단을 내려 실행하도록 하는 것만이 순탄한 길을 걸을 수 있는 방법이겠다.

1965년 10월 10일 일요일

자취를 시작했다. 어제 저녁에 시장에 나가 김청정군과 함께 그릇을 구입했고, 목공소에 주문해 놓은 테이블도 잔금을 치르고 찾아 왔다. 생전 처음 만들어, 내 것으로 소유해 보는 테이블인지라 마음속으로의 기쁨은 대단했다. 내일 학교에서 돌아오는 길에 의자를 사오면 이제 공부할 조건은 또 한 가지 좋아진 셈이다. 규상이네 집에 있을 땐 책상도 없이 늘 방바닥에 앉아 책을 보았는데 몸에 좋지 않고 공부에 비능률적인 것임을 알면서도 견디어 오느라고 설움도 많았다 생각한다.

지난밤엔 김홍용군과 그의 동생 홍남군이 모두 우리 방에서 잠자고 오늘 아침부터 시작한 나의 자취 밥 솜씨를 맛보고 갔다.

첫날 아침이고 김청정군의 집에서 보내 온 찐쌀로 햇밥을 해먹었다. 구수한 맛이 나야할텐데 뜨거운 밥을 그대로 퍼먹느라고 잘 몰랐다.

저녁엔 고향에서 부모님이 보내준 말린 광어를 넣고 끓인 것이, 국인지 찌개인지 분간 못하겠으나 맛있는 국물이 고추장과 함께 묻어나 미각을 돋구어주었다. 역시 햅쌀밥을 먹었다.

1965년 10월 11일 월요일

고향집에서 작은형님이 보내준 등기 우편을 오늘 학교에서 받았다. 일금 2,000원. 형님의 편지 사연, 눈물겹도록 고맙다.

집안 사정이 딱하다. 순옥이는 자기 언니의 권유로 서울에 올 작정으로 집을 나갔단다. 우스운 일이다. 스웨터(sweater)를 짜 보내 주겠단다. 순옥이가 없으니 노모님과 형수, 승희, 부엌 일 하기에 더 고되겠고, 일손이 모자라는 형편이 눈에 선하다.

규상이 아버지께서 형님께 편지를 보냈다 한다. 진정 나와의 작별이 서운한 것이었나 보다.

오늘은 유달리 버스 속 하학 길에서 경애 생각나고 그 가족들이 만나보고 싶어지기도 했다. 일요일이 돌아오기 전이라도 한번 찾아가 또 만나 보아야 함이 정도일 것 같다.

형님께선 자취생활 시작했다는 나의 편지받고 모두 걱정이라고 하셨다. 건강문제에 특히 유의해 달라고 간곡히 부탁하셨다. 피로가 전신에 배어든다. 휴식은 이렇듯 필요한 것이다. 잠을 청한다. 내일의 일과를 망치지 않기 위해서다.

1966년 2월 14일 월요일

누워서 책을 보는 둥 마는 둥 하다가 일어나 방청소를 하고 늘 하는 대로 차례로 했다. 오늘은 주인댁의 진숙이 생일이라고 미역국과 떡을 아침밥으로 얻어먹었다. 양치질만 하고 책상 앞에 앉으니 12시가 넘었다.

이틀 동안은 학원에서 강의가 없었기에 좀 편했다. 그러나 어제는 승홍군과 홍남군이 와서 여러 가지 얘기로 시간을 보냈고, 내 기억에는 처음으로 극장에서 쇼(show)를 보았다.

서울에서 이런 걸 보기도 처음이지만 전에는 어디서도 못 보던 극장무대위에서 전개되는 쇼의 구경은 난생처음으로 본 것이다.

거의 나체의 여인들의 야한 춤이 쇼에 끼인다는 것은 듣고 있었으나 어제 구경한 쇼의 장면엔 처음엔 눈을 다른데 돌리고, 어서 끝나버렸으면 하는 장면도 있었다. 그러나 후반부의 실감나는 가수들의 가요에는 아주 마음 흡족한데도 있었고, 예술인다운 연예인들의 독백연기도 좋았다. 다 각각 스스로의 가치를 지닌 인간들임에, 나의 존재도 한번 훑어 볼 수 있는 계기가 되었다.

모두가 일류 연예인들은 아니라 해도 그들은 그들대로의 가치가 있어 보였다.

하류 극장에서의 쇼는 그리 야하기만 한 것으로 믿어왔던 나의 견해는 달리해야 했다.

벌써 며칠째 고대하던 반찬거리를 고향의 부모님이 우송해주시어 오늘 손에 받아 쥐었다. 승희는 집에 없었다는데 어디 갔나? 어머님 홀로 수고해 주신 노고가 생생히 어려 있을 듯한 반찬보따리가 좀 적다 생각되었지만 집에 와서 풀어보니 그것만도 아니다. 김, 쇠고기장조림도 먼저 번과 같고 새치 가자미 등 말린 어물도 몇 마리 보내셨다. 그런대로 하향(下鄕)할 때까지는 족히 먹을 수 있겠다. 김청정군에게 꾸어 쓴 돈을 얼른 못 갚는게 그저 미안하기만 하다. 수일 내로 부쳐준다 하니 기다릴 수밖에 없다.

날씨는 다시 푸근해 졌다. 오늘은 좀 일찍 출발해서 도중에 유정현의 집에 들려 볼 생각. TIME지(誌)강의 없는 이틀간은 기대와는 다르게 별로 한 일 없이 지나가 버렸다.

1966년 2월 23일 수요일

오랜만에 마음을 가라앉히고 책상에 앉은 듯하다. 이제 또 내가 할일은 명백하다. 귀중한 시간들을 마음에 들도록 이용해야한다. 영어에, 또 다른 전공과목 공부에. 봄볕이 따스하게 내려 비칠 백양로를 드나들며 생각을 영글게 할 날들이 또 다가온다. 그 환희 마디마디마다 현실의 고통도 따를 것이다.

오늘은 눈이 내려 쌓여있는 날씨이지만 그래도 햇살이 따사롭다. 종이 문을 모두 내려놓고 유리창으로 햇볕을 받았다. 자주 닦지 않은 방바닥, 오래된 낡은 벽지, 선반 위에 놓인 책들 모두 오랜만에 볕을 쬐었다.

오늘 만난 이군, 어쩌면 그렇게 자화자찬을 일삼을 수 있는가! 어딘가 비정상적인 면으로까지 보인다. 사람이란 다 제 스스로에겐 그렇듯 눈이 어두워지는 것인가? 대화자들 사이에서의 최소한의 매너도 모르고 있는 듯했다. 지나친 자기과장, 타인에의 험담, 멸시, 이런 태도를 대하노라면 구역질이 날 정도이다. 한 사람의 가치를 여러 점에서 평(評)할 수 있겠다. 그중에서도 자기표현의 교양도 갖추지 못한 사람은 다른 많은 면의 가치마저도 타기(唾棄)할 만큼이나 치졸해 보인다. '침묵은 최선의 웅변이다' 라는 명언이 쓰인 액자가 그의 방 벽에도 시선이 가도록 걸려있었다. 그 모두가 외양만의 사치품으로 보여 진다.

잠깐사이의 자기상실, 방황은 영원히 자기에겐 씻기지 않을 추한 흔적을 남길 뿐이다. 잠시의 고통에서 이길 수 있노라면, 언제나 당당한 자기를 발견하게 되고 무한한 즐거움을 맛본다.

1966년 2월 24일 목요일

국을 끓여 저녁밥이라 먹고, 이를 닦고 잠자리에 들려하니 열한시반이 넘는다. 오늘 하루는 이렇게 지낸 것이다.

만족스러운 진전은 언제나 결과로 나타나지는 않는다. 늘 미진한 결과뿐이다. 아무래도 새로운 생활 방도를 모색해야 하겠다. 시간제 가정교사 하는 아르바이트를 구해 보겠다. 머뭇거리기만 하고, 스스로의 노력 없는 생활은 죄악이다. 노부모님이나 형님들의 등에 기대기만 한다면 그것은 정말 어리석은 짓이다. 정말 나는 언제고 이처럼 우유부단하기만 할 것인가. 자기가치실현을 추구해야 할 일이다. 폭 좁은 독서, 진전 없는 영어공부, 나는 참말 껍데기만의 존재다. 여기서 탈피하자. 폭을 넓히도록 해야 한다.

1966년 4월 3일 일요일 맑음

정해진 목표에로 향한 마음가짐은 단단히 된 편이다. 더욱 굳은 의지력이 갖추어진 것 같으나 생활에 위협을 느낀다. 가지고 온 반찬이 한두 가지씩 떨어지기 시작한다. 김치가 그렇고 어머니께서 알뜰히 해 주신 소금저린 생선 말린 것들이 그러하다.

건강을 저해하지 않고 책을 볼 수 있을만한 영양가의 섭취는 정말 중요하다. 건강이 가장 큰 밑천이 아니겠는가. 이를 망쳐가년서 하는 생활은 어리석다.

이광수의 소설 '유정(有情)'을 요 며칠째 읽고 있다.

주인공 최석과 남정임의 사랑은 도시 훨씬 다른 차원의 그것이기에 그저 평범하게 살아가는 사람들에게는 일어날 수 없는 희귀한 것이겠다.

그들 주인공들이 그렇듯 스스로 고행의 길을 더듬는 모습은 정녕 아름다운 것으로 보인다.

1966년 4월 10일 일요일

춘광(春光)이 가득 찬 연세 동산의 메인캠퍼스에 이 해에도 제일 앞서 개나리가 샛노랗고, 진달래가 분홍색으로 피었다. 세 번째 맛보는 광경이다. 3년 전 이때는 아직 제대를 않았으니 기쁨과 근심을 함께 지니고 처음으로 이 동산에서 봄을 맞았다. 절호의 기회였던 스무닷새간의 정기 휴기기간 중에 가슴 조이던 입학시험을 치렀고, 집안 식구들의 노고를 모아 등록을 마쳤고, 그 후엔 부대에서 특별히 마련해준 몇 번의 휴가를 얻어 인상 깊던 오리엔테이션을 거쳐 입학식을 치렀다.

대망의 기대를 걸고 대학에서 공부할 기회를 얻었고 그 첫 출발이 되는 입학식에서 놀라움을 느꼈고, 불쾌를 맛보았다. 내게는 너무도 생소하던 성경봉독이 있었고, 찬송이 있었기 때문이다. 대학을 잘못 택했구나 하는 후회 비슷한 과오를 깨달았다.

그 후엔 월요일과 금요일 양일은 채플시간이 마련되어 의무적으로 예배를 봐야했다. 입학을 한 후에도 제대를 못했던 나는 한 주일에도 몇 번씩 대전시의 교외에 있는 부대로 돌아가야 했었다.

이러한 딱한 사정은 월요일과 금요일의 채플시간에 나에게 지정된 좌석을 꼭꼭 메울 수가 없었다. 그러나 생전 처음 당하는 대학의 채플은, 입학식 때의 불쾌감과는 달리 횟수를 거듭 할수록 마음을 끌었고 이시간이 들어있는 날에 부대에 돌아가야 했을 때는 못내 아쉬웠다.

그 해에는 5월에 접어들면서 군복을 벗고 제대를 하기까지 7,8회의 채플시간에 빠지게 되었고 게시판에는 채플좌석번호에 빨간 표시로 결석자를 표시해 놓아 경종을 울려 왔다. 그 후엔 줄곧 빠짐없이 전과는 다른 몸가짐으로 채플에 임해왔다. 채플시간에 듣게 되는 목사님들의 말씀은 여전히 비신자인 나에게도 목마른 자의 샘물 같았고 존경하는 교수님들의 강의는 늘 마음을 일깨워주었다.

이제 이러기 3년째 접어든 지금에도 나는 거의 빠짐없이 채플시간에 임한다.

그러면서도 입학 당시에 가졌던 실망이나 회의 같은 건 이젠 말끔히 불식 되었고, 다른 대학에서는 볼 수 없는 이 채플에 출석하여 진리의 말씀을 들을 수 있게 된 것을 무한한 즐거움으로 여기게 됐다. 요즘처럼 독서가 부족한 내 생활에서 종교서적을 만지기란 정말 어려운 일인데 이런 시간을 갖는다는 것은 참으로 다행한 일이다.

연세인 가운데 "채플이 너무 강제적이다." "종교의 자유를 억압한다." 고 불평하는 소리가 있다고 하는 내용이 연세 춘추에 실린 것을 본 적이 있고 때로는 동료들의 입에서 듣기도 하고, 채플 출석도 허용된 결석 일 수까지는 참석 않으려는 학우들을 본다.

연세인의 52.1%가 신자요, 41.6%의 학생이 무종교이지만, 이들 가운데 27%는 채플을 통해 기독교를 체험하기 희망한다는 통계 숫자가 연세춘추에 소개되었다. 나는 분명히 후자의 무종교 그룹에 속하지만 채플시간을 긍정적으로 보는 27%의 숫자에 해당한다고 생각한다.

1966년 4월 17일 일요일

어제는 승희편지와 함께 송금 수표 삼천 원 받았다. 필요하던 돈이고 보니 반가웠다.

어머님의 병 소식은 정말 불안하기만 하다. 노구(老軀)에 밤이면 신음소리하시며 잠을 주무시고도, 새벽이면 거뜬히 일어나셔서 한결 같이 일하시던 어머님이다. 돌연 코피를 심히 흘리고, 눕게 되어 링거를 맞고 피 주사도 맞아야 된다는 소식은 놀랍고 마음 아프기만 하다. 승희가 편지 쓴 날이 12일이니 오늘쯤은 회복되셨어야 한다. 아직 누워계신다면, 어머님께서도 이젠 늙으심을 주체 못 하시는게 아닐까 두렵기만 하다. 아버지의 힘만으로는 어머니께 따뜻한 간호를 못해드릴 것이니, 승희가 그저 애태우고 애쓰겠다. 큰형님께 편지 보내고 승희한테도 생각을 알렸다.

큰형수의 득남 소식은 정말 반가웠다.

1966년 4월 23일 토요일

아무리 해도 굼벵이 거름이다. 자리가 나지 않는다. 결국 내 두뇌도 둔한 모양이다. 중간시험이 일주일 뒤로 육박해 와도 뚜렷한 진전 없는 공부만 계속 한다. 당초에 먹어두는 마음속의 분량과 결과는 너무도 현격하기만 하다.

어제는 방안이 몹시 덥더니, 오늘은 날씨가 좀 흐렸다. 어제는 영상 26° 까지 올라갔다니 꽤 더운 편이었다. 오늘은 'High : 23℃' 라고 적혀있으니 어제보다는 낮은 편이겠다.

주인댁 할머니는 이 아침에 인천으로 가셨다. 친척들을 뵙고 싶으시다고 떠나셨다. 집을 잠시 떠나가신 할머니를 생각하니 인정이 깊으신 분이구나 느껴졌다.

대문 앞에서만 전송을 하고 들어와보니, 내 부실(不實)함이 통절히 느껴졌다. 할머니께서 섭섭해 했겠다. 정류소까지는 배웅함이 옳았을 텐데, 뒤따라 얼마를 가다가 그냥 돌아왔다. 얼마 안 지나는 동안에도 할머니의 인정은 샘물 같았다. 각박한 세태에 그만한 호의도 드물겠고, 오랜만에 당해보는 고마움으로 생각한다.

어제 저녁에도 마루에 앉아 얼마간 대화를 나눴다. 오래 정을 변하지 않도록 서로 애씀이 더 중요한 것이다. 자취 생활이 이모저모로 어설프니 할머니 손길이 여러 군데 닿는다. 일방적인 혜택은 이처럼 자신에게 괴롭기만 하다. 할머니의 여정이 무사하도록 빈다.

진실로 서로에게 좋은 영향을 주고 아낄 줄 아는 친구, 이런 친구로 손꼽을만한 이, 나는 몇이나 얻고 있나. 자신의 부족됨은 언제나 남의 비판이 된다. 성실하고 신뢰감을 주도록 애쓸 일이다.

1966년 5월 22일 일요일

시간이 한 일 없이 지나간다. 이틀 동안이나 집에 박혀 있어도 뭐하나 해 놓은 자욱이 없다.

오늘은 몸의 이상을 느꼈다. 근래에 느껴보지 못하던 일이다. 낮잠을 자보았다. 조금 나은 듯했고, 지금은 거의 평상과 같다.

어머님과 아버지는 관광길을 마치고 내려 간지가 며칠이 지났다. 무사히 도착했는지 궁금하고 먼 여로에 피로를 느끼고 병이나 안 나셨는지, 편지 써야 하는데도 여태 그냥 지내왔다.

요즘은 더욱 절실히 비참한 생각이 들곤 한다. 머리는 더욱 둔해져만 가는 것 같다. 어렸을 적엔 그리 많은 학습시간을 갖지 않고도 남보다 앞섰는데 이제와선 어쩐 일인지 무던히 다른 면의 활동을 제한하면서 책을 잡아 보려 해도 결과는 없고 비능률만 계속된다.

이래서는 나는 아무것도 아니다. 제구실을 못하는 스스로는 비참하고 한심스럽다. 다른 것이 필요한 건가. 그러하다면 또 다른데 눈을 돌려보기도 하겠건만, 시간이나 금전이나 어느 하나 여의치 못하다.

외길로만 달려도 실제로는 하고 싶은 길 다 하지도 못할 터인데 어찌 여러 면을 다 할 수 있겠는가. 아직도 나는 전력을 기울이고 있는 편은 못되고 그저 비능률적인 학습태도를 갖고 있는 듯하다. 시정(是正), 혁신, 분발, 노력 등을 총동원해 보리라.

1966년 5월 24일 화요일

잉크병의 뚜껑을 세 개나 열어놓고 다시 닫으려 하니 그것도 용이하지 않다. 아주 생김새가 다른 한 짝은 쉽게 제 뚜껑을 찾아 닫았으나 나머지 두 개의

'Academy 잉크병'은 어느 것이 제 짝인지 잘 모르겠기에 뚜껑에 새겨진 'Academy' 라는 글자가 좀 진한 것이 새 잉크병의 것이라고 단정했다. 그렇다고 어느 쪽인지 잘 모르겠다고 그냥 열어 둔 채 잉크가 다 증발되도록 둘 수는 없는 것이기에.

오늘은 학원에서 시험을 치렀다. 해석, 작문이 각각 한 문제씩이다. 해석문제(1번)는 처음 읽어보노라니 얼른 내용이 파악되지 않는 어려운 문제다. 몇 번 읽어도 명백한 내용이 떠오르지 않는다. 다소 당황했다. 이 정도의 실력이고 이런 문제를 못 풀면 앞으로 어떤 직장시험에서도 모든 기대는 무너질 것이 아닌가 생각되기도 했다. 그렇다고 그냥 깨끗이 포기하고 물러선다는 건 어리석은 짓이겠기에 애써 읽어보고 답을 써 보려했다. 백점도 없고 빵점도 없는 것이기에 말이다.

힘자라는데 까지 해놓고 내 실력을 평가받아 볼 일이다. 분명한 의미는 못써도 대충 해석해 놓고 나니 영작문제는 시간이 촉박했다.

그래도 다른 때보다 쉬운 편으로 생각해 난필이나마 옮겨 적어 놓고 왔다.

창밖에서 벌레 우는 소리가 가늘면서도 예리한 음향으로 들려온다. 가을철 잠자리에 누워 조용히 있노라면 들리던 벌레소리다. 밤이 깊어 자정이 가깝다.

간단히 저녁을 마치고, 목덜미와 얼굴의 땀을 훔치고 걸레며 손수건을 빨고 나니 11시 30분. 이렇게 하루는 다 지나갔다.

1966년 6월 4일 (음력 4월 16일) 토요일

오래간만에 조용히 생각해보는 시간을 가졌다. 때때로 하는 버릇으로 오늘도 손바닥을 펴보았다. 잔주름이 많이 간 손바닥은 고생을 많이 한다고 한다. 그러고 보면 즐거움도 모르고 살아 온 듯한 내 생애가 앞으로도 고생 투성이란 말이 된다. 그리고는 생명선을 보고 홀로 계산해본다. 손바닥 마디까지를 백으로 보면 나의 경우는 70은 넘어 보인다. 반을 잘라 보고 또 그 반을 잘라보고 혼자 속셈한다. 그리고는 결코 무심할 수 없는 자신을 살펴본다.

어머님 생각이 나고 아버지 생각이 난다. 이제 벌써 60세가 넘게 된다. 아버지 생신이 음력 4월 스무날이니 이제 나흘이 남았다. 병오년생(丙午年生)이시다. 금년이 병오년이라 61번째 맞는 생신이 되어 회갑을 맞으신다. 아버지께 이날에 드릴 편지를 꼭 보내려고 마음먹었는데 아직 펜을 들지 않았다.

그리고는 어머님 생각을 해본다. 이제 10년을 더 사시면 70이다. 어머님이 70세까지 사실 것 같지 않아 보인다.

그러면 이제 10년을 더 자식을 위해 애쓰시면 그만이 아닌가. 나는 어머님의 향후 10년을 이처럼 나를 위해서만 고생하시게 만들어 나의 행복을 추구하는 길밖에 아무것도 아닌 것 같아서 내 인생을 설계하기가 부끄러워졌다. 나도 내가 나를 살게 하는 길을 하루속히 택해야지 왜 남들만 의지하고 괴롭히는 건가. 새삼 생각해 본다.

어머님은 우리를 위해서만 한 평생을 살았는데 이제 남은 10년도 나는 이용하고 있는 셈이 아닌가. 생각하니 가슴 아프고 부끄럽다.

어릴 적에 새벽에 일찍 기상하던 날이면 간혹 볼 수 있었던, 우리 집의 담장을 끼고 서있는 뽕나무가지 사이의 조각달, 아직 채 날이 새지 않았던 새벽녘의 서산에 기울던 그 달이 생각나고, 이상하게 슬픈 마음을 달래봤다. 그때 그 맑았던 정신으로 응시해 두었던 장면이니 이제도 떠오르는 모양이다.

오늘 밤은 정말 오랜만에 달을 쳐다보고 생각해봤다.

러닝셔츠, 팬티, 바지를 내손으로 수돗가에서 빨았다. 다 잠든 사이에 빠는 게 좋을 듯하여 했는데, 근 세 시간이나 소요된 듯하다. 도시 힘든 일이다. 밖의 빨랫줄에 널있다가, 구름 속에 달이 가려워지고 있는 것으로 보아 혹시 또 비 내릴 듯하여 걷어 들였고, 방에 걸린 줄을 연장하여 부엌으로도 치고 잘 널어 두었다.

베개에 머리를 대고 이렇게 긁적이노라니 풀벌레소리가 귓전을 울려 온다. 찌륵찌륵, 찌르륵…. 그러다가 갑자기 뚝 그쳤다.

마음속엔 또 하나의 그리움이 솟는다. 억제할 수 없는 이 그리움은 언제나 이렇게 타다가는 그대로 꺼져 버리곤 한다. 괴로운 노릇이다. 탈출구를 찾아야 하겠지만 현실은 더욱 냉혹하고 나의 이성은 이들을 말살 시키고 만다. 언제나 짓눌러 오고만 있다. 이 야밤중을 나는 비행기의 발동 소리가 들려온다. 멀리서 벌레우는 듯한 소리는 여전히 밤의 정적을 그냥 두지 않는다.

1966년 6월 12일 일요일

6월의 중턱에 들어섰는데 벌써 볕이 꽤 따갑다. 바람이 때때로 부니 나뭇잎들이 팔랑거리며 흔들린다. 스르럭 소리를 낸다. 녹음이 우거진 이곳 노천강당은 시원하기 그지없다.

잡초가 무성하여 풀내음이 내 코로도 물씬 풍겨온다. 높이 솟은 나무의 가지와 잎사이로 파란 하늘이 쳐다보인다. 초여름 비온 뒤의 하늘이라 더욱 시원해 보인다. 도서관으로 가던 발걸음을 돌려 이렇게 시원한 바람 부는 노천강당으로 올라와 숲속의 그늘에 가방을 깔고 앉았다.

잠시 평화로운 감정에 젖는다. 지금쯤은 잔물결이 6월의 태양 볕에 번쩍이고, 모래사장을 찰싹일 고향 바다가 그리워지고, 고향친구들이 생각난다. 어제, 박용훈군의 결혼식에서 이군을 만났기 때문이리라.

일요일의 우리 학교 캠퍼스는 이렇게 포근한 정적이 깃들어 있는 곳인 것을 이전에는 몰랐다.

후덥지근하던 방에서 빠져나온 것이 한 없이 기쁘다.

숲속엔 여전히 바람이 일고 새들이 지저귄다. 나비도 날아다닌다.

능(陵)이 있는 언덕에서 아이들이 떠드는 소리가 난다. 푸른 잔디 위를 뛰며 노는 것이겠다. 천진난만하게 떠들며 장난치는 아이들이다. 순수한 동심의 세계이겠다.

1966년 7월 10일 일요일

오후 두시쯤 되니 방안은 달아오르고 바람도 불지 않는다. 견디기 어려운 노릇이다.

홍능산에 올랐다. 우리 학교의 노천강당이나 숲속처럼 깨끗하지도 않고 공기도 좋지는 않으나 그래도 바람이 조금씩 불어 집안 보다는 한결 시원하다.

근처에 보이는 사람들의 모습으로는 그들의 삶이 시원치 못해 보이는 사람들 같고, 나도 그들처럼 초라한 존재로만 생각된다. 그러나 그들과는 다른 데가 있을 테지 라고도 생각해 보았다.

그저께 이곳에 올랐을 때도 보았던, 한가한 노인네 몇 분이 오늘도 보였다. 그네들대로의 인생철학을 논의하건만 모두가 살아있는 송장들의 몸부림 같다.

한말을 또 하고, 연신 "청산리 벽계수야…"하면서 긴 가락으로 부르고 있는 깡마른 영감의 모습을 한참이나 쳐다보았다.

1966년 7월 15일 금요일

신문로 거리의 한 건물 출입구에서 억수로 오는 비를 피하고 있었다. 옆에도 몇몇 학생들과 어른들이 함께 비를 피하고 있다. 맑은 눈매의 조그만 소녀가 내 앞에 다가서서 함께 비를 피하려 한다. 아주 상냥해 보이는 소녀는 가슴부위에 자기 학교의 배지를 달고 있으나 어느 학교인지는 모르겠다.

"어디를 가는 버스를 타려고 하세요?" 하고 묻는 말에서 나는 조그마한 정을 느꼈다. 나는 21번 버스를 기다리지만 아무 버스도 오지는 않는다. 광화문의 교통이 차단됐단다.

"금호동 방향 버스입니다."

비는 여전히 그칠 줄 모른다. 함께 비를 피하고 있다.

"학생은 어느 쪽에서 왔어요?" "서대문서요"

"학생의 학교는 신촌에 있지 않소?"

"아니, 서대문이에요."

내가 잘못 알았다.

그리고는 아무 말 없이 여전히 비를 피한다. 조그만 예쁜 소녀도 이 자리를 떠나지 않는다. 기다리던 사람들은 어느새 한 둘 자리를 떴다. 둘만 남았다. 이 학생도 비가 그치면 가고 싶은 모양인가?

"쉽사리 비가 그칠 것 같지는 않은데요."

이 자리를 떠나고 싶은 모양이다.

"아니요, 그렇지만 억수같은 비가 몇 시간씩 계속 내리는 경우란 드문 일이오. 더 기다려 보는 게 좋겠소."

소녀도 내 의견에 따르려 한다. 여전히 비는 멎지 않을 기세다.

"안되겠소. 우리도 걸어가야겠소. 시청 앞에 가야 버스를 탈 것 같소."

같은 방향으로 걷는다. 정동 골목으로 들어섰다. 비는 여전하고 이제 옷은 아주 완전히 젖게 됐다. 지나가는 자동차들이 튀기는 물쯤은 개의할 바 아니다. 소녀에게 말을 걸었다.

"몇 학년 입니까?"

"2학년이예요."

이 이상 나는 더 묻지 못했다. 나의 태도에 나쁜 인상을 주고 싶지 않아서다.

좌우로 바꿔가며 정동 골목을 이화여고 앞길로 해서 대법원 덕수궁 뒷골목으로 걸어 나갔다. 곳에 따라서는 물이 도랑을 이루어 흐르는데 그대로 물속을 걷기도 했다. 소녀도 이젠 완전히 몸을 적셨다. 내가 바짓가랑이를 한 번 걷는 동안 그는 서서 잠시 기다려 준다.

"학생 가방을 내 들어줄까요?"

"괜찮습니다."

그리 무거워 보이지는 않는 가방이어서 더 이상 나는 의견을 말하지 않았다. 시청 앞 덕수궁 정문 앞까지 이르렀다. 소녀는 금호동 버스는 여기서 못 탄다고 하면서 시청 쪽으로 향한다. 나는 헤어지기 싫었으나 더 뭐라 말할 용기는 없었다. 뒤돌아보며 소녀는 방긋 작별의 인사를 고했다. 나도 따라 웃어주었다.

1966년 8월 2일 화요일

사흘 동안 흐리고 비 오던 날씨가 오늘 아침엔 맑게 갰다. 이제 8월에 접어들었으니 낮 동안의 더위는 더하겠다. 파도소리는 아직도 지축을 울린다. 파도가 잔잔해지고 물이 맑아진 뒤의 해변에서는 여러 가지 꿈도 익어가는 것이 이 8월 한 달이겠다. 나도 이 여름동안에 또 많은 추억을 낳고 싶다. 뒷날엔 이것들이 다 서러움이 되고 말 것 이지만.

엷은 안개가 산허리까지 깔렸다. 비온 뒤 맑아진 아침에 보는 아름다운 정경이다.

어제는 연세춘추와 민영우군의 편지받다. 헤어져 있으면서도 기억하고 편지 보내준 민군이 고맙다.

1966년 8월 5일 금요일

민영우군의 편지에 답장을 보냈다. 김청정군에도 그간의 생각을 적어 보냈다.

둥글던 보름달이 이지러져간다. 음력 6월 19일, 제방뚝에 올라서 보니 바다가 온통 은빛이다. 파도도 없고 잔잔해 보인다. 이 광경을 보고 싶고 하늘의 달을 볼 양으로 밤이 깊어 가는데도 밖에 나와 본다. 형언키 어려운 그리움이 내재해 있고, 밖으로 솟아나올 것만도 같다.

1966년 8월 8일 월요일

어제 형득외삼촌의 부음을 전해 들었고, 오늘은 큰외삼촌이 상수의 연락으로 먼 삼방에서 걸어 어두워져서야 우리 집에 도착했다. 인생의 덧없음을 또 한 번 절감하게 해 주었고, 한번 대의명분이 설만한 일도 못해본 채 그 좋다는 머리도 헛되게 별세하셨다. 생각하노라면 마음은 아파만 온다. 사람이 죽어서 그 영혼이 남아있다면 지금쯤은 우리들의 주변으로도 찾아다닐 것만도 같다. 형득 외삼촌의 행동은 느림보요 사고방식도 우리와 전혀 다른 사람 같아서 마음속으로는 고생을 면치 못할 사람으로 생각해왔다.

소년시절엔 그렇게 밤을 새며 공부하던 것을 나도 기억하고 있고, 명석한 두뇌의 소유자라고 남들이 모두 이구동성으로 말하던 것을 또 알고 있다. 내가 군에 입대하기 전만해도 우리와 함께 살고 싶어 했고, 내가 삼척에서 고등학교에 다닐 때 큰 외삼촌 댁에 유숙하면서 형득 외삼촌과 한방에서 거처 한 적도 있었다. 집안일엔 언제나 소극적이었던 면을 집안사람들은 늘 불평했고, 나도 그렇게 여기고 있었다. 작년 여름 방학 때 원주 예비사단에서 훈련을 마치고 외삼촌을 만난 것이 이 세상에서 그를 마지막 대한 것이 되어버렸다. 생각하면 더욱 애처롭다.

1966년 8월 9일 화요일

철썩 철썩, 쏴아 – ,

파도치는 소리가 밤의 정적을 타고 수백 미터 떨어진 이곳에도 곁에서 보는 듯이 들린다. 흘러간 중학시절의 사진들을 들춰보았다. 낯익은 동창들, 정들었던 은사님들의 얼굴을 다시 볼 수 있었다. 밀려오는 파도처럼 지나간 시절의 그리움이 쫙쫙 밀려온다. 자주 대할 수 없는 옛 친구들, 지금은 무얼 하는지 소식조차도 알길 없는 동기들이 더 많다.

1966년 8월 14일 일요일

파도 소리가 한 층 세차게 들려온다. 흡사 천둥소리가 멀리서 들려오는 듯하다. 그리고 바다 쪽엔 비를 잔뜩 머금은 구름이 덮여 있어 시커멓다. 자정을 알리는 시계추가 쳤다. 얼마 전에 마구 밀려오던 졸음이 후딱 쫓겨 갔다.

오늘은 유정현군의 엽서를 받고 답장을 쓰다가 그냥 두었다. 내일은 써 부쳐야 하겠다. 개학 준비도 하고 상경해야할 날짜가 임박해온다. '정신일도 하사불성(情神一到 何事不成)이랴' 했으니 정신을 가다듬고 집중력을 발휘해야 하겠다.

어머님의 노고는 날이 가도 끝이 없다. 편히 지내시는 날이 없다. 그저 일만하시면서 사시는 것 같다.

1966년 8월 25일 목요일

책상 옆 벽에 붙은 색채화를 한참 들여다보았다. '우이동설경(牛耳洞雪景)'이라고 조그만 활자로 제목이 붙어 있다. 눈에 덮인 돌담을 끼고 있는 초가집 옆에는 둥치에 구멍이 뻥 뚫린 고목이 한 쪽 가지는 옆으로 뻗고 서있다. 옆으로 뻗은 가지에도 눈이 쌓였다.

집둘레에 몇 그루 소나무가 더 서 있고, 잎이 진 나무들의 가지마다 눈이 소복이 덮여 있다. 더위를 잠시 잊어 보게 되었다.

등록을 어제 마쳤고, 오늘은 전보로 등록을 마쳤다고 큰형 떠나기 전에 알렸다. 승희에게 편시 써 보냈다.

왠지 마음속이 허전하기만 했고, 방향을 잃은 돛배가 된 듯한 느낌도 들었다. 학교에서 헛 시간 보내는 것 같아서 일찍 하교 했지만, 더위가 심하여 맥을 못 추겠다. 후덥지근한 날씨 탓인지 의욕이 안 난다.

성적표 보니 한심하고, 부끄러운 생각도 들었다. 분투를 다짐했다. 밑바닥에서 허우적거리는 어리석음은 수치다.

바깥엔 어둠이 깔렸는데, 밤비가 시원히 내린다. 낮부터 몇 차례 내렸지만 이제야 시원스럽게 느껴진다. 이렇게 내리는 비가 얼른 가을을 불러 줬으면 좋겠다.

부엌의 벽 틈에서 벌레 우는 소리가 귓전을 울린다. 더욱 향수에 젖게 한다.

1966년 8월 27일 토요일

8월이 마지막 가는 때의 더위가 이렇듯 대단하다. 팔뚝이 온통 땀에 배어 책상에 닿았다가 팔을 움직일 때마다 끈적끈적 한다.

우거진 숲속은 매미와 풀벌레들의 세계다. 찌이—찌이—. 막바지에 들어선 여름을 마음껏 즐기고 떠나가려는 듯하다. 창으로 내다보이는 무악산 정상이 시원하게 솟아 있다. 엷은 구름이 산위에 걸렸다가는 서서히 흩어진다.

고향의 서쪽산과 북쪽의 '삿갓봉'에도 이런 계절이면 꼭 저렇게 구름이 일고 또 흩어지던 광경을 홀로 상념에 잠기면서 바라보던 소년 시절의 한 때가 생각난다.

날씨가 이렇게 더우니, 산 밑을 굽어 흐르는 그 맑은 냇물에 가서 훌훌 옷을 벗어버리고는 풍덩 몸을 담그고 더위를 이겨내던 어릴 적 시절이 새삼 그립다.

이곳 중앙도서관에 앉아, 이렇게 한동안 상상의 날개를 펴고 있는 동안에도 여기저기서 좌정한 채로 책을 보는 친구들은 독서 삼매경에서 더위도 잊고 있는 듯하다. 그들의 태연한 모습에 나는 다시 숙연해지고 있다.

- 학교 중앙도서관에서

1966년 9월 13일 화요일

오래만에 가을의 푸르고 높은 하늘을 보게 된다. 며칠을 두고 흐리고 비 내려 기분이 우울하고 생각마저도 마비 된 듯하였다. 그저 뭐라 한마디로 표현 하기는 어려우나 상쾌해진 계절의 변화를 느끼게 된다.

시원한 가을바람을 피부로 느껴보고, 코로 마셔 볼 때가 이렇게 일찍 다가 올 줄이야 미처 몰랐다.

흰 구름이 띄엄띄엄 걸려있는 파란 하늘을 나는 오늘 몇 번이고 쳐다보았다. 그리고 마음도 펴 보았다.

등교 길에 보는 산모퉁이의 소나무도 한층 더 푸르러 보이고 온갖 풀과 나무가 다 생기를 띠고 있어 보인다. 만물(萬物)이 모두 가을을 좋아하는 것만 같다. 그래도 벌써 낙엽송들은 가을을 빨리 받아들이는지 벌써 잎이 떨어지기 시작한다.

노천강당 계단의, 여름 내내 자란 잔디위에 앉아보았다. 어느새 여름은 이렇게 자취를 감추어 버렸다.

이렇게 성큼 다가온 가을의 문턱에서 계절의 변화를 대하니 반가움에 몸과 마음이 다 가벼워져오고, 책잡기가 힘들지 않다. 금처럼 귀한 시간을 맞는다.

아버님께 편지 쓰다. 온 가족에게 꼭 기쁨을 안아다 주겠다고 적있나. 그리고 큰 용기를 가져보고, 눈앞에 보이는 길을 포착해 보려고 다짐했다.

1966년 9월 15일 목요일

영작(英作) 연습을 하면서 책과 만년필을 쥐고 있던 손이 멈춰지고 머릿속은 어느새 고향 생각으로 찬다. 손으로 써 놓은 영어 단어들이 눈앞에서 희미해진다.

가을의 태양이 서쪽으로 약간 기울어져 가고 있는 이 무렵이면 호산천 다리위

시멘트 바닥엔, 하얗게 가을볕이 한창 쏟아지고 눈부시게 반사 될 것이다. 그 밑으로는 동네 여인네들이 두드리는 빨래 방망이 소리가 토닥토닥 들려온다. 이젠 아줌마가 된 순이도 그 틈에 끼였을 런지도 모른다. 그리고 자갈이 말갛게 들여다보이는 냇물은 이 가을이 되어 한층 맑아 보이겠다.

방축 뚝 위엔 아버지가 메어 놓은 양이 이렇게 시원해진 날씨에 푸른 하늘을 종일 쳐다보다가는 한번 날고 싶은 마음에서 토막토막 이어놓은 고삐를 마구 잡아당길는지도 모른다.

'땡밑' 들판의 황금벌은 또 얼마나 탐스러울까. 바람이 지나 갈 적마다 금빛 파도를 일으킨다. 누렇게 고개 숙여 가는 날엔 농부들의 배도 절로 불러지리라. 아직은 추석 전이니 그리 여물지는 않았겠는데 참새 떼는 마구 씹어 놓으리라. "후이—" 아이들이 새 쫓는 소리가 들린다.

내려다보이는 해망산 모래벌판. 그 위로도 내 마음은 거닐어 본다. 넘어가는 햇살을 받는 바다가 눈부시다. 수평선 저쪽엔 몇 척의 배가 한가로이 지나간다.

"휭—" 맑은 백사장위로 한번 곤두박질을 해 본다.

머리카락 사이에 모래알이 박혔다. 손으로 털털 털어본다. 잘못하면 입술에도 온통 모래가 묻는다.

이대로 앉아 먼 수평선 저쪽으로 아득히 펼쳐진 바다를 바라보기만 해도 마음은 즐겁다. 누렇게 익어가는 들판을 스쳐오는 바람이 소맷자락을 스친다. 가을이 온통 내 것이다. 한번 길게 숨을 몰아쉬고는 다시 "후후—" 하고 내 뿜는다.

날짜를 짚어 보니 오늘이 고향의 장날이다. 날씨는 이렇게 시원해졌어도 어머니와 승희는 구슬땀을 흘리고 있을 것만 같다. 분주한 한나절이 지났으니 이제 그릇들을 챙기겠다. 아버지께서도 이 시간이면 손수레로 돼지 먹이를 나르시고 계실 것이다.

상훈이는 학교에서 돌아와 가방을 방바닥에 버린 채로 장마당을 뛰겠다.

흙장난을 하고 딱지를 칠 것이다. 그러다가 서로 다투고 다치거나 하지 않았으면 좋겠다. 넘어가는 석양볕을 받으며 툇마루에 앉아있으면 또한 희열이 찾아드는데 지금 나는 이렇게 멀리 와 있다.

1966년 9월 26일 월요일

한 방에 하숙을 하는 최춘식 군은 이번 추석엔 만사를 제쳐놓고, 꼭 고향집엘 가겠다고 한다. 같은 감자바위 출신이지만 집까지는 하루 반이나 걸리는 긴 여행을 해야 하는 나와는 달리, 서너 시간이면 집에 닿을 수 있는 그는, 더구나 집안의 장손이라니 그도 그럴 법하다는 생각이 든다.

"집에 가는 사람은 이방에 돌아올 적엔 무거운 의무를 져야 하네. 한 보따리 두둑히 말이야…." 이런 말로 서로 웃었다.

대학에 들어와서 두 번의 추석을 입주 가정교사 하던 집에서 주인집 분위기에 맞추어 지냈던 때보다는, 올해는 추석이 가까워져도 한결 홀가분하기는 하다. 우리 학교의 학사력까지 해마다 빠짐없이 추석을 공휴일로 정해 놓았기에, 나는 그때마다 생활관습이 판이한 주인 가족과는 잘 어울리지 못하는 분위기에서 무료히 추석명절 하루해를 보내야 했다.

벌써부터 캠퍼스 곳곳의 게시판에나 구내식당 벽엔 '추석놀이' 포스터가 나붙고 추석을 얘기하는 대화가 오고 간다.

추석은 아무래도 도회인(都會人)들에게 보다는 농촌사람들에게 더 뜻 깊은 명절인 것 같다.

추석 무렵에는 한 여름내 뙤약볕 아래서 지어온 벼의 갓 익은 것을 거둬들여 햅쌀로 송편을 빚고, 햇과일들과 함께 준비한 차례음식을 어깨에 메고 원근도처(遠近到處)의 선영(先塋)을 찾아, 성묘를 다니면서 산과 들에 무르익어 가는 가을을 만끽하던 어릴 적 시절이 그리워지게 된다.

이 해의 내 하루도 고향의 부모형제와 지내던 추석명절이 마냥 그리울 뿐이다.

1966년 9월 28일 수요일

내일이 추석이다. 모두가 추석 명절 준비한다고 야단이다. 최군은 벌써 이틀 전에 자기고향 집에 내려갔다. 집안일이 바쁘다고 귀향 하라는 당부의 전보가 책상위에 놓여있던 월요일에 떠났다.

학교도 내일은 쉰다. 도서관도 문을 닫는단다. 급우들 사이에도 추석 얘기가 돌았다. 꽤 많은 사람들이 추석을 쇠러 귀향하기도 하는 모양이다. 신문에도 온통 귀성객으로 붐비는 서울역의 사진을 보도 한 것을 보았다. 추석이 와도 그저 평일과 다름없이 보내려는 내가 오히려 이상하게 느껴진다. 지금의 처지에서 내가 남들처럼 마음을 들뜨게 해봐야 무모한 짓이고 현실을 망각하는 소행밖에는 아무것도 아니라고 짐짓 태연해 보려 했지만, 주위의 분위기 들은 한 가닥 외로움을 가져다준다.

그래도 어머님은 객지에 나가 있는 자식들을 생각하실 테다.

나는 이처럼 아무렇지도 않은 척 해보지만 내게는 샘물 같은 어머님의 정이 담겨져 있다. 형제자매들의 정성이 모두 내게 집약되어 있다. 나는 내 혼자가 아니다. 그들의 기대가 헛되지 않기 위해 나를 세워야 한다.

오늘 학교에서 채플 시간엔 빌링스리 목사가 얘기해줬다. 많은 사람들은 제 본래의 사명을 잊고 사소한 일에 급급하다가는 귀중한 자기 일을 망쳐버리는 수가 많다고 설교해 주었다. 감옥의 죄수를 지키는 자가 엉뚱한 일에 매달리다가 그 속의 죄수를 놓치고는 구구한 변명을 늘어놓게 되는 얘기를 비유로 말했다. 지루하지 않게 맑은 목소리로 말하고 그 옆에서 교목실장님이 통역해 주었다. 자신의 위치를 가다듬게 되는 좋은 계기가 되었다.

1966년 10월 24일 월요일

'유엔 데이'라고 휴일이다.

시험이 끝나고 연 사흘 째 학교수업이 없어 노는 셈이다. 별로 한 일도 없이 다 지나간다. 어제는 큰형수님, 부모님, 그리고 몇몇 친구들에게 각각 안부 편지를 썼다.

정선 군청에 근무하시는 작은형이 28일 저녁 교육 가시는 길에 상경한다고 편지를 보내왔다. 기다리겠노라고 간단히 엽서로 알렸다.

욕망은 불길 같은데 실천은 언제나 미미하다. 그러나 결코 조급히 서둘지 않아도 성취할 가능성은 지니고 있다고 본다. 쉬지 않는 노력은 필경 무엇을 가져다 줄 것이니까.

오늘은 현대 문학 9월호에서 '노향(老香)'(李鍾桓 글)이라는 단편을 읽었다. 여주인공 강은미(姜恩美)는 흡사 그 소녀와 같다고 생각했다.

1966년 10월 25일 화요일

사흘간의 연휴에도 아무 별다른 수업준비도 없이 등교하다. 2교시의 체육은 휴강, 3교시의 재무관리는 진도 없이 잡담으로 흐르다. 5교시의 생산관리도 휴강한 것이나 마찬가지다. 오늘은 수업은 한 시간도 안한 셈이다.

식당에서 점심 도시락을 꺼내어 먹고 나서는, 어딘지 서운한 느낌 가지고 귀가하다.

이것저것 읽어 보면서 시간 보냈다.

김동인(金東仁)의 단편소설 배따라기와 감자를 읽었다. 남편에게 억울하게 의혹을 당하는 아내는 바다에 몸을 던짐으로써 그 결백함을 드러낸다. 한국적인 부덕이라고 할까? 마음 아픈데 있다. 동생도 정처 없이 떠나간 뒤를 찾아 헤매는 형님의 모습, 모두 우리들의 전통 속에 스며 있는 듯하다. (배따라기)

1966년 11월 11일 금요일

타성(惰性)의 지속, 언제까지 계속될 것인가. 여기서 끝맺음하자!

무계획, 무반성의 연속인 날들이 흘렀다. 밤이 퍽 깊었다. 자정이 지났고, 시계바늘이 한시를 넘어섰다. 계획은 언제나 수포로 돌아가고 발전은 미약하다. 좀 더 획기적 방안은 이처럼 안 생기는 것인가.

답답하다. 박차(拍車)!. Patience and hard working!

1966년 11월 13일 일요일

날씨가 찌뿌둥하게 흐리고 새벽부터 내리는 가랑비는 아직도 멎지 않고 내린다. 날씨가 이러하니 마음도 따라 쓸쓸하고 안정감을 얻지 못하겠다.

하늘이 흐리고 비가 내려도 비행기는 엔진 소리를 남기면서 구름위로 날아간다. 귓전에서 울리다가 차츰 멀리 사라진다.

창으로 내다보이던 나뭇가지에 붙었던 잎사귀들도 나날이 떨어지고 앙상한 가지 사이가 점점 훤히 내다보인다.

겨울이 더욱 가까워 오는 모양이다. 이제 이번비도 그치고 나면 날씨는 한결 추워 질 것 같다.

벌써부터 때때로 꺼내어 만져보던 낡아가는 겨울용 외투나마 걸쳐야 할 날이 다가 오고 있다.

투자론(投資論) 리포트 작성이 아주 난사(難事)다. 여기저기서 이와 관련된 글들을 더 많이 읽으면서 정해진 매수의 원고용지를 메워야 한다. 결국은 노력에 비해 내가 얻는 것이란 이렇듯 빈약한 것뿐이란 말인가? 스스로 부끄럽고, 더욱 줄기찬 노력과 집중이 불가결하다고 느낀다.

1966년 11월 14일 월요일

자정이 넘고 새벽 3시가 지나갔다. 비온 뒤의 늦가을 밤이다. 바람이 창문을 흔든다. 낙엽들이 처마 밑으로 흩날려 한층 소슬한 느낌을 준다.

투자론 리포트 때문에 이렇게 밤잠을 줄이고 있는 것이다. 웬만큼 마무리 되어 가는 형편이다. 내일은 어차피 제출해야 한다.

때때로 바람 이는 소리가 들릴 뿐 아주 고요한 밤이다.

생각 같아선 이대로 더 깊은 상념 속에 헤매고 싶지만 그래도 내일의 학교 공부를 위해서는 얼마간의 수면을 취해야 한다.

이렇게 자신을 학대해 봄으로써 평소에 더욱 성실한 태도를 길러 볼 수 있으리라 생각한다.

왜 안일 속에서 헤매고 비약 없이 무기력한 생활만 연속 하느냐고 스스로 반문을 거듭해 본다. 이제 다시 좀 더 여유 있는, 그리고 진진 있는 생활을 해보리라.

1966년 12월 12일 월요일

밤새 길바닥이 하얗게 눈이 왔다. 날씨는 쌀쌀하지 않고 포근한 느낌이다.

시험공부가 말이 아닐 정도로 진전이 없다. 밀릴 대로 밀렸다.

남은 사흘간 전력(專力)해 보겠다.

결혼을 하고 귀여운 딸을 낳고 그 재롱을 보는, 그러한 공상을 잠시 해보고 혼자 웃었다. 이런 일은 생전 처음이겠다.

1966년 12월 20일 화요일

한 주일 동안 치러 오던 시험이 끝났다. 성적은 잘 얻어야 하겠기에 그동안 감기로 악화된 기침과 가래로 고통당하면서 시험을 끝마치느라고 힘든 나날을 보냈다. 가슴만 아프지 않았어도 좀 더 나은 성적을 얻을 것으로 생각했다. 그래도 대과(大過) 없이 끝난 오늘, 장학금 신청서는 제출해 놓았다.

그 동안 쌓인 피로를 오늘은 충분한 수면으로 풀어 보고 싶은 생각 간절하다.

몇몇 정을 두어오는 곳에 카드나 연하장을 보내야겠다. 우선 연하 엽서 몇 장으로 군대 생활 하며 정들었던 옛 동료들에게 보내어 주고, 그들에게 나의 주소를 알려 주어야 하겠다. 송금해 놓고 소식 기다리는 형님들께도 내일은 편지 해야겠다.

1967년 3월 9일 목요일

계획성 있는 공부를 해보아야겠기에 시간 배당표를 짜 보았다. 실행해 보면서 고쳐 갈수도 있겠다.

남은 시간은 제한돼 있는데도 마음은 왠지 자꾸만 나태해가는 요즘, 이렇게 해서 더 절제 있는 생활을 해야 한다.

아직 부모님과 형님들께도 서신 보내지 않았다. 오늘은 써서 내일 붙여야지. 입대한 민영우군 외출 차 나오는 길에 들렀다. 이 얘기 저 얘기로 시간 좀 보냈다. 우수・경칩이 다 지났는데도 추운 날씨가 계속 된다. 공부에 많은 지장을 받는다. 내일 아침부터 4시 기상이 실천 되어야 한다.

1967년 3월 11일 토요일

옷을 입은 채 잠들었다. 무서운 꿈을 꾸다 깨었다. 몇 시간을 잤는지 모른다. 불은 켜져 있고 라디오도 켜둔 채, 최춘식군도 잠들어 있다. 오줌을 누고 들어왔다. 밤이 깊었다. 새벽 2시 10분전쯤 됐다. 개 짖는 소리가 저쪽에서 들려온다.

꿈은 좀 이상했다. 어느 고교생복차림의 여학생과 얼음이 마구 얼은 산을 오르다 그만 발을 잘못 디뎌 그 밑을 흐르는 깊은 물속에 먼저 그가 빠지고 또 나도 빠져 버렸다. 나는 그 여학생을 살려야할 강한 책임감을 느꼈으나 나도 물에 빠진 상태에서 허우적거릴 뿐이었다. 그러나 어찌된 셈인지 또 더 많은 여학생들이 이 얼음조각들이 둥둥 떠 있는 강물에 마구 빠지는 것이 아닌가. 나는 더욱 무거운 책임 의식에 긴장의 도를 더하고 있었다. 맨 먼저 물에 빠진 여학생이 헤어 나와서 아슬아슬한 절벽에 접해있는 논 바닥 같은 곳에 서게 되고 또 나도 살아났다. 다수의 학생들이 헤어 나왔으나 그 중엔 희생자도 생겼다. 그들의 대부분은 또 이 빙산을 오르고 나는 거기서 이들의 무사 귀가에 대한 책임 의식에 마음을 졸인다.

그리고 꿈은 또 어머님과의 영결(永訣)로 변하고 나는 비통한 울음과 깊은 슬픔에 헤매다가 깨어났다. 마음속이 뻐근함을 느꼈다. 큰 슬픔을 덜었다. 개 짖는 소리가 여전히 '컹컹—' 들려온다.

대강 짜 보았던 계획표는 첫날엔 실천이 안 된 셈이다. 경영학 공부 한다고 이불속에서 엎드려 책을 보다가 잠들어 버렸으니까. 이제부터 새벽까지 공부하면 보충이 되긴 한다.

1967년 3월 14일 화요일

강익환 형으로부터 방학 중에 보내준 편지 오늘에서야 받아 들었다. 한동안 마음속의 기쁨을 감출 길 없었다.

조그만 정성으로 보낸 연하장의 위력을 본 셈이다. 그의 주소도 분명히 알게 되었고 지군 등의 몇몇 옛 군부대의 장비과에 함께 근무하던 동료들의 이름을, 보내준 편지에서 보았다. 반가움은 더 컸다. 앞으로는 서로 연락 주고받을 수 있겠다.

짜 놓은 계획표 실천이 잘 안 된다. 더 애 써야겠다.

1967년 3월 16일 목요일

시간의 부족을 느끼고 있다. 도서관에서는 4시경엔 귀가하기로 하는 것이 그런대로 좋겠다. 강의도 4시엔 끝나도록 되어 있고, 귀가 하는 길에 피로도 얼마쯤 회복 되겠다.

저녁 식사 때까지는 계획표에 따른 것을 하고, 밤엔 도서관에서 열시까지 공부한다. 진전 상태는 지극히 미약한 형편이다. 11시의 취침은 잘 실행 안 된다.

집안 소식이 알고 싶어지고, 오늘은 가족들 생각이 많이 났다. 상훈이는 여전히 잘 노는지, 책은 좀 대하는지, 보고 싶어졌다.

1967년 3월 17일 금요일

계획표의 시간은 모두 이행한 셈이다. 그렇지만 이 속도 느린 공부는 좀 더 속력이 나야겠다. 속독으로 책을 읽도록 내일부터 변경해 보고 싶다. 회계학 실력이 빈약한 것을 잘 안다. 내일부터 시간을 좀 더 할애해야겠다.

1967년 3월 22일 수요일

계절이 바뀌는 것을 이제 확연히 보여주는 모양이다. 새벽 한 때 내리는 비가 분명 봄비인 것 같다. 3시에 잠을 깨고 따뜻한 방을 찾아 갔다가 잠들어 버렸다.

비 오는 소리에 깼다. 밖에 걸어둔 수건을 걷어 왔다. 다시 이제 정신을 차린다. 5시가 넘는다. 한 때 자신도 억제 할 수 없는 심한 고독감에 사로잡히다. 이틀 동안 나태한 심정으로 보냈다고 생각하고 여기서 또 한 번 전환점을 이루어 본다.

바깥에서 내리는 빗소리는 여전히 마음속을 파고든다.

두 시간만 지나면 또 분주해지는 나 자신이 아닌가. 그런 과정에서 나는 이처럼 숱한 연륜(年輪)의 바퀴를 돌려가야 한다.

1967년 3월 24일 금요일

시간은 흐른다. 하루하루가 지나가는 것이 궤도를 달리는 열차 같다. 계획은 언제나 빛 좋은 개살구 격이다. 실행은 힘들다. 마음도 굳어있다. 전혀 외계에 대해 무감각하다. 둔김하다. 나무를 봐도 흙을 봐노 그렇다. 마음 어딘가가 비어있다.

이 큰 동공을 채우기에 힘들다. 징신을 모두 공부에 십숭시켜 본다 해도 순간 순간 절실한 마음의 동공을 발견한다.

도덕이란 뭐냐. 마음의 속박인 것 같다. 도덕으로 무장한다면 인간본연의 자태는 사뭇 달라진다. 더 큰 자유를 못 누린다. 사회질서에 고분고분 순응하는 것 뿐이다. 이는 자신에겐 지극히 불행한 일일지도 모른다.

1967년 3월 28일 화요일

학교에서 돌아오는 길에 정신이 맑아 오리라 기대하고 볕이 따사로운 길을 걸어 왔어도 마음은 여전히 우울하다. 방을 쓸고 양말을 세탁하고 다시 책상 앞에 앉아도 여전히 그렇다. 큰 중압감을 느끼게 되고 의욕이 나지 않는다. 머리와 마음속은 무겁다.

봄이 눈앞에 다가와도 감각은 더욱 둔해지는 듯하다. 정서적인 감정은 모두 퇴화되어 버린 것만 같다.

어제는 저녁 밥상머리에서 은어 얘기가 나왔다. 중학 1,2년 시절은 4월이면 은어 낚시질에 한창 넋을 잃던 때가 있었다. 파리 낚싯대만 준비하면 저녁 해질 무렵에는 연신 물려오는 은어 낚시질로 그 재미를 한창 보던 일이 생각난다.

그런 희열을 맛볼 수 있었지만, 4월은 중간시험이 있는 시기여서 얼마만큼 제약을 받던 때다.

그 후는 다시 그런 재미를 본 적이 없게 되었다. 그런 무렵을 집에서 보낸다 해도 그저 동경하는 것으로 끝나곤 했다. 언제 또 다시 그런 동심으로 그 냇가에서 파리낚시질을 해 볼 수 있게 될는지.

1967년 3월 31일 금요일

책을 펴 놓고 활자 위를 움직이던 동자가 멈춰진다. 가만히 귀를 기울이니 들려오는 소리가 있다. 벌레 우는 소리 같기도 하고, 귓속에서 착각을 일으키는 듯도 하다. 긴 겨울잠에서 깨어나는 벌레들의 그 기운 없는 소리라면 그것은 분명 반가운 일이다. 이 소음 속에는 자동차 엔진 소리가 야단스럽게 들리고, 시계의 추가 일각일각 알리는 숨 가쁜 소리도 들린다. 이제 3월이 또 다 간다. 한 달 동안이나 학교와 하숙집 사이를 부지런히 다녔다. 뚜렷한 자리가 나지 않는 공부,

이제 수확의 날은 또 한달 담겨진 셈이다.

이 굼벵이 걸음, 이 긴장상태, 언제나 빨라지고 언제나 완화될는지. 기대 많던 대학에서의 생활이 이제 쓸쓸히 마지막장에 들어선 가운데 흐르고 있다. 이것은 정녕 흐름이다. 시간의 흐름이다. 어느 때에 가선 끝나버릴 길지 못한 강물이다. 그리고는 넓은 대해(大海)에 당도할 것이다. 그곳엔 참다운 생의 즐거움이 있을 것인지. 활발한 생명력이 주어지고, 생동하는 자세도 얻어 질것인지.

이렇게 생각해오니 나는 또 자신에게 던지는 물음에 당도하게 된다. '너는 얼마만큼 준비를 해 놓았느뇨?' 라고. 귀중한 말씀들이 발견된다.

"All the opportunities in the world are waiting to be grasped by people who are in love with what they are doing." - an American philosopher named Sam Goldwyn.

"Nothing great was ever achieved without enthusiasm."

"Find something that needs to be done and start doing it." a formula for self-renewal.

- Readers' Digest 3月号에서

1967년 4월 2일 일요일

4시 기상. 어제는 학교에서 돌아와 별로 한 것 없고 그저 시간만 지나가고 있다. 작은형님이 소식과 함께 금 삼천 원을 보내주셨다. 형님 봉급액수의 반 이상이 다 될 듯한 귀중한 돈이다.

무엇에든지 자신을 가져야 된다던 스스로가 요즘엔 무척 나약해 졌음을 절감한다. '이세부터라도 늦지 않았다. 너는 힘을 갖고 너의 할 일을 해야 한다'고 스스로에게 명령해 본다. '기필코 그 길에서 일탈 되는 우를 범하지 말자. 가능한 최선의 노력과 정력의 집주(集注)는 끝내 무슨 일을 이루어 놓고 말 것이다' 라고. 강한 마음을 가져야겠다.

고요한 새벽. 몇 군데에 교회에서 새벽종이 울려 퍼졌다. 세상 사람들의 마음속에서 모든 번잡과 고뇌, 부정한 마음을 제거해 줄 것만 같이.

어제는 유정현, 문승길군이 하숙집에 와서 한바탕 토론을 벌였으나, 내용은 빈곤하고, 주관이 뚜렷이 없고 생각이 깊지 못한 얘기를 하고 나니 뒷맛이 꺼림직함을 느꼈다.

승희는 명이를 데리고 황지-정선-황지 코스로 돌아서 집으로 돌아간다는 형님의 편지를 받았다. 무사히 승희의 여행이 잘되기를 기원한다. 종훈이는 어째서 그리도 탈이 많은지. 바람으로 또 한바탕 고통 겪었다는 소식이다. 종훈이도 건강하게 자랐으면 좋겠다.

1967년 4월 3일 월요일

방안의 공기는 많이 푸근해 졌다. 책상에 앉아도 추운 줄 모르겠다. 바깥 기온도 최저 12℃라니 알맞은 온도. 웃통 벗고 세면을 해도 전혀 불편한데 없다.

언제나 미진한 계획. 공부는 자꾸 밀린다. 5개월의 시한. 나는 이 동안 많은 것을 해야 한다. 그런데 밀려와 휩싸버리는 이 피로와 무력감을 어떻게 견디어 낼 수 있단 말인가. 생각하면 몸서리 칠 것만도 같다.

어제 작은형께 회신. 승희는 여정을 무사히 마치고 귀가하기를 바란다. 5시 기상은 늦은 편이다. 자아통제는 이처럼 힘들기만 하다.

1967년 4월 5일 수요일

날씨가 쌀쌀해 졌으나 아무래도 봄이다. 노란 개나리가 피어나는 모습을 학교 교정에서는 이곳저곳에서 볼 수 있고, 하숙집의 좁은 뒷터에서도 볼 수 있다.

오늘 날씨가 좀 포근했더라면 아주 샛노랗게 핀 개나리를 볼 수 있었을 텐데.

학교에서 돌아 왔다. 오늘은, 유정현군이 토요일 내게 준 암시 때문에 이모저모로 생각해 봤다. 그러나 유군에게 얼른 내 심경을 알려 줄 수는 없었기에, 혼자 고민한다. 그나 나나 다 지금의 시간들은 귀중한 것이고, 어디 다른 곳에 맘 둘 수 없는 처지인데 어찌 나의 욕심대로 그에게 나를 위해서 마음을 써 달라고 할 수 없을 것 같다.

너무나 벅찬, 할 일 많은 시기임을 절감하지 않을 수 없다. 진정 나를 위하고 또 그를 위한 일이라면 몰라도, 이것은 어디까지나 나를 위한 일이라고 생각했기 때문이다.

강의 시간 틈틈이 그와 몇 마디 주고받았지만 시원한 대답을 주고받지는 못한 안타까움만 지니고 오늘도 그냥 돌아왔다. 뭐 그렇게 조급히 서두를 일만도 아닌 것이니, 좀 더 시간을 두고 유군과 얘기하는 가운데 진전 있기를 바라는 마음 간절하다.

봄을 시샘하는 바람이라고 흔히 말한다. 창문이 흔들릴 정도로 바람이 인다. 오늘 경영정책시간의 강의는 여느 때와는 달랐다. 인간의 욕망(慾望), 물질문명과 접해 있는 우리 인간들의 자태(姿態)가 웬만큼 다루어졌다. 명예욕, 소유욕, 그리고 안정감의 추구에 대한 것들이다. 아직도 내가 다루기는 어려운 문제다.

얕은 생각, 체계화되지 않은 지식, 나약한 마음, 저항력 없는 자태, 무정견(無定見)한 태도, 이런 것들과 갈등을 맺는 자신이다. 좀 더 많이 읽고 생각해야할 자신인 줄 알면서도 이를 마음대로 할 수 없는 스스로의 처지다. 무엇보다 더 긴요한 것은, 이 시점에서는 이들을 추구 할 수 있도록 자유스러운 생활수단을 갖추는 게 선결문제이므로 더 현실에 열중해야 한다.

1967년 4월 9일 일요일

울 안에 피어난 개나리에 코를 가까이 하고 향기가 있나 보았다. 머릿속이 둔탁해 있고 코도 감각을 잃은듯하여 아무 냄새도 없다.

학교에서도 어제 같은 날은 빗속에서 철 맞아 피어난 샛노란 개나리를 곳곳에서 볼 수 있었다. 붉게 피어난 진달래를 바라보았을 땐 순식간에 고향 생각도 떠올랐다.

꽃을 바라보는 순간에도 사람은 악(惡)을 마음먹을 수 있을까 하는 생각을 해본다. 인간은 꽃을 좋아하는 본능을 가지고 있는가 보다. 번잡을 피하고 조용히 바라보는 꽃으로부터 아름다움을, 그리고 사랑스러움을 생각하고 상상의 날개도 편다. 연세(延世)에 들어온 이래 봄을 맞을 때마다 캠퍼스 주변에서 이름도 잘 모르는 꽃들을 너무도 아름답다고 생각하며 바라보아 왔다. 이때부터 피기 시작하면 학교 경내의 화단에는 여름을 지나고 가을철이 되고 단풍이 들 무렵까지 거의 꽃이 없는 날이 없음을 본다.

노천강당 주변엔 개나리로 샛노란 군락(群落)을 이룬다. 그런 속에서도 때로는 형언키 어려운 허탈감에 사로잡히곤 한다. 이제부터는 더욱 바쁜 시간 속에 지나게 될 터이니 그런 감정도 갖지 못하게 되겠다. 아름다운 마음 자세의 한 모퉁이를 잃어버린 채 사는 셈이다.

일요일 하루 종일을 하숙집에서 지내기도 쉬운 노릇은 아니다. 책을 얼마동안 본 때문인지 머리는 천근이나 되는 듯 무거워 온다. 집안이 거의 하루 내내 소란한 가운데 정신을 모아보려고 애썼다. 일요일이라 찾아오는 사람도 많았다. 나는 아무도 대하지 않았다. 홀로 시간을 갖으려 해 보았다. 무슨 시원한 일이 생겨났으면 좋겠다. 내일은 농협에 가는 날이다. 영이를 만나 볼 수 있을는지.

1967년 4월 12일 수요일

누워서 휴식을 취하려다 잠들어 버렸다. 깨어나 보니 새벽 5시. 이제 또 두 시간이 주어진다. 이대로 공부하자. 오늘은 저녁식사 후 곧 잠을 자보기로 작정한다.

1967년 4월 13일 목요일

너무 잤다. 진호군이 깨워주기에 4시 조금 전에 일어났다. 냉수로 씻고 싶은 생각이 치밀고, 참을 수 없어 밖에 사람이 없을 때에 나가 씻었다. 맘대로라면 거의 매일 냉수욕을 하고 싶지만 하숙집 여건으로는 마음대로 할 수 없다. 고향의 우리 집 같으면 수도 펌프로 물을 자아올리면 얼마든지 나오는 물에 그저 매일 씻어도 허물할 사람 없겠는데, 하숙집에서는 퍽 많은 구속을 마음으로 느낀다. 주인 할머니, 할아버지는 지독히 집안 살림의 돈 드는 일에 세심한 것 같다. 하고픈 대로 하다보면 이상한 사람으로 눈조리를 받게 될까봐 늘 유념해야 한다.

1967년 4월 15일 토요일

효과 있는 공부를 해서 꼭 목적에 달하려는 각오는 더한층 굳어간다. 자신을 갖는 것이 중요한 것인 줄은 잘 알고 있는 것이기에. 전공을 집중적으로 공부하면 수개월에 가능 할 것 같다.

1967년 4월 19일 수요일

아침부터 비.

요즘의 화단의 주인공인 진달래와 개나리가 제 나름의 원색을 자랑하고 있고, 나뭇잎들도 돋아나기 시작한다.

봄비가 이제 내리고 있으니, 그들의 돋아남을 촉진해 주겠다. 학교 가는 길엔 '녹양방초(綠楊芳草)는 세우중(細雨中)에 푸르도다' 라는 옛 사람 정극인(丁克仁)의 시 한 구절이 생각났다. 내 가난한 마음에도 봄철을 느껴 볼 수 있는 게 대견스러워 졌다.

비 오는 속을 강의실과 도서관으로 쫓아 다녔다. 하교할 때는 백양로를 걸어 나오면서 봄비가 제법 내려 군데군데 물이 고인 텅 빈 축구장을 보았다. 어제만 해도 체격 좋은 럭비 선수들이 그들의 기세를 다투느라고 열을 띠던 곳이었다. 제철 맞아 내리는 봄비에 운동 경기들도 다 중단된 모양이다.

오늘도 집의 소식 기다렸다. 하숙비가 밀리지는 않았지만 월초에 지불해 오던 관례가 있어서 할머니는 기다리는 눈치다.

허허(虛虛)해지려 하는 마음을 붙잡아 매고 공부를 해야 한다. 이는 너무도 자명한 일이니까.

1967년 4월 22일 토요일

피로가 전신을 엄습해 온다. 그러고 보니 입천장이 부풀어 나온 것도 같다.

참으로 흔치 아니한 일이 있었다. 시청 근처에 갔다가 집으로 돌아오려고 망설이고 있을 때 뒤에서 팔을 잡는 이가 있었는데, 바로 외숙모와 영자가 나타났다.

반가웠다. 서울이란 정말로 넓고도 좁은 곳인가 보다. 약혼한 영자의 남편감을 소개 받고 인사를 나눴다. 영등포로 함께 가자고 권하여 왔지만, 나는 사정이 있다고 말하고 거절했다. 집에 돌아와야 한다고 생각하고 그들을 버스 정류장에서 전송했다.

외숙모께서는 어머님이 편찮으셨다는 소식을 들려주셨다. 어쩐 일인가 궁금하다. 하숙비도 보내지 않고 있는 것이 이상하다. 큰 병은 아니신지. 어머님은 좀처럼 앓는 일이 없으신데. 걱정이다.

1967년 4월 23일 일요일

가만히 생각하니 참으로 이상한 일이 있다. 어제는 우연히 외숙모를 거리에서 그 많은 사람들이 붐비는 속에서 만났고. 지난밤엔 또 생각지도 않았던 형득외삼촌의 꿈을 꾸었다. 꿈속의 외삼촌은 어느 때보다도 깨끗한 복장과 머리에 기름도 바르고 깨끗이 빗겨져 있었다. 그런데 그는 소형 지프자동차에 갇힌 몸이었다.

무슨 용서 못 받을 죄를 저지른 때문에 사형을 받는다는 것이다. 그래서 우리들에게 마지막 고별의 인사를 나눌 수 있는 자유를 혜택 받아서, 바깥출입을 할 수 없는 그 소형 지프차에 태워져 왔다가는 한정된 시간이 지나고는 가버린 것이다.

그런데 외삼촌은 어찌하여 그처럼 깨끗한 차림의 사람이 될 수 있었는지, 참으로 아까운 인물이었다고 꿈속에서도 느껴졌다. 이런 일은 또 하나의 영감(靈感)은 아닐 런지. 외숙모를 만났지만 그때는 결코 형득 외삼촌 생각을 하지도 못했는데, 밤사이에 그를 만난 꿈을 꾸게 되었으니 무의식의 활동범위도 그처럼 넓은 것에 대해 새삼 놀라워한다.

이렇듯 우리가 의식 못하는 세계에서도 허다한 활동이 나도 모르게 이루어져가고 있지만 그것을 감지(感知) 못하는 우리의 한계를 깨달을 수 있겠다.

죽은 자의 영혼은 저승에 가 있고 산자의 영혼은 이승에서 잠들어 있지만 그 영혼들은 이렇게 꿈길을 통하여 서로 대화하고 애틋한 정을 느끼는 것이다. 이건

확실히 하나의 행복이다. 우리의 의식 가운데서 맛 볼 수 없는 커다란 행복이다.

그리고 우리들의 육체가 활동하고 있는 많은 시간 속에서도 이 같은 행복감의 근원이 될 수 있는 많은 일들이 일어나고, 또 살아져가고 하건마는 우리가 그것들을 인식하지 못하는 때문에 거기서 맛 볼 수 있는 행복감을 모르는 가운데 지나는지도 모른다.

퍽 화창한 봄 날씨의 일요일이다. 많은 사람들은 이 같은 날엔 4월의 봄을 만끽하려고 교외로 혹은 고궁으로 봄을 즐기려 간다. 고개를 들어 하늘을 보니 구름은 없고, 아지랑이가 아른아른 피어오르고 대기가 뿌옇게 보이긴 하나 하늘은 맑다. 그리고 나뭇잎들은 자꾸만 푸르러 간다. 내 마음으로도 봄기운이 완연함을 느끼게 된다.

1967년 4월 25일 화요일

어제와 오늘은 기온이 훨씬 높아졌다. 날씨도 청명하여 길을 걸으면 좀 더운 기분이 들고, 길바닥에 내려 비치는 광선의 반사로 눈도 부셔온다.

이젠 겨울내의 다 벗어 놓았어도 조금도 불편하지 않고, 오히려 춘추동복의 양복이 거추장스런 느낌마저 든다. 수업이 끝나는 대로 하숙집으로 돌아왔다.

1967년 4월 26일 수요일

오전 수업으로 학교는 끝나고 돌아왔다.

모두 외출하고 집안은 조용하다. 최춘식군은 점심을 먹고는 낮잠을 즐긴다.

조용한 틈을 이용해서 신속히 목욕하다. 봄날의 오후가 조용히 지나가고 있다. 하늘을 나는 비행기 소리, 이웃집의 라디오에선 빠른 가락의 트위스트곡이 들린다.

책을 보다가 또 멍하니 고개를 들고 한동안 생각에 잠겼다. 나는 내 스스로 많이 변화된 존재임을 깨닫게 된다. 세월의 흐름은 애착(愛着)의 대상을 바꿔가고 있음을 알게 된다. 이것에 대해선 더 많이 생각해 보아야 할 문제이다.

1967년 5월 1일 월요일

어제는 흐리고 비가 내렸다.

토요일 상업통신 시간에서 사전을 그대로 두고 집으로 돌아 온 것이다. 아침 9시쯤에 학교에 나갔으나 일요일이라 교실문은 열쇠로 잠겨 있어 누가 오기를 기다렸다. 아무 직원도 나타나지 않고, 마침내 쏟아지는 비 때문에 현관에서 꼼짝못하고 서 있었다.

얼마 後 도서관에서 가져간 무역노트 좀 보다 비가 수그려 지는 것 같아 하숙집에 돌아오다. 7년도 넘는 세월을 함께 살아온 사전을 잃어버리게 되었으니 마음은 서운하기만 하다. 오랫동안 아무 말 없이 나를 도와주던 영한사전을 잃어버린 서러움이 이처럼 대단하다.

1967년 5월 11일 목요일

방안의 공기를 환기 할 생각으로 창문의 양쪽을 다 열어 놓았다. 초여름의 저녁 바람이 시원하다. 한결같은 태도, 시종여일(始終如一)하게 진행되어가야 할 내 생활이 아무래도 슬로템포다. 그리고 너무 단속적이다.

집에도 편지 보내야겠다고 매일 마음만 먹었지, 전보환 받고는 중간고사 기간중이라 여태 소식을 전하지 못했다.

어제는 중간고사가 끝났다고 해서 최춘식 유정현과 함께 영화 'Hurricane'을 관람했다.

1967년 6월 11일 일요일

어머니께서 고향에 도착하셨다는 승희의 편지 받아 소식 알게 되었다. 작은형이 산 두 개의 시계는 큰형님이 가져가셨다 했다. 작은형님의 호의는 십분 이해하려 했다.

큰형수는 몸이 불편하신 모양이나 학교에는 계속 나가시는 모양이다. 상훈이는 언제나 보고 싶고 함께 지내고 싶은데 공부는 애써하지 않는다고 집안 식구는 걱정이다. 그렇지만 놀고 싶어 하는 게 아이들의 일반적인 심정이니 무슨 큰 걱정은 안 해도 되겠다. 커 가면 저도 정신 차려 공부할 것을 믿고 있다.

1967년 6월 12일 월요일

퍽 더운 날씨는 땀을 흘리게 했고 다시 도서관에 돌아 왔지만 공부가 잘 되지 않았다. 하숙집에 돌아오는 게 낫겠다고 생각하고 귀가하여 빨래를 했다. 데리링 남방과 러닝셔츠 다섯 개. 빨래를 하면서 서글픈 생각이 치밀었다. 그런 감정, 억제하면서 정성껏 빨았다. 진호의 한마디 말이 퍽 불쾌했다. 두 번째나 같은 소릴 듣고 보니, 나도 알아 차려야겠다고 마음먹었다. 빨래하기 싫은 생각에서 보다, 시간이 아깝기에 늘 죄송한 생각을 하면서도 의뢰했던 것인데.

이러고 보면 비누도 이젠 자주 살 필요가 없게 되겠다. 아쉬운 시간을 이렇게 빨래하는 일에 바치는 건 정말 안타까운 일이다. 새삼 어머님과 승희 생각이 났다.

1967년 7월 8일 토요일

목표를 거듭 확인하다. 더욱 시간을 유효하게 활용하고 용기를 저하 시키지 않기로 하다.

머리를 손바닥에 대고 발로 바닥을 차서 거꾸로 서는 물구나무서기운동을 계속한다. 낮의 공부에 좋은 컨디션을 지속할 수 있는 힘이 여기서 나오는 듯하다. 그리고 틈나는 대로 자주 목욕하도록 애쓰겠다.

1967년 7월 17일 월요일

흰색과 빨강색의 봉숭아가 피었다. 며칠간의 장마 가운데서 줄기가 많이 자랐다. 그 옆의 장미는 샛노란 꽃을 연달아 맺히더니 이젠 꽃받침들만 남아 말라있다.

어느 일요일엔 그 노란 장미꽃이 막 피어나는 모습을 보면서 영이를 생각 한 적이 있다. 이제 그 꽃들이 다 시들었고 그런 생각도 한 동안 멎어 있었다. 귀한 시간을 무턱대고 할애해서는 안 되는 것이다. 그는 그동안도 자기의 일에 충실하고 있을 것이다. 나는 내 앞에 다가오는 더 크고 더 귀중한 일을 이룩하기에 전력해야 한다.

아침부터 펴들고 더위와 대결하는 자세로 보아오던 경제원론은 마침내는 한쪽으로 밀어 놓았다. 이렇게 주어진 한가한 시간 때문인지 지나날의 상념이 간단없이 지나간다. 무척 추라했다고 생각되는 날들이 생각난다. 대학에 들기 위해 고생하던 날들이다. 얼마나 미력하던 내가 그런 일도 감당해 낼 수 있었는지. 지금 생각하니 기이하게도 느껴진다.

초복이 엊그제로 지나간 날씨는 장마도 개어 더위가 맹위를 떨친다. 냉수로 수건을 적시고 등과 가슴팍 겨드랑이를 모두 닦고 다시 들어와 책상에 앉아도 곧 등엔 땀이 배어 주르르 흐른다. 이따금씩 창살을 통해 들어오던 바람은 시원하긴 해도 인색하나.

러닝셔츠는 땀이 배는 대로 빨아야 되고, 팬티도 퍽 자주 빨아야 하니 이것도 상당한 몫을 차지한다. 더울 땐 곧 뛰쳐나가 전신에 냉수를 끼얹을 수 있는 환경이 몹시 아쉽다.

고향의 바다, 냇물, 산골짜기를 흐르는 물들이 종일 수시로 생각난다.

1967년 7월 23일 일요일

오후가 되면서 마음이 해이해진다. 한결같이 맑은 정신에 능률이 오르는 공부를 계속하지 못 하는 게 딱하다. 집안의 사람들이 다 나간 틈을 이용해서 목욕도 하고 빨래도 했다. 맑고 가벼운 기분을 갖게 되는 길은 자주 목욕하고 빨래하는 일인 듯하다. 신문을 들고 몇 시간을 보냈다.

1967년 7월 30일 일요일

신문은 더위와 불쾌지수 85이상을 보도한다.

오늘도 꽤 심한 무더위로 견디기 어려울 줄 알았다. 대강 냉수욕을 하고 마루에다 의자를 내어놓고 앉았다. 그렇게 견디기 어려울 지경은 아니다. 바람이 조금씩은 불어온 탓이다. 그렇지만 방안은 달아오르는 게 갑갑하리만치 덥다. 밀린 신문을 보아 넘겼다. 수시로 떠오르는 생각은 고향집의 생각이다. 부모님 승희 상훈이를 생각하고, 큰형님댁 식구들이 생각나고, 작은형님댁 식구들을 생각한다. 그리고 공부할 시간이 얼마 남지 않았음을 또 계산하다. 최군은 춘천으로 내려갔다. 집에서 좀 쉰다는 것이다. 오늘 저녁이면 또 올라올는지 모르지만.

생각을 하고 아쉬워하는 것만으로 끝나는 게 더 좋을는지도 모른다. 고향의 푸른 바다가 그립다해도 고향에 내려가 보면 그게 그거다. 한 번 마음 놓고 실컷 놀지 못하는 것은 이젠 나이 탓인 것 같다. 부모님의 일하는 모습을 생각하게 되고, 승희의 입장도 생각해야 되고, 나의 위치도 생각해야 하기 때문이겠다. 모든 것이 본분을 떠나서는 재미가 없다. 내 뜻과 의지로 목표한 것을 관철시켜야만 마음이 놓일 것 같기 때문이다.

집에서 충치 치료에 쓰라고 송금해 주었다. 회신도 해야 한다. 작은형님께도 편지해야 하고.

이마와 손등에 땀을 맺으며 저녁밥을 먹었다. 최군이 고향집에 가고 없으니 혼자 앉아 밥상을 대했다. 식후 30분이 지나기 전에 책을 보면 소화에 나쁘고 좋지 않다고 하는 말은 큰형님께 늘 들은 말이다.

밖에다 의자를 내어 놓고 앉아서 하늘을 두리번거렸다. 아름답게 물든 저녁노을을 오랜만에 보는 것 같다. 노랗고 불그스름하게 물든 노을이 길게 뻗어 있다. 늘 정신없이 도서관에 박혀 있고 집에 오는 시간도 불규칙하니 언제 마음을 조용히 하고 하늘을 쳐다 볼 여유로움이 없었다.

앞집 추녀 끝에 이어진 전깃줄과 추녀사이에다 굵은 거미가 부지런히 줄을 치고 있다. 비온 뒤라 전에 애써 쳐두었던 거미줄이 다 망가진 모양이다. 요즈음 우리방의 쇠창살에도 종종 거미가 줄을 친다. 최군과 나는 그것이 자연스레 만들어지는 모기장과 같다고 하여 다치지 않고 그대로 내버려둔다. 그렇지만 알지 못하는 새 없어지고는 또 다시 줄을 치는 것을 본다. 그렇게 줄을 치는 거미가 늘 같은 놈인지 또 다른 놈인지는 알 수가 없다. 그러고 보니 이렇게 창살 따위에 줄을 치는 놈은 그리 큰놈은 못 되고 중간치나 되는 놈인 것 같다.

오늘 보는, 저 전깃줄과 지붕 끝의 선을 따라 줄을 치는 놈은 제법 큰 놈이다. 거미도 그 성장정도에 따라 줄을 치는 스케일이 다른 모양이다. 위험하고 아슬아슬한 곳에 줄을 치는 놈은 크고, 담이 있고, 세상살이도 더 많이 한 놈인 모양이다. 언젠지 퍽 오래되었다. 고등학교 2학년 때의 일이다. 수학(해석)을 가르치는 선생님이 수업시간에 여담으로 한 말이 생각난다. 어느 외지(外誌)에서 보니 거미가 사람에게 끼치는 이로움이 대단하다는 것이다. 그 글을 읽고부터는 그 해석(解析) 선생님은 절대로 거미를 잡는 일이 없어졌다고 했다. 그 말을 듣고부터는 나도 거미에 대한 인식이 달라졌다. 귀찮은 존재요 해충(害蟲)인 줄 알았던 거미를 익충(益蟲)으로 알았다. 그 뒤부터는 거미줄을 걷어버리는 행위를 삼갔다. 특별히 미관에 나쁜 경우가 아니면 그냥 두는 버릇을 길렀다. 요즈음도 아침에 일찍 일어나 집안사람들 가운데 제일 먼저 문을 열고 밖으로 나가다 보면 거미줄이 얼굴이나 가슴에 걸린다. 그럴 땐 별로 기분 나쁜 줄 모르고 그냥 몸에 걸린 부분만 손으로 없앤다. 이 거미줄에 걸려서 죽고 거미에게 잡아먹히는 진짜 해충의 수를 이 세상에서 모두 합쳐 놓으면 천문학적인 숫자라는 것을 그 해석 선생님에게서 들은 말이다.

하루에도 이 세상의 모든 거미들이 거미줄의 위대한 힘으로 잡아주는 해충의 수는 헤아리기 어려운 것이겠다.

거미의 종류나 크기도 열대지방의 경우는 다양해서 그 중엔 사람의 생명이나 큰 동물의 생명도 없앨 수 있는 것도 있을법하다. 하지만 우리 주변에서 볼 수 있는 거미는 모두 익충으로 우리에게 주는 혜택이 클 것으로 생각된다.

1967년 8월 8일 화요일

오늘이 입추(立秋)이다.

마침내 이 여름도 이렇게 지나가는 모양이다. 피서라는 말은 먼 나라의 얘기 같다. 도서관에서 책을 읽는 일에만 온 힘을 기울이려고 애쓰면서 지나온 이번 여름은 나에겐 정녕 생의 커다란 하나의 관문을 뚫으려는 몸부림이었다.

아직도 고온다습한 며칠이 더 계속 될 거란다. 연일 30℃를 훨씬 넘고 불쾌지수도 80을 노상 넘는단다. 사람들은 이 더위를 염제(炎帝)라 하여 대단한 위력으로 본다. 그러나 나는 이 무더운 더위 속에서도 큰 꿈을 펴보려고 애써온 셈이다.

올 여름에도 신문지상에서 보아온 많은 어휘들이 있다. 바캉스, 피서, 풀장(pool場), 등산, 낚시질, 해수욕장…. 이 같은 단어들은 다 조금씩은 나의 마음도 흔들어 줬다. 언젠가는 꼭 한번 인적 드문 맑은 모래사장이 있는 해변에서 여름철을 즐겨 볼 날 있을 것을 기대하면서 나는 이따금씩 솟아오르는 권태와 따분한 생활을 달래 왔다. 이제 며칠 후인 14일은 말복이요, 24일은 또 처서(處暑)이다. 벌써 아침, 저녁으로 산들바람이 불고 노염(老炎)만이 한낮에는 그래도 따가웠다. 멀지 아니하여 맥없이 물러날 이 여름의 더위겠다.

가을이 기다려지지만 내가 뿌린 씨의 수확을 거두어야할 일이 하루하루 다가오고 있다. 남은 시간을 여전히 최대로 활용할 것이다. 사나이의 꿈을 펴보기도 전에 물러서는 것은 약자의 노릇이겠다. 나는 주저 않고 나의 수년래(數年來)의 꿈을 꼭 이루어보리라.

1967년 8월 10일 목요일

신문에서 나가마쯔(永松) 여사의 미담(美談)을 읽었다. 이방의 여인으로서 어쩌면 이 메마르고 인정 없는 사회에 와서 그렇게 아름다운 일을 할 수 있을까? Herald지(紙)에서는 출감된 5남매의 아버지 정진(鄭震)씨가 구금성 정신병을 치료하기까지 약 3개월이 걸리리라 한다. 하루 속히 나아서 그들의 가정에도 빛이 다시 오고 나가마쯔 여사의 미거(美擧)가 꽃 피기를 바란다.

1967년 8월 15일 화요일

무더위가 가고 이제 가을이 멀지 않은 모양이다.

오랜 가뭄이 계속됐단다. 벼농사의 수확이 감소될는지도 모른다는 보도를 신문에서 보았다. 이제 가을을 재촉하는 비가 내린다. 그치지 않고 계속해서 풀과 나뭇잎을 적셔주고 땅을 무르게 해준다. 더위를 전혀 인식할 수 없을 만큼 오늘은 시원한 날이다. 광복절로 도서관도 쉰다. 집에서도 공부하기는 좋은 여건이 갖추어져 있지만 생각은 몇 군데로 빗나간다. 영이의 생각도, 망향(望鄉)의 상념(想念)도 치솟는다. 갓난아이 때부터 온 가족과 늘 같이 자라온 상훈이는 늘 보고 싶어진다. 벌써 3학년이다. 총명은 갖추었는지, 집에서 책을 들지 않는다 해도 다른 아이들보다는 학교에선 선생님의 총애를 받는 모양이다.

1967년 8월 27일 일요일

일요일이다. 도서관은 2시에 문을 연다.

땀이 밴 러닝셔츠와 팬티를 세탁했다. 큰형수께서 등기우편으로 편지와 일금 삼천 원을 보내주셨다. 반가움과 염려가 함께 순간 마음속을 스쳐갔다. 형님과 형수의 성의는 더없이 고마운데 삼천 원만 있게 된다면 마음 놓고 공부할 수 없을 것이기 때문이다. 작은형님이 오셨을 때 등록금으로 2만원을 보내 주신다했고, 어제는 양친께 송금 5천원을 바란다고 전보까지 보냈다. 간단히 엽서로 내역도 알렸으니 우선 등록금은 해결될 것 같다.

신문을 들여다보면서 홀로 분개했다가 웃었다가 슬펐다가 탄식했다가는 또 냉소하기도 했다. 또 특수층 가운데 자가용이나 관용차를 쓸 수 있는 사람들을 제외하고는, 대다수의 서민 대중은 교통지옥에서 나날을 살아야한단다. 정말로 가슴이 답답하고 우울해진다. 미약한 위치에서 솟아올라 힘을 길러야 되겠다고 강열한 욕구가 인다.

며칠 전에 작은형님이 오셨을 때 서울역으로 형님을 모시고 나갔다. 나의 공부시간을 더 얻고 싶은 생각도 있긴 했지만, 심야에 차를 타게 되는 청량리역의 고충을 형님께 당하게 하고 싶지 않아, 아침차인지라 좌석이 많이 여유가 있을 줄로만 여겼던 서울역을 택했던 것이다. 그러나 그 같은 기대는 허사였다. 차표를 사려는 사람들은 매표구에서부터 장사진을 이루었고, 얌체족속들인 암표장사꾼들은 여행하려는 사람들을 유인하고 있는 것이었다. 형님의 차표와 입장권을 사들고 기차에 올랐을 땐 이미 좌석은 대부분 사람들로 찼고, 겨우 찾은 빈자리도 맡아둔 사람이 왔다는 이유로 일어서야 될 형편이었다. 다른 칸에서 자리를 찾던 도중에 발차(發車)하고 있음을 알게 되어, 나는 다시 형님께 작별인사도 고하지 못하고 떠나는 열차에서 뛰어내려야 했다.

오늘 신문에서 읽은 기사는 며칠 전에 당한 이 일로 미루어봐서도 충분히 그 실정을 반영한 것이요, 요즘 횡행하고 있는 부패된 사회의 일면인 듯하여 한심스러운 생각이 절로 났다.

조선일보의 '만물상(萬物相)'에서는 또 하나의 한심스럽기 만한 사회상을 그려 놓았다. 모방만 일삼는 우리 문화를 탄식한 글이다. 외국의 그것들을 그대로 본떠서 내 것인 양 내놓은 그 비굴함에 도무지 참을 수가 없다고 했다. 일본 광고미술연감에 실린 작품을 그대로 도용(盜用)한 것을, 대한민국 상공미술 전람회의 포스터로 하여 길거리에 붙여 놓았다는 것이다. 주체의식이란 조금도 없는 사람들의 짓이다. 창의력 없는 사람들의 허세주의에 지나지 않는다. 외국인학자의 심혈의 노고인 값비싼 저서들을 문맥의 흐름하나 새로 꾸미지 못하고 그대로 번역해 놓은 교과서를 보고는 냉소하던 일이 생각난다.

그리고 또 이 사회에서는 우스운 일, 기막힌 일이 비일비재(非一非再)한 모양이다. 인간의 모순과 허영심에 영합(迎合)하는 일들로만 차있는 세상살이 같다. 이제 멀지 아니하여 사회의 미력한 한 구성원으로서 한 자리를 차지하게 될 자신을 한번 생각해 보게 된다. 공부시간도 귀중하지만 오늘은 오래간만에 이렇게 생각의 한 부분을 적어 놓는다.

1967년 8월 28일 월요일

벌레 소리가 들린다. 밤비가 내린다. 가을비인 모양이다.

그렇게 기다리던 가을이 이제 눈앞에 다가오고, 여름철은 물러가 계절이 바뀌는 시기에 이르렀다. 비가 시원히 내리더니 무더운 여름 바람이 아니고 서늘한 가을바람이 나뭇잎을 이리저리 흔든다. 감상에 젖기 쉬운 계절이 다가온다. 이유 없이 슬퍼진다. 이제 생의 갈림길을 만들 큰 관문의 앞에 바짝 다가섰다. 나는 이 문을 과연 통과할는지.

희(喜)와 비(悲), 그 둘 중의 하나를 갖게 될 그날이 자꾸만 뇌리에 떠오른다. 도서관에서도 한동안은 이런 생각에 잠겼다. 가까운 동료들 가운데서 승자(勝者)도 나오고 패자(敗者)도 생길 것이다.

최후의 시간까지 내가 할 수 있는 온 노력을 바쳐 놓고 나는 조용히 심판을 기다리리라. 거기엔 운도 좋아야 하겠지만 그것은 나의 힘 밖의 것이요, 나는 다만 노력할 수 있는 것 뿐이다. 승자의 기쁨을 내가 맛 볼 수 있기 위해서이다.

1967년 8월 30일 수요일

큰형수님의 편지를 받은 지 며칠이 지나 이제 회신을 적어두었다. 창문을 통해 서늘한 초가을의 밤바람이 시원하게 살갗에 와 닿는다. 이젠 공부하는데 땀도 흘릴 것 없이 쾌적한 기분으로 책상에 앉을 수 있다. 절박한 시간에 최선의 노력으로 최대의 효과를 얻도록 애쓰겠다.

1967년 8월 31일 목요일

모든 꽃은 피었다가는 그 아름다운 자태를 지속 못하고 시들어 버린다. 안타까운 일이다. 매일 아침 피어나던 물망초가 이젠 아주 시들어 버렸다. 가냘프지만 어딘지 선비다운 데가 있는 꽃이다. 밤새 오므라들었다가는 아침이면 다시 꽃송이를 벌리고 피어나던 꽃이다. 화분 속에 담긴 물망초의 모습은 특이하다. 잎이 가늘고 길어 마치 부추 모양으로 생겼다. 처음 본 꽃이다. 물망초라는 화초의 이름은 들어 알고 있었지만 어떻게 생긴 것인지는 모르고 있었다. 하숙집 할머니께서 그 꽃을 보고 물망초라 하여 비로소 알게 된 것이다.

그 밖에도 아름다운 보랏빛의 세르비아란 꽃이 요즘 화단을 돋보이게 하고 있다. 아침마다 밖에 내 놓은 의자에 앉아 책을 보노라면 자꾸 눈이 그리로 간다. 잘 표현하기 어려운 매력을 또한 지니고 있는 꽃이기도 하다. 씨앗을 받아서 고향집에 보내어 내년 봄엔 꼭 예쁜 화단을 꾸미도록 승희에게 부탁할 생각이다.

1967년 9월 3일 일요일

비가 내린 뒤다. 살갗에 와 닿는 밤바람이 쌀쌀하기까지 하다.

가로등 불빛이 김장밭에 내리비친다. 흡사 가을이 짙어 서리라도 내린 듯이 번쩍여 보인다. 이제 이렇게 쉽게 가을은 다가 온 모양인가. 반소매 남방셔츠 속으로 스며드는 바람이 차가워오면 나는 또 가을 옷을 걱정하게 되고, 남의 이목에 어색하지 않을 옷가지가 아쉽게 된다.

1967년 9월 6일 수요일

학기말 시험 이틀째, 두 과목을 치렀다. 날씨는 많이 시원해졌다. 모든 사람이 가을을 느끼는 모양이다.

무너진 갱도(坑道) 속에서 묻혀 보름이나 굶고 지낸 김창선씨를 구출해 냈다는 희소식을 뉴스로 들었다. 한 생명의 귀중함을 새삼 느끼게 해 준, 광산의 이번 사고에 많은 관심이 갔다.

1967년 9월 19일 화요일

취직시험을 위한 공부도 이제 꼭 열흘 동안 하면 그만이다. 실패하면 또 공부해야 하지만, 그땐 다른 방향이겠다. 꼭 붙겠다는 자신은 없다. 그렇지만 끝까지 일관하겠다. 마음이 약해져서는 안 된다.

저녁에 잠잘 때 팬티를 갈아입으면 나쁘다는 어머님의 말씀이 생각나서 갈아입을 팬티를 그냥 입고 잔다. 아주 근거 없는 말씀일 것 같지만 마음이 약해진 탓인지 공연한 일에도 신경을 쓰게 된다.

국화가 탐스럽게 피는 계절이다. 마음이 부드러워지지 못하는 자신이 안타깝고 가련한 생각도 든다. 영광을 못 얻더라도 그것이 나에게 돌아온 대가로 생각하고 달게 받겠다. 그래도 재기(再起)하겠다.

1967년 9월 29일 금요일

한은입행시험(韓銀入行試驗)이 내일 모래로 임박했다.

전혀 자신이 붙지 않는 시험이지만 그동안 애써 공부한 생각을 하고 기어이 응시해보는 것이다. 오랜 세월을 공부에 바쳤기도 하지만 지난 여름은 도서관에서 더위와 싸우면서 흐르는 땀을 손수건으로 닦고, 물을 찾아 전신 냉수욕도 하면서 고투하던 생각을 해서라도 처음부터 겁먹고 포기하고 싶은 생각은 없어, 이번에 응시하는 것이다. 생각하면 승산은 희박하지만 내게도 행운이 오기만 기다리는 심정이다.

연고전이 오늘부터 있어 학교 도서관도 문을 닫으니 하숙집에서 이틀간을 공부하고 그 다음날 일요일은 한국은행으로 시험을 치러 간다. 가을철 한낮의 오후다. 가을볕이 따사롭게 내려 비치고 있다.

1967. 9월 29일 금.
졸업시험이 내일모레로 임박했다. 전혀 자신이 붙지 않는 시험이지만 그동안 애써 공부한 생각을 하고 기어이 応試해보는 것이다. 오랜 세월을 공부에 [illegible]기도 하지마는 지난 여름은 도서관에서 더위와 싸움이면서 한 듯이 흐르는 땀을 손수건으로 닦고, 물을 찾아 전신 냉수욕도 해면서 고투하던 생각을 해서라도 처음부터 겁먹고 포기하고 싶은 생각은 없어. 이번에 応試하는 것이라 생각하면 승산은 희박하지만 내게도 행운이 오기만 기다리는 심정이다.

- 1967. 9. 29일의 일기장

1967년 11월 1일 수요일

연일 맑게 개이던 하늘이 오늘은 아침부터 흐렸다. 온종일 이렇게 구름이 빈틈없이 가리어있다.

마음도 날씨 때문인지 종일토록 우울하다. 가슴이 답답한 것이 뭘 하고픈 의욕이 안 생기다. 시험 중이면서도 시험공부노 안하고 있다. 연탄아궁이 쪽 방구석에 요를 덮고 누웠다 앉았다 한다. 그저 무료한 하루다.

11월에 접어들었으니 가을도 끝 무렵이다. 방안의 공기가 스산하여 책상에 앉기가 싫어진다. 따스한 아랫목 신세를 지는 약한 마음이 된 것이다. 합격을 해놓고도 그 기쁨을 만끽(滿喫)하지 못한다. 흉곽(胸廓) X-ray 때문에 이같이 답답한 마음으로 보낼 줄은 생각한 적이 없다. 의사(醫師)의 말대로 지금은 괜찮으므로 재검(再檢)에서 무난히 통과(通過)할 줄로 믿고 있지만, 가족들의 걱정은 어찌 아무렇게나 생각할 수만은 없는 것이다. 하늘이 준 시련으로 생각하고, 또 절제와 근실을 생활태도로 삼아야 한다.

요즘은 하숙생활에 대한 환멸을 느끼고 있다. 기대를 걸었던 어떤 일이 예상보다 어긋날 때라야 사람은 환멸을 느끼는 줄로 믿어왔지만, 이런 것은 처음부터 무슨 기대를 걸었던 것도 아니다. 하숙생활은 이렇게 두 사람이 함께 한방을 사용함으로써 하숙비의 부담이 적어지는 줄은 상식으로 알고 있다. 대학 4년 동안은 몇 가지 생활형태가 있었다. 입주아르바이트, 시간제아르바이트, 자취, 하숙 등이 그것이다. 입주아르바이트에선 구속적인 생활이 당연한 것이니 문제되지도 않는 것이지만, 자취나 하숙생활은 자유를 즐길 수 있어 좋은 것이다. 김청정군과의 전세방 자취시절은 가정교사 생활에서 벗어난 자유스러움에 얼마동안은 마음 편하게 지냈다. 김군과의 작별로 최춘식군과의 하숙생활이 시작되었다. 오래도록 서로 공부에만 열중하고 지내오다가 서로 다른 결과를 얻은 지금에 이르게 되었다. 생활습성의 상이(相異)로 서로에게 고충은 어느 정도 있었다. 이제 며칠 뒤면 나는 하향(下鄕)하여 몸을 보호해야 하겠기에 불편은 조금만 더 당하면 된다. 그렇지만 나는 아직도 얼마를 더 이렇게 하숙생활로 지내야 할는지 모른다. 직장에 나가고 봉급을 받아도 하숙생활 신세는 면치 못할 것인데, 나는 혼자 생활할 수 있을까? 나는 상당히 오래전부터 어서 집 하나를 마련해야 되겠다고 생각해왔다. 생활의 구속에서 해방되는 최선의 방법이란 이것 외엔 없는 것이겠기에.

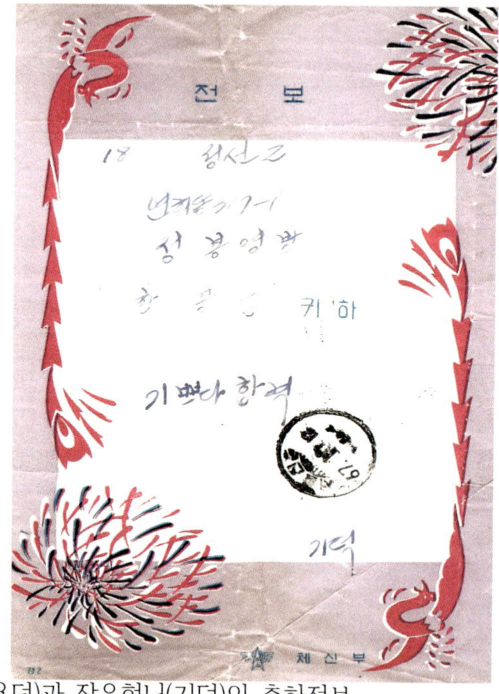

- 한국은행 합격소식을 들은 큰형님(용덕)과 작은형님(기덕)의 축하전보

1967년 12월 14일 목요일

귀속의식(歸屬意識)이 없고 고립된 상태에서 감정이 방황(彷徨)하는 때에 인간은 고독(孤獨)을 느끼는 것 같다. 대학을 나서야 되는 때에 처해있고, 동기들은 거의가 다 졸업 후에 들어설 직장이 확보되어 있는 실정이다. 나는 남들이 모두 부러워하는 곳에 응시해서 합격의 기쁨도 맛보았건만, 지금 이 시간에 이처럼 참기 어려운 고립된 듯 한 감정을 억제 할 길 없어, 오랫동안 덮어 두었던 일기장을 폈다. 그곳은 내가 바라던 직장이요, 타인들도 다 선망하는 직장이지만 나는 아직도 그 곳의 사람이 아닌 것이다. 오랜 노력 끝에 얻은 합격의 기쁨이건만 그들은 나의 가슴 엑스레이 사진(chest X-ray) 상의 견해차로 나의 최종 합격을 유보해 놓은 것이다. 세상의 일은 그것을 처리하는 사람의 감정도 개입되고 부정한 생각도 결정의 요인이 된다고 한다.

이 같은 생각이 지금 나를 초조와 불안의 도가니 속에 넣고 또 상당한 시간을 활기 없는 상태에서 방황하게하고 있는 것이다. 지금과 같은 고독한 감정에 몸부림치게 하기도 하는 것이다. 내 몸과 마음을 송두리째 의지해볼 곳은 이 세상에는 이직 없음을 알게 된다. 모두가 제한된 곳이요, give-and-take 정신의 테두리를 벗어나지 못하게 되는 것이다. 유독 어버이의 사랑만은 그렇지 않은 것임을 나도 나이를 먹어감에 따라 알게 되어 가고 있지만, 어머님의 이 같은 사랑도 영원한 것이 아닐 것임은 명약관화한 것이 아닌가. 한 십년만 더 사셔도 나는 웬만큼은 가슴에 사무치는 사랑에 보답할 길을 찾게 되련만. 이것은 나의 일방적인 소망이다. 결코 늙어 가시는 부모님의 정력과 생명력과는 무관한 것이 아니겠는가. 아 –, 답답하다. 나는 삼십에 가까운 세월을 이렇게 지내야만 되는 것인가.

생각하면 모두가 아무것도 아니기도 하다. 내가 나아갈 길을 바로 가면 그만인 것이다. 모든 것은 나에게 달려 있다고 생각된다. 여기서 거절하면 또 다른 곳으로 나의 힘을 발휘하면 되는 것이다. 오직 백절불굴의 정신만은 강하게 확보해두자.

1967년 12월 22일 금요일

4학년 2학기말 시험이 끝났고, 모든 과목의 강의도 이제는 다 종강되었다.

1967년 12월 30일 토요일

참으로 싫지도 좋지도 않은 하루다.

아무데도 가지 않아도 좋은 날이어서 하루 종일 방안에 틀어박혀 있기로 작정했다. 바깥은 영하 17℃를 오르내리는 추운날씨라 하니 방안에서 지내는 것이 이 추위를 피하는 유일의 길이겠다고 생각한 것이다.

평소의 습관과는 달리 오늘은 이불을 개지 않기로 했다. 따뜻한 아랫목에서 요와 이불속에 파묻혀 누워 있기로 했다. 그러고는 잠을 청했다. 참으로 자유스러운 시간들이다. 아무 구속도 느끼지 않는다. 라디오를 틀어 놓고 노래를 듣다가 그것도 싫증나면 꺼버린다. 그러나 감기에 걸려 있는 모양이다. 골이 아프고 머리가 무겁고 기분이 우울해지기 시작했다. 아무도 약을 사다줄 사람은 없다. 아무튼 내가 나가 약방에 다녀와야 약을 먹을 수 있다. 서글픈 생각도 든다. 최춘식군이 일찍 왔어도 약을 사다 달란 말을 못하겠다. 하숙집 할머니가 밖에 나가기에 부탁을 할까 하다가도 그냥 둔다. 안되겠다. 병이 도지면 고통만 더 심하게 된다. 진호방의 서랍에 아스피린 두 알이 든 것을 보았다. 한 알을 내가 먹기로 했다. 사게 되면 한 알 대치시키기로 하고. 바이엘아스피린으로, 고향집에 갔을 때 효과를 본 적이 있다. 한 알 먹고 이불을 뒤집어썼다. 땀이 축축이 얼마쯤 나왔다. 수건으로 닦고 나니 좀 머리가 가벼워 진듯했다. 자신이 생긴다. 꼭 저녁에 아스피린을 몇 개 더 사서 한 알 먹고 나머지는 다음을 위해 보관해 두리라. 시계를 들여다보니 7시가 가까워 오는데도 저녁밥을 주지 않는다.

이상(李箱)의 '날개'를 읽었다. 이상한 스토리다. 범인(凡人)은 생각도 못할 비상한 구상이었다. 뭐라고 평하지는 못하겠다. 괴상한 사나이의 자기 나름의 행동이다. 그의 착상은 비범하다. 그저 괴상한 행동을 전개한다.

읽고 있던 책이 여남은 페이지가 남았는데 저녁 밥상을 마루에 놓고 정숙이가 노크를 한다. 그대로 받아 밥상을 대했다. 감기에 걸리면 입맛이 쓰다는데 그렇지도 않다. 명태새끼 마른 것을 넣고 끓인 국이 입맛이 당겨 밥 한 그릇 비우기가 어렵지 않았다. 정숙이의 계란 프라이 솜씨는 제법이다. 흰자위는 살짝 익었고, 노른자위는 그 모양 그대로 있다. 이정도 익히는 것이 좋다고 생각하면서 밥 위에 놓고 비벼가면서 맛있게 먹었다. 다소 싱겁지만 짠 것 보다는 낫다. 국속에는 꼭 새끼 명태 두 동강이 들어있다. 꼬리 부분 한 토막, 머리 부분 한 토막, 합하면 한 마리가 되는 것이다. 정숙이는 이런 점에서 참으로 공평하다.

약을 먹어야 했는데 좀처럼 부탁을 못하겠다. 망설이기를 계속했다. 내가 사 오면 제일 편하겠지만 감기가 찬바람을 쐬었다가 더 심해지면 탈이다. 에라! 가서 사오자. 먹고 이불 뒤집어쓰고 또 땀 흘리면 되지.

1967년 12월 31일 일요일

이 해의 마지막 밤이다.

신문, 라디오 등의 매스컴에서는 연일 송구영신(送舊迎新)의 감회를 알린다. 송년특집으로 신문은 여러 장씩 푸짐한 기사를 내고, 방송국은 즐거운 프로를 마련해서 방송을 한다. 오늘도 온 종일 방안에서 신문을 읽고 라디오를 틀었다. 홀로 시간을 만끽한 셈이다. 나도 이제 이 한해의 마지막 밤, 이제 2시간도 못 남은 이 시간에 송년의 느낌이라도 적어 두는 게 좋겠다.

새해의 설계를 하고, 묵은해를 보내면서 반성도 하겠지만 나는 그저 이렇게 지내고 있다. 오랜 공부 끝에, 그러나 사실 한 평생의 공부에 비하면 매우 작은 것이지만, 모처럼 얻은 합격의 기쁨도 아직은 미완성인 채로 남아있다.

턱걸이를 하고 있는 기분이요, 큰 집의 문전에서 기다리고 있는 듯한 마음이다. 그 집안에 들어가는 것이 나의 소망이요, 들어가 봐야 그 집안의 내막도 알게 될 것이다. 새로운 마음의 각오도 준비할 것이기 때문이다. 입장을 거절당하면 나는 또 다른 집 문을 두드려야 하는 서글픔을 맛보게 되는 것이다. 그러나 그것이 나의 운명이라면 나는 또 어쩔 수 없이 다른 집의 문이 열릴 때까지 두드려 볼 것이다. 그래도 지난 해들을 추억해 볼 수 있는 것이 나의 조그마한 기쁨이 되기도 하고, 더 생각하노라면 눈시울이 뜨거워지기도 한다.

상원이네 집에서의 가정교사 하던 생각이 제일 먼저 난다. 그래도 인자하셨던 주인아주머니는 나를 그 집 아이들의 선생님으로 성의껏 대해주셨다. 나는 나대로 여러 가지 궂은일도 했다. 달이 중천에 훤한 밤, 조르르 흐르는 수돗물을 받아 준비해둔 물독을 채워 놓고서야 내 공부를 하던 일이며, 초라한 모습의 상원이네 집에 비해 주위에 우뚝우뚝 솟은 좋은 집들을 부러운 듯이 바라보던 때도 잊을 수 없다.

지금부터 5년 전의 이 같은 송구영신의 시간을 보내던 밤은 대전에서의 군대생활시절, 불침번을 서면서 보내던 기억이 난다. 선잠을 깨어 눈을 비비며, 군대의 내무반 희미한 전등 밑에서 해가 바뀌는 시간에 일기장을 꺼내놓고 아무도 몰래 추억의 토막을 남기던 생각이 난다. 그때도 지금처럼 1962년 한 해의 작별을 고하고, 새해엔 공부도 많이 해서 소원이던 대학의 합격을 희구하고 있었다.

지난 여름은 내 오늘까지의 생애 중에서 가장 값진 때이기도 했고, 고통도 맛보던 시절이기도 했다. 값있는 땀을 흘리던 시절이라고 생각된다. 나이로는 후배이지만 동료 학우들과 사귀며 대화하면서 지낸 대학생활 4년의 인격형성과정은 그들과 함께 내 생애에 영원토록 좋은 추억으로 남게 될 것이다. 새해 1월 5일에 있을 재검(再檢)에서 아무런 이상 없이 꼭 통과되면 좋겠다. 그리하여 나도 오랜

기다림에서 희열을 맛보고, 어머님과 아버님 그리고 형님 가족들, 영희 누님과 여동생 승희한테도 기쁨을 주게 되길 간절히 바라고 있다. 아듀— 1967년!

1968년 1월 4일 목요일

한은(韓銀)의 재검(再檢)이 내일로 박두(迫頭)했다.

중요한 것이 있다. 탈락될 경우의 그 허탈감을 혼자 극복하면서 재기(再起)의 용기를 살리는 일이다.

최서해(催曙海, 1901~1931)의 단편 '아내의 자는 얼굴'과 '탈출기(脫出記)'를 읽었다. 가난의 도(度)를 지나 기아를 몸소 체험한 사람의 글이다. 아내의 잠자는 얼굴에서 그는 가난에 찌든 아내의 모습을 보고는 목을 부둥켜안고 눈물을 흘렸고, 아내 또한 이때 깨어 남편의 목을 함께 껴안고 우는 모습을 그렸다.

탈출기에서 서해(曙海)는 몸소 자기의 체험을 그렸다 했다. 서해는 간도 땅이 살기 좋다 하여 아내와 어머니를 데리고 찾아갔으나 거기서도 밑천 없는 그들은 죽을 고생을 하고 기아 속에서 발버둥 치며 살려고 노력하지만 끝내 하나님도 그들을 돌봐 주지 않는다. 부지런하면 살고 착하면 산다는 진리마저도 이들은 의문을 품는다. 산후여독(産後餘毒)이 풀리지도 않은 채 힘에 겨운 일을 하게 되는 아내에게 그의 마음은 한 없이 쓰라림을 그리고 있다.

이 글을 읽는 동안 나는 어머님을 생각하고, 다른 한편으로는 정초(正初)라고 이웃에 다니며 윷놀이를 즐기는, 옆방에 모인 할머님 동료들을 생각한다. 어머님은 평생을 일하신다. 형님들의 학비와 식비를 마련하실 적에는 집에서 할 수 있는 것들을 만들어 시장에 내다 파셔서 돈을 만드셨다. 두부와 엿도 만들어 팔았고, 콩나물을 길러 장터 시장에 내다 파셨고, 시루떡도 만들어 장에 가서 파셨다. 쌀로 막걸리도 만들어 장에 가서 파셨다. 어머님이 할 수 있으신 모든 것을 하셨다. 어머님은 노실 줄 모른다. 화투도 그 흔히 하는 놀음인데 그것도 못하신다. 윷놀이도 할 줄 모르시리라. 어머님이 일찍 돌아가시면 안 되겠다.

나도 때로는, 늘그막의 어머님이 돌아가셔도 나는 그때는 자립이 될 것이니 하는, 이런 불효스런 생각도 한 적이 있다. 나는 지금 내 가슴을 치고 나를 부셔버리고 싶다. 내가 어찌 그런 생각을 할 수 있었던가. 어머님의 분신이 나다. 나를 위해 어머님은 지금도 일하신다. 나는 어머님이 애써 만드시는 돈으로 대학을 다녔고, 하숙방에서 공부를 한다. 이 너무나도 확연한 사실을 기록하고 있지만 지금도 나의 표현력 부족을 통감한다. 이 어머님을 잘 모실 수 있는 아내를 나는 맞이해야 도리다.

정신이 흐트러진 생각은 모두 불효다. 60평생에 힘드는 일을 벗지 못하시는 아버님에게 대한 배신이다. 나는 또 옆방에서 윷놀이 하면서 박장대소(拍掌大笑)하는 사람들과 어머님의 주름 잡힌 이마와 손등을 생각한다. 틈이 나서 사이가 갈라진 어머님의 손가락 마디를 생각한다. 가슴이 빼근해온다.

내일이 한은(韓銀)의 X-ray 재검(再檢)이 있는 날이다. 내일이 지나면 또 나의 운명은 어찌 될 것인지 하는 의문도 가져보지만, 이것은 부질없는 생각이다. 에이—, 모르겠다. '나도 나를 제어하지 못하는가!' 이런 생각은 생각으로 그쳐야 한다. 나는 나를 단속하리라. 내 운명이 어찌될 것인지 점쳐보지 않으리라.

나는 그것을 개척하리라. 나의 정력과 시간이 허용하는 한 나는 쉬지 않으리라. 이제 와서는 약간 방황하는 듯한 자신을 인식하고 있지만, 그것은 온당치 않다. 나는 현실적으로 사고하고, 실제적으로 행동할 것이다. 이것이 본연의 나 자신이요, 가족이 염원(念願)하는 나다.

診 斷 書

No. 8304

1 住 所	서울特別市 西大門區 延禧洞 372-1		
2 姓 名	韓奉均	性 別	男 女
3 生 年 月 日	西紀19 年 月 日生	當	27 歲
4 病 名	非動性 輕症 肺結核		
5 向後治療所見	正常就業 可能함. 以下余白		
6 豫後其他	空 欄		

※ 本書에 本院의 職印이 없으면 無効로함

上記와 如히 診斷함

西紀1967 年 12 月 29 日

세울特別市西大門區新村洞山15

세 브 란 스 病 院

醫師 金

醫師免許番號

67. 7. 5.000 (大橋)

- 1967. 12. 29일자 세브란스 병원 진단서

한은 행원(韓銀 行員) 시절

1968년 1월 10일 수요일

합격이 확정.

아홉시에 한은(韓銀)에 닿다. 사령장(辭令狀)을 총재께서 직접 일일이 입행(入行)하는 우리들에게 수여해 주었다. 수습행원으로 임명되어 월 수당 9,900원짜리 월급쟁이가 되었다. 입행식(入行式)이 끝나고 은행건물의 안팎을 구경했다. 지하실엔 돈 꾸러미들이 밀가루 푸대처럼 쌓인 곳도 있고, 화폐전시실에는 동서고금(東西古今)의 화폐들이 전시되어 있다. 조개화폐, 돌촉·돌화살 모양의 화폐, 철로 된 화폐, 갖가지 철전, 각양각색의 지폐들이 퍽 호기심을 끌었다.

오후엔 연수원에서 강의식 설명을 들었다. 다소 지루했으나 모두 유익한 말들을 해주었다. 각종 책자도 받았다. 여러 가지 규칙, 법규집, 직장 예의범절에 관한 것들로 하나도 무용한 것은 아니다.

내일부터는 연수원에 9시에 닿도록 하겠다.

정선 형님댁과 호산의 본가에 각각 전보로 궁금증을 풀어 주었다. 편지로 이 기쁨을 좀 더 세세히 알려 주고 싶었으나 내일로 미룬다. 지금은 11시가 넘었다. 내일의 연수를 위해 잠을 청한다.

1968년 1월 12일 금요일

벌써 시간이 부족함을 느끼게 된다.

돌아오는 길에 이발을 하고 하숙집에 돌아와 손발을 씻고 저녁밥을 먹었다. 구비서류를 좀 검토해보고 숫자 쓰기 3장, 주산을 얼마간 연습하고 나니 11시가 넘는다. 신문을 보고서 잠을 자야겠다.

다른 책을 펼쳐보기란 더욱 힘들어가고 나는 또 이렇게 직장이란 테두리 속에 말려 들어가는가 보다.

1968년 1월 28일 일요일

눈이 감기려 하고 피로가 전신을 엄습해온다. 들고 나르기에 편하도록 혼자 보따리를 꾸렸고, 오후 3시쯤에 진호와 함께 이곳 기숙사로 옮겨왔다. 오반수 군의 친절한 안내 덕분에 쉽게 입사(入舍)하게 된 것이다. 입사식(入舍式)이라 할까? 마침 대학 동기생이 또 한사람 와 있어서, 포도주 2병과 오징어 2마리, 사과 4개 그리고 땅콩, 이렇게 오백 원쯤 들은 파티를 가졌다.

방안은 스팀이 들어와 추운 줄을 모르겠다. 취사장 근처에는 야릇한 냄새가 후각을 자극한다. 초등학교 시절 '새산불' (財山砂原)에 목재를 실으러 온 군함(軍艦) LST를 구경했을 때, 그 군함속의 취사상에서 맡을 수 있었던 냄새가 바로 지금 이 한은(韓銀) 기숙사의 취사장에서 나오는 냄새와 같다고 생각했다.
이제 돈이 마련되면 책상과 의자를 사고 공부할 준비를 갖추고 싶다. 방바닥만 뜨겁고 방의 공기는 차서 책을 보기가 어렵던 하숙집의 온돌방에 비하면 냉기란 느껴볼 수 없을 만큼 훈훈하다.

부모님께 이 반가운 소식을 전해주고 싶고, 형님들께도 알려주어야겠다.

1968년 1월 30일 화요일

지난해 12월 11일 고향집에서 상경했으니 거의 두 달 동안을 입었던 내의를 오늘 세탁했다. 털로 된 셔츠라고 아껴 입었고, 잠자리에선 대개 따로 선택해놓은 내의를 입고 잤으니 한 달이나 입은 셈이다. 형수로부터 사줄 때에 들은 말씀대로 찬물에다 빨았다. 오늘과 내일동안 말리면 모래 출근할 땐 땀내 안 나는 상태로 입을 수 있을 것을 생각했다.

방안에다 물이 뚝뚝 흐르는 채 여는 것보다는 밖에 어디 적당한데 널 곳은 없을까 하고 기숙사 경내를 이리저리 살펴보았다. 'ㄷ'자로 생긴 기숙사 건물의 움푹 들어간 곳에 남향으로 빨랫줄이 걸려 있고 속내의 몇 벌이 이미 널려져 있다. 줄에 묻었을 먼지를 생각하고 손으로 훑어 닦다가, 종이부스러기를 주머니에서 꺼내어 깨끗이 닦고 나서 반듯하게 펴 널고 들어왔다. 나는 순간적으로 누군가의 생각을 했다. 어째 이럴 때 그가 내게 생각나는 걸까? 그 이유는 자신도 분명히 모르겠다. 어느 날 그가 보고 싶어 그의 집을 찾아갔을 때 그는 그 통통한 몸뚱이로 빨래를 만지고 있었다. 그러한 그의 모습이 지금 내게 생각난 것이다. 그러고 그때의 그는 행복해 보였다. 얼굴에는 즐거운 미소를 가득히 머금었었고, 동작 하나하나도 행복해 보이는 사람의 태도 같았다. 그것은 순전히 나의 주관적인 생각이었을 것이다.

지금 그는 행복한 느낌을 가질 수 있는 생활을 하는 것일까? 행복이란 실제로 존재하는 것일까? 남이 보기에 그 사람이 행복해 보일 때 그는 행복한 존재일 것만 같다. 그 자신은 조금도 행복을 느끼지 못할지라도 말이다. 그런데 사람이 자기 스스로가 행복하다고 느낄 때가 정녕코 있을까? 행복한 경지에 있는 자신이라고 분명히 내세울 수 있는 때가 있을까? 내 생각으로는 인간은 필시 자신의 행복을 느끼지 못하는 동물일 것만 같다. 그러나 남들은 행복해 보인다고는 생각하는 때가 있는 것 같다. 나는 그렇게 생각하고 있는 자신을 지금 발견했다.

아무래도 행복한 경지를 스스로가 느낄 수 없을 것만 같고 이는 언제나 남의 눈에 비친 것만이 있을 것만 같다. 제 주관으로는 도저히 행복을 느낄 수 없을 것만 같다. 인간은 워낙 그러한 동물로 창조되어 있을 것 같은 생각을 한다. 이러한 생각이 언젠가는 또 변할는지는 모르겠지만, 지금 이 시간은 나는 그렇게 생각하고 싶다.

이제 정식으로 출근을 하게 되면 내게는 오늘과 같은 한가한 시간이 이렇듯 많이 주어지는 때란 결코 없을 것이다. 한편 생각하면 지금이 내게는 다시없을 행복한 시간이겠다. 조용한 시간, 내 마음대로 무엇이나 생각해 보아도 아무것에도 속박을 느끼지 않는 시간이다. 이 시간이야 말로 내게는 영원히 없을지도 모르는 행복한 시간일 테지만, 지금 나는 스스로 그렇게 느끼지 못하고 있는 것인가. 또 다시 갖가지로 얽히는 많은 욕망 가운데 내가 살고 있음을 알고 있는 것이기에 그러한 것인가.

1968년 2월 22일 목요일

이제 조금은 첫 근무 발령을 받은 외환과(外換課)의 사람들에게 친근감이 가고 성품도 알듯하다. 이곳에서 일하는 동안은 그들과 화기애애한 분위기에서 사이좋게 일하고 싶은 마음은 간절하다.

오늘 몇 차례나 작은형님댁 생각을 했다. 내일 모레 졸업식에 즈음해서 상경할 것으로 예정되어 있어야 하는데 일자 소식이 없으니 이렇게 궁금하다. 오늘도 합숙에 들어서면서 관리인에게 하마터면 “혹시 내게 편지 온 것 없는지요?” 라고 물어볼 뻔 했다. 내일은 무슨 소식이 있을는지.

1968년 3월 3일 일요일

합숙소의 방에서 유리창 너머로 바라보이는 하늘이 파랗다.

봄의 하늘이라서 그런지 친근감이 간다. 추위도 한결 누그러져 속셔츠 바람으로 밖을 걸어도 추운 줄 모르겠다. 남산의 정상에 솟은 안테나를 보니 밖에 나가 남산이라도 한 번 거닐어 보고 싶은 생각이 든다. 계절이 바뀌고 있음을 느낀다.

양친께서 나의 대학 졸업식을 보시려고 상경하실 때, 먼 길을 오시면서 가져오신 김을 날것 채로 뜯어서 먹어 보았다. 바닷물 냄새가 나고 고향생각을 불러일으킨다. 어머님의 정성과 고향생각이 가슴을 파고든다. 그러고는 또 마른 떡 부스러기를 입에 넣고 허허(虛虛)한 기분을 잊어보며 씹는다. 한결같은 자식들 생각이 어머님의 사고 범주의 전부이시다. 모두들 무사히 도착해서 또 일하시는지 편지를 쓰고 싶다. 그렇게 고생을 시켜드린 것이 마음에 걸린다.

1968년 4월 5일 금요일

승희의 편지에 어머님의 생신이 음력 3월 7일이라 했는데, 오늘이 그 날이겠구나 생각하고 식당에서 밥을 먹으면서 신문을 보니 오늘이 음력으로 3월 8일임을 알았다. 어머님의 환갑이 작년이고 금년엔 진갑을 맞으셨으니 숫자로 계산하면 벌써 62번째의 생신일을 맞으시는 셈이다. 룸메이트인 오반수 군한테서 5천원을 빌려 전신환으로 송금했다. 근년에 와서 더 많이 늙으신 부모님의 여생이 얼마나 길는지 생각하니 달려가 보고 싶고, 그러지 못하는 입장이 답답해진다.

1968년 4월 13일 토요일

어제 저녁엔 합숙소에 여덟시쯤에 닿았다. 별로 사람이 없는 식당에서 밥을 먹으면서 이런 생각을 했다.

김치 맛이 며칠 전보다 좋아졌다. 겨울 김치는 이미 다 떨어진 모양인지 요즘은 무김치를 공급해준다. 처음 나온 김치가 며칠 계속해서 나오면 얼마쯤 시어질 때까지 그 김치를 그대로 얻어먹는다. '이 김치가 조금 시구나' 라고 생각되면 수일 내로 다시 먹기에 좋은 김치가 식당 아주머니들 손에 의해서 제공된다. 신 것이 점차 싫어지는 나에게는 이 아주머니들의 배려가 얼마나 고마운지 모르겠다.

그러나 이 같은 세심한 조리방식이 순전히 식당 아주머니들의 머릿속에서 나온 것일까, 아니면 합숙소에서 기숙하는 이들 가운데 소수의 몇 사람이나마 때때로 이들 아주머니들께 구미에 맞지 않은 음식에 대해서 자기의 의견을 말해주는 덕택인지는 분명히 모르겠다. 물론 식성에 따라 신 것이 좋은 사람도 있고, 조금만 시어도 싫은 사람이 있을 것이니 각자의 입맛을 다 일일이 들어줄 수는 없는 것이 공동 생활하는 합숙소의 형편이긴 하겠다. 그래도 중용(中庸)을 지켜서 먹기에 알맞을만한 음식을 조리해주기에 아주머니들은 노력하고 있으리라 생각된다.

나는 여기서 한 국가에서의 야당의 중요성을 새삼스럽게 인식할 수 있게 되었다. 여당인 정부가 국민에게 미칠 수 있는 영향은 이 김치맛과 틀릴게 있을까? 그들이 선정(善政)으로 좋은 효과를 국민에게 주어 국민을 잘 보살핀다면 좋고 알맞은 맛의 김치를 공급해주는 셈이다. 그런데 그들의 조리 솜씨가 서툴러서라기보다도 그들의 식성이 워낙 신 것을 좋아하는지라 국민의 식성이 신 것을 좋아하는지 그렇지 않은지를 모르고 계속 신 김치를 공급해주고 있는데도, 국민들의 측면에서 아무도 이에 대한 의견을 제시해주지 않는다면 위정자들은 김치 맛이 신 줄은 모르고 국민들의 구미(口味)에도 맞고 있는 줄로만 알고 거듭해서 신 김치만 계속 공급해 줄 것이 아니겠는가. 이런 데서는 야당의 존재 그리고 그들의 활동은, 이 같은 신 김치가 나오지 않도록 조언해 줄 수 있는 유일의 힘인 것인데 오늘의 한국의 정치무대엔 야당의 부재론이 돌고 있다. 사실상 야당의 활동은 미미하고 무기력하고 또 위정자들은 야당의 존재를 무시하고 독주하는 듯한 느낌을 받게 된다. 그렇게 되면 여전히 백성은 신 김치만 먹고 살면서 이맛살을 찌푸려야 할 것이 아닌가.

1968년 4월 18일 목요일

눈을 떠보니 네 시 반.

10시에 자리에 누웠으니 여섯 시간 반 동안은 잠을 잔 게 된다. 적은 수면 시간도 아니고 많이 잔 셈도 아니다. 목욕탕으로 비누와 대야를 들고 가서 불을 켜고 웃통을 벗고 수건으로 물을 적셔 등을 문지른다. 정신이 맑아오고 교회의 새벽 종소리도 들린다. 목욕탕 주변엔 다른 입소자(入所者)들이 담가둔 빨래들도 여기저기 있고, 어떤 사람은 면도기를 그대로 내버려둔 채 가버리기도 했다. 어제보다 퍽 따스한 물에 오늘은 온수 마찰이 되는 셈이다.

오늘도 잠자리에 들어서 눈을 뜨는 시간까지 그의 생각을 많이 한 것 같다. 눈을 뜨는 순간에도 먼저 그의 모습부터 떠올랐다. 어제도 오후부터는 객장 맞은편 부서에서 일하는 그와 눈이 마주칠 때에는 인사를 나누고 서로 미소를 지었다. 그도 전보다 많은 관심을 갖고 있는 것으로 나는 생각하기 시작했다.

1968년 6월 5일 수요일

조군과 함께 서울역 소화물 찾는 곳에 갔을 때 가져온 한 송이의 작약이 빨간 꽃잎을 벌리고 피었다. 탐스런 꽃잎 속에는 또 노란색의 꽃술이 소복하다. 코를 대고 향기를 맡아보니 코를 쏘는 냄새는 그리 좋은 편은 아니다. 소화물로 지방에서 올라온 것으로 보이는 이 꽃짐 속의 꽃들을 보고 주인인 듯한 사람에게 물어 보았더니 작약이라 했다. 나는 주인이 보지 않는 틈을 타서 화물 틈바구니에서 꺾어져 있는 이 꽃 한 송이를 따서 몰래 손바닥으로 움켜잡고 합숙소까지 가져왔다.

하룻밤을 그냥 방바닥 구석에 던져두었다가 이튿날인 어제 아침에 정종 컵에다 물을 가득 붓고 그 안에 담그다시피 해두었다. 어제 저녁 퇴근해서 보니 피기 시작했고, 오늘 아침엔 활짝 피어 넓게 펴져있다. 꽃잎을 세어보니 14개이다.

한 낮엔 거리를 걸으면 볕이 제법 목덜미를 따갑게 비춰주지만 새벽 공기는 아직 쌀쌀하다. 해가 뜨고 창으로 볕이 들어와도 문을 열어 놓으니 살갗에 닿는 공기는 차가워 문을 다시 닫고 앉아 책을 본다.

1968년 6월 21일 금요일

어제는 재한은연대동문회(在韓銀延大同門會)에 참석했다. 입행후의 첫 동문회였고 내가 이러한 모임에 참석한 일도 이번이 처음이다.

지점에 있는 동문들, 그리고 사정이 있어 나오지 못한 동문들이 있겠지만 40명 내외의 동문이 자리를 같이 했다. 부장에서부터 우리들 신입행원들에 이르기까지 30여 년간의 세월 격차를 두고 졸업한 동문들이 한 자리에 모였다.

동문회칙 개정안의 낭독·통과, 회장단 및 감사의 선출에 이어 자기소개가 있었고 술과 안주가 돌면서 선배 동문들의 행원 초년시절 회고담이 오고 갔다.

모두가 학창시절 모교와 관련된 얘기꽃을 피우면서도 좌중의 분위기에 맞추려고 하고 있었다. 시종, 화기애애(和氣靄靄)하고 마음이 뿌듯함을 느낄 수 있었던 모임이었다. 끝날 무렵에는 교가 연세찬가와 응원가 아카라카를 감회 어린 표정들로 제창하고 나서 종료되었다.

1968년 7월 7일 일요일

비가 시원스럽게 내린다.

오랫동안 가뭄에 탄 땅과 초목들만 적셔주는 것이 아니라 사람들의 마음도 적셔주어 오랜 갈증을 풀어 주는 듯하다. 대각선으로 내리는 빗줄기를 창을 통해 바라본다. 시멘트콘크리트로 된 집들의 벽과 지붕, 유리창, 원형의 연통, TV안테나, 전깃줄과 외등, 이런 것만 보이는 도회 한 구석의 풍경이다. 좁은 창을 통해서 보이는 조그만 부분의 광경이지만 시골의 그것과는 사뭇 대조적이라고 생각한다.

만일 이렇게 비 오는 때에 고향의 우리 집 창밖을 통해 밖을 내다보고 있었다면 나는 산과 들판과 제방, 냇물을 가로지른 다리(橋) 그리고 드문드문 지나는 사람의 모습을 보았을 것이다. 모든 것은 언제나 침묵을 지키고 있을 것이겠고, 지나는 사람들의 걸음걸이도 느릿느릿할 것이다. 언제나 무엇에 쫓기듯 사는 도회인과는 사고방식도, 겉으로 드러나는 행동거지도 다르게 보인다.

그런데 나는 그 시골풍경이 무척 그리워지고 있다. 도회의 번잡함속에서 자신의 위치를 세워보려는 의욕 가운데 살면서도 나는 내 고향에서 흔히 보던 산과 들 그리고 그곳 사람들을 보고 싶어 한다. 그 때문에 그리움 이 자체가 아름답고 귀중한 가치를 지니고 있는 것이라고 생각된다.

아까보다는 좀 수직으로 내리는 비는 이곳저곳에서 낙숫물 떨어지는 소리를 아직도 내게 한다. 하늘은 그리 어둡지 않은 걸 보니 오래 계속되지 않고 얼마 뒤엔 비가 그칠 것만 같다.

1968년 8월 18일 일요일

일찍 자고 늦게 일어나면 아무 일도 할 수 없게 되는 것을 또 한 번 알게 된다. 어쩐 일로 근래에 와선 늘 여섯시가 지나서 눈을 뜨게 되는 습성에 빠져버린 것이다. 아침에 눈을 떠 보니 시계는 4시 20분을 가리키고 있었다. 눈을 또록또록 굴리면서 정신이 맑아 오기를 기다렸다.

교회에서는 4시 반이 가까워오니 이곳저곳에서 아름다운 멜로디와 함께 새벽종이 울려온다. 신도들의 새벽예배 참석을 알리고자 함이겠다. 우리의 합숙방 창 너머에도 풀벌레들이 운다. 가만히 들어보면 한 종류만도 아니고 여러 가지의 벌레들이 여기저기 풀숲에서 소리를 내고 있다.

찌륵찌륵, 찌르르찌르르, 찌르륵찌르륵, 말복・입추가 지났으니 가을이 오고 있음을 알리는 듯 온갖 종류의 풀벌레 소리들이 들리지만 잘 표현하기는 힘들다. 그러나 모두 청아하게 들려 머릿속을 한 층 맑아지게 한다.

서울역에서는 기적 소리가 이따금씩 길게 울려오고, 가까운 도로에서는 벌써 자동차의 엔진 소리가 잇달아 들린다. 그리고 방안에는 오반수 군이 구해다 놓은 탁상시계의 째깍째깍 하는 초침소리가 방안의 정적을 흔들어 준다. 이것들이 이 새벽의 고요를 이리저리 깨트리고 있다.

오늘은 일요일이니 우선 그에게서 빌려온 분례기(糞禮記)를 다 읽을 수 있겠다. 아직 다 읽지 않았으나 지금까지 읽어본 것으로, 저자(著者)의 의도(意圖)를 내 생각 나름대로 비평하고, 정말 시간을 들여 읽을 만한 가치를 지닌 책이라 할 수 있을 것인가는 결론을 내리지 않겠지만, 이런 책이 베스트셀러의 선풍을 탔다는 것은 의외라고 여겨진다.

문학의 고전이라고 일컬어져 오랜 세월을 지내오면서도 사람들에게 끊임없이 읽혀져 오는 문학작품으로서, 내가 읽어본 책들에서는 이렇듯 노골적인 인간의 성행위와 그에 따른 일들을 적나라하게 파헤치기 보다는 남녀 간의 문제로 인해 벌어지는 인간으로서의 문제 등을 깊이 있게 다루고 있었던 것에 비하면, 여기서는 지극히 낮은 차원의 문제를 다루고 있는 것이다.

오늘의 많은 사람들이 이 같은 내용을 담은 소설을 즐겨 읽고 또 남에게 권하는 일들이 이상하다고 생각된다. 톨스토이의 부활은 귀족출신인 남주인공이 가난한 여주인공을 정복하고 그에 따른 인간적인 갈등을 얘기로 전개했던 것으로 생각하고, 안네의 일기는 약소국이 점령당함에 따라 일어나는 민족적인 슬픔을 한 소녀를 통해 그리고 있었던 것을 생각하면, 분례기는 너무도 차원 낮은 세계를 다루고 있다.

이것은 순전히 나의 주관이요, 편견일 수도 있지만 내 나름대로의 생각이다. 똥례는 교육도 받지 못한 하층민의 딸이다. 용팔이 그렇고, 옥화와 콩조지는 거의 정상적인 지적 기능마저 소유하지 못한 하나의 정신이상자요 정신박약자인데, 그들의 성생활과 그로 인해 일어나는 생식, 출산 등의 모습을 그려 놓았다.

저자(著者)는 이러한 사람들의 생활을 적나라하게 그려 놓음으로써 어떻게 결론을 내리려는 것인지도 아직 남은 부분을 더 읽어봐야 알겠다.

노랑녀가 그렇고 채영감이 그렇고 노랑녀의 딸 동평이 그렇다. 이들은 모두가 풍속 나쁜 촌락 중에서도 가장 성적으로 타락하고 문란한 계층의 부류들이 행하는 생활을 하는 사람들이겠다. 이들을 대상으로 해야만 꼭 훌륭한 작품이 되리라고 믿었던 것인가. 그리하여 오늘날 독서하지 않는 사람들의 독서의욕을 끌어 올릴 수 있었던 것이라고 저자는 생각하였을까.

시원한 바람이 한 점 들어오다가 뚝 그쳤다. 속이 답답하고 따라서 공기 탁한 다다미 방안도 그렇게 느껴진다. 그 동안 읽어오던 분례기(糞禮記)를 이제 다 읽었다. 100여 페이지를 남겨두었을 때와는 달리 똥례가 불쌍히 여겨졌다. 너무도 비운(悲運)의 여인이다. 저자는 똥례같은 운명을 가진 여인이 이 땅에는 많을 것이라고 했다. 정말 그럴 수가 있을까? 단 한 번의 빛도 보지 못한 채 억울한 생을 보내버린 사람들, 그들이 만일 이성이 있다면 얼마나 이 세상을 원망했을 것인가. 여성독자들이 이 책을 많이 읽는 것도 이 책을 다 읽고 난 지금 이해가 된다. 그러나 좀 더 다른 방법으로 다루었더라면 하는 생각이 든다. 지금 생각해 보면 똥례가 용팔에게 당한 일이나, 영철의 노름판 행동 등은 다 까마득해지고 오직 똥례의 불쌍한 처지만이 마음속을 저며 온다. 이 소설을 읽는 여인들은 아마 눈물을 흘렸겠다. 슬픈 운명에 억울한 누명을 썼고, 마지막엔 미쳐 가버린 똥례가 한없이 불쌍하다.

1968년 8월 19일 월요일

눈을 뜨니 동이 틀 무렵이다.

정신이 맑아 올 때까지 창을 내다보고 앉아있다. 점점 밝아진다. 벌레소리는 언제나 같고 오늘 아침엔 닭 우는 소리도 들리고 막바지에 이르는 여름을 아쉬워하는 듯 매미가 이렇게 아침부터 길게 곡조를 내뿜는다. 뚜 —. 기적을 울리고 멀리 사라지는 기차의 엔진소리는 왠지 슬픈 감정을 불러 일으켜준다.

세면장에서 땀이 밴 러닝셔츠를 빨면서 창살을 통해 들어오는 시원한 바람을 느낀다. 말복은 지난 지 오래고 입추(立秋)도 지나더니 처서(處暑)가 가까워온다. 그 답답하기만 하던 다다미방에서도 양쪽으로 문만 열어놓으면 가득히 밀려들어오는 시원한 바람을 감촉할 수 있다. 시원한 바람이 불어오니, 가을 기운이 완연하다.

내일이 8월 20일이니 가을은 정녕 이제 문턱에 닿았다. 역시 더위는 7월 하순과 8월 초순이 한창인 모양이다. 이제는 휴가를 간다 해도 물과 친할 수는 없다. 그저 고향산천을, 그리고 혈연과 벗들을 만나고 오는 것밖엔 여름을 즐기기는 때늦었다. 그 대신 들판에서 싱싱하게 자라고 있을 벼 포기와 함께 서서히 다가오는 가을을 구경할 수 있겠다.

1968년 8월 21일 수요일

좀 많이 잔 셈이다. 하현달이 가느다랗게 동녘하늘에 걸려 있다. 음력으로 그믐이 가까워 온 모양이다. 집에 있는 가족들은 나의 귀향을 퍽 기다리고 있겠다. 휴가를 늦추었다는 편지를 써야겠다.

창을 통해 들어오는 풀벌레 소리에서나 피부에 와 닿는 서늘한 아침공기에서 가을이 문턱에 와 있음을 점점 느끼게 된다. 합숙소의 현관 출입문이 열려 있으면 잠시 바깥을 산책하면서 이 아침공기를 맘껏 마셔보고 싶은 충동을 오늘 새벽에도 느꼈다가 그냥 눌러버렸다. 취사장을 돌아서 나가면 되지만 그러기가 싫었다.

어제는 이동범 군의 세 번째 권고에 할 수 없이 대포집에 들어갔다. 마시기 싫은 술을 억지로 서너 잔 마셨다. 남의 집요한 권고를 시종 거부하기란 힘든 노릇이요, 친구의 도리도 아니겠기에 응해주었다. 담배도 안 피우고 술도 안 마시는 자신이 남들의 생각에 우습게 보여 질 것 같아서 그런 때엔 난처한 느낌을 갖게 된다. 애꾸눈의 세계에선 애꾸눈 아닌 경우가 비정상적인 취급을 당할 수도 있다는 말은 우스갯소리이겠지만 고교시절 어느 은사님한테서 들은 말이 생각났다. 담배 피고 술 마시는 즐거움을 모른다면 인생의 진미(眞味)를 모른다는 것이 그들의 주장이요, 이것들은 나의 인생행로에 큰 도움이 못되고 하고 싶은 일을 방해하고 건강에 해롭다는 것이 나의 생각인 것이다.

그러나 마음에 별로 내키지 않는 술을 조금 마셨고 안주도 몇 점 먹은 덕택으로 합숙소로 돌아오는 동안에 평소에 느끼던 시장기를 아니 느꼈고, 늘 적은 것만 같았던 저녁밥도 그만하면 적당한 듯하였다.

1968년 8월 22일 목요일

창을 열고 초가을의 새벽공기를 마신다. 하늘엔 조각난 구름이 점점이 떠 있고 그 사이로 어제보다 더 가늘어진 실눈썹 같은 그믐께의 달이 보인다.

변소에 다녀와서 보니 두시였기에 또 잠자리에 들었더니 5시 15분, 이불을 박차고 일어났지만 잠은 또 너무 잔 것 같다. 9시 30분경부터 여덟 시간 가까운 수면, 이건 내겐 너무 길다. 의욕과 실천력, 이것은 언제나 병행해야만 될 텐데. 이즈음 내겐 실천력이 부족한 것 같다.

비가 주룩주룩 내린다. 물 떨어지는 소리가 제법 세게 들린다. 암흑으로 뒤덮인 바깥엔 근처의 창문으로 불빛이 세어 나올 뿐이고 비 오는 광경이 보이지는 않는다. 오랜 가뭄이 있었고 거기다 태풍 '폴리호'가 지나간 호남지방을 생각하면 그냥 내리는 비이지만 무심코 보아지지 않는다.

요 며칠 동안은 종종 비가 내리고 있는 편이다. 그사이 벌써 사람들은 날씨를 탓한다. 다 철지난 지금 귀찮게 비가 내린다는 것이다. 비는 자연현상에 따라 온다. 인간의 경우처럼 어떤 이성(理性)이 존재하여 그것이 통용되지 않는다. 조물주가 그의 뜻에 따라 비를 내려주거나 좋은 날씨를 마련해주고 하겠는가. 그렇지 않을 것이다. 기압골의 움직임에 따라 대기의 흐름에 좇아서 날씨는 좌우될 것이다. 사람의 의지와 소망과는 관계없이 비는 내리는 것이다. 다만 우리 인간은 이 같은 자연의 법칙을 가장 효율적으로 이용하는 도리밖에는 없다. 치산치수(治山治水)는 예로부터 위정자들의 가장 큰 과업으로 인식되어 왔을 것이다. 이스라엘이나 덴마크는 결코 자연 조건이 좋지 않은 나라들이지만 자연의 악조건을 극복하여 훌륭히 농사를 짓고 산업을 일으킨 나라라고 한다.

우리는 왜 그처럼 장기적이요, 긴 안목을 가지고 계획을 세우고 관계사업을 훌륭히 해 나갈 수 없을까. 가뭄과 홍수에도 끄떡없이 농사를 짓고 생업을 영위해 갈 수 있도록 지금부터라도 계획을 세우고 착착 진행해 나갈 수 있는 훌륭한 정치를 해 주었으면 좋겠다. 산에는 나무를 심고 거기에 따른 합리적인 보호정책을 마련하고, 튼튼한 저수지를 만들고 지하수를 개발하는 등은 정말 시급한 문제들이다. 그리하여 어서 비 걱정, 물 걱정을 않고 살 수 있는 우리나라가 되었으면 하는 생각이 간절하다.

1968년 8월 23일 금요일

한결 시원해진 바람이 방안에 들어온다. 네 시쯤에 눈을 뜨고 정신을 맑게 해보려 했지만 부족한 수면임을 알고 다시 잠을 청했다. 오반수 군의 책상시계가 울려 다시 기상하니 다섯 시 반이 넘었다.

여름이 가고 가을이 다가오는데 생각해 보니 무얼 해놓은 흔적이 없다. 도무지 업적이 없다. 이렇게 계속되면 수없는 날이 지나가도 같은 양상이겠다. 자기관리

(自己管理)란 이처럼 어려운 것인가.

아침 하늘의 노을이 붉다. 새털 같은 구름이 하늘에 걸렸다. 고향의 들판에 싱싱한 볏잎들이 포기를 점점 굵게 하고 있겠다. 논두렁 사이로 걷고 싶다. 바지가랭이에 이슬을 적시게 되겠다. 사람의 기척에 놀라 개구리들이 폴짝폴짝 뛰어 달아나겠다. 아침 공기는 더 없이 맑을 것이고 동네의 굴뚝들은 한가로이 연기를 날릴 것이다. 부지런한 여인들은 빨래하러 냇가에 나왔을 것이고, 남자들도 들에 나와서 논물을 볼 것이리라.

1968년 9월 4일 수요일

쌀쌀한 바람이 불어오니 심신(心身)에 생기(生氣)가 도는 듯하다.

맑은 냇가에서 느낄 수 있었던 가을의 물 냄새를 여기 합숙소안의 수도를 틀면서도 느낄 수 있는 것 같다.

가을에 접어들면 물을 바라보는 눈이나 피부에 닿는 감촉으로도 더 한층 고조된 가을 기분을 맛보게 된다.

이젠 열기(熱氣) 가신 바람이라기보다 제법 생기(生氣) 도는 바람이 습기 차던 다다미방 구석구석을 스쳐간다. 책을 들면 활자 위를 가는 눈이나 마음이 다 같이 의욕적이어서 좋다.

1968년 9월 20일 금요일

가을이 왔는데도 추색(秋色)은 보이지 않을 만큼 더운 날씨로 30℃를 가리키리라던 기상 예보와는 다르게 냉기마저 느끼게 한다. 밤새 내린 비로 이렇듯 기온이 변해 버린 것이다. 이젠 창문을 열어놓고 러닝셔츠만 걸치고 있기에는 쌀쌀함을 느낀다.

내일은 은행에서 영어(英語)시험을 치른다. 아무 준비 없이 시험에 임하는 자신이 좀 우습기는 하나, 이번 기회는 내게 또 하나의 전기(轉機)가 되어 주는 것으로 나는 만족하려 한다. 자극을 받는 계기가 되는 것으로 다시 공부하는 자세(姿勢)를 갖도록 하려 한다.

평소에 작심만 하고 실천할 줄 모르던 생활 습관은 이 기회에 다시 한 번 반성된다.

1968년 11월 5일 화요일

변소에 다녀오니 5시 10분전, 약 6시간의 수면(睡眠).

이만하면 충분한 잠이겠는데도 다시 이불속으로 파고들고 싶은 생각. 고쳐 생각하고 세숫대야와 수건을 들고 세면장에 갔다. 마른 수건으로 먼저 등과 배를 돌아가며 문질렀다. 살갗에 열기(熱氣)가 나는 듯했다. 이렇게 유별난 짓을 하는 동안 잠자고 싶은 생각은 무산(霧散)되다. 다시 방에 들어오니 5시 10분 조금 지났다. 20분이 넘게 걸리는 내 세면시간이다. 6시쯤에는 저녁에 떠다놓은 냉수를 마신다.

아직도 오반수 군은 깊이 잔다. 어제 저녁에 좀 늦게 돌아온 모양이다. 김성종 군이 찾아와 두 시간 남싯 얘기하다. 몇 가지 토론해보는 가운데 도움이 컸다.

자기가 남을 대수롭지 않게 여기면 남도 자기를 또한 그렇게 보게 되기 쉽다는 그의 말은, 나로 하여금 김군에 대한 인식을 새롭게 했다. 언제 그는 그처럼 처신에 남다른 견해를 갖게 되었는지 그저 놀랍기까지 했다.

이 말은 자기가 남을 존중하고 그를 인정해주면 남도 자기에게 그 같은 태도로 대하여 온다는 말이 된다. 나의 언행에 새로운 변화를 주게 될 것이다.

1968년 11월 6일 수요일

어제는 퇴근하는 길의 버스에서 오늘 할 일을 생각하다가 내릴 정거장을 지나 종점을 돌아서 다시 용중입구에 와서 내렸다.

월남 귀순한 북한군 장교 이필운 대위가 어제 향군시간에 초빙되어, 그가 생활하던 북한 실정에 대해 얘기를 해 주었다. 그들의 모순된 점들을 신랄하게 비판해주었다. 그리고 자기의 월남귀순은 아주 합리적인 것이라고 했다. 듣는 사람들은 그의 생각에 공감하는 표정들이었다.

나는 그의 얘기를 듣는 도중에도, 그의 강연이 다 끝났을 때도, 그는 한마디로 대단히 똑똑한 청년이라고 생각했다. 그는 총명, 근면, 처신술 좋은 청년이라고 생각했다.

매점에 갔을 때 그를 만났다. 영어회화 공부할 생각으로 회화책 'Meet the Parker'를 사고 그의 요구에 따라 초콜릿을 두 개 사주었다.

세탁비누는 아직도 매점에 없어 그냥 돌아왔다. 세탁비누를 사고자 하는 나를 본 그는 어떤 생각을 했을까.

1968년 11월 13일 수요일

테니스 시작.

처음이라서 그런지 퍽 힘들다.

라켓과 볼에 6,100원을 투자.

오늘은 운동화를 구입한다.

라켓은 Kawasaki Tennis Racket을 구입했는데, 재산목록 2호이지만 제일 값비싼 것.

4,600원에 구입했던 책상보다 비싼 셈이다.

1968년 12월 4일 수요일

오늘밤엔 오반수 군이 합숙소에서 룸메이트가 된 후 이례적으로 술을 지나치게 마시고 들어왔다.

비틀거리면서 방에 들어오더니 몸의 중심을 못 잡고 천정에 달린 형광등을 손으로 쳐 고장 내고는 자리에 눕더니, 고통스러워 하다가 얼마 후엔 잠드는 것을 보았다.

이런 일을 당하니 그의 생각이 떠오르게 되었다. 내가 이런 입장에 놓여도 알뜰히 보살펴 줄 사람을 생각하게 되니 그렇게 되는 것 같다.

골이 아프고 책을 보고 싶은 생각도 없다. 잠을 자야겠다. 은행에 남아서 책을 보고 오려 한 것이 엉뚱하게 보고서 작성만 마쳐놓고 오게 되었다.

1968년 12월 22일 일요일

대리로 승격하여 대구지점으로 부임하게 되는 허진씨의 진송을 위해 서울역에 다녀왔다. 우리 과의 과장도 나왔고 박희철, 박찬석, 염민순, 최효숙씨 등의 과원들이 직장동료로 나왔고, 그의 친지들로 보이는 사람들과 BOK 농구선수로 함께 활동하던 장신의 농구선수들도 몇 명 보였다.

1962년도 노벨 문학상 수상작가 죤·스타인벡(John Steinbeck)이 지난 금요일 66세로 작고(作故)했다고 매스컴이 보도하면서, 그의 죽음을 애도하고 그의 문학 작품들을 열거·소개한다. 인류에게 무엇인가를 남겨 주었거나 사람들의 정신영역에 값진 영향력을 미친 한 인간이 죽으면 이렇듯 그의 죽음을 아쉬워하고, 생전의 그의 업적을 추모한다.

지난밤엔 눈이 내려 몇 센티나 쌓인 듯하다. 아침에 창을 바라보고 비로소 알았다. 잠든 사이에 소리 없이 그만치나 내렸고 하늘은 활짝 개어 있다. 눈빛이 반사되니 방안은 전등을 켜두지 않아도 어느 때 보다도 밝다.

신문을 뒤적이고 이런저런 잡념들을 되씹다가 많은 시간이 흘렀다. 트랜지스터 라디오를 틀어 놓으니 좋은 음악들을 많이 듣게 된다.

그와는 전화도 했다. 만나서 얘기를 해야지. 그를 섭섭지 않고 우울함에 빠지지 않게 해야 하겠기에 다섯 시에 만나자고 약속했다.

그와 함께 수덕사에 갔을 때 사온 목각인형은 시선을 그쪽에 모을 때마다 재미있는 모습을 하고 있는 때가 많다. 오늘은 ♂이 앞에 서있고 ♀이 뒤쪽에서 얼굴을 다소 왼편으로 돌리고 서있다.

나는 목각인형의 위치들을 종전처럼 고쳐 놓지 않았다.

그러나 그를 생각하면 여전히 마음 아프다.

1969년 1월 17일 금요일

새해를 맞은 지 열흘하고도 이레가 지났다. 새해의 설계는 많은 사람이 하는 법이고 각기 각오도 새로이 할 것이다.

어찌 생각하면 처음도 끝도 없는 시간이라는 개념을 붙잡고 보면 따로 어느 일정한 시점에서만 새로운 결심을 해야 한다는 법도 없을 것 같다. 장구한 세월을, 면면히 이어져 흘러가는 시간 속에서 언제 어느 시점에서라도 정신을 가다듬으면 될 줄로 믿는다.

몇 가지 설계를 탁상일기(卓上日記)에 적어보았다.

1969년 2월 8일 토요일

창밖에 물방울 떨어지는 소리가 들린다.

이제 날씨가 좀 풀리는 모양이다. 입춘이 지났는데도 강추위가 엄습해 왔고 길바닥은 꽁꽁 얼어 미끄럼판이 다 된듯했다. 행인들은 모두 조심조심 걷지만 넘어지는 사람들이 있다. 나도 오늘은 헛디뎌 넘어졌고, 옆구리에 아픈 데나 없을까 걱정이다.

1969년 2월 11일 화요일

닭 우는 소리가 들린다. 시골의 아침인가 착각이 들 정도다.

날씨는 많이 풀렸다. 방안에 다시 난로를 아니 피워도 책상에 앉을 만하다.

시간은 쉬지 않고 흐른다. 새삼스럽게 느끼는 일도 아니다.

그렇지만 나는 어디로 가고 있는 것인지 한번 생각해보고 싶다. 또 한 해가 지났는데도 나는 꼭 그대로다. 일 년 전에 앉았던 바로 그 자리에서 거의 달라진데 없는 일을 하고 있다. 뚜렷이 달라진 게 있다면 눈언저리에 주름이 좀 더 늘었고 남을 좀 더 잘 이해 할 수 있게 된 것 뿐이다.

정말 발전한 데라곤 없다. 2년 뒤나 10년 뒤, 그리고 20년 뒤에도 내가 나를 향상(向上)시키고 내 스스로 쟁취할 수 있는 것은 아무것도 없게 될 것이 아닌가. 시간이 흐름에 따라 주어지는 자리만으로 만족하는 사람들을 나는 아직도 얼마나 경멸해 오고 있는 것인가. 나 자신도 그들의 범주에서 벗어나지 못할 땐 나는 또 스스로를 경멸해야할 괴로움도 함께 맛보게 된다면 나는 얼마나 불행한 사람인가.

1969년 4월 21일 월요일

봉급날이다.

지난달에 전정우군의 권고도 있고 해서 계약한 적금 6개월짜리 십 만원 부금할 생각을 했다.

형님의 수표금액 일만 원을 이용하기로 하고 내일 만 육천 원을 불입하기로 결정하다.

아버님께 오천 원 송금했다. 그리고도 오천 원이 남게 된다. 일본어 수강료 천오백 원 내면 3천5백 원 남는다. 형님이 다음 일요일에 오시면 사정을 얘기하거나 며칠 동안 그만한 돈을 빌리면 되겠다. 다음 달부턴 별로 곤란 없이 불입이 가능시된다.

오늘 박희철씨 부산지점 발령받게 되어 송별회가 있었다. 술을 안 먹으려 했으나 서너 잔 정도 마셨다. 한 시가 넘었으나 적금관계에 머리를 쓰며 지내게 되었다.

결국 나도 돈을 모으기 위해 이렇듯 신경을 쓰고 있는 셈이다.

밤이 깊은지라 벌레 우는 소리가 고요한 적막 가운데서 들려온다.

어제는 그를 아니 만난 일요일인데 우리가 사귄 이래 이런 일요일은 손을 꼽을 정도로 없었던 것 같다. 그의 전화를 받고 만날 약속을 안 한 것은 지금도 마음에 걸린다.

내일의 근무를 위해 여기서 생각을 멈추고 잠을 청해야겠다.

1970년 2월 10일 화요일

밤하늘에 별이 총총하다. 금빛 쇳가루를 뿌려놓은 듯하다. 빛을 진하게 발하는 큰 별도 있고, 희미하게 보이는 작은 별도 있다.

요 며칠 사이 라디오에서 봄노래가 흘러나오기도 하더니, 오늘은 다시 기온이 급강하, 영하 10도를 알리고 있다. 변소에 다니기가 을씨년스럽다. 스산하기만 하다.

어깨가 저절로 앞으로 쭈그러들고 마음도 움츠러드는 듯 하다.

방안의 따뜻한 아랫목으로만 자꾸 기어들고 싶어지고, 책을 잡고 정신을 모우기가 잘 안 된다.

자정을 넘겼다. 볼일 보러간 형님 내외분을 기다렸다.

연탄 갈기, 물 받기, 노부모님 돌보기, 이런데 다 정신을 기울여야 한다.

그렇다. 학생시절처럼 한 가지 일에만 관심을 집중하기가 어렵다. 기억력 감퇴란 다른 게 아니라, 관심의 분야가 넓어졌거나 생각해야 할 문제가 더 많아진 것에서 오는지도 모르겠다.

1970년 2월 12일 목요일

어제 2월 11일 새벽 5시 35분, 신촌 세브란스 병원 분만실에서 아내가 첫 아이를 낳았다. 상상할 수 도 없는 고통을 치렀을 것이라는 것은 익히 들어 알고 있다.

오늘은 어쩐지 몹시 피곤하다. 어제는 열시가 넘어서 병원을 나왔는데 오늘은 아홉시가 조금 넘자 병원을 떠났다. 피로를 풀고 나서 다시 활동하는 게 좋겠다.

어머니께서는 산모가 아들을 낳아서 퍽 만족스러워 하신다.

1970년 10월 5일 월요일

밤은 생활의 활력소다.

흔들리는 버스 속에서는 녹초가 될 정도로 피곤하더니, 밤새 잔 잠으로 머리가 맑게 되었고 다시 하루를 일할 수 있고 힘이 솟구치고 있다.

참으로 밤은 생활에서 기름 역할을 하는 모양이다.

1970년 10월 24일 토요일

연휴 때문에 오랫만에 이상한 고독에 빠지게 됐다.

참으로 적적하다. 온 종일 멍한 가운데 지났다.

상훈이가 오지 않았기 때문에 더욱 쓸쓸히 지내게 됐다.

아내는 지금쯤은 무사히 친정에 닿았겠지. 아이는 탈 없을 런지, 그러고 아내도 또 아프게 되지나 않을 런지, 궁금해진다.

역에서 돌아오자 빨래와 설거지, 점심을 해 먹는데 2시 반이 넘어서야 풀려났다.

처제가 해둔 점심 밥 한 그릇을 모두 먹었고, 저녁에도 아침에 남은 찬밥과 새로 한 밥이 합해 수북이 한 그릇이 됐는데 다 먹었다.

밥은 잘 먹히는 게 오히려 이상하다.

월요일에는 돌아왔으면 좋겠다.

도대체 적적하다. 라디오 소리가 유일한 벗이 됐다.

1970년 10월 25일 일요일

아내를 시골 보내기 전에는 상상도 못했다. 이렇게 적적할 줄을. 참으로 이상하다. 이런 게 바로 결혼생활인 모양이다. 머리가 멍멍하고 책이 손에 얼른 잡혀지지 않는다. 직장에 나가서 일을 하고 있다면 이렇게 적적한 줄은 물론 모를 것이다. 그럭저럭 바쁜 가운데 하루해를 보낼 터이므로.

이젠 공부를 해도 아내가 옆에 있어야 공부가 되는 것일까? 아내가 시골에 내려간 어제와 오늘은 이렇게 마음이 공중에 떠 있다.

어제는 아내의 일기를 몰래 보았다. 아내는 결혼 전에 나를 진정으로 사랑하고 있었음을 나는 다시 확인하는 계기가 되었다.

아내를 배전으로 아껴 줘야겠다는 다짐을 하게 됐다. 아내의 내게 대한 조력은 이렇게 그가 떠나 없는 때에 더욱 절실히 느껴보게 된다.

밥을 짓는데도 엉망이다. 자취 생활의 전력을 가진 내지만 그동안 세월이 흐른 탓인지 서툴기만 하다. 밥을 지으면서 뜸을 들일 때에는 두꺼비집을 덮었으면 연탄아궁이도 막아 놓아야 하는데, 아궁이를 안 막았던 탓으로 밥이 많이 눌어 버렸다. 탄 냄새가 났다.

두 그릇의 밥을 담아 놓고도 눌어 버린 밥이 그대로 남았다. 누룽지로 물을 부어 만든다는 것이 또 죽이 되어 버렸다. 참으로 고소를 홀로 금치 못했다.

누룽지로 죽이 되어버린 것을 그릇에 담으니 대접으로 가득 하다.

이것으로 아침을 때운다. 그런데 이건 또 뭐야. 맛있게 끓였다고 생각한 찌개를 어제 저녁에 먹고 남겼다가 오늘 다시 데워먹는데 반쯤이나 먹었을 때다. 뭔가 시커멓게 보인다. 자세히 보니 파리란 놈이 빠져 함께 끓여졌다. 이건 아무래도 어제 끓일 때 들어간 것은 아닐 것 같다.

엊저녁에 밥을 먹다가 밖에 잠깐 나가 다른 일을 보고 온 사이에 빠진 거라고 생각하고 호박만 조금 먹다가 아깝지만 그냥 내버리기로 했다.

부엌일을 하는데 서툰 것이 분명하다. 팔을 뜨거운 솥에 닿게 하여 얇은 살갗을 데게 하고 손가락이 또 데었다.

도대체 심심해 못 견디겠다. 아내와 애기가 있었더라면 오히려 공부를 하게 되었을 것만 같다.

아내와 애기가 무사히 다녀오기를 바란다.

고향집에 편지를 써야한다고 생각됐는데도 머리가 멍해서 잘 써지지 않을 것 같다.

1970.
10. 25. 日

아내를 시골 보내기 전에는 상상도 못했다. 이렇게 적적할 줄을. 참으로 이상하다. 이런게 바로 결혼생활인 모양이다. 머리가 멍멍하고 책이 손에 영 잡혀지지 않는다. 직장에 나가서 일을 하고 있다면 이렇게 적적한 줄은 몰랐을 것이다. 그야말로 바쁜 가운데 하루해를 보낼 터이므로.

이런 공부를 해도 아내가 옆에 있어야 공부가 되는 것일까? 아내가 시골에 내려간 어제와 오늘은 이렇게 마음이 공중에 떠 있다.

어제는 아내의 일기를 뒤져보았다. 아내는 결혼전에 나를 진정으로 사랑했었음을 나는 다시 확인하는 계기가 되었다. 아내를 배전으로 아껴 줘야겠다는 다짐을 하게 되었다. 아내의 내게 대한 존재는 이렇게 그가 떠나 없는 때에 더욱 절실히 느껴보게 된다.

밥을 짓는데도 엉망이다. 자취생활의 전력을 가진 나지만 그동안 세월이 흘렀 탓인지 서툴기만하다. 뜸을 다 잡을때에는 두꺼비집을 덮었으면 연탄아궁이는 막아 놓아야 하는데 아궁이를 안 막았던 탓으로 밥이 빨리 눌어버렸다. 탄냄새가 났다. 두 그릇의 밥을 퍼 놓고도 누러버린 밥이 그대로 남았다. 누룽지로 볶음 밥이 만든다는게 또 숯이 되어 버렸다. 참으로 고소를 홀로 즐기지 못했다.

누룽지로 숯이 되어버린 것을 그릇에 담아서 대접으로 가득하였다. 이것으로 아침을 때다. 그런데 이건 또 뭐야. 맛있게 먹었다.

- 1970. 10. 25일의 일기장

1970년 10월 26일 월요일

자정이 가까워 온다.

오늘도 아내와 아기는 아니 오는 모양이다.

그래도 오늘은 오기를 기다렸다. 아내는 내가 그를 기다리는 거와 같이는 나를 보고 싶지는 않은 모양이다.

아내가 집에 없으면 이렇게 삭막할 줄은 정말 몰랐다. 혹 밤차로라도 오는가 했더니 오늘도 아니 온다.

내일은 오겠지. 상훈이와 라면을 끓여 배불리 먹었다.

불도 다행히 살아 있었기에 시간은 오래 걸렸으나 양쪽 부엌에 다 피워 놓았다.

1983년 5월 20일 금요일

서울에서 차고 온 시계가 밤 1시 10분을 가리키고 있고 날짜와 요일란이 'Friday 20'을 가리키고 있다. 아이들과 아내는 이 시간에 한잠이 들어 있을 때이고 나도 자꾸만 눈이 감긴다. 서울의 하늘을 떠나면서 얼마 후 밤이 되어 비행기 유리창을 가리고 잠을 얼마간 잤다. 깨어 창 쪽을 보니 훤한 아침 같기에, 가렸던 창문을 열고 보니 햇빛이 밝고 바다와 산야(山野)가 내려다보인다. 군데군데 흰 눈이 덮인 것을 보니 아마 이곳이 알래스카(Alaska)의 앵커리지(Anchorage)가 가까워 오고 있는 것 같다.

지금 기내 안내 방송이 나오고 있다. 앞으로 약 30분 후에는 앵커리지 공항에 도착 할 것이라는 기장의 육성이 흘러나오고 있고 이곳 시간으로는 아침 7시 20분이라고 알려준다.

그리고 기온은 섭씨 7도 쯤으로 약간 쌀쌀하다고 하며 날씨는 맑다고 한다.

계속 창을 내려다보니 온통 산들은 흰 눈에 덮여있다.

타고 온 비행기가 기착지 앵커리지에 착륙하고 있다.

비행기에서 내려 1시간 정도 공항건물 안에서 시가지를 조망(眺望) 하였고, 비행기는 다시 이륙하였다. 서울에 두고 온 가족 생각이 다시 난다.

아내는 벌써 교회로 출근 했겠고 아이들도 다 학교에 갔을 시간이다.

기내에서 세계 주요도시 시차표를 가지고 이러저러 계산해보니 뉴욕과 서울은 14시간의 시차가 있다.

서울시간으로 어제 18시 30분에 김포공항을 출발한 비행기가 뉴욕 시간으로 20시 30분에 케내디(Kennedy) 공항에 도착한다고 하니 지금 내가 차고 있는 서울시간으로 그대로 둔 시계로는 10시 30분에 도착하게 되는 것이다.

그러니까 서울을 출발한지 16시간 만에 목적지에 도착하게 되는 것이다.

앵커리지에서 급유와 정비를 위하여 한 시간 정도 머물었으니 적어도 15시간의 비행을 하게 된다.

뉴욕에 가면 오후 8시 30분이고, 서울서는 아침 10시 30분이다. 서울 사람들은 이제 막 하루의 일과를 시작한지 1시간 지났겠고, 뉴욕 사람들은 이미 하루 일과를 끝내고 다 퇴근했을 시간이다. 물론 서울의 날짜보다는 하루 전날의 일과를 끝냈을 터이다.

1983년 5월 21일 토요일

아침 11시경 최종천 군이 그의 부인과 아이들을 차에 태우고 뉴욕의 하숙집에 왔다. 하숙비조로 $30을 지불했다. 국제전화로 집에 전화한 요금까지 합쳐서 그것으로 족하다고 주인 아주마니가 호의를 베풀어 주셨다.

최 군의 가족과 함께 맨해튼(Manhattan)에 나와 점심 식사를 했다. 식사 후 최 군과 둘이서 엠파이어 스테이트 빌딩(Empire State Building) 102층에 올라가 맨해튼 시가지를 동서 사방으로 내려다보면서 구경했다.

86층의 전망대에 다음과 같은 인상적인 글귀가 새겨져 있었다.

“The Empire State Building.
- a work of art yesterday
- a work of art today
- a masterpiece for ever.”

1994년 1월 9일 일요일

경남 창녕군 영산면의 영취산(靈鷲山) 등반.

날씨 쾌청(fine, clear weather).

오전 10시경부터 산을 오르기 시작, 오후 5시 25분까지 걷다. 하루 종일 구름 한 점 없이 푸르고, 기온도 겨울철이라는 생각이 들지 않을 정도로 포근하였다.

코발트색(cobalt blue) 하늘을 보고 감탄하기도 한 일행 중의 손민호 조사역은, “태어나서 이렇게 맑고 파란 하늘은 처음 보는 것 같다” 고 했다.

영취산의 높이는 해발 681.5m.

구봉사(九峰寺)라는 조그마한 절 경내에서 점심을 먹었다.

박문복씨가 준비해온 라면을 끓여서 맛있게 먹었다. 박현철 조사역, 김순배 과장, 윤대광씨 모두 점심밥을 정성껏 마련해왔다. 뜨끈한 라면 국물에 박조사역댁에서 준비해온 잡곡밥을 말아 김치와 함께 든든하게 먹었다. 식후에 다시 걷기를 시작, 연이어진 크고 작은 산봉우리를 능선(稜線)을 따라 난 작은 산길로 오르고 내렸다. 하산(下山)하여 본 만보계는 18,000보(步) 이상을 가리키고 있으니 오늘은 2만보가 넘도록 걸었다고 생각된다.

퇴임후(退任後)

1998년 12월 11일 금요일

능골산을 넘어 대일고등학교 교정까지 내려갔다가 다시 돌아오는 등산코스로 오늘 운동을 선택했다.

오후 4시 40분 집을 나서 왕복 꼭 1시간이 소요되었다.

대일고교(大一高校) 교정에 세워놓은 돌비석에 새겨진, 이 학교 1회 졸업생들의 후배들에게 전하는 지표(指標)의 글귀가 마음에 들어와 유심히 읽어 보았다.

"대일건아들의 기상(氣象) : 우리의 기상(氣象) - 위대(偉大)하고 높은 이상(理想)의 추구자(追求者) / 우리의 예지(叡智) - 참되고 바람직한 지성(知性)의 계발자(啓發者) / 우리의 정서(情緒) - 훈훈한 풍요사회(豊饒社會)의 건설자(建設者) / 1976년 1월 8일 제1회 졸업생 일동"

돌아오는 길에 이 아이들이 남긴 말들을 음미하면서 내가 화곡동에 정착하던 때와 우리 아이들이 어렸을 적에 이 능골산에 데리고 다니며 운동을 겸한 산책을 시키던 일들을 회상해 보았다.

한국은행 목포지점 대리로 승격하여 아내와 연년생의 세 아들로 된 일가식솔을 거느리고 부임, 일년 반의 근무를 마치고, 본점 외환관리부 특수관리과 대리로 발령받아 다시 상경한 일이 1974년 11월. 강서구 등촌동에 80만 원짜리 독채 전세를 얻어 아이들 넷과 숙자를 데리고 입주(入住). 그 때 부모님으로부터 부족 되는

60만원의 전세 입주금을 얻었던 것으로 기억된다. 사회에 나와 자립한다면서도 전셋집 마련을 자력으로 할 수 없었기에 대학졸업 후 다시 부모님 신세 진 실정이었다.

그 후 1975년 봄 입행동기인 금한연씨의 소개로, 구입하는 주택을 은행에 담보하고 대출을 받아, 이곳 화곡동 410-83호 주소로 하여, 능골산 중턱의 주택가에 집을 마련, 이사했으니 그로부터 24년의 세월이 흘렀다.

1970년생인 재준이를 유치원에 보내던 시절. 재준이 벌써 29살. 그 당시 우리 집에서 거리가 좀 떨어져 있는 신정초등학교 입학, 뒷날 학군 변경으로 화곡초등학교로 전학과 졸업, 영도중학교, 화곡고등학교, 서울대학교 국제경제학과와 동대학원 졸업, 한국은행 입행, 공익요원 근무, 은행복직으로 이어지는 동안 많은 세월이 이 화곡동에 위치한 능골산 일대에 살아오면서 어느새 흘렀다.

1987년 7월 28일자 동경사무소 근무 발령으로 화곡동을 떠나갔다가, 동경사무소 근무 약 3년 마치고 귀국 후, 목동아파트 7단지 722동 201호의 아파트를 구입, 거주 6년 반, 근 10년 만에 화곡동 410-83호에서 이사하여 살던 410-16의 단독주택을 다시 나가구주택으로 개축, 장성한 이이들과 능골산 밑으로 다시 돌아온 지난 날들을 회상(回想)해 보았다.

이제 재준이는 곧 결혼해야 하고, 새혁이는 연세의대 졸업 후 세브란스병원 소아과 레지던트 1년차 다 마쳐가고, 재용이도 같은 병원에서 인턴 과정 끝내 가는데 내과 레지던트 하기로 결정되고, 호재는 연대 경영학과 졸업을 앞두고, 이제 LG화학과 Lotte에는 최종합격, 이수화학과 미쯔이물산 한국법인(三井物産 韓國法人)에는 합격여부를 대기 중, 나는 강원은행을 퇴임.

이곳 화곡동에 가족을 데리고 정착한 후 24년이 넘게 되었고 실로 많은 변화를 겪었다. 아이들 엄마는 저 밑의 410의 83호에 있던 집에서 신학교를 마치고 여의도순복음교회 전도사로 봉직, 16년을 했다 하니 1982년부터 한 것이다.

하나님께서 복을 많이 주셨다. 부모님께 감사하고 두 분 형님과 누님, 승희도 아낌없는 사랑으로 보살펴 주었다.

퇴직 후에 몇 개월이 지나갔지만 이런 일은 드물었는데, 이렇게 지난날을 돌아보며 글을 적어가고 있노라니 어쩐지 거듭 이상한 느낌이 든다.

오늘은 집을 나설 때부터 조심했다. 능골산 입구에 접어들면서, 지난주에 이 산 중턱에서 나무뿌리, 돌부리에 걸려 넘어져서 심히 고통을 당했기에 오늘은 처음부터 주의했다. 1주일이 넘었건만 아직도 다친 오른쪽 발목은 아프고 부어 있다. 통증이 덜하여지게 되어 이번 주 화요일은 김진찬과, 수요일은 이동범과 각각 북한산과 청계산을 등산하였다. 어제는 집에서 쓰레기 정리, 청소작업으로 운동을 대신한 것으로 간주, 오늘은 다시 능골산 등산으로 운동을 삼겠다고 생각, 이제 이틀째 시도했다. 출근할 데 없으니, 별일 없으면 반드시 이 산을 왕복하는 것을 운동으로 삼겠다고 작심.

얕은 산, 동네산이라고 우습게 알았다가 발목을 다치는 홍역을 치렀으니 동네산이라고 얕잡아 보지 않을 것을 다짐했다. 산은 역시 산이라고 마음 고쳐 대하기로.

2007년 2월 14일 수요일

지연(知延)이 어제부터 이곳 신도림동 대림4차 e-편한세상 아파트 근처에 있는 진알프레드 음악학원에서 피아노교습 시작하다. 할머니가 데리고 가서 등록하고 한 시간 배우고 돌아왔다.

오늘은 지연이 유치원에서 귀가한 후 잠깐 쉬다가 내가 피아노학원에 데려다 주고 한 시간 교습한 후 다시 내가 데리고 왔다. 건물 5층에 있는 이 피아노학원에는 많은 아이들이 시간제로 교대하면서 피아노를 배우고 있다는 것을 알게 되었다. 지연이에게 매이는 시간이 자꾸만 늘어나는 실정에 있다. 그래도 바르게 성장에 주면 좋겠다. 착하고 성실한 성품을 가지도록 자라주면 좋겠다고 바라고 있다.

2007년 2월 28일 수요일

아내의 휴대전화 이용요금 안내서의 배달처 주소를, 전에 살던 일산 강촌훼미리 아파트에서 신도림동 4차 대림 e-편한세상 아파트로 변경하여, 송부해 주도록 KTF에 전화로 요청하였다.

2007년 3월 23일 금요일

연세 상경대 동문회에 연회비 3만원,
연세대 총동문회에 연회비 2만원, 각각 Internet 송금하였다.

2007년 6월 20일 수요일

Diary를 정리하면서 Dictionary에서는 어떻게 설명하고 있는지를 살펴보았다. Oxford American Dictionary에서는 'a daily record of events or thoughts' 라고 되어 있고, Merriam-Webster 사전에서는 'a daily record of personal activities, reflections, or feelings' 라고 설명해 놓았다.

events, thoughts, activities, reflections, feelings 등을 기록(記錄)해둔다는 것이겠다.

2007년 6월 28일 목요일

책꽂이 속에 끼워두었던 인쇄물 한 장, Tallink Silja Line 유람선내의 식당에서 가지고 온 것이다. 지난번 북유럽여행 (5.26~6.6) 도중, Sweden의 Stockholm에서 Estonia의 수도 Tallinn으로 가는 Baltic해를 건너던 유람선의 이름이 Tallink였다. 여행안내 팜플렛에는 초호화 유람선이라고 했고 일명 '천당을 잇는다는 탈링크를 탑승한다' 고 적혀 있었다.

배를 타고 해본 여행으로는 몇 년 전의 인천-청도 여행에서 타본 ferry, 부산-시모노세키(下關) 사이를 운항하는 ferry를 타본 경험을 합쳐보면, 이번의 Tallink는 정말 크고 훌륭했던 여객선이라고 생각된다. 객실, 식당 등의 시설도 좋았고 청결상태도 괜찮았다.

이번 여행의 2일째, Finland의 Helsinki에서 Sweden의 Stockholm까지 갈 때 탔던 유람선 Siljaline 보다도 더 크고 요동도 덜했다.

Tallink Silja Line 이라고 소개되어 있는 영문판 팜플렛에는 이렇게 적혀 있다.

M/S Victoria I

Passenagers - 2,500, Cabins - 740, Cabin berths - 2,254, Decks - 12,

Car deck - 1,030 line meters, Length - 192.9m, Breadth - 29m,

Speed - 22 knots, Engine power - 26,240kw

Estonia의 수도 Tallinn 시내 관광 안내를 해주신 분은 선교사로 파송된 김정곤씨였다. 전주지역의 어느 교회의 대학선교 모임에서 보내주었다고 했으며 이곳에 와 있는 단 한 사람의 선교사라고 했다. 사모는 Tallinn 대학에서 한국어를 가르치고 있으며 두 딸을 두고 있다고 했다.

2007년 10월 6일 토요일

오늘 신문(조선일보)의 부음란(欄)을 훑어보니 알고 있는 사람이 둘이나 세상을 떠났다. 한 사람은 서덕규 전(前)대구은행장이고 다른 한 분은 김택진 전 삼척시 원덕면장이다.

서덕규씨를 확인하려고 금융기관 방명록(芳名錄, 1998. 5. 20. 현재)을 찾아보았더니 당시 대구은행장으로 되어 있음을 보고 그 분이 별세(別世)했음이 확인된다.

한은 대구지점 차장으로 근무하였던 1982. 7~1983. 4월의 기간 중에는 이 분이 대구은행 임원이었기에 함께 식사도 했던 기억이 떠오른다. 금융기관 방명록에서 보는 경력에도 적혀있듯이 이 은행 뉴욕사무소장으로도 근무한 후 임원으로 승진되었던 것을 알고 있었다. 이 분의 인상은 수수한 시골사람 풍으로 생각되었던 기억이 떠올랐다. 슬하에 한 사람의 아들이 있어 중앙대학교 경영학과 교수로 있는 것을 알 수 있고, 두 딸을 두어 사위 한 분은 블리스자산운용 대표이사, 또 한 분은 미국 로욜라대 경영학과 교수로 각각 부음란에 올라 있다. 자녀들을 다 잘 양육한 것 같아서 복인(福人)이라 생각되었다.

김택진씨의 부음을 보자 회상되는 추억의 한 장면은 사오십년 전의 어느 날의 일이다. 고등학교를 졸업하고 대학입시를 치르기 위해 상경했던 때, 동대문구 창신동의 어느 하숙집에 지금은 고인이 된 이명승 군과 함께 투숙하고 있었다. 그 무렵 고향사람 김택진씨가 중학을 졸업하게 되는 아들을 서울의 고등학교에 입학시키려고 동반 상경하여 우리가 머물고 있던 하숙집에 왔던 기억이 떠올랐다.

그 아들이 신문의 부음란(欄)에서 보니 한국부동산신탁감사로 되어 있다. 호산초등학교 재경 동문회 명단에서 찾아보아도 안 보이지만 미루어 보건대 3년 후배이면 31기로, 나는 대학에 들어갈 때이고 당시 그 아이는 고등학교에 들어갈 시기였을 것이다. 교육열 강한 고인(故人)은 중학을 졸업할 아들을 서울에서 고등학교에 입학시키려고 직접 데리고 상경하는 정성을 가지고 있던 어른이라고 보았던 것이다.

차남(次男)은 현재 강원도 정무 부지사로 있음은 알고 있는 일이다. 직접문상은 않기로 했다. 삼성서울병원의 장례식장은 문상객이 많겠다. 둘째 아드님이 SK에 오래 근무했고 임원으로도 다년간 일했으니 대기업인 그쪽 문상객도 상당히 많을 것이고, 강원도의 여러 시군에서 조문이 많을 것이라 짐작된다.

매일같이 신문의 부음란을 보지는 않건만 오늘은 어쩌다 일별 하던 중 2인의

지인이 타계(他界)한 것을 알게 되어 여기에 지난날을 회상하면서 적어 보았다.

2008년 1월 1일 화요일

또 한 해를 보내고 새해를 맞았다. 지난 해에는 우리 집에도 몇 가지 변화가 있었다. 연초 1월 4일에 호재가 일본 동경으로 가 UNIQLO 본사에서 파견근무하게 되는 데서 시작하여 우리 가족은 변화를 겪게 되었다.

3월에는 재용이 연대 세브란스병원 fellow생활을 그만 두고 신촌로터리 근처에서 개원하였다. 병원 자리는 마포구 노고산동 106-82, 이영해 방사선병원 건물 3층으로, 신촌역 7번 출구 그랜드마트 건물 맞은 편이다.

재용이 전문의로서의 신용을 토대로 은행 차입금으로 임차보증금과 의료장비 구입비를 마련하여 '연세 한내과' 간판으로 병원을 열었다.

재혁이에 이어 두 아들이 모두 의과대학 교수되기를 바랐던 기대와는 달리 개원 의사(醫師)가 되었다.

재용의 처 자영이는 연세대 의과대학 전임강사로 선택되어 교수의 길을 걷게 되었다고 한다. 잘 된 일이라 생각됐다.

재혁이는 수년간 소아과를 운영하더니 신학을 공부하겠다고 한세대학교 신학대학원에 진학하여 오후 3~4시경에는 야학을 위해 병원을 동료 의사에게 맡기고 학교에 다니느라고 더욱 시간이 쪼들리게 되었다.

재준이는 12월에 들어가면서 1년을 조금 넘게 다닌 금융연구소를 나와 대학교수가 되겠다고 몇 학교를 놓고 고심하더니 인천에 있는 인하대학교로 가겠다고 응모하여 연말인 12월에 최종 결정을 통보받게 되었다. 본인의 뜻과 희망이 연구소보다는 대학이 더 좋겠다고 하여 그러하니 나로서는 반대할 수 없을 것이기에, 재준이의 결정에 맡겨 두었다.

지난 한 해 동안의 우리 집안의 변화다. 다 은혜로 생각하고 아이들 모두 그리고 우리 내외가 별탈 없이 지내온 것을 주의 은혜로 받아드릴 일이다.

이제 새해의 소망은 이러하다. 우선은 집안 식구들의 건강을 하나님께서 돌봐주시고 우리도 노력하는 일이다.

그리고는 호재가 혼인을 하여 독립해 주는 것이, 부모된 우리 내외의 간절한 소망이요 인생의 숙제다. 하나님께서 도와주셔서 이 두 가지 일이 이루어지기를 새해 첫 날 간절히 소망한다.

2008년 1월 3일 목요일

오늘, 일본국제교류기금(日本國際交流基金)에서 실시한 일본어능력시험(日本語能力試驗) 1급 성적통지서(成績通知書)를 받았다. 또 성적이 평균 70점에 미달되었다. 400점 만점에 273점으로 7점 미달이다. 금년에 또 한 번 도전해야겠다. 청해(聽解)가 예상대로 점수가 안 나와 40%만 맞아 문자・어휘(文字・語彙), 독해・문법(讀解・文法)이 평균 70%를 넘었건만 또 실패했다. 문자와 독해에서 더 올려 청해에서 실패해도 70점이 넘도록 해야겠다. 금년 한 해 더 고생해야겠다.

2008년 1월 5일 토요일

4박 5일 예정의 동경 여행이 돌연 무산되었다. 난데없이 지연이 할머니 다친 발목에 밤새 깁스를 하게 되었기에, 이번 여행을 감행할 수 없어 일이 이렇게 되었다. 새벽 6시에는 김포비행장으로 지연이 깨워 출발하여 비행기 탑승수속을 하고, 아침 여덟시 사십오 분발 아시아나 항공편으로 동경의 하네다(羽田)공항에서 호재를 만나기로 된 여행일정이었다. 4시경에 맞춰놓은 자명종 시계 소리에 의지하여 일어났다. 옆에 누워 자던 사람이 어제 야밤에 재혁이와 함께 영동세브란스병원에 갔던 얘기다.

발목에 기어이 깁스를 하게 되었고 여행은 불가하다고 했다. 사정이 이렇게까지 되었으니 정신을 차리고 6시경에 아시아나항공 안내에 전화를 걸어 비행일정을 취소했다. 1인당 8만원의 위약금을 낸다 하니 24만원이 이번일로 덧없이 없어지고, 호재도 1박2일의 하꼬네(箱根) 관광예약이 취소됨에 따른 위약금 20% 정도, 일본돈 ¥10,000을 내야한다고 했다. 호재에게도, 간밤에 재혁이가 어머니 데리고 영동세브란스병원 응급실로 가서 엄마 발목 X-ray 촬영한 사실과 결과를, 밤중에 재혁이 전화 걸어 알렸다고 하였다.

비행기표를 하루만 늦게 샀어도 금전적인 손해는 막을 수 있었는데, 미리 수속해 두는 것이 좋겠다는 생각에서 그렇게 했던 것이, 돌발적인 사고로 차질이 생긴 것이다.

참 안타깝다. 어쨌거나 깁스까지 하게 된 아내의 환부나 잘 나아주기를 바란다.

2008년 1월 11일 금요일

어제 2008. 1. 10일 저녁 6시, 한국은행 간부식당에서 1968년 한은 입행동기 모임이 있었다. 이성태 총재가 우리들을 초청했는데 22명이 참석했다. 만찬을 시작하기 전에 기념촬영을 하였고, 만찬이 끝날 무렵에 40년 전 촬영한 입행 기념사진과 함께 대조해 볼 수 있도록 만찬 진행 중에 현상까지 해서 좌우로 끼워 예쁜 홀더에 담아서 하나씩 배포해 주었다.

집에 가지고 와서 오늘도 몇 번이나 들여다보았다. 학부출신 55명이 입행하였는데 한 날 한 시에 입행한 동기 중에서 5명이 유명을 달리했다. 어제 저녁 만찬이 시작되기 전에, 참석한 우리들은 현재 회장일을 맡아 보고 있는 박일구 형의 진행에 따라, 고인이 된 동기들에 대한 추모의 묵념 시간을 잠시 가지기도 했다. 총재 초청만찬은 화기애애한 분위기에서 진행되었고, 우리들은 삼삼오오로 모여서 잠시 지난날을 돌아보며 애기꽃을 피우기도 하였다.

이성태 총재는 행원으로 입행(入行)하여 한국은행에만 재직하면서 총재의 자리에 오른 최초의 인물로 기억되기도 한다.

40년을 봉직하면서 총재 자리에 오른 이성태 동기회원이 장하다고 생각되었다. 이렇게 총재로서 입행 40년째 되는 날을 맞아 입행동기 회원들이 젊음을 불태우던 일터에 초청하여, 입행기념으로 이런 행사를 마련한 것이다. 어제는 참으로 의미 있는 날이라고 생각되었다. 앞으로 10년이면 50주년 기념일을 갖게 될 것인데 그 동안 동기회원들이, 모습은 더 늙어가는 쪽으로 변모할 것이지만 다 건강하게 살게 되기를 기원해 본다.

어제 저녁 만찬장에서 배포하여 준 40년 전 입행 기념사진의 재 현상된 사진과 만찬 시작 전 촬영한 기념사진을 대조해 보면서, 입행 동기회원들은 얼굴이 그 옛날 찍은 입행 기념사진 속에서는 20대의 청년의 모습이던 것이, 어제 저녁에 찍은 사진에는 회원들이 모두 환갑을 넘긴 나이라 늙어서 모습은 많이 변해 보였다. 세월 탓으로 생각되었다. 동기 중에서 더러는 일찍 한은을 떠나 다른 부문에 종사한 이들도 있었으나 대학교수로, 관리로, 대기업이나 회계법인의 임원으로, 각기 나름대로 성공적으로 살아왔다고 생각되었다.

2009년 3월 17일 화요일

오늘은 기온이 상당히 올라가 봄 날씨가 완연하다.

아파트 경내에는 벚꽃나무도 줄지어 서 있을 정도로 제법 군락(群落)을 이루고 있고, 매화나무도 군데군데 심어져 있다. 우리 집이 있는 1105동 가까운 뜰에도 매화나무가 몇 그루 있다. 지난해에도 차가운 이른 봄 날씨인데도 매화가 활짝 피었던 모습을 보고 매화꽃의 강인한 기개(氣槪)에 숙연했던 기억이 있다.

올해에 들어와서도 추운 정초부터 이 매화나무에 마음이 가지곤 했다. 지난 해에는 정원수를 전지(剪枝) 하면서 인부들이 너무 심하게 가지치기를 하지 않았나 싶을 정도로 싹뚝싹뚝 잘려서 있는 모습이 더욱 앙상해 보였다.

벌써 한 달 전쯤에 남녘땅 제주도에는 매화꽃이 피었다는 보도를 보았을 때부터 우리 한반도의 남쪽으로 화신이 상륙하고 있음을 알 수 있었다. 우리 단지 내에서는 이 매화나무부터 가장 먼저 개화 할 것이 기다려져 왔다.

오늘이 3월 중순을 넘어선 날인데 2월 하순의 추운 날부터 이 매화나무는 꽃망울이 맺히기 시작했다. 벌써 한 열 흘 전쯤부터 매화 한 송이가 외롭게 피는 것을 보고 생각해 보았다. 저렇게 일찍 피는 꽃송이는 늦게 피는 다른 꽃송이 보다 먼저 낙화(落花)하게 되지 않을까.

추운 날씨에도 일찍 개화했던 그 꽃잎을 한동안 들여다보면서 이런 생각을 해 보았다.

3월이 다 지나고 있는데도 날씨는 여전히 쌀쌀하였으나 요 며칠 사이에 약간 봄기운이 돌더니 꽃망울이 개화하기 시작하는 것을 보아왔다.

오늘 오후에는 고교동기 모임에서 점심을 하고 귀가하는 길에 아파트 경내의 매화나무에 다가가서 꽃잎들을 좀 더 자세히 살펴보았다. 아직 만개상태는 아니지만 제법 많은 꽃송이가 피어 있었다.

한 열흘 전부터 홀로 피어있던 그 꽃봉오리는 벌써 떨어진 게 아닐까 하는 생각에서 매화나무 밑을 살펴보았다.

떨어진 꽃잎이 흩어져 있기는 하나 가장 먼저 피었던 그 꽃봉오리인지 아니면 병충해로 일찍 떨어진 것인지 육안으로 보아서는 확인할 수 없었다.

'어쨌거나 먼저 개화한 꽃봉오리는 먼저 낙화(落花)할 테지.' 하는 생각을 하고 나무 밑에서 걸어 나와 신발의 흙을 털고 따뜻한 집안으로 들어왔다.

2009년 5월 27일 수요일

어제는 한은동우회(韓銀同友會) 주관으로 시행한 춘계등산 행사에 참여하였다. 경기도 포천시 화현면에 소재하고 있는 운악산(雲岳山, 해발 937.5m) 등반이었다.

힘들게 올라 정상(頂上)에 도달하였을 때가 12시 15분경이었다. 5월의 신록(新綠)이 한창이고 날씨도 쾌청(快晴), 싱싱하게 피어난 나뭇잎들이 등산로에 그늘을 만들어 주어 햇볕이 내리 쬐는 5월 하순의 한낮 무렵인데도 따갑지는 않았다. 정상에 오르니 사방이 탁 트인 풍경은 장활(長闊)하였고, 바람은 그지없이 시원하게 불었다. 그늘에서 땀을 식히며 맑은 공기를 폐부 깊숙이 들이마시면서 잠시 휴식한 후 하산하였다.

등산에 참가한 동우회원은 18명, 늘 그랬던 것처럼 유시열, 권동석 선배님이 이번에도 좌장격으로 오셨다. 유회장과 윤덕순형은 여전히 맨 선두로 올랐다. 윤경수씨 등과 한패를 이루어 두 번째 팀으로 정상에 올랐다. 우리 패는 조금 내려오다 휴식처를 찾아, 가지고 온 음식으로 간식·중식 겸한 요기를 하며 시장기를 면하고자 하였다. 하산하여 오후 3~4시 사이에 점심을 단체로 먹곤 하던 전례대로, 타고 온 버스로 얼마만큼 이동하여 곰탕전문점에서 회식하였다.

2010년 3월 19일 금요일

고향에 있는 호산장례토탈서비스의 김형덕씨로부터 '우릿골' 증조부 산소의 개장과 '망싯골' 증조모 산소의 이장을 위한 작업견적서를 보내왔다. 540만원이 소요되는 것으로 견적을 내온 것을 수용하기로 하고 김씨의 요청대로 착수금 100만원을 송금했다.

경기도 여주군 북내면 천송리 516-1에 있는 은성도자기(恩星陶磁器)에 유골함 2개를 주문하고 대금과 택배료 17만원을 인터넷 송금하였다.

유골함에 증조부(曾祖父)는 '청주 한공석주(淸州 韓公碩柱), 만감(晩坎)'으로, 그리고 증조모(曾祖母)는 '한석주(韓碩柱)의 배(配), 밀양박씨노실(密陽朴氏 盧室)'이라고 각각 새기도록 fax로 내용을 송부했으며, 제작 과정에서 도자기에 열처리하여 이름을 새긴다고 들었다.

2010년 4월 7일 수요일

대기는 뿌옇게 보였으나 봄날이 완연했다. 김재수씨와 수리산의 수암봉(秀岩峰)으로 등산했다. 4호선 오이도행 전철을 타고 중앙역에 내려 다시 마을버스로 30분 정도 걸려 종점에 도착하였다. 낮 12시반이 넘었기에 점심을 먼저 먹기로 했다. 길에 지나가는 한 아주머니의 소개로 들어가게 된 식당에서 순대국에 백반으로 점심을 맛있게 먹었으나 식사 후의 산행이 오히려 힘이 더 드는 것을 알게 되었다.

해발 398m의 그리 높지 않은 산으로 등산로에는 인조(人造) 널빤지로 계단을 많이 설치해 놓아 다소 지루한 산행길이었다. 코스는 모두 4개가 있었기에 제1코스의 다소 가파른 길을 올라갔다가 내려올 때는 완만한 제4코스로 하산(下山)하면서 안내판을 보니 4km 밖에 안 되는 등산길이었다. 운동시간과 거리에 비해 전철과 버스로 이동하는데 너무 많은 시간이 소요되었다. 오후 6시경에 귀가하다.

2011년 6월 10일 금요일

오늘은 연상(延商) 입학동기생(入學同期生)인 최영준, 강차영과 함께 오찬 약속을 했다. 서초역에서 만나기로 하고, 식사는 산호라는 식당에서 하기로 하였다. 약속시간 12시 30분 훨씬 전에 도착하여 기다리고 있노라니 강차영이 나타났고 이어서 최영준이 왔는데, 대전 한남대학교에서 교수로 지냈던 이기현을 최군이 연락하여 함께 오게 되었다고 했다.

오랜만에 만나게 되어 반가웠다. 뇌에 이상이 오는 병에서 회복되었으나 후유증으로 다리와 손이 부자유스러워 보였다. 그러나 그 정도로 회복되어 생활할 수 있게 된 것도 다행이라고 생각되었다. 함께 식사를 하면서 옛날 연상(延商)에 입학하여 함께 공부하던 얘기를 얼마간 나누었다. 정담(情談)을 이어가는 중에 입학 당시 현역 군인의 신분이었던 내가 군복무(軍服務) 중이라 매일 등교할 수 없어,

이기현군에게 결석하는 나를 대신해서 출석 체크할 때 대리 대답을 부탁했던 얘기를 나누었다. 철학개론같은 시간에는 수강생이 많기에 대리 대답으로 출석을 대신해 주기도 했는데, 영어시간에는 스무명 이내의 학생만으로 수업을 진행하니 얼굴을 다 확인할 수 있는 분위기에서 대리대답이 안되어 결석 처리될 수밖에 없는 어려움이 있었다. 입학해서부터 그해 5월 9일 제대하는 날까지는 이기현이 내 출석을 대부분 맡아 주었다. 생각하면 벌써 46년의 세월이 흘렀지만 당시로서는 정말 고마운 친구였다. 잊을 수 없는 친구다.

이군은 전주고등학교를 졸업하고 서울대에 진학하려다 재수를 하게 되어 나와 함께 연대상과(延大商科)에 입학하게 된 것이다. 함께 졸업하게 되어 나는 한국은행에, 이군은 한국산업은행에 각각 입행하였다.

이군은 산업은행에 몇 년 다니면서 회계사 시험에 합격하였는데, 어찌하다가 한남대학교의 교수로 가게된 것이다. 그 대학에서 정년퇴직하여 명예교수로 근무하던 중 뇌혈압에 이상이 생겨 정신을 잃고 입원하게 되었으며, 병고를 치르다가 회복되었는데도 그렇게 절뚝거리면서 걷게 되었다 한다.

말은 약간 어눌하기는 해도 의사표현은 그런대로 괜찮은 편이었다. 점차 조금씩 회복되어 가는 중이라고 했다. 더 많이 회복되어 건강한 상태로 생활하고 옛날에 가졌던 우정을 다시 나누면서 지낼 수 있게 되었으면 한다.

2011년 6월 11일 토요일

하늘에 구름이 없어 햇볕이 내리쬐기는 하지만 대야미행 운동에 나섰다. 이번 주에는 화, 수, 목요일에 이어 나흘째 걷기운동에 나섰다. 간식으로 쑥떡을 가지고 나섰다. 화요일은 4km, 수, 목요일과 오늘은 8km씩 걸었다. 천천히 걸었고 귀로에는 바람이 불어 기온이 조금씩 내려가니 시원했다. 6월의 산야(山野)에는 활엽수들의 잎이 더욱더 푸르러가고 있다. 드물게 보는 보리밭에는 누렇게 익어가는 보리를 벌써 베고 있는 광경도 보게 된다.

내려오는 길에는 천국에 계신 어머님 생각이 많이 났다. 8남매를 낳아 5남매를 키우고, 맨 위의 아들과 끝으로 낳은 쌍둥이 아들은 잃으셨다. 세 살 터울로 낳으신 5남매를 양육하기에 힘드셨다. 아들들을 객지에 유학 보내고 학비 대느라 온갖 고생을 하신 부모님 생각에 걸으면서 눈시울이 젖어들었다.

어머님 아버님 고생하시면서 키우고 공부시키던 일 생각하면, 지금 살아 있는 동안에 우리 형제자매들은 더 많은 정을 나누면서 사는 길이 효도하는 일일 텐데, 그렇지 못한 것이 마음 아프다.

부모님 돌아가신 후에 보답할 길 없는데 살아있는 자식들이 정답게 지내는 것이 그나마 부모님께 기쁨을 드리는 길이겠기에 그렇다. 부모님 살아계시지 않는데 무슨 기쁨을 드릴 수 있겠나 생각되지만 그래도 우리가 잘 지내고 상부상조하는 것이 도리라고 생각해 보았다.

나부터라도 할 수 있는 작은 것이라도 두 형님, 누님, 그리고 승희한테도 잘하도록 노력해야 할 것이다. 혼자 걸으면서 이런 생각에 이르게 되었다. 어머님, 아버님 죄송합니다. 좀 더 잘 섬기지 못했던 지난날이 후회되곤 합니다.

2011년 6월 24일 금요일

장맛비가 낮 동안에는 소강상태로 가다가 밤중에는 세차게 내릴 것이라는 일기예보를 아침 신문에서 보고, 대야미 산책길에 나섰다. 우산을 쓰고 걸을 수 있을 정도로 빗줄기는 세차지 아니하다.

빨리 찾아온 6월 하순의 더위가 이번 비로 많이 식었다. 산책길을 따라 걷는 산속의 공기는 시원하게만 느껴진다.

오늘로 사흘째 비가 내리고 있으니 산속의 대기는 녹음과 함께 이렇게 맑고 서늘하다.

산길을 걸어가며 보이는 녹음이 어느새 짙어져 푸르고 싱그럽다. 비에 젖은 소나무 참나무 아카시아나무 오동나무가 다 그 싱싱한 잎사귀들을 바람에 팔랑거리고 있다. 산속길 옆에 요즈음에는 샛노란 국화과의 야생화초가 많이 피어 있다. 하늘이 흐리고 비오니 햇볕을 받을 때보다는 화사하지 못해도 청초한 아름다움을 가진 자태가 돋보인다.

산속에서는 검은등뻐꾸기의 울음소리가 오늘도 휘파람 소리처럼 여기저기서 들려온다. 높은 나뭇가지 위에 뻐꾹새 한 마리가 앉아 뻐꾹뻐꾹 울고 있다.

숲속의 풀잎마다 빗방울이 맺혀 있다. 계곡을 따라 안개구름이 뭉게뭉게 피어오르고 있다. 한없이 평화로운 산속 풍경이다.

머리도 맑아오고 마음도 이보다 더 평안할 수 없을 정도이다. 우산을 받치고 걷던 걸음을 멈추고, 길가에 만들어 놓은 의자에 비닐과 종이를 깔고 앉아 쉰다. 여전히 근처 숲속에서는 작은 산새들이 저마다 자기들끼리 지저귀고 있다.

산새들의 지저귀는 소리는 언제 들어도 늘 새롭다. 우산위에 떨어지는 빗방울 소리도 평화롭다. 시간을 보니 오후 3시 20분을 가리키고 있다. 오늘은 서두르지 않고 천천히 걷고 생각하면서 지내다가 귀가해도 될 것 같다.

2012년 3월 24일 토요일

3월 하순의 춘풍(春風)이 거세게 분다. 4호선 대야미역에 내리니 눈발이 날리고, 하늘의 서쪽은 개이고 동쪽은 시커먼 구름이 이동하고 있나. 바람이 쌩쌩 불어 먼지가 많이 날리는 아스팔트길을 힘들게 지났다.

1.6km쯤을 걷고 나서 임도(林道)코스에 들어서고부터는 군데군데 햇볕이 따사로운 데도 있어 조금 안정된 산책길이 되었다. 바람이 세차게 부니 소나무 숲에서 윙윙소리가 들린다.

겨우내 나무에 붙어 있었던 솔잎이 바람에 흔들려 떨어지면서 길바닥에 내려앉는다. 몇 개를 주워서 살펴보니 세 잎씩 한 군데 붙어 있고 잎이 말라 있다. 마른 채로 겨울동안 용하게도 가지에 함께 붙어 있었던 것으로 보인다.

또 한 산모롱이를 돌아가는데 활엽수인 갈잎도 우수수 떨어진다. 침엽수와는 달리 맥없이 보이는 가랑잎들도 겨우내 마른 잎으로 가지에 붙어 있다가 이제 새봄이 오게 되니 떨어진다.

자연의 이치가 이렇듯 오묘하다. 이제 봄이 짙어지면 이 떡갈나무에도 새잎이 돋아야 할 것이다. 말라붙어 있던 잎들이 떨어지도록 이렇게 바람이 세차게 불어, 그 일을 감당해 주는구나 하는 생각에 이르게 된다. 자연의 섭리가 이러하니 우리네 인생도 늙으면, 이 침엽수나 활엽수가 붙어있던 가지에서 낙하(落下) 하듯이 우리도 세상을 떠나야 하는 것일 게다. 그래서 다음 세대들이 또 이 세상에서 대신하여 살아가는 것이겠다.

임도오거리의 쉼터 의자에 앉아 이 글을 쓰는데 여전히 서편하늘만 개어 있어 햇볕이 따사롭고, 동쪽하늘은 구름이 덮여 있다.

헬기 몇 대가 굉음을 내면서 일렬로 줄을 지어 하늘을 가로질러, 서쪽으로 날아가고 있다. 대야미역 대합실에서, 트레킹 시작하기 전에 배낭에 넣고 온 내복하의를 껴입었기에 추위는 덜 느끼게 되어 걷기에 한결 낫다.

2012년 5월 13일 일요일

교회에서 예배를 마치고 최익규 장로와 함께 점심하고 귀가한 시간이 12시 반쯤, 간단히 집안 정리하고 수리산으로 향했다.

늘 걷는 산길로 해서 임도오거리에 이르렀을 때 다섯 시 조금 넘었다. 거기에 있는 슬기정을 돌아서, 쉼터 나무의자에 앉아 잠시 휴식했다. 멀리까지 시야가 확 트이고 서쪽하늘이 맞닿는 저 멀리 첩첩이 이어져 있는 연산(蓮山)을 한참동안 바라보고 앉아 쉬었다.

5월의 저녁 해가 평화롭게 그 멀리 이어져 있는 서산(西山)위에 걸려 있다.

2012년 5월 19일 토요일

오늘은 오후 1시 반경에 집을 나섰다. 아내가 얼른 프라이팬에 구어준 쥐치포 3마리를 가위로 잘라주는 것을 비닐 주머니에 요깃감으로 넣고 배낭을 메고 나왔다.

하산길, 오후 6시 반을 지나고 있다.

산길가의 높은 나뭇가지에서 뻐꾸기 우는 소리가 오늘은 유난히 또렷하다. 스마트폰을 꺼내들고 몇 분간 녹음해 보았다. 이따금씩 수꿩 장끼가 우는 소리도 바로 옆에서 들린다.

어릴 적 고향의 앞산 뒷산에서 듣던 뻐꾹새나 장끼의 소리가 뇌리에 떠오른다. 오륙십년 전의 그때 그 소리와 조금도 안 틀린다. 부모님의 보호 아래 행복하게 자라던 어린 시절이 생각나고 순간 눈시울이 뜨거워져 왔다. 부모님 생각이 나고 왠지 슬픈 감정이 북받쳐 올랐다.

길 양옆의 아카시아 나무에는 꽃이 하얗게 피어 주렁주렁 매달려 있다. 향기를 맡으러 코로 숨을 들이켜 보았으나 어릴 적 맡던 그 향기를 느낄 수 없음을 알게 된다.

집을 나설 때는 하늘에 옅은 구름이 떠 있었다. 전철로 한 시간 이동 후 걷기를 시작했을 때 이곳 수리산의 하늘은 햇볕이 쨍쨍 내리쬐어 더위를 느꼈으나 지금 이 시간이 되니 조금 서늘해졌다.

2012년 10월 24일 수요일

날씨는 구름이 조금 있기는 해도 맑은 편이었다. 오전 11시에 광화문 세종대왕동상 앞에 모였다. 김진표, 김두옥, 김한경, 김무남, 이용길, 최상근, 홍용기 모두 8인, 경복궁 창경궁 창덕궁 운현궁을 차례로 둘러보았다.

가을이 깊어가는 계절에 고궁의 단풍구경이 오늘의 주된 행사로 되어 있었다.

점심과 저녁을 함께 하였고 나머지 시간은 산책을 하였으니 4시간 정도는, 고궁에 오랜 세월 자리 잡고 있는 활엽수들의 아름답게 물든 잎들을 감상하면서 걷기 운동을 하게 되었다.

돌이켜보니 서울에서 삶을 영위해 온지가 어언간 오십여 년이 흘렀지만 오늘처럼 하루에 고궁을 4개씩이나 산책하면서 보게 된 것은 처음 있는 일이었다.

고교시절의 친구들과 오랜만에 참으로 귀한 경험을 만들었다. 맨 마지막으로 운현궁을 보게 되었다. 고궁마다 동남아시아에서 온 관광객이 많았고, 가을 소풍으로 고궁을 찾은 초등학교 학생들과 유치원생들도 꽤 많았다.

2012년 12월 2일 일요일

맑고 추운 날씨의 하루였다. 아홉시 예배 참석 후 바로 귀가, 옷 바꿔 입고 까치산행 2호선 전철 타고 김재수씨댁 근처에 갔다. 양천구청역 1번 출구에 나가 시간 보내다가 전화 받고 회동, 국수집에 들어가 오랜만에 함께 점심했다. 항암주사 3번 맞고 투병중인 그의 모습이 안쓰러워 보였다. 극복하고 건강을 찾아, 이후로도 더 친교하면서 지낼 수 있기를 소망했다.

생로병사(生老病死)의 인생길은 그 누구도 피할 수 없는 것임을 절감하게 되는 요즈음이다.

아파트 경내의 매화나무와 벚나무에 매달아 놓은 팻말을 귀갓길에 유심히 들여다보았다. 매화나무는 장미과에 속하고 4월에 피는 꽃은 흰색 또는 연한 홍색이라고 적혀 있다. 그렇지만 내가 이 아파트에 이사 오면서부터 관찰한 것으로는 이 매화나무는 추위가 한창인 2월에 봉오리가 맺히고 꽃을 피운 것으로 기억된다. 단지 내에 많이 심어져 있는 벚나무는 왕벚나무라고 적혀 있다. 역시 흰색 또는 연분홍색의 꽃을 피운다고 적혀 있다.

2012년 12월 30일 일요일

맑고 추운 날씨.

벌써 2012년 한 해도 내일 하루를 남겨두고 있다. 시간은 정말 사정없이 흘러가고 있다. 세월은 유수(流水)와 같다고 했는데, 생각해 보니 물 흐르듯 흐르고 있는 것도 아니다. 물은 흐르다가도 막힌 곳이 있으면 흐르지 못하고 머물게 되는 때도 있는 것이 아닌가. 시간은 막힌 데가 없기도 하지만 멈추지 아니하고 흘러간다.

세상의 그 어느 것도 세월의 흐름을 막을 도리가 없다. 사정이 있으니 좀 쉬어가자고 해도 들어줄 리 없다. 거침없이 흐른다. 내일이 12월 31일. 또 한 해의 모든 일들이 역사 속으로 묻히어 지나가고, 내일에는 또 새 달력을 걸고 넘겨야 한다. 세상 만물이나 만사가 다 세월 흐르는 것 앞에서는 별 대책이 없다. 사람도 이 시간의 흐름에 따라 늙어가고 나중에는 병들게 되어 죽게 되고 세월 속에 묻히게 되고 만다. 세월의 큰 힘 앞에 다 무릎을 꿇고 만다.

2013년 2월 4일 월요일

한 해 24절후(節侯) 중에 오늘이 입춘(立春)이다. 겨우내 혹독한 추위 속에서 봄이 오기를 기다렸다. 바로 오늘이 오기를 기다렸던 것이다. 오늘이 지나면 화풍난양(和風暖陽)의 봄날이 올 것이기 때문이다.

그런데도 지난밤과 새벽에 걸쳐 눈이 많이 내렸다. 적설량(積雪量)이 15cm 정도라고 보도되었다. 입춘 날에 즈음하여 밤 시간 사이에 이렇게 많은 눈이 내려 아침 출근하는 사람들이 어려움을 겪었겠고, 초등학교도 등교시간을 1시간 늦추는 조치가 내려졌다.

지연이는 등교시간이 1시간 늦추어졌다고 좋아했다. 아내는 새벽기도 가는 길에 차를 몰고 갔다가 귀가할 때는 새벽시간에 내린 눈이 더 쌓인 탓으로 주차한

차를 움직일 수 없어 걸어서 귀가했다고 했다.

예년에는 없었던 일이라고 생각되었다. 오늘은 걷기 운동을 포기하고 잠실 이용길 박사 사무실 근처의 갯마을낙지전문식당에서 고향친구들과 점심하자고 연락해서 회동했다.

이용길, 최상근, 김무남, 김한경, 김두옥, 김남훈이 참석, 함께 점심하고 이박사 사무실에서 환담하며 시간을 보내다가 석식(夕食)까지 하고 귀가했다.

서간문
(書簡文)

군복무(軍服務)중에 본가(本家)에

1961년 10월 11일

먼동이 훤히 터오고, 새벽 교회당의 종소리가 미명(未明)을 타고 들려옵니다. 오늘 밤은 3시부터 기상 시까지 보초를 서게 되었습니다. 전방처럼 산야(山野)에서 서는 것이 아니라 중대본부 사무실 안에서 경계 근무를 서는 것입니다.

아직도 동기피복을 지급받지 않았기에 소매 없는 러닝셔츠만 입은 몸이 사뭇 추워오는군요. 뇌(腦)속이 조용해지고, 마음을 내 것으로 만들게 되니 생각이 깊어지네요.

메고 있던 칼빙총을 옆에 놓고 단어를 외워 봤습니다. 떠날 때 휴대하고 온 조그만 책입니다. 지금은 이것도 포켓 속에 집어넣었습니다. 형님께 이 편지를 쓰려고요. 다른 병사들은 다 잠들고 고요가 깃들게 되니 입대전(入隊前)의 일들이 회상됩니다.

정착해 있을 하숙방이나 자취방도 없었습니다. 친구들의 집을 떠돌아 다녔습니다. 퍽 불안정한 생활이었지요. 그래도 지금처럼 이런 먼동이 트기도 전에 매일같이 도서관 문전에 도달했습니다. 종일 앉아 공부할 책상을 얻기 위해서요. 어떤 날은 아침부터 저녁까지 도서관 구내식당에서 파는 100환짜리 우동 세 끼로 살았습니다. 종일 부지런히 하는 자세로 공부를 했습니다.

무려 5개월이나 했습니다. 그러다가 마지막엔 값싼 하숙생활을 할 수 있도록 집안 식구들이 보살펴 주었습니다. 그러나 발표 날에야 후회했습니다. 한 가지만 생각했던 것이었나 봅니다. '이번에 떨어지면 나는 군에 입대해야 할 몸이다' 라고 생각했습니다. 그것이 잘못이었군요. 그 안에서 공부하노라면 다른 공부꾼들의 실력도 어지간히 알 수 있었습니다. 그 들 중에 사범대학에 지망했던 자들은 합격하기도 했고, 지금도 의젓한 대학생활을 하고 있을 것입니다. 가정교사 노릇을 대부분이 하고 있을 것입니다. 각기 자기들의 이상 달성을 목적으로 공부할 것입니다.

생각하면 마음이 아픕니다. 조금만 마음을 달리 먹었어도 지망대학을 바꾸었을 것을. 그러나 이젠 이렇게 병역의무에 매인 몸이 되었지 않습니까? 영하 16도의 강추위, 그것도 어두운 새벽길을 달려서 도서관 문전에서 자리를 얻기 위해 두세 시간씩 떨던 저에게는 이 진학의 꿈은 이루어지고 말아야겠습니다.

그렇게 애써 공부했던 보람도 날이 갈수록 초년병의 군대생활에서 하나하나 상실되어 가는 것 같아요. 지금처럼 보초시간을 제외해 놓고는 도대체 책을 잡을 시간이 없군요. 제대하면 나이도 스물 넷이 될 것입니다. 이런 저를 형님이 보살펴 주어야 합니다. 어떻게 하든지 합격할 수 있는 실력은 배양 할테니요,

벌써 이 남쪽 땅에도 추위가 오는 새벽아침, 오랫동안 뒷 포켓 속에서 꽤나 닳아진 단어장을 옆에 놓고 펜을 움직이고 있노라니, 어느 때보다도 강력한 의욕이 치솟고, 지난 날 그 꿈을 이루어 보려고 제 딴엔 무진 애를 썼던 날이 눈앞에 보여져 형님께 이런 글을 보냅니다.

간직해 두었다가 제가 제대(除隊)할 무렵 또 찾아내어 읽어주십시오.

밖에서 기상소리가 들립니다. 이만 씁니다.

노부모님, 승희, 경도 모두 건강하기를 빕니다.

추신 : 용돈과 서신 모두를 받았습니다. 편지는 부대 주소로 보내시오.

\- 작은형님께

1

작은형님께.

먼동이 훤히 터오고, 새벽교회당의 종소리가 ■바람을 타고 들려옵니다. 오늘 밤은 3시부터 7시30까지 보초를 서게되었습니다. 3진방위라 山野에서 서는것이 아니라 중대본부 사무실 안에서 근무를 서는것입니다. 아직도 동계복을 지급받지 않았습니다 소매없는 런닝샤쓰만 입은 몸이 사뭇 추워 보는군요.

*머릿속이 조용해지고, 마음을 내적으로 쏠리게 되니 생각히 고요. ■메고 있던 칼빈총을 옆에 놓고, 단어를 외워 봤습니다. 여러날 휴대하고온 포켓는 책입니다.

1권은 이것도 호주머니속에 집어넣었습니다. 형님께 이편지를 써야겠습니다.

작게 추위에 떨던 ■동료중의 생사람만은 알지 못할 모릅니다.

작년 이맘때쯤은 가정교사 노릇도 그만두었습니다. 월초에 월불 하숙방이나 자취방도 떠났습니다.

친구들의 집을 떠돌아다녔습니다. 퍽 불안정한 생활이었지요. 그러나 지금처럼 이런 번뇌이 되기도 전에 일종의 도서관 분관에 다닐었습니다. 종일 앉아서 책상을 얻기위해서요. 어떤 날은 아침부터 저녁까지 구내식당에서 라면 100원짜리 우동세끼로 살았습니다. 종일 부지런히 하숙생치고 공부를 했습니다.

그러기를 5개월이나 했습니다. 그러니까 따지면 했는, 하숙생활을 할수있도록 부탁 형님께서 봐주셨을 나는. 그러나 방을 놓아야 후회했습니다.

- 작은형님에게 보낸 편지

1962년 2월 18일

형님 편지 받은 지 한 주일이 넘은 것 같고 승희가 몇 차례나 보내준 글도 받아선 읽기만 하고 편지 쓰지 못하다가 오늘에야 종이와 펜을 잡고 소식 전합니다.

입대한지 반년 정도 지난 군대생활에서 아직은 심신의 위압이 심하고 맡은 일 처리에 골몰하며 지내다 보니 편지 쓰기도 수월하지 않는지라, 이렇게 조금이나마 심적인 여유가 생기면 편지 써 보내고자 했습니다.

형님도 겪고 난 군대생활이니 구구히 늘어놓지 않아도 짐작이 가리다마는 졸병의 생활이라서 그런지 정신은 돌처럼 굳어져 가는 것 같고 어느 것 하나 마음에 드는 일 없는 일상생활은 긴장의 연속입니다.

이렇게 쓰면 형님은 제가 군대생활에 통 재미를 못 붙이고 있다는 것을 알고 심히 염려하실 것 같군요.

그러나 과히 걱정마십시오. 얼마만큼 씩이나마 지성은 살아 있어 청년이면 피치 못할 일인 줄도 알고 또 지내보노라면 조금씩 나아지리라는 것도 전망하고 있으니까요.

오늘은 일요일인지라 어제 오후부터 사병들의 대다수는 외박을 나갔습니다. 저의 주머니에도 이번 달 봉급탄 것이 1,000환쯤 들어 있어서 외박신청을 했다가 교육기간이 지나 할 일도 있고 해서 취소했었는데 밤새 근무를 서면서 생각을 바꿔 아침 먹고 비공식 허가를 얻어 시내에 나가 봤습니다.

늘 생각하는 것은 시간 나는 대로 책을 보고자하고 있지만 영내에서 아직은 최하급자의 신분, 밤에 보초근무도 서야하는지라 책을 들 수 없는 사정입니다. 함께 생활하는 사람들은 항상 불가분의 관계를 유지해야만 하는지라 학업에만 전념하던 때처럼 좀처럼 홀로 있기 힘듭니다.

그래서 쉽게 생각하는 것은 고통스러운 시간을 조금이나마 피해보자는 생각으로 입대 전에는 애써 발을 끊어오던 영화관이지만, 그나마 저급한 곳을 찾아 몇 시간의 정신적 해방을 얻어 봅니다.

또 내일부터 아직도 3주간이 남은 교육기간에도 귀찮은 일들, 형식에 그친 일들로 신경을 쓰고 검열관의 점검도 받아야 합니다.

보도에 의하면 앞으로 복무기간은 30개월은 될 듯하다 하니 1963년도에도 제대는 불가능할 것 같군요.

집안에선 한결같이 저의 학업을 위한 길을 마련해 주려는 노력을 계속하고 있다는 형님편지는 퍽 고무적인 것이었습니다. 가능한 모든 노력을 기울여 실력을 쌓아 보겠습니다.

제대와 동시에 좋은 대학에 들어갈 수 있어야만 전도도 무난할 것이라는 것을 잘 알고 있으니까요. 온갖 시련이 항시 뒤따르는 병영생활에서 뜻대로 되지 않는다는 것도 차차 알게 되는 일입니다만 병장계급을 붙인 사람들 중에 진학 준비를 하는 사람도 봤습니다.

4월쯤이라야 휴가를 얻을 수 있을 것 같습니다. 그 보다 빠르게 형님의 결혼날이 정해지면 관보를 보내시기 바랍니다만 쉽사리 휴가 보내 줄 것 같지는 않군요. 저와 관계되는 일이 앞으로도 중첩해 있으니 말입니다.

그래도 틈 있으면 편지 쓰겠습니다만 형님께서도 종종 고무적인 내용으로 서신 보내 주시기 바랍니다. 노부모님과 형제들, 그리고 경도의 건강 여전하기 빌며 이만 씁니다.

- 작은형님께

1962년 5월 15일

안부 전하고 집안 소식 듣고 싶어 펜을 들었습니다.

노부모님 기력 여전하시고 형님께서도 먼 거리 출퇴근이 한결 같고 승희, 경도,

순옥이 모두 잘 있습니까?

귀대한 후 별로 힘들지 않는 병영생활을 해온 셈입니다. 그러면서도 노상 책을 좀 볼 수 있는 길을 택하려고 노력하고 있습니다만 참 어려운 노릇이군요.

지금 생각하고 있는 것이 뜻대로 되면 아무래도 좀 나을 것 같아서 상사들에게 의견을 제시해 볼 결심을 하고 있습니다. 빼앗긴 세월이지만 힘닿는 데까지 잘 이용해 보려는 생각하고 애써 보나, 마음대로 되지 않는군요.

그 동안 집안의 일로는 형님의 혼사 문제는 어찌되고 있는지 궁금할 뿐입니다. 만시의 감을 금치 못하지만 금년 가을까지는 꼭 대사를 치르기를 바라고 있습니다.

그리고 아버님과 함께 심어놓은 가산(家山)의 뽕나무는 모두 잘 살아서 크고 있는지요. 일차 다녀온다던 형수님과 주리도 무사히 다녀갔습니까?

어찌해서라도 집에 가는 기회 얻어야만 책을 볼 수 있기에 이번 처음 얻게 되는 정식 휴가 시엔 꼭 갈 수 있도록 애쓰고 있습니다.

대부분의 고향친구들이 입대(入隊) 하였기에 이젠 고향에 가도 뜻 맞는 친구 없을 것이므로 두문불출 책을 볼 수 있을 것 같아서요. 방학전이 되면 큰형님 댁에 갔으면 하는 생각도 들어요. 방이 하나 이상일 경우이면 퍽 좋을 것 아닙니까? 주리도 봐주고 땔나무도 쪼개가면서 한 스무 날 꼬박 책을 보면 퍽 좋을 것 같다고 생각합니다.

그리고 이곳에서 함께 복무하는 박회철군이 정식휴가를 얻어, 서울로 돌아서 고향을 다녀온다고 했습니다. 우리 집에 찾아오거든 침식을 적절히 대접해 주도록 해주십시오. 가족 일동 내내 건강하옵기 빌며 이만 씁니다.

- 작은형님께

1962년 7월 1일

그간 집안이 별고 없는지요? 편지 늦어 사과드립니다. 하룻밤을 자고 식구들과 헤어지기란 퍽 힘든 일이었습니다. 러닝셔츠를 갈아입으려고 머리맡에 두고 잤는데 아침에 일어나서 그냥 차를 탔군요. 경도가 따라 나와서 같이 간다고 철부지 행동을 했는데 무척 보고 싶습니다.

휴가 다녀 온 후 15일이 됐는데 어제 처음으로 외출의 기회를 얻었습니다.

어디 갈 곳도 뚜렷이 없는지라 조금 나오다가, 부산대학 뒷산 우거진 숲속을 찾아서 바위틈을 흐르는 개골물에서 오래간만에 땀밴 몸을 씻었습니다. 그늘진 바위 위에 앉아 이번 휴가를 만족스럽게 보낸 창죽리를 생각하고 형님 댁에 편지를 쓰고 나니 해가 뒷산을 넘었습니다. 극장에라도 들어갈까 하고 시내로 나왔는데, 혹시나 하고 찾은 것이 다행히 만나, 여기 고향 사람 집에 와서 편히 하룻밤을 지냈습니다.

동아대학에 다니는 임원출신의 후배로, 어머니와는 친족간인 집의 아들입니다. 전에도 몇 번 놀러와서 폐를 끼쳤습니다. 자취하고 있는지라 좀 만만한 생각은 들지요. 함께 거하던 이선교형은 해양대학의 졸업을 앞두고 이등(二等) 항해사로 취직이 돼서 미국으로 배타고 갔다고 합니다. 작은형님과 승희는 선교라는 사람을 알고 있을 것입니다.

오늘 하루는 주머니에 돈도 몇 푼 남았으니 영화구경도 가고 하면서 보낼 생각입니다. 책은 싸들고 나왔으나 좀처럼 들여다보기 힘들어요. 도서관엘 가려면 아예 아는 사람을 찾지 않아야 가능한 일이니까요.

암만 생각해도 지금 상태로는 마음을 태워 봤어도 정신의 여유 얻을 수 없어 책보기 힘들므로, 일자리를 옮겨볼 생각으로 상사들한테 생각나는 의견을 진술하고 결과를 기다리고 있는 중입니다.

집에서는 작은형님의 혼사문제가 아직도 이루어지지 못한 것을 보고 왔는데 좋은 결과를 가져왔는지요.

No 1

그간 평안히 계셨는지요? 편지 늦어 사과드립니다. 하룻밤을
자고 식구들과 헤어지기란 퍽 힘든 일이었읍니다.
전성구를 같이 만나려고 머리맡에 두고 잤는데 아침에 일어나니
그냥 가 버렸군요. 영도가 따라나와서 같이 간다고 철부지 행동을
했는데 무척 보고 싶읍니다.
휴가 다녀온 후 4일이 됐는데 이제 처음으로 외출의 기회를
얻었읍니다.
어디 갈 곳은 무척이 없는지라 조금 나오다 부산대학 뒷산 우거진 숲속을
찾아서 바위돌로 흐르는 개골물에서 오래간만에 땀에 몸을
씻었읍니다. 그늘진 바위 위에 앉아 이번 휴가를 만족스럽게 보낸
한 주지를 생각하고 형님댁에 편지를 쓰고 나니 해가 [illegible]을
넘었읍니다. 극장에라도 들어갈까 하고 시내로 나왔는데, 혹시나
하고 찾은 것이 다행히 만나, 여기 고향사람 집에 와서 편히
하룻밤을 지냈읍니다. 동아대학에 다니는데 [illegible]에 집이 있고
어머니와는 친족간인 집의 아들입니다. 전에도 몇 번 놀러
와서 재미있게 지냈읍니다. 자취하고 있는지라 좀 만만한 생각일
줄지요. 같이 있는 [illegible]은 [illegible] 취직이 되어 미국
으로 배타고 갔다고 합니다.(작은형님과 [illegible]는 [illegible]라는 사람
을 알고 있을 것입니다). 오늘 하루는 주머니에 돈도 별로

- 1962. 7. 1일자 부모님께 보낸 편지

날씨가 계속 가물어서 농작물이 제대로 자라지 못한다는 신문보도를 보는데 그곳은 어떠한지요. 모심기는 잘 되어 가는지요.

휴가를 자주 가게 되면 돈이 많이 없어지는 줄 알면서도 그런 기회를 종종 얻어 보려고 합니다. 철부지한 생각인지도 모르겠습니다.

또 기회 있으면 편지 쓰지요. 온 집안이 내내 건강하옵기 원하며 이만 씁니다.

– 부모님께

1962년 7월 13일

그 동안 소식 없었군요. 가족들 모두 건강히 지내며 집안들도 두루 무고하온지요. 이곳은 장마가 계속 되건만 어쩌다 들여다보는 신문에 의하면 그쪽은 통히 비가 내리지 않았다는데 농작물에 큰 피해를 가져오고 있지는 않는지요?

군복을 입고 철조망에 갇혀 있는 몸들이지만 제고향의 비소식 있기를 무척 기다리는 마음들을 갖고 있는 걸 알 수 있습니다.

그 동안 작은형님께서는 어디 좋은 혼처를 탐문해 보셨습니까?

휴가 다녀온 지 한 달이 채 못 되건만 벌써 또 집에 가고픈 생각이 집무 중에도 문득문득 치솟아 아직도 어린 마음 같음을 느끼지 않을 수 없습니다.

군대생활도 지난 11일로서 벌써 1년을 한 셈입니다만 아직도 다가올 더 많은 날을 무사히 메꾸어 가야만 할 것을 생각하고 다시 마음을 가다듬어 봅니다.

그러나 내일 모레면 또 많은 향우(鄕友)들이 서글픈 입대(入隊)를 할 것을 생각하면 이만큼이나마 군대생활을 한 것이 내심(內心)으로는 자랑스럽기도 하군요.

지난 휴가 중엔 큰 형님댁에서 형님 내외분의 한결같은 사랑으로 더없이 즐겁고 유익한 나날을 보냈습니다.

그리고 이번 휴가를 계기로 군대생활을 하는 입장은 언제나 몸과 마음을 붙잡아 매어두는 것인지라 미래를 향한 철통같은 결심이 없는 한에는 퇴보를 가져오기 쉽다는 걸 알았습니다.

불침번 마지막 째 시간이 되어 종이와 펜을 잡았더니 벌서 기상소리가 들리는군요. 오늘 이만 적습니다. 가내 평안을 기원합니다.

- 작은형님께

1962년 8월 5일

잠결에 전화를 받으시고 놀라셨으리라 생각됩니다. 너무나 갑작스런 변동이어서 미처 편지로 알리지도 못하고 떠난 것입니다.

전부터 이완교(李完敎)에게 카투사(KATUSA)에 갈 수 있도록 노력해 보라는 부탁은 한 적이 있었으나 웬만한 빽이나 돈을 써서는 힘드는 것이라는 흔한 말을 듣고, 완교의 힘으로 가능할까 의문시해 왔는데 돌연히 출발 준비를 하라는 전화가 있었고, 어제 토요일 오후에 연락병이 특명을 가져왔는데, 오늘(5일)이 신고 날짜여서 부랴부랴 수속을 밟아 떠나온 것입니다.

포켓 속에 남은 돈은 단 50원뿐이었는데 정말 당황했습니다. 완교로부터 카투사에 갈 수 있다는 말을 듣고, 부관에게 얘기해 봤으나 안 된다고 거절했고, 인사계도 휴가 중이어서 난처했습니다.

그러나 어제 오후 특명을 받고 부관에게 가져갔으나 노한 얼굴로 "어떤 놈 맘대로 이따위 인사 처리를 하느냐"고 하더니 곧 퇴근해 버렸습니다. 하는 수 없이 단본부(團本部)로 뛰어 올라가 필요한 서류들을 챙긴 후, 이미 벌어진 일이므로 미귀(未歸) 않기 위해 중대원 몇 사람에게만 인사를 나누고, 임박한 기차 시간에 대기 위해서 합승을 타고 부산진역에 닿았더니, 차가 출발하기 5분전이었기에 다행히 승차할 수 있었습니다.

오늘 새벽 용산역에 닿아서 두해를 찾아갈까 마음먹었으나 그보다 가까이 있는 이곳의 김군이 생각나서 반신반의 하면서 찾았더니 다행히 만났어요.

주머니에는 돈이 13원 남아 있고 아침도 먹어야겠고 딱했습니다. 지금의 심중은 심히 불안정합니다. 앞으로 전개되는 운명을 예측 못하는 때문인 것으로 생각합니다만 되도록 안정하려고 애씁니다.

어디가나 군대생활(軍隊生活)일 것이라고 생각하고요. 그리고 신체검사를 세밀히 한다는데 눈 때문에 걱정입니다. 이것만 아니라면 별 이상 없으리라 생각합니다만 떨어지면 원대복귀라는데 단내(團內)의 타 중대로 가도록 할 수 있을 것 같습니다.

그리고 완교에겐 편지로 자세히 알아보고 연락해 드리겠습니다.

큰 형님께서 귀가하시거든 이런 취지를 말씀 드리고 이해시켜 주십시오.

그럼 이만 적고 가족 모두 내내 건강하시기를 빕니다.

추신 : 군번을 큰 형님댁에 두고 왔는데 이번 방학에 오는 편에 집에 가져와 계속 잘 보관 바랍니다. 그리고 겉봉의 주소대로 송금했을 줄 믿습니다. 편지는 이 주소로 보내면 안 됩니다.

서울에서

- 작은형님께

1963년 5월 19일

수없이 여러 번 향수(鄕愁)에 잠겼고 소식 전해 볼 의욕 가지긴 했으나 선뜻 써보지는 못했습니다.

오늘 또 한 번 일요일을 맞이했습니다. 일요일을 맞는 즐거움이 어느 만큼이나 되는지는 앞서 군생활(軍生活)을 마친 형님께서는 가히 짐작이 가시리라 여겨집니다. 더워서 러닝셔츠만 입고 지내보는 일요일입니다. 언제 이렇듯 계절이 거듭 바뀌었는지요.

고향의 벚꽃이 만발하고 산마다 진달래 붉게 피었으리라는 생각을 한 적이 어제런 듯하더니 어느새 녹음방초 우거진 5월이 다 지나가고 있군요.

어쩌면 빠른 듯도 한데 한없이 지루하고 허무감만이 남는 듯한 군대생활이 2개 성상(星霜)이 다 되어 갑니다.

남은 복무를 무사히 마치는 날엔 내게도 다시 왕성한 의욕을 펼쳐볼 기회 있으리라는 신념(信念)이 있기에 성실히 복무합니다.

이즈음 가사(家事)는 어떠하옵니까? 한 때 급등세를 보이던 미가(米價)에는 걱정도 되었습니다.

노령의 양친 기력 여전하시며 형님의 직장 출퇴근도 한결 같으십니까? 몸이 불편하여 친정(親庭)에 가 계시던 형수께선 완쾌(完快)하셨는지요. 경도도 잘 크고요? 지난 주중(週中)엔 승희로부터 오랜만에 편지를 받았습니다. 편물 기술을 배우기 위해서 칠암 누님 댁에 있으면서 보낸 편지였어요.

창죽리 형님댁에도 한동안 있었다는 얘기며 누님댁 소식은 들었습니다만, 형수께서 귀가(歸家) 했다는 말은 없기에 아직도 완쾌하지 않았나 염려되었습니다.

사뭇 걱정되는 일은 창죽마을에 있을 동안에 주리가 몸을 뜨거운 물에 데어 상처를 입게 되어 병원에서 치료하고 집에서도 치료 중이라는데, 기어 다니는 형편이라니 그 소식 접한 후로 오늘처럼 한가한 시간엔 궁금한 마음 더해집니다.

어린 것의 부드러운 살결에 병원치료를 받을 정도로 상처를 입게 되었다 하니 말입니다.

큰 형댁엔 오래전에 소식 전했으나 아무런 회신(回信)도 없고 저 역시 종종 편지 쓰지 않았으나 금일 일자 상서합니다.

지난 번 휴가 다녀온 후로는 공용을 제외하고는 일체 외출을 않았기에 줄곧 영내생활(營內生活)을 했고, 틈 있으면 가능한 한 책을 잡아보는 노력을 계속해 봅니다. 세월이 지나게 되니 고통스럽던 졸병생활도 조금씩 면하게 되어 갑니다.

6월 초순경엔 과장님과 선임하사님께 말씀드려 창죽리 큰형댁에나 한 번 다녀올 생각을 하고 있습니다.

집안의 안녕을 빌며 이만 줄입니다. 소식 기다립니다.

- 작은형님께

1964년 1월 6일

예상한대로 무사히 도착했습니다. 가족 모두의 염려의 덕택인 것만 같아요. 떠날 제는 서운한 생각을 잠시 금할 수 없더군요.

큰형수와 주리마저 다녀간 집안은 얼마간 휑한 분위기에서, 서로 헤어져 삶에서 오는 아쉬운 정을 금할 길 없을 것입니다.

그러나 곧 쉴 사이 없이 일해야 하는 집안 사정이니 그런 생각들도 미구에 사라질 테니까요.

형님,

백발이 날로 성해지고 얼굴의 주름살이 눈에 띌 만큼 더해진 양친의 모습을 대할 때나, 변함없이 딱한 집안 사정을 접할 때는 너무도 힘에 벅찬 자신의 의욕을 뚝 잘라버리고 조금이나마 가사에 즉각 도움이 되고 노부모님의 노고를 덜 수 있는 일을 하는 것이 낫겠다는 생각을 해보기도 했습니다. 그렇지만 마지막으로 한 번 더 주어지는 기회이니 끝까지 의지를 관철해 보기로 작심했습니다.

부대에 도착해 보니 미귀(未歸)로 인한 염려는 모두가 기우였고 오늘 새벽 일찍 오는 도중에 사둔 아리랑 담배 한 갑을 들고 과장(課長)을 찾아가 사과드림으로써 쉽게 용서받을 수 있었습니다.

형님께 새로이 부탁드릴 일은, 원서 관계의 신속한 처리입니다. 이층집 사진관에서 찍은 명함판이 현상완료 되었는지 궁금합니다.

그리고 서울에서 우송되어 올 입학안내서는 형님께서 열람 하시고 원서기록 시 지참하셔서 관계자에게 보여주신 후에 곧 저한테로 보내주십시오.

이만 가족 모두 내내 건강하옵기 원하며 각필합니다.

- 작은형님께

학업(學業) 중에 본가에

1960년 7월 3일

하지(夏至)가 지난 여름 날씨는 무덥기만 하는데 학교 나가시기에 퍽 고달프겠지요. 집안 식구들 모두 안녕하십니까?

새로 난 애기는 아직 사람도 못 보는 걸 보고 왔는데 그 동안 잘 먹고 크는지요. 이름은 뭐라고 지어 주었습니까?

재일(載一)인 이젠 제법 걸어 다닐 것으로 봅니다. 장마당을 함부로 쫓아다니다가 탈이라도 없이 잘 크는지요.

직장에, 집안일에, 애기에 무려 3인역을 감당하시는 형수께 뭐라고 말씀드리면 좋을지요.

그 동안 편지 한 장 없다고 퍽 탓하였겠지요. 언제나 작은형님껜 돈 소리만 해서 편지를 보냈으니까요.

5월 31일 저녁 고향 친구의 알선으로 이곳엘 가정교사로 왔습니다. 이제 한 달이 좀 지났군요. 때로는 속이 확확 타오를 만큼 신경질이라도 부르고 싶을 때도 있지만 그대로 견디어 볼 작정입니다.

처음 몇 주일은 마치 밧줄로 내 몸을 동여매어 둔 듯한 느낌이 들더니 차츰 지내노라니 그런 생각은 희미해가는군요. 여름에 접어들은 영업 상황은 어떤지요. 세규(世揆) 군은 그대로 일하고 있는지요.

이제 멀지 않아 여름방학이 되는군요. 신체검사가 방학 중에 있으니 한 번 하향(下鄕)할 수 있겠으나 방학을 전부 고향서 보낼 순 없을 것 같습니다.

푸르고 시원한 바다가 눈앞에 있으면서도 맘대로 즐기지 못하고 불길이 확확 타오르는 집안에서 뭇사람들에게 들볶이는 집안 식구들을 생각하면서 이런 궁리 저런 궁리를 노상 해봅니다.

학교만 좋은 델 들었다면 방법은 지금보다 좋은 길이 있겠으나 지금 같아선 어찌 할 수 없습니다.

- 큰형수님께

큰형수께

夏季가 지난 여름 날씨는 무덥기만 하는데 학교나가시기에 퍽
고생되겠지요. 집안식구들 모다 안녕하십니까?
새로 난 애기는 아주 사람도 못보는걸 보고 왔는데 그동안 잘먹고
[illegible] 크는지요. 이름은 뭐라고 지어주었읍니까?
載一인 이젠 제법 걸어다닐것으로 봅니다. 장미당을 할부로 쫓아다니
다가 탈이라도 없이 잘 크는지요.
직장에, 집안일에, 애기에, 무려 三人役을 감당하시는 형수께
뭐라고 말씀드리면 좋을지요.
그동안 편지 한장 없다고 퍽 섭섭하셨겠지요. 언제나 적은 형님
께 돈 소리만 해서 편지를 보냈으니까요.
五月 三十一日 저녁 고향 친구의 알선으로 이곳엘 가정교사로 왔읍니다
이제 한달이 훨 지났군요. 때로는 속이 확확 타오를 만큼 신경질이
나고 부르고 싶을 때도 있지만 그대로 견디어 볼 작정입니다.
처음 몇주일은 마치 밧줄로 내몸을 동여매어 묶은듯한 느낌이
들더니 차츰 지내보니 그런 생각은 희미해가는군요.

여름에 집에 들은 방앗간 상황은 어떤지요. 世[illegible]君은 그대로 일하고
있는지요.
이제 멀지 않아 여름방학이 되는군요. 신체검사가 방학중에 있으니
한번 下鄕 할수있겠으나 방학을 전부 고향에 보낼순 없을것
같습니다.
푸르고 시원한 바다가 눈앞에 있으면서도 맘대로 즐기지 못하고
불길이 확확 타오르는 집안에서 뭇사람들에게 들볶이는 집안식구
들을 생각하면서 이런 궁리 저런 궁리를 노상해봅니다.
학교만 좋은델 들었다면 방법은 지금보다 좋은 길이 있겠으나
지금 같아선 어찌할수 없읍니다.

- 1960. 7. 3일자 큰형수님께 보낸 편지

1960년 7월 6일

며칠 동안 장마가 계속되더니 구름이 걷히고 또 폭염이 계속되는군요.

이런 더운 날에도 집안에서 노상 움직이시는 집안 식구들이 눈에 아른거리는군요. 방학이 가까워 오기 때문인지 이런 생각은 한 결 더해만 갑니다.

벌써 소식을 전했어야 할 텐데 이제야 편지를 쓰게 됐습니다. 신체검사 일정이 변경되어 이달 25일경이라는 말을 들었습니다. 신체검사를 받으러 오라는 통첩이 벌써 와 있습니까?

시험이 15일 끝나고 그 다음 날부터 방학입니다만 제가 하향(下鄕)할 날짜는 신체검사가 있을 무렵이라야 되겠습니다. 책임이 있는지라 맘대로 할 수 없군요.

혹시 선거 때문에 또 변경될지도 모르겠습니다. 제가 고향으로 내려가기 전에 편지를 한 번 보내주십시오. 정확히 알고 내려가는 길에 검사를 받을 수 없을는지요?

제가 있는 곳의 주소는 겉봉과 같습니다.

아마도 이번 방학 고향 가는 길엔 글 가르치는 아이를 데리고 갈 것 같습니다. 기차 칸에서 함께 고생도 하고, 생전 못 봤다는 동해바다도 구경시키고 좋아하는 수영도 맘껏 시켜주면 좀 더 철이 들어 무엇이고 하라는 대로 할 것 같아서요.

학생의 부모님도 그렇게 해주었으면 하는 생각들입니다.

집안 식구들께선 어떻게 생각하십니까? 이 무더운 곳에서 땀을 빼며 글 가르칠 생각을 하니 기가 막혀서 단 얼마간이라도 더위를 피하고 싶습니다.

그렇지만 한 달 전부를 그렇게 할 수는 없을 것 같습니다. 그런데 문득 돼지 생각이 납니다. 새끼를 낳았을 것 같군요. 몇 마리나 낳았는지요.

작년 이 때쯤은 온 집안 식구가 더위와 싸우며 일하던 생각도 납니다. 그렇게 알뜰히 일해 지은 집이 한 달 만에 태풍을 만나 쓰러지는 광경을 사진관집 이층 꼭대기에서 내려다보던 순간을 생각하면 지금도 등골이 싸늘해지고 안타깝기까지 하군요.

아무튼 무던히도 혼난 작년 여름 한철이었지요. 형님은 제대하자마자였고 저는 고등학교를 나오자 마자였으니까요.

그리고 한 때 법석이던 시장문제는 어찌 됐습니까?

세상이 한바탕 뒤집어졌는데도 그 따위 수작들은 아직도 하는지요.

도로 부역을 나가서 배도규 밑에서 일하면서 진땀 빼던 생각도 납니다.

제가 가정교사로 지내는 형편은 형수 앞으로 보내는 편지에 썼습니다.

그럼 가족일동 건강하게 지내시기를 빌며 이만 줄입니다.

- 작은형님께

1960년 7월 8일

오늘은 휴강이 되어 집에 혼자 남아 있게 됐습니다.

도서관엘 갔더니 만원이라서 도로 돌아 왔습니다. 일렬로 늘어섰더니 내 앞의 30명쯤에서부턴 허탕치고 돌아가야만 했습니다. 오늘도 거의 30도는 헤아릴 정도의 무더운 날씨입니다. 고향의 해망산 밑이랑 '행개'의 맑고 푸른 넘실거리는 파도가 자꾸만 눈에 아물거리는군요.

그러나 집안 식구들은 하나 같이 이 무더운 날에도 제각기 쉬지 않고 움식이시겠지요. 큰형님은 임원으로, 작은형은 손님들과, 승희와 어머님은 또 부엌에서, 아버지는 아버지대로, 땀방울 맺으며 일하시는 모습들을 잊을 수가 없습니다.

생각하면 제자신은 얼마간의 정신적인 노력 외엔 그리 큰 고생은 요즈음 같아선 없는 편입니다.

며칠 전에 고향에다 보낼 편지를 쓰다가 주머니가 비었길래 그만 두었더니, 다행히도 이제 아침 학교로 떠나려는데 아주머니께서 차비로 쓰라고 2,000환을 주더군요. 그래서 또 꾼 돈도 좀 갚고, 그럭저럭 교통비조로 쓰게 됐습니다.

아주머니께선 이곳에 온 지 열흘쯤 됐을 때도 이미 교통비로 1,000환과 러닝셔츠 하나, 팬츠 하나를 사주시길래 지금 사용하고 있습니다.

방안에 앉았어도 땀방울이 구슬처럼 맺히는군요.

생각나는 것은 시원한 고향바다 뿐이군요. 그리고 이럴 때면 재일이의 방글방글 웃는 얼굴도 여간 보고 싶지 않아요.

아마도 하향할 날짜는 신체검사가 있을 25일 경이 될 것 같습니다. 방학은 15일에 시작됩니다만.

이만 쓰겠습니다. 그간 더위에 시달리는 직장생활에서 괴로움 없으시기 바랍니다.

- 큰형수님께

1964년 8월 20일

큰형님댁에서 이틀밤, 철암 누님댁에서 하룻밤을 지내고 17일 서울행 열차를 탔습니다. 밤 아홉시 청량리역에 내려 가정교사 노릇하는 친구를 찾아가 밤을 새우고, 다음날 김기동군을 만났습니다.

전에 거처하던 방은 벌써 다른 사람이 차지했고 저의 짐은 그 집에서 보관 중이었고, 그는 신문사분실의 사무실에서 대부분 잠을 자며 지내는 형편입니다.

하숙을 하지 않고 어디 자취 생활하는 친구들과 함께 당분간이나마 있으려고 알아봤으나 모든 학교는 학기말 시험중이라 연락을 취하기엔 곤란한 문제였습니다. 앞으로 계속해서 자취생활을 할 수 있는 사정이라면 진우와 함께 있을만한 방을 구해보려 했으나 지금 당장은 그렇게도 할 수 없는 것입니다. 우선 시험을 치르고 아르바이트를 구할 때까지 한 달을 계획하고 학교 부근에 하숙을 할 도리밖에 없을 것 같아서, 신문사 사무실에서 김군과 하룻밤을 자고 어제(19일) 이곳 신촌에 하숙을 했습니다.

하숙비는 3,500원인데 교통비는 들지 않으나 세탁비는 역시 따로 자기부담이라

하니 잡비는 필요하게 마련입니다.

하숙비는 전액 선불이며 학생 하숙을 전문적으로 하고 있어서 한 집에 보통 8~10명씩 하숙을 친다는 사실을 알았습니다. 식사만 집에서 하고 공부는 불과 수 백 미터의 거리에 있는 학교 도서관을 이용하는 것이 좋을 것으로 생각됩니다.

우리 집의 형편으로 이런 생활을 계속하는 것은 불가능한 실정이니 이 한 달 동안에 여하히 해서라도 방책을 강구해야 할 것이므로 여러모로 생각하고 찾아다닐 작정입니다.

등록금은 이달 28일부터 받으므로 그 때까지 잘 보관할 것입니다. 장성에서 남방셔츠를 형수께서 하나 맞춰서 입게 해주셔서 지금 입고 다닙니다. 겨울옷은 모두 형수께서 우송해 주신다고 했으나 따로 돈이 들 것을 생각하고 가져오다가 철암 누님댁에서 생각을 바꿔 도로 두고 왔습니다. 누님께서 우송해 줄 것을 당부하고 왔습니다.

아직은 사용하지 않으므로 이사할 때마다 짐만 되겠기에 어디 일정한 거처가 생기면 곧 보내달라고 전할 생각입니다.

시험이 내일부터 실시됩니다. 길게 쓰지 않고 이런 소식만 알립니다.

시험이 끝나고 등록을 마치고 또 소식 진하겠습니다.

모두 늘 건강한 몸으로 일하시기 기원합니다.

- 부모님께

1964년 10월 8일

방학 중에 고향에 있었을 때는 심어놓은 벼의 병충해 구축에 분주하던 형님의 직상생활이 이제 수확의 계절에 접어들면서 어떤 양상으로 변모해 가는지요.

부모님 기력 여전하시고 형수께서도 힘든 집안일에 나날이 건강하시고 승희도 잘 견디어 내는지요. 한 돌이 지난 명이가 지금은 귀여운 걸음마를 할 줄 아는지요. 요리사가 있는 영업은 좀 이익이 있는 실정인가요.

또 확장 중이던 새장터의 집은 그 후 어려운 형편 속에서도 완성되었는지요.

계산 해보니 오는 9일이라야 다 갚게 될 인덕형 댁의 일수계돈은 그 후 계속해서 갚아줄 수 있었는지요.

늘 시간이 부족함을 느끼고 있는 생활 중에서도 집 생각은 떠날 수 없군요. 이대로 계속하면 어떤 결과가 자신과 집안 식구들에게 오려는지, 중단하는 것이 큰형님의 말씀대로 옳은 일일는지, 견디어 나가 보는 날까지 노력해 보는 것이 옳은 길일는지, 노상 스스로 비판과 반성을 놓지 않습니다.

저 하나로 인한 부모형제들의 그와 같은 희생적인 생활을 그처럼 초래하게 되니 이에 대한 회의(懷疑)와 자신에 대한 무력감을 금할 수 없는 나날입니다.

침식의 문제는 이 정도로 해결될 수 있겠으나, 아직도 필요한 제반비용을 마련하기란 불가능에 가까운 문제입니다. 그저 무능을 통절히 느끼며 힘든 하소연을 적어 보내고 맙니다.

그러나 이런 역경 속이라야 무엇이 이루어질 것이다 라고 자위해 보고, 또 많은 사람들이 각양각색의 역경을 헤치고 그들의 이상의 열매를 맺어 볼 수 있었으니 용기는 죽지 않을 수 있습니다.

지금의 가정교사로 있는 곳은 당초에 요구한 것이 침식만이었기에 성의껏 노력을 제공하고 있을 뿐입니다.

가정교사 노릇이 이처럼 힘드는 것이라는 것을 예상 못한 것이 아닙니다만, 아이가 좀체로 실력이 향상되지 않기에 더욱 힘들군요.

중학교 입학시험이 12월 7일이니 그 때까지는 이곳에 매달려 있고, 방학하면 다른 곳으로 옮길만한 곳이 없으면 하향하기로 하겠습니다. 방학 끝날 무렵은 신학년도라서 좀 구하기 쉬울 듯합니다만, 새학년 등록금은 또 큰 짐이 되겠습니다.

큰 형님께선 한 번 소식 전해 주셨고 저도 회신(回信) 보냈습니다만, 요즈음은 편지 보내지 못했습니다. 늘 부족한 시간을 학업에만 전념하다 보니 시간을 내어 편지 쓸 여념조차 못 가져 봅니다.

겨울이 다가오고 있으니 동내의와 코르덴바지 정도의 복장은 갖추어야 될 것 같습니다. 어머님과 의논하셔서 가능여부를 고려해 보고 연락해 주시면 좋겠습니다.

송금 시엔 학교 학년 과 등을 명기하셔서 보내주시면 안전하게 받을 수 있겠습니다.

소식 기다리고 승희에게도 종종 편지 보내달라고 당부합니다.

모두 늘 건강한 모습으로 일하시기를 기원하면서 이만 줄입니다.

- 작은형님께

1964년 10월 16일

보내주신 금 2천원과 편지 잘 받았습니다. 아쉬운 대로 돈을 쓸 수도 있고, 집안 소식도 알게 되어 큰 기쁨을 누렸습니다.

몇 권의 책을 구입할 수 있고, 교통비 이발비 등도 걱정 없게 되었습니다.

6학년 아이를 데리고 있으니 그래도 얼마간의 용돈을 마련해 주리라는 기대를 가져보았으나 눈으로 보고 듣는 사정인지라 그렇게 못하는 모양입니다.

연일 곤혹을 치르고 있는 셈이니 “늘 푸대접해서 안됐노라”는 인정있는 말을 자주 하는 것을 보아서 미안스러운 생각을 하고 있는 것을 알 수 있으니 저로서는 이러한 생활이라도 계속하지 않을 수 없는 것이지요.

대학이란 곳이 세상 사람들이 보통 말하는 것처럼 그렇게 안일하고, 그럭저럭 보내서는 안 될 곳임을 새삼 인식할 수 있고 보니, 힘에 겨운 현실에서 너무나 부족한 자신을 위한 시간에 애착을 느끼게 되고 좀 더 많은 시간을 갖지 못하는 현실이 애통하다 느껴질 뿐입니다. 그러나 사실은 너무 명백하니 어디다 한탄하지 않고 주어진 여건 속에서 선전분투(善戰奮鬪)하는 즐거움을 얻으려 애써봅니다.

스스로 저를 깨달을 수 있도록 애쓰고 부모형제의, 그리고 마음속으로 저를 생각해주는 많은 일가친척들과 벗들의 기다림을 저버리지 않기 위해서 항상 최선의 노력을 경주해 볼 것을 언제나 다짐해 봅니다.

여름방학과 같은 많은 시간이 허여된 시기에 집안을 위해서 크게 도움될 일도 못하고 책도 별로 가까이 하지 못한 시간들이, 지금 생각하면 몹시 아쉬운 일이고 보니 불성실한 스스로에 매질 않을 수 없습니다.

겨울 옷 걱정을 털어 놓았으니 모두가 걱정하고 부모님께서 옷을 지어준다 하니 그렇게 하고 싶습니다.

동내의 한 벌은 있어야 하고, 형님이 사용하시던 재건복 상의는 며칠 입고 다닙니다만, 아직은 별로 찬 날씨도 아닌지라 마땅치 않습니다.

몸의 치수도 재어보지 않고 어찌 옷을 지을 수 있습니까? 좀 더 생각해 보고 기회를 얻어 치수를 재어서 적어 보내게 되면 양복점에 주문하시기 바랍니다.

너무 옷차림이 초라하면 남의 호감을 살 수 있는 기회도 놓쳐 버릴 수 있다고 생각하여 형님의 편지 내용대로 하고 싶습니다.

꼭 시간을 내어 또 소식 전하기로 하고 오늘은 이만 줄입니다.

가족 모두 건강한 가운데 일하기를 빕니다.

- 작은형님께

1964년 11월 17일

시험 준비기간이 20여일에 불과하니 그 동안에 대충 볼 수 있는 책을 사야겠기에 퍽 어려운 생각이 듭니다.

우선 재배원론과 농사직 시험문제집을 사서 오늘 보냅니다.

재배원론은 형님이 요구한 서울농대 교수 단독으로 지은 것은 없고, 여러 사람의 공저(共著)로 된 것 하나 뿐입니다.

그리고 시험문제집은 그 정도가 좀 높은 듯한데 대학출신자들에게 해당하는 듯합니다만 이런 종류의 책도 이것 밖에 없어 그것을 샀습니다.

나머지 책은 내일 또 사서 보내겠습니다. 짧은 기일이기에 받는 책부터 보시기 바랍니다.

○ 국어 : 서점에 여러 가지 책이 있으나 모두 분량이 많고, 취직 시험용으로 있기는 합니다만 여타 필요 없는 과목들과 함께 수록되어 있어 얼른 사고 싶지 않아서 좋은 책을 알아보고 사려고 합니다. 내일까지는 사서 우송하겠습니다. 국어공부는 고등학교 2~3학년 교과서를 구해서 읽어 보는 것이 좋겠는데 특히 기미독립선언문, 농가월령가 등 농업과 관계있는 고전들을 잘 보아주시면 좋겠습니다. 시험에 잘 나오는 한자 숙어는 참고서의 뒤편에 대개 수록되어 있는데, 우리 집에도 그런 책은 있습니다. 책장을 찾아보시면 국어교과서도 있을 것입니다.

○ 영어 : 지금 저에겐 아무 시험준비책도 없어 서점에서 사서 보내드리겠습니다만, 역시 마땅한 책이 없군요. 내일 중으로 한 권 사서 우송해 드리겠습니다. 단어, 문법 등을 기억하고 계시는 분량이 얼마나 되는지요. 몇 번 읽어보는 방식으로 하시기 바랍니다.

○ 자연과학개론 : 서점에 있는 것은 공무원채용시험 문제집이고, 특별히 농사직에 관한 것은 없습니다. 이것도 분량이 대단히 많아서 사더라도 그간에 볼 수 없을 것 같고 공연히 돈만 없애는 일이 될 것도 같아서 더 알아보고 내일 사기로 했습니다. 저가 배우던 자연과학개론이 좋을 것 같아서 우송해 드리겠습니다. 살펴보고 좋다 생각하시면 읽으시기 바랍니다.

○ 일반상식 : 이것에도 문제집이 있으나 역시 많은 분량이라서 적절하지 못할 것 같아서 내일 사기로 했습니다. 이 과목에서도 특히 농사에 관련 있는 것 읽어두십시오. 국사에선 농업분야에 관한 내용들이 특별히 있지 않습니까? 국사참고서가 집에 있는데 그 중 농사에 관한 것만 읽어두면 좋겠지요.

○ 공무원채용고시문제집 : 서점에 있는 것은 대개가 일반직공무원에 해당하는 것이고, 농업직채용공무원에 해당하는 것이 없기에 더 알아보고 내일 사기로 했습니다. 하루라도 빨리 효과적인 공부를 해야 할 터이므로 지체 없이 좋은 책을 사서 보내야겠는데 늦은 듯합니다. 등기우편이 오리라고 생각 못했기에 학교 게시판을 주시하고 지내지 않았으므로 어제(16일)야 형님의 편지를 받았습니다. 우선 도착하는 책부터 읽어보시고 열심히 실력을 기르시기 원합니다.

건강을 해치지 않을 정도에서 열심히 공부하셔서 부디 합격하시기 바랍니다.

해가 저물고 집에 들어가야 할 시간이 다가왔기에 이만 씁니다.

난필이지만 대강 저의 생각을 형님께 알리고자 이렇게 우체국 판서대에서 두서없이 썼습니다. 용서하시고 읽으셨으면 합니다.

집안 식구 모두 건강하시기 바랍니다.

– 작은형님께

1964년 11월 19일

17일 우송한 책 두 권을 받으셨습니까?
오늘 다음 6권의 책을 부칩니다.

① 5급공무원시험문제집(五級公務員試驗問題集)
② 영어(英語)
③ 국어(國語)
④ 자연과학문제집(自然科學問題集)
⑤ 자연과학개론(自然科學概論)
⑥ 상식문제집(常識問題集)

시험 준비기간이 매우 짧으니 그 동안 대충 볼 수 있을만한 분량의 책을 사려고 했습니다. 영어나 국어책의 종류는 허다하나 모두 많은 량의 문제들이 수록되어 있어 부적당하고 값만 비싼 것들입니다.

이 책들도 그 동안 다 읽기엔 벅찬 일이겠습니다만, 가능한 한 반복할 수 있도록 노력하시면 좋겠습니다.

특별히 농사식 공무원 채용시험문제집이라고는 없고 제가 사 보내는 종류의 것뿐입니다.

그리고 국어책은 그처럼 적은 분량의 책 이외엔 적당한 것이 없고 대개는 대학입시용으로 각 부문마다 갈리어 수권의 책으로 된 것들이 많습니다만, 적당치 못할 것으로 단정했습니다. 시간이 허락하면 고교 2, 3학년 국어 교과서를 몇 번 읽어보면 효과적일 것 같습니다.

우리가 배우던 자연과학개론은 잘 된 책입니다만 역시 분량이 많은 것이니 다 읽으실 수 있을런지요.

그리고 책을 받으시면 곧 소식전해 주시기 바라고, 필요에 충족되시지 않으면 적어 보내시면 남은 돈이 있으니 구입해 보내겠습니다.

그 동안은 받은 책부터 읽으시면 되겠지요. 그리고 우리 집에 보유하고 있는 서적들 가운데서도 마음에 드는 것이 있으면 골라서 보시기 바랍니다.

승희 더러 집안 소식도 좀 전해 주라고 하십시오. 시간 나는 대로 형님은 책 보시고, 모든 소식은 승희한테 맡기시기 바랍니다.

그리고 아직은 추운 날씨가 아니어서 지내기 어렵지 않지만 좀 날씨가 더 추워오면 형님 책 사 보내고 남은 돈으로 동내의 한 벌 사 입을까 합니다. 그리고 큰형님이 입던 코트를 갖고 왔으나 품이며 길이가 맞지 않아서 그냥 보관하고 있는데 양복점에서 고쳐 입을 생각입니다.

겨울방학 땐 집에 가서 집안일도 거들고, 그 동안 시간을 갖지 못해서 미루어오던 공부를 좀 더 해볼 마음을 먹고 있습니다.

이만 적어 보내고 소식 기다립니다.

모두 내내 건강히 일하시기 빕니다.

- 작은형님께

1964년 12월 4일

찬바람이 불어오고 얼음도 어는데 집에서는 화목(火木), 김장은 어떻게 준비되고, 영업사정도 어떠한지 염려되면서도 생활비를 보내달라는 글을 씁니다.

그 동안도 아버님, 어머님을 비롯한 온 가족이 늘 건강한 몸으로 일하시는지요. 오랫동안 집의 소식을 몰라서 궁금한 생각 뿐입니다.

작은 형님께선 2차에 걸쳐 우송한 책들을 다 받으셔서 시험준비에 부족함이 없으신지요.

가르치고 있는 아이의 입학시험이 12월 7일인데 끝나면 그 곳에서 물러 나와서

12월 14일~19일까지 계속되는 저의 1학년말 시험을 위해서 공부를 하고 싶은 생각입니다. 시험이 끝나면 곧 그날부터 약 70일간의 겨울방학이 시작되는데 이 방학 동안은, 지금 생각 같아서는 귀향해서 집안일도 거들며 그 동안 못 다한 공부를 실컷 해보고 싶을 뿐입니다. 학교 성적이 우수한 학생들에게만 우수한 직장의 시험을 치룰 수 있는 제약이 붙어 있기 때문에 이번에 치르는 시험의 중요성은 자못 큰 것입니다.

가정교사 노릇을 그만두고 나와서 길지 않은 얼마동안을 공부할 수 있도록 2천원만 마련하셔서 보내주십시오.

며칠 전에 엽서를 보내면서 1천원의 송금을 요망했는데 그 돈을 보내셨으면 1천원을 더 부쳐주시면 좋겠습니다. 송금 시엔 늘 학교로 보내시면 잘 받을 수 있습니다.

형님께선 시험준비 하시느라고 여가도 없을 테니 승희한테 소식 전해 주라고 일러주십시오.

어려운 부담일 것으로 믿어집니다만 14일부터 실시되는 저의 시험에 앞서 받을 수 있도록 송금해 주시기 바랍니다.

멍이는 몸이 튼튼하고 잘 놉니까? 형수께선 제가 여름방학 때 보아 해산을 앞두고 계셨는데 그 후 늘 반가운 소식 있기를 기다렸습니다.

큰 형님께서도 12월 3일로 강습을 마친다 하셨으니 지금쯤은 귀가했을 텐데, 소식 들으셨는지요. 요리사는 중국집에서 온 아이가 아직도 일하고 있고 평판도 좋은지요.

승희의 회답을 기다립니다.

아버지께선 약주의 양을 줄이시기 바랍니다. 늘 건강하시며 모두 언제나 밝은 마음으로 일하시기 기원하며 이만 줄입니다.

- 아버님께

1965년 2월 22일

장성에서 사흘 밤을 묵고 20일 밤 서울에 무사히 닿았습니다. 이곳의 온 식구들이 아주 반겨 맞아 주었습니다.

그 간도 아버님, 어머님 안녕하옵고 형님의 출퇴근 한결 같으며 형수께서는 내려 오셨나요? 승희, 상훈이, 순옥이도 모두 벌써 보고 싶습니다. 명이는 삼촌이 집에 있다 어딜 가버렸는지도 모를 테지요.

장성에서는 문덕 형님댁에서 하룻밤, 큰형님 댁에서 이틀 밤을 지냈습니다.

병원의 같은 사무실에서 문덕 형님과 함께 근무하는 그 아주머니를 만나서 이야기 했고, 큰 형수와 함께 시간을 내어 집을 방문하여 대강 의견도 교환했습니다. 이곳에 도착한 다음날은 일요일이어서 예정한대로 그 아주머니께서 준 약도를 보고 쉽사리 집을 찾을 수 있었고 주인 아저씨를 만났습니다.

방은 두 칸뿐이고 수도도 갖추어져 있는데 방 한 칸은 셋방으로 빌려주고 있군요. 아직 두어 달 후라야 빌 것이라고 그 동안은 한 방에서 불편스럽지만 함께 지내자 합니다. 아이는 열성을 보인다고 하며 찾아간 날도 일요일이라 과외 공부하러 가고 없었습니다.

보수관계를 염려하는 듯하였는데, 다소의 보조는 있을 듯하나 별로 만족스러울 것 같지는 않았습니다.

아주머니께서 장성 병원에 근무하면서 집안 살림에 보태어 쓰고 아저씨는 아직 신통한 직업을 갖지 못한 것 같았습니다.

그러나 23일인 내일 다시 찾아와서 이사할 수 있는 날짜를 약속해 주겠다고 말하고 돌아왔습니다. 지금의 이곳 보다는 환경도 낫겠고, 다소의 보수도 있을 듯하겠기에 또 아무래도 이 집엔 오래 있을 처지도 못 되기에 옮기도록 하겠습니다.

이성교형과도 전화로 연락하여 댁을 찾아가 면담했었는데, 한 군데 자리가 있으나 다른 사람을 보내고 저를 넣어 주겠다고 하나, 아이들을 여러 명 모아 놓고 가르쳐야 하므로 더 고달플 것이기에 우선은 장성서 소개받은 집에 있어 보겠다고 했습니다.

등록금은 가능한 한 입찰게 아니고 여러 사람들로부터 양보를 받아서 뽑을 수 있는 경우의 것으로 해서 이달 중으로 마련해 두시면 좋겠습니다.

저의 주소가 결정 되는대로 연락한 후에 송금해 주시도록 하고요.

그리고 상경하는 기차 칸에서는 마침 원주로 약을 구입하기 위해서 일행과 함께 가는 도중인 문덕형을 만났는데 책을 사보도록 하라고 일금 5백 원을 주셔서 고맙게 받았습니다.

떠날 때 잊어버리고 제가 먹던 약병을 지참하지 못했습니다. 저의 주소가 정해진 뒤 소식 전한 다음에 상경하는 인편이 있으면 적절한 기회에 보내주시기 바랍니다.

이직 자리가 잡히지 않은 처지라서 마음도 여러모로 설레고, 안정감을 얻지 못해 서글픈 생각뿐이지만, 오래 있으면 전날과 다름없이 될 것이라 기대합니나.

아무쪼록 가족 모두 내내 안녕을 빌며 이만 줄입니다.

\- 작은형님께

1965년 3월 7일

신문을 보고 영동지방 일대의 곳곳에 폭실로 교통이 두절되었다는 보도에 걱정이 되어 또 전합니다.

집엔 다 별고 없습니까? 형님의 발령문제가 궁금합니다.

추가 등록이 10일경부터 있을 듯하기에 그 때까지 송금해 달라는 편지 보냈습니다. 어떻게 그만한 돈이 마련되었는지요?

17,000원은 되어야 교과서까지 당할 수 있겠습니다. 등록을 못한 학생이 50%나 되니 별로 걱정은 없지만 학교에서 사야 하는 교과서들을 갖지 못하면 공부하는데 손해입니다.

아직도 마련되지 못했으면 어찌합니까? 어려움이 많을 줄 압니다만 모두 애써서 장만해 주셔야겠습니다. 학교 주소로 해서 10일경까지 송금해 주시면 되겠습니다.

장성에서 소개받은 가정교사 자리로 옮겨 보려고 몇 번이나 그곳을 방문해 보고 생각해 보았으나 아직 들어가지 않았고, 옮기고 싶은 생각 없습니다. 문덕 형님과 함께 근무하는 아주머니도 며칠 전에 상경하셨기에 만나 보았습니다.

오늘 찾아가서 "사정에 따라 저의 생각을 포기하겠노라"고 말씀드리려 합니다.

보수는 다소 있겠으나 6학년 아이 데리고 있으면 저의 공부는 뒷전으로 하고 가르쳐야 함은 물론이지만, 방이 아직은 한 칸 뿐이어서 세 사람이 자면 빈틈도 없을 곳에서 공부를 가르쳐야 할 것을 생각하니 마음이 내키지 않았습니다.

그런데 지금 주인댁에서 썩 좋은 곳이 아니면 이대로 있어주되 아이들 공부는 틈틈이 가르쳐 주고, 제 공부나 하도록 하라면서 극력 만류해 오기에, 저의 생각이 달라졌습니다. 물론 공짜밥이야 먹을 수 있겠습니까만은 진심으로 두 내외분께서 말리고 있고, 또 아이들도 붙잡는데 별로 신통치도 않은 그곳으로 옮길 마음이 내키지 않습니다.

이곳에 있으면 교통비, 이발비, 책값 등 한 달에 일천 원 정도는 집에서 송금해 주셔야 됩니다. 그 동안 공부를 좀 많이 해서 학교 성적을 올리면, 이것이 더 낫겠다고 따져 보았습니다.

애써 공부해서 이번엔 필시 좋은 성적을 내야할 것이니, 온 가족이 더욱 골몰하시더라도 달마다 일천 원 정도 송금해 주시기 바랍니다.

애써 소개해 준 문덕형과 큰형님 내외분께는 죄송스런 생각도 듭니다만 사정이 이러하매, 이해해 주시기 바라고 싶습니다.

형님의 소식 기다립니다.

내내 모두 건강한 모습으로 일하기기 기원합니다.

추신 : 어머니께서 장날 김을 한 톳 사 두셨다가 다음 제 편지로 보내 달라 전하면 우송해 주시기 바랍니다. 이백 원 정도면 한 톳 살 수 있다는 말씀을 들었는데, 이 주인댁에 선사해 주면 좋겠다고 여겨집니다.

– 부모님께

부모님께 45-1

신문을 보고, 영동지방 일대의 곳곳에 폭설로 교통이 두절되었다는 보도에 걱정이 되어 또 전합니다.
집엔 다 별고 없읍니까? 형님의 발령문제가 궁금합니다.
추가 등록이 10일경부터 있을 듯하기에 그 때까지 송금해달라는 편지 보냈읍니다. 어떻게 그만한 돈이 마련되었는지요?
12,000원은 되어야 교과서까지 살 수 있겠읍니다.
등록을 못한 학생이 500여나 되니 별로 걱정은 없지만, 학교에서 사야하는 교과서들을 갖지 못하니 공부하는데 손해입니다.
아직도 마련되지 못했으면 어찌합니까? 어려움이 많을 줄 압니다만 모두 애써서 장만해 주셔야겠읍니다.
학교 주소로 해서 10일경까지 송금해 주시면 되겠읍니다.

– 1965. 3. 7일자 부모님께 보낸 편지

1965년 3월 13일

일금 17,000원 받아 등록을 마쳤고, 편지도 잘 받아 읽었습니다.

등록금이 13,400원이고 교과서 값이 모두 3,000원쯤 되니 한 달 생활비 정도가 남았습니다.

계(契)에서 돈을 뽑지 못하고 이잣돈을 내었다니 형편이 여의치 못했군요.

부산 김씨로부터 식대를 받았다 하니 좋습니다만 떠났다 하니 좀 서운했습니다.

그도 일이 잘 되지 않았기에 서로 언짢은 경우도 있었다니 말입니다.

형님의 편지로 집안은 여전한 줄 믿고, 상훈인 호산(湖山) 학교에 들었다니 공부는 잘 할는지요. 명이도 늘 좋은 상태로 놀고요?

노부모님의 기력 상태도 잘 알고 우리 집 경제력도 충분히 알고 있기에 그 동안 저의 처신문제에 대해서 많이 생각해 왔습니다. 생각을 되풀이 해오고 지금 있는 집과 장성서 소개받은 집사정을 대조해 보고 하다가 마침내 단정을 내렸습니다. 저로선 어쩔 수 없이 제 생각이 좋다 여겼습니다만 형님들의 비판이 있을 줄 생각했습니다.

이곳 아주머니 아저씨와 아이들이 모두 말리는데도 좋은 곳이 있다 하여 가겠노라고 하니 그간 자신도 모르게 정이 들어버린 분위기이고, 훌쩍 나가 버리기엔 좀 더 생각해 볼만 하였습니다. 저의 생각에 맡겼으나 새로 소개받은 집이 방이 둘인데 한 칸은 세로 빌려주고 방 한 칸에서 셋이 자면 좁을 정도인데, 그 곳에서 6학년 아이의 글을 가르치며 주인 아저씨의 관찰을 받아야 하니 저의 공부는 아무래도 큰 손실을 당할 것 같았습니다.

그래서 다시 마음을 고쳐먹고 아저씨 아주머니께 이대로 다른 불편이 있을 때까지 아이들과 함께 공부하겠노라고 하니 퍽 반가워 해주셨습니다.

중학 시험에서 떨어진 여아(女兒)는 학원에 다니면서 공부를 하는데 저의 지도가 별로 필요 없고 묻는 것에 대답해주면 될 정도입니다.

고교(高校) 3년생이 된 여아의 영어·수학이나 가르쳐 주면서 제 공부를 해 볼 생각입니다. 1학년 2학기 성적 결과를 받아 보았는데 2점만 더 받았더라면 장학생의 대상이 될 뻔 했습니다.

6학년생을 맡아 1천 원 정도의 보수는 받으리라 생각합니다만 1년간의 경험에 비추어 저의 능력으로선 그 이상의 성적을 내기는 힘든 일이라 믿어졌습니다.

이곳에서는 침식에는 아무 불편을 느끼지 않지만 단지 방학 때 데려갔던 아이놈의 정신이상적인 행동만 참아 주면 친척집처럼 생각하고 지낼 수 있습니다.

이런 점 형님께서도 참작하시고 아버지 어머니께도 들려주시고 이번 학기에도 매월 1천 원 정도의 생활비를 마련해서 보내주시기 원합니다.

지금도 나뭇지게 지시는 아버님, 60평생 손에 물 적시는 어머니와 온 집안 식구들의 한결같은 수고를 염두에 두고 저의 안일을 꾀하는 듯한 생각을 합니다만 이러해야만 공부를 좀 할 수 있을 것 같습니다.

남에게 뒤지지 않는 성적을 얻지 못하면 또 다른 방도를 취할 것입니다.

형님께서도 저의 이런 생각을 그리 탓하시지 않을 줄 생각합니다. 부모님께도 세세히 말씀해 주십시오. 승희의 출가문제 등 허다한 집안의 어려움을 외면한 것처럼, 대학을 마치려는 미련한 생각을 가진 것이 때로는 후회될 때도 있곤 합니다만 이젠 내친걸음이니 최선을 다해서 좋은 결과를 얻어 보답하고자 합니다. 형님께서도 멀지 않아 또 다른 직(職)에 옮기면 객지생활을 하게 되니 더욱 집의 부모님은 난처해지시겠지만, 형님의 발전적인 앞날을 위해선 기꺼이 여기시리라 생각합니다.

장날 김 한 톳을 구입하여 주인 아저씨께서 수신인이 되도록 우송해 주시면 좋겠습니다. 어머니께서 마련해서 보내주시면 받아보는 아주머니 아저씨께선 대단히 기뻐하고 우리들을 이해하는데도 대단히 도움이 될 듯해서 원합니다.

내내 모두 건강한 모습으로 일하시기 빌며 오늘은 이만 씁니다.

– 작은형님께

1965년 3월 24일

지금 학교에서, 보내주신 편지 받아 읽었습니다. 소식 기다리다가 모두가 반가운 사연에 기뻐하면서 집안일을 생각했습니다.

김은 한 톳만 사보내주면 좋겠다 했는데 두 톳이나 보냈다 하니, 저의 이쪽 입장은 좋겠으나 방학 중에 어머니께선 그 김도 영업용으로 충당하시기에 아쉬움을 당하는 것을 보았기에 너무 많이 보냈다 생각합니다.

그 간도 노부모님의 건강문제가 늘 염려되어 왔는데 이즈음엔 기력 좋아지셨는지요. 형수께서도 안녕하시고, 명이도 잘 놉니까?

상훈인 새로 학교에 들어 학교에서 좋은 평을 받는지요. 승희의 편물작업은 봄철이 되니 한산할 텐데 상훈이 공부도 잘 가르쳐 주는지요. 집에 있을 땐 늘 눈으로 보고 당해 오다가 이렇게 멀리에 있으니 집안의 매사가 궁금할 적이 빈번합니다만 학업에 열중하다 보니 소식도 자주 전하지 못합니다.

객지면식(客地眠食)이 그 전 보담은 퍽 순탄해진 듯하여 별 불편 없이 그 동안 지내왔습니다. 아이들 공부는 별로 힘들지 않을 만큼 가르쳐 주고, 자신의 공부시간도 종전 보담은 많아진 듯하여 사정이 허락 되는대로 책을 봅니다.

소요되는 교과서는 이제 모두 구입했고 새학년이 시작됨에 따른 노트, 가방, 만년필도 다 갖추었습니다.

옷 때문에 걱정해 오다가 갖고 온 상하 양복을 염색해 입기로 작정하고, 세탁소에 맡겼는데 오늘 찾으면 입고 다니는 겨울용 외투도 벗어놓을 예정입니다. 하의(下衣)는 벌써 뒤쪽이 헤어졌는데 짜깁기까지 하여 모두 400원이 듭니다.

예비군훈련 문제가 늘 염려되었는데 65년도 동원 계획 명단에 저의 이름이 없다 하니 우선 안심이 됩니다. 형님께서 그 곳에 계시니 이런 사정을 얼른 알아볼 수 있으나 타지로 전임하시면 이런 편의를 받을 길이 어려워지는 것이지요.

그리고 형님이 긴히 사용하시는 자전거가 이번 저의 상경 시 여비 때문에 타인에게 양도되었는데 아직도 사용함이 허여되었는지요.

염려되어 물어보는 것입니다.

저번 형님의 편지엔 작은 아버지의 병환이 더하여 모두 걱정하고 있다 했는데 여전히 위독한 상태에 계시온지요. 모두가 무력하여 보고만 있는 줄 알고 있습니다만 염려됩니다.

우송한 김은 오늘 돌아 가보면 받아보리라 생각됩니다. 또 곧 소식 전하기로 하고 오늘은 이만 줄입니다.

내내 온 가족이 몸성히 일 할 수 있기를 빕니다.

추신 : 돌아와 보니 김 두 톳의 소포가 도착했습니다. 온 식구가 반가워하며 아저씨, 아주머니께선 고맙긴 하나 미안하다고 말씀하십니다. 저도 마음이 흐뭇했습니다.

– 작은형님께

1965년 4월 7일

봄기운이 완연해졌습니다.

형님, 아직 지도소에서 일하시고 아버님 어머님 기력 좋으시면서 일하옵니까? 형님께서도 안녕하시고 상훈이, 명이, 승희, 순옥이도 다 잘 있습니까?

저의 의견 받고 알뜰히 마련해 보내주신 김 두 톳 잘 받았습니다. 바위에서 돋는 김은 퍽 귀한 것이라고 하면서 주인댁은 모두 대단히 반가워하셨습니다. 저는 그간도 하루도 빠짐없이 학교에 잘 나오고 주인댁에서도 한결같이 친절히 대해주어 별 불편함이 없이 지내옵니다.

이번에도 이 편지 받으시고 금 1,500원을 보내주시면 우선 교통비와 학용품 비용으로 쓰고 집안에서 입을 하의(下衣)를 하나 구입하려 합니다.

집에서 가지고 온 코르덴바지가 헤어지니 학교에서 돌아오면 갈아입을 옷이 아쉽습니다. 가지고 온 상하 양복은 400원 주고 곤색으로 염색했는데 그런대로 입고 다니기에 만족입니다.

그리고 숙부의 병환은 어떠하온지 궁금합니다. 온 식구 늘 건강한 몸으로 일하시기 기원하며 이만 줄입니다.

- 작은형님께

1965년 5월 12일

보내준 편지 받았습니다. 5월 3일 발송인이 찍혔으나 11일에야 받았습니다. 집안 식구 평안하다니 반갑고 큰 형님으로부터도 안부 편지 받았습니다.

숙부께서 별세하셨다는 소식을 늦게야 듣게 되니 인생무상의 감회를 느끼게 되고 오늘 아침엔 학교에 도착하여 잠시 작은 아버지의 영전에다 시간을 바치고 이런저런 생각을 해보았습니다.

오늘토록 그런대로 여전히 기거가 다 순조롭고 학교에도 잘 나옵니다. 근무소집 통달서를 받았으나 학업 중에 응할 의사가 없기에 여기 필요한 서류를 보내오니 형님께서 수고스럽지만 완성하셔서 면병사계와 상담하여 병무청에 도착하도록 힘써 주십시오.

집에서 많은 시간을 빼앗기고 학교에서만 공부하는데 거기다 15일간 결석하게 되면 7월 1일경부터 실시되는 학기말 고사엔 많은 어려움을 당하고, 또 그간에도 수시로 담당교수가 부과하는 시험을 치러야 하니, 이 소집에 응하여 결석하기는 마음이 내키지 않는 일입니다.

탐문해 보았는데 응소하지 않아도 별 지장이 없다하오며 다음 기회에 또 소집영장이 발부될 것이라 하는군요. 그래도 이런 일에는 합법적인 행동이 필요한 것이니 여기 송부하는 서류들을 열람하시고 미비한 것 완성하셔서, 소집 전에 병무청에 닿도록 애써 주십시오.

면병사계와는 같은 직원이니까 편리를 잘 봐주실 것으로 짐작됩니다만 병무청엔 소집일 10일전쯤 혹은 며칠 전까지 도착해도 된다는 것을 서울시 병무청에 찾아가서 물어 알았습니다.

ㅇ재학증명서 2부
ㅇ입영불능신고서 2부
ㅇ근무소집기일조정의뢰서 1통
ㅇ소집통달서 사본 1통

이런 서류가 필요하다기에 구비해 보냅니다만 소집통달서는 여기 동봉하여 반신하오니 형님께서 면사무소에서 좋은 용지를 구하여 사본의 수고를 맡아주십시오. 입영불능신고서의 '신고인'란은 아버지나 형님의 서명날인으로 해 주시면 될 것 같습니다.

이런 것들을 면병사계에게 보이고 되도록 속한 시일 내에 병무청에 닿아서 사후 지장 없도록 형님이 다 해주시기 바랍니다.

아이들이 점점 공부하지 않으려는 태도를 보여주어 이대로 견디기 퍽 민망스러워지길래, 어떤 다른 대책을 모색해 보기도 합니다.

이 편지 받고 부모님과 상의하셔서 돈 얼마쯤 송금(送金)해 주십시오. 저번처럼 중앙우체국에서 찾도록 하지 말고 신촌우체국에서 찾도록 해주십시오.

온 식구 늘 건강한 몸으로 일 할 수 있기 빌며 이만 줄입니다.

- 작은형님께

1965년 6월 22일

집안 사정이 어떠한지 궁금해 하면서 또 소식 전합니다.

온 가족 모두 건강히 지내옵니까? 여전히 학교에는 잘 나오고 침식도 그럭저럭 지내옵니다. 7월 5일부터 학기말 시험이 일주일간 실시되고 끝나면 하기방학이 시작될 학교일정이, 이곳 학생들의 데모로 또 오늘부터 한주일간 휴교되었기에 학교에 못 나가게 되었습니다.

뚜렷한 생각 없이 남들의 행동에 무턱대고 추종하고 싶은 생각은 아직 없기에 이번 시위에도 여전히 저는 가담하지 않았습니다.

학교는 휴교가 끝나는 다음날인 6월 28일부터 또 수업이 시작될 것이고 시험도 예정대로 실시될 것으로 예상됩니다. 지난번 송금해준 것으로 방학 때까지 견딜 수 있을 줄로 생각했는데 또 금 일천 원 마련해서 보내주시기 바랍니다.

그간의 교통비와 귀가시(歸家時)의 차비로 쓸 것입니다. 그런데 지난번에 받은 돈에서 오백 원은 등교하던 버스 속에서 어느 날 도난을 당했기에 또 이렇게 긴급하게 소식전하는 것입니다.

그리고 예비병 소집 연기원을 제출한 후로 병무청으로부터 어떤 회신(回信)이 있었는지요.

방학이 시작되면 우선 하향하겠습니다. 송금할 때는 여전히 학교로 보내 주시면 등교하는 날 안전히 찾을 수 있겠습니다.

이렇듯 심한 가뭄이 오해 계속되니 그 곳의 농작물 피해도 대단할 것이고 그 방면에 종사하시는 형님의 고충도 더 하리라 생각됩니다. 목이 타는 채소밭이나 고추밭에 물 뿌리느라고 애쓰실 모습도 생각하면 더욱 염려됩니다.

모두 늘 건강한 모습으로 일할 수 있기 빌면서 이만 줄입니다.

- 작은형님께

격지(隔地)의 아내와 아이들에게

1983년 5월 28일 토요일

서울에서 차고 온 시계를 아직 이곳 날짜와 시간으로 바꾸어 놓지 않은 내 시계는 지금 29일 일요일 아침 7시 30분이라오. 당신과 호재는 벌써 분주히 서둘러 교회에 가 활동하고 있을 때이고, 재혁이와 재용이는 어린이 새마을 청소를 마치고 교회 행(行) 버스를 타고 가고 있을 시간이구료.

여기는 지금 이 시간이 토요일 오후 6시 30분이요.

아까부터 나는 내가 묵고 있는 YMCA 숙소에서 너무 삭막하여 계속 집 생각, 당신생삭, 아이들 생각이 났소. 연수 온 것이 후회되기까지 하여 눈물이 자꾸만 나올 지경이요. 내 마음이 너무 약한 것인지 이런 유학올 자격도 없는 인물이 공연히 공부라고 한답시고 와서 고생만 하다가 가는 것이 아닌지. 난 도대체 내가 이렇게 약한 사람인줄 미처 몰랐소. 한국 사람은 그저 한국 사회가 가장 좋은 것인 줄 이처럼 뼈저리게 느낀 건 여기 와서 처음이요.

한 주일 내내 은행에 가서 맡은 임무에 충실하다가 주일이면, 당신과 아이들 함께 교회에 나가서 예배보고 설교 듣고 집에 돌아와 또 이것저것 손대다가 한 주일을 보내고 또 한주일 맞이하고, 이웃에서 아는 사람 만나면 그들의 표정으로 마음속을 읽어가며 이런저런 얘기도 하고 사는 그것이, 제일 좋은 생활인 줄은 떠나오기 전에는 미처 몰랐다오.

이곳 미국 사람들은 백인이고 흑인이고 그 생긴 얼굴모습으로 그들의 마음 여하를 짐작키란 현 단계로서는 불가능 하니 만나는 사람이 어떤 생각의 소유자인지 몰라서도 애기를 걸 수 없는 것이라오.

당신에게 이렇게 또 편지를 써서 내 형편과 처지를 알리오마는 이 편지가 그곳에 도착하려면 열흘정도 후일 것이니 의사소통에 너무 많은 시일이 걸려 답답하다오. 그러나 전화를 걸려면 돈이 너무 많이 드니 그것도 함부로 걸 수 없고. 그저 답답하기만 해요.

당신이 교회로 떠나기 전 아직 아이들과 함께 잠들고 있을 시간인데, 이곳 시간으로 오늘 오후 내내 나는 이 YMCA 숙소 조그마한 방에 들어박혀 성경 잠언서를 펴 놓고 읽으며 마음을 달래보려고 해보았소. 집을 떠나오던 날이 19일이기에, 오늘 읽을 28장, 서울시간으로 하면 오늘이 29일이니 29장까지 읽고, 또 내일모레 어쩌다가 못 읽을 가봐 30장, 31장도 다 읽어보고. 19일부터 제대로 못 읽었기에 19장부터 거슬러 올라가 또다시 31장까지 다 읽어 보았어요. 주머니 용 수첩에도 명심해 두어야 할 구절들은 옮겨 적고, 또 이 숙소 책상위에 놓여있는 영어성경으로 영어 구절도 옮겨 놓았다오.

당신이 내게 한 말 중 매월 날짜대로 하루 한 장씩 읽으라는 당부는 내가 대구지점 근무시절 대구에 가서도 꼭 지키려고 했었으니 지금 벌써 여러 번째 읽고 있는 셈이요. 여기에 머무는 것이 약 12개월이니 앞으로 잠언서를 12번 읽어야, 그리운 집에 갈 수 있겠구나 하는 생각도 들었다오.

"본향(本鄕)을 떠나 유리하는 사람은 보금자리를 떠나 떠도는 새와 같으니라(잠언 27:8)" 는 이 말씀이 바로 지금의 내 신세를 가리키고 있는 말씀이구료. 웬일인지 자꾸 눈물이 치솟아 괴로운 심정이요.

엊그제 밤에는 근년에 경험하지 않았던 몸살을 앓았어요. 오늘은 괜찮으니 당신은 너무 걱정하지 말아요. 그날 낮에 뉴욕으로 고속버스를 타고 가서 (소요시간이 고속버스 가고 오는데 3시간 왕복 6시간) 그곳 한국외한은행 지점에 들러 한국은행 연수과에서 송금해 놓은 학교 등록금과 생활비를 수표와 현금으로 찾아왔어요.

너무 긴장한 탓인지 소화가 안 되고 가슴이 뻐근하더니 밤새도록 헛소리를 했고 다리에 쥐가 나고 온 몸이 쑤시는 고통을 겪었다오. 당신과 집의 아이들이 옆에 있으면 주물러주고 위로해 줬겠지만 그렇지 못하니 참으로 답답하고 외로움이 북받쳐 얼마동안 괴로운 시간 보냈던 것이오. 혼이 났지요. 방에 있는 전화벨이 울려도 아니 받았더니, 그 전화가 바로 New York의 IBM에 근무하는 최종천군이 내 안부가 궁금하여 전화 걸었다는 것을 다음날 숙소의 프런트 데스크에서 전해 주었소. 그런데 오늘 오전 또 최부장이 전화를 걸어 주었는데 어찌나 고마운지 한참 붙잡고 외로움을 달랬소.

계속 여기에 머물러 있어서는 안 되겠고, 어차피 아파트를 구해 옮겨야 하겠기에 어제 아파트를 계약했소. 학교 바로 옆에 구하는 것이 제일 좋긴 하겠으나 아무래도 비싼 편이어서 그래도 조금 덜 비싼 것으로 학교까지 도보로 30~40분 정도 걸릴 것 같은 곳에 정하였소. 집세 값은 매달 $395에 계약했다오. 한국 돈으로 환산하면 약 삼십만 원 이나 되니 어지간히 비싼셈이구료.

여기까지 쓰고 있는데 이곳 한인교회 이상주 목사께서 전화를 걸어와 오늘 저녁 구역예배가 있으니 함께 가자는 제안이어서 "예"라고 대답했소. 구역 예배에 가면 뭐 먹을 것도 좀 내어놓을 것이고 사람들 얼굴도 익힐 수 있겠으니 가자고 하면서, 차로 내가 묵고 있는 숙소에 올 테니 입구에 나와 기다리라 했어요.

이 편지는 다녀와서 다시 너 써서 보내게 되겠소.

– 아내에게

1983년 6월 3일 금요일

지난 주일날 아침 일찍이 이곳 아파트로 나는 짐을 옮겨 놓았소. 그날은 이곳 한인교회에서는 소풍을 겸한 야외예배로 주일을 보내게 예정되어있어 한 백리도 넘는 곳으로 차를 타고 가서 모이게 되었소. 내가 이사 온 아파트에 사는 한국 사람 가족들 중에는 칠십 세 된 할머니가 아들의 눈병을 고치고자 이곳에 와 살고 있는데 이 할머니의 따님과 사위 그리고 손자가 타고 오는 차에 합승하게 되었다오. 하늘은 흐리고 비도 약간씩 내리는 데도 예정한 장소에 도착하니 사람들은 음식을 많이 준비해 가지고 왔고 그래도 꽤 많은 세대의 가족들이 참여했어요.

오던 비도 멎고 목사님은 주일 야외 예배를 집전하셨는데 예배가 끝난 후 나를 소개해 주었어요. 내가 전날 목사님께 말씀드린 대로 나는 순복음교회의 집사이고, 당신은 그 교회의 전도사로 시무중이라고 소개하였고 미리 프린트된 주보의 광고란에도 그렇게 실어 놓았더군요.

한국에서 떠나기 전에 수출입은행의 친구가 소개한대로 이곳에 도착하여 한인교회의 이 목사께 전화를 걸어 도움을 요청한 것이 계기가 되어, 이렇게 야외 예배에 참석하게 되었고, 향후 1년간 이곳에서 지내는 동안 이 교회에 출석하여 주일을 보내게 되겠어요.

예배가 끝나고 나서 여러 가정에서 준비해 온 음식들을 한데 모아 놓고 뷔페식으로 점심을 먹는데 나는 오랜만에 맛있는 쌀밥과 배추김치 무생채 등을 많이 먹었고 불고기도 먹었지요.

내가 입주한 아파트는 방과 거실이 하나씩 있고 욕실과 주방이 있고 주방에는 냉장고, 싱크대, 가스레인지 정도만 있고 나머지 가구는 하나도 없으며, 방과 거실에는 카펫만 깔려있고 책상, 걸상, 침대, 식탁 등이 없는 텅 빈 상태라오.

주일 낮 야외 예배가 끝나고 이 텅 빈 아파트 안에 홀로 들어와 앉아 있으니 또 다시 막막하고, 잠시 잊었던 집 생각이 또 북받쳐 견디기 어려웠으나 가지고 온 담요와 타월을 모두 펴서 한 장씩을 깔고, 한 장씩을 덮고 하루 밤을 잤지요.

월요일은 목사님 내외분이 전등을 갖다 주러 다녀가셨소. 목사님은 자상하시고 내게 계속 관심과 호의를 베풀어 주셨는데 입주한 아파트에는 입구에만 전기불이 있고, 침실과 거실에는 모두 전등이 없는 것을 보시고, 교회에서 지금은 안 쓰고 있는 전등이 두 개 있다고 하시면서 세워 놓고 쓸 수 있는 것을 가지고 사모님과 함께 오셔서 기도도해 주시고 가셨소.

저녁에는 또 적적하게 보냈으나, 7층에 있는 할머니 댁에서 (나는 3층) 저녁밥을 얻어먹게 되었소.

수요일에도 목사님이 또 초대하셨다오. 이 아파트에 살고 있는 한국인 가정은 4세대인데, 이중 3세대가 한인 교회에 다니고 있어 이들을 모두 초대하였어요. 이 중 한 세대는 며칠 후 큰아들이 사는 텍사스주로 이사를 가게 되어 있고 목사님은 수요일이 생일이라고 하며, 이사 가는 집 송별파티와 나의 환영을 겸한다고 하면서, 그 밖에도 몇 집을 더 초대한 것이었소. 이날 저녁에도 맛있는 음식을 많이 준비해서 먹었는데 나는 또 맛있는 쌀밥과 반찬을 많이 먹었다오.

이 아파트에 와서도 나는 아직 밥을 한 끼도 안 해 먹었고, 계속 라면만 삶아 먹었다오. 한국인 식품점에서 이곳에 오던 날 최종천 부장부인의 권고로 쌀을 한 봉지 샀소.

이곳으로 올 때 뉴욕에선 전기밥솥을 샀으니 밥을 지을 수도 있겠으나 왠지 밥 짓기는 힘들게 생각되고 그저 라면은 물을 끓이고 집어넣고 익히면 되니 손쉬운 것 같아서 계속 라면만 삶아 먹고 지금까지 지냈다오. 물론 그동안 7층에 사는 할머니와 아드님한테 가서 밥을 벌써 3번이나 얻어먹었으니 이렇게 라면만 끓여 먹어도 지금까지는 괜찮구료.

할머니와 함께 식품가게에 갔는데 나는 아예 라면을 한 상자 사왔다오. 집에 있을 때는 아이들에게 라면은 안 좋다고 못 먹이게 하던 내가 자신이 먹을 라면을 한 상자씩이나 사오게 되었으니 내 자신이 이렇게 변하였구나 하는 생각이 들었다오. 계란도 몇 개 샀기에 당신이 새로 사서 싸준 냄비에다 물을 끓이고 라면을 넣고 가져온 김을 두 장씩 뜯어 넣고 계란을 한 개 깨어 넣으니 이만하면 영양분 있는 끼니가 될 것 같았소. 어제와 그저께는 아침과 점심을 모두 라면으로 때웠소. 그저께는 목사님 댁에서, 어제는 7층의 할머니 댁에서 또 밥을 얻어먹었으니 견딜만했었소.

오늘은 오후 1시부터 학교가 시작된다오. 그래도 아침식사는 식빵에다 YMCA 숙소에 있을 때 먹다 남은 딸기잼을 발라 먹고 우유를 마셨어요. 라면이 한 상자 있으니 식빵 한 봉지와 우유하고 먹으면 1주일은 살 수 있을 것 같소.

전화기는 전화국에 가서 신청을 하고 그 자리에서 받아왔는데 내주 월요일이나 화요일에 사용 할 수 있도록 해 준다고 하니 그때는 당신한테 전화를 걸려고 생각하고 있소.

이곳에서는 밤 11시부터 아침 8시 사이에 거는 전화는 60% 할인됨으로 이 시간에 전화를 걸어야 하겠는데, 이곳의 밤 시간은 그곳은 낮 시간이라, 당신이 월요일 이외에는 집에 안 있을 것을 감안, 월요일에 걸도록 하겠소. 그리고 여기가 아침 7시면 그곳은 저녁 8시인데 당신이 일찍 들어오는 날이면 그 시간대에도 전화가 되겠어요.

그런데 전화 놓는데 돈이 $115 드는데, 이중 $70은 갈 때에 환불 받는 돈이고 $45는 가설비조로 받는 돈이라오. 물론 한국의 전화가설비에 비하면 싼 편이나 가지고 온 돈이 자꾸 예상 밖으로 지출되니 돈을 아껴 써야 될 것 같구료.

그리고 며칠 뒤에 이사 가는 한국인가정으로부터 침대하나, 식탁과 의자 3개를 인수 하도록 했는데 모두 $120을 주게 되었소. 식탁은 책상 겸하여 쓰고, 여름방학에 당신과 아이들이 오면 식탁과 의자가 있어야 할 것 같아서 인수하기로 했소. 침대는 없이 지낼 수 있으나 이곳의 방 구조가 침대하나 없이 지내려하니 남 보기에 궁상맞은 것 같아서 하나만 인수하려고 하는 것이오.

이제 이 아파트 주소로 하면 편지가 왕래 될 수 있으니 아이들과 당신의 편지를 기다리겠소.

학교가 시작되더라도 저녁이면 텅 빈 방에 혼자 있으니 집 생각이 아직은 그칠 줄 모르게 되오.

김을 사서 소포로 부쳐주기 바라오.

자동차가 없으니 사는 게 불편한 것 이루 말할 수 없다오.

서울 같이 시내버스가 일반 서민의 발이 아니고 대부분의 사람들이 그들의 발이 자동차이니 말이요. 자가용이 아니고 자신의 발인 것으로 보는 게 좋을 것 같소. 뉴욕에는 지하철이 잘 발달되어 오히려 승용차 없이도 그럭저럭 살 수 있다고 하나 이곳은 넓은 곳에 집과 학교, 슈퍼마켓 등이 모두 멀리 떨어져 있어 걸어 다니는데 시간이 꽤 걸린다는 것을 알게 되었소. 학교까지 등록금 내려 갈 때에 처음으로 걸어가 보았더니 한적한 곳을 지나게 되고 그런 장소에는 걸어 다니는 사람이 나밖에는 아무도 없고 자동차만 지나고 있었소. 차도 안지나 갈 때에는 누가 와서 주머니에 있는 돈 내어 놓으라고 할까봐 한참동안 마음이 조마조마 했는데 그래도 그냥 계속 걸어갔더니 학교건물을 제대로 찾게 되어 들어가서 등록금을 납부하고 영수증을 받고나서 안심을 하게 되었소. 이 영수증을 곧 우리 은행의 연수과로 보내도록 하겠소.

자동차 없이 지내는 방법과 이곳에서 운전을 배우고 면허를 받아, 중고자동차라도 하나 사서 몰고 다니다가 갈 때에 버리고 가든지, 고철 값 정도로 라도 처분하고 가는 방법이 있겠소.

걸어 다니는데 시간 버리고, 불편한 것 생각하면 중고차라도 하나 있으면 좋겠는데 자동차를 마련하는 데는 대략 다음과 같은 일과 돈이 필요하게 되는 것이오.

운전 배워 면허 받는데 약 $250, 자동차 보험을 들게 되어있어 $250~$500, 그러니 $2,000정도 있으면 중고차를 사게 되는데 이정도의 차는 8년~9년 쓰던 헌차인 경우가 된다오. 뉴욕에 있는 우리나라 은행에 가서 빌리는 방법을 생각해 봤으나 우리은행 뉴욕 사무소장의 보증을 요구한다니 소장님께 보증 서달라고 하기가 거북스러웠고, 또 금리가 이곳이 한국보다 비싼 것을 알았기에 이 방법은 포기했소.

그러니 내가 서울에 있어도 용돈을 쓸 것을 생각해서 $2,000 상당의 적금대출을 받아 보내 준다면 좋을 것 같으오. 우리 돈으로 일백오십만 원 정도 될 것으로 예상되어 우리은행 신협에서 융자받는 문제를 검토하였는데, 당신의 의견을 알고 싶소.

만일 내 이 제안을 당신이 받아들이게 된다면 그렇게 해주고 $2,000의 송금은 우리 은행의 연수과 김중회대리한테 상의하면 내 앞으로 송금 할 수 있는 외환관리규정상의 한도가 $2,255가 있으니 송금은 은행에서 수수료를 부담하고 가능한 것이오.

여기에서 혼자 있는 동안에도 TV는 1대 사서 보아야 영어도 배우고 미국 사회도 빨리 알 수 있게 되겠기에 TV도 사서 보다가 귀국할 때 가져가도록 하는 것이 좋을 것 같소. 미국산이나 일제(日製)를 사는 편이 좋을 것이라고 하는데 약 $500은 들 것 같으오. 한국제품은 $300정도면 살 수 있다는 얘기를 들었소.

그럼 주소를 정하였으니 당신과 아이들의 편지를 좀 자주 보내주도록 하기 바라오.

우리의 가족과 고향의 부모님, 형제자매 그리고 우리가 사귀는 모든 사람들의 가정위에 하나님의 가호가 있으시기 빌며 오늘은 이만 적겠소.

– 아내에게

1983년 9월 2일

재혁아 !

너희들이 보고 싶어서 아빠는 견디기 어렵단다. 학교가 시작되어 또 숙제하느라고 고생할 생각도 걱정은 된다마는 어서 내년이 돌아와서 너희들을 만나 함께 지내면서 살았으면 좋겠구나.

물론 엄마도 보고 싶고 밤이면 더욱 엄마가 그리워진단다.

재혁아, 여기 있을 때는 엄마와 다투던 것이 너희들 보기에도 안 좋았을 것이나 지금 아빠는 외로움에서, 그 때가 그래도 좋았던 때라고 생각한단다. 엄마에게 이 엽서를 읽어 주도록 해라.

재혁아, 목사님한테도 엽서를 보내어 인사를 드리도록 하여라. 엊그제는 목사님과 동생 내외분과 함께 또 뉴욕에 갔었단다. 월드트레이드센터에 또 갔었는데 너희들 생각이 나서 이 엽서를 사왔단다. 너는 특히 '자유의 여신상'을 좋아하기에 이 자유의 여신상이 박힌 엽서를 샀단다. 그리고 재혁아, 너가 여기를 떠날 때 편지를 쓰고 그 밑에 호재도 "아버지, 안녕히 계셔요. 호재" 라고 쓴 편지는 내가 머리맡에 두고 잠잘 때는 한 번 읽어보고 꿈나라에 간단다. 재혁아, 부디 건강에 유의하여라. 건강이 제일이란다. 하나님께서 재혁이에게 건강을 주시기를 빌면서.

Hartford에서

– 재혁에게

Standing at the entrance to New York's harbor, the Statue of Liberty is a global symbol of America's freedom and democracy.

재혁아! 너희들이 보고 싶어서 아빠는 견디기 어렵단다. 학교가 시작되어 또 숙제하느라고 고생할 생각도 걱정은 된다마는. 엄마 [illegible] 너희들을 만나 [illegible] 자세하게 살았으면 좋겠구나. [illegible] 엄마도 보고 싶고 [illegible] 더욱 엄마가 그리워진단다. 재혁아, 여기 있을 때는 엄마와 다투던 것이 너희들 보기에도 안 좋았을 것이다. 지금 아빠는 외로움에서, 그 때가 그래도 좋았던 때라고 생각한단다. 엄마에게 이 엽서를 읽어 주도록 해라.
재혁아, 목사님 한테도 엽서를 보내어 인사를 드리도록 하여라. 엊그제는 목사님과 동생네 식구와 함께 또 뉴욕에 갔었단다. 월드 트레이드 센터에 또 갔었는데 너희들 생각이 나더구나. 이 엽서를 사 [illegible]. 너는 특히 "자유의 여신상"을 좋아하기에 이 자유의 여신상이 박힌 엽서를 샀단다. 재혁아, 네가 여기를 떠날때 편지를 쓰고 그리고 호재도 "아버지, 안녕히 계세요. 호재"라고 쓴 편지는 그날에 내가 머리맡에 두고 잠잘 때는 한번 읽어보고 꿈나라에 간단다. 재혁아, 부디 건강에 유의하여라. 건강이 제일이란다. 하나님께서 재혁이에게 건강과 축복을 빌면서. Hartford에서

아빠 씀
1983. 9. 2

Pub. by Manhattan Post Card Co., Inc., 71-03 80th Street, Glendale, N.Y. 11385

MANHATTAN

©Plastichrome® Boston. MA 02130

1983년 9월 14일

재용아,

오늘이 너희들이 떠난지 20일이 되는 날이다. 그 동안 엄마도 교회전도 하는 일과 너희들 돌봐주는 일이 잘되어가고, 너희도 학교에 잘 다니고 있느냐? 나는 어제도 '메일박스'를 열어 보았다마는 은행에서 보내준 신문만 들어 있고 너희들이 보낸 편지는 아직 비행기안에서 쓴 것 밖에는 못 받았다. 재용아, 엽서라도 많이 사두고 평소에 있는 일이나 생각나는 일들을 좀 많이 그리고 자주 보내주면 좋겠다.

재용아, 그리고 네가 가지고 간 Camera를 가지고 장난은 하지 말고 어디 놀러 가거나 행사가 있을 때 사용하도록 해라. 특히 재혁이 졸업식 때는 아빠가 참석하지 못하니 너와 엄마가 가서 사진을 많이 찍어주도록 하여라. 아빠는 이제 한 9일만 있으면 다시 학교가 시작된다. 그리고 이곳의 기후는 그 동안도 더웠는데 어제부터 시원한 가을 날씨가 되었단다. 가을이 된 듯하니 또 너희들과 서울생각이 나는구나. 어서 내년이 되었으면 좋겠다. 안녕. Hartford에서

– 재용에게

1983년 10월 9일

재용아,

오늘 아침 메일 박스를 열어 보았더니 어제 재준이 편지가 와 있었단다. 너는

그 동안도 공부 잘 했느냐? 편지를 한 주일에 한 번은 최소한 써 보낸다 해놓고서 잘 실천하지 아니하는구나.

멀리 떨어져 있어 만나지 못하니 편지를 써서 우리들의 생각을 서로 주고받도록 하는 것이 좋다. 우표값이 비싸서 자주 편지를 못 보내는지도 모르겠구나. 그래도 우표를 좀 많이 사놓고 쓰자고 엄마에게 부탁하도록 해라. 한국의 날씨도 이제는 시원해졌으리라 생각된다. 이곳은 가을이 한창이고 밤엔 상당히 춥기까지 하다.

재용아, 하나님이 너희들을 지켜주실 것을 기도한다.

하트포드에서.

- 재용에게

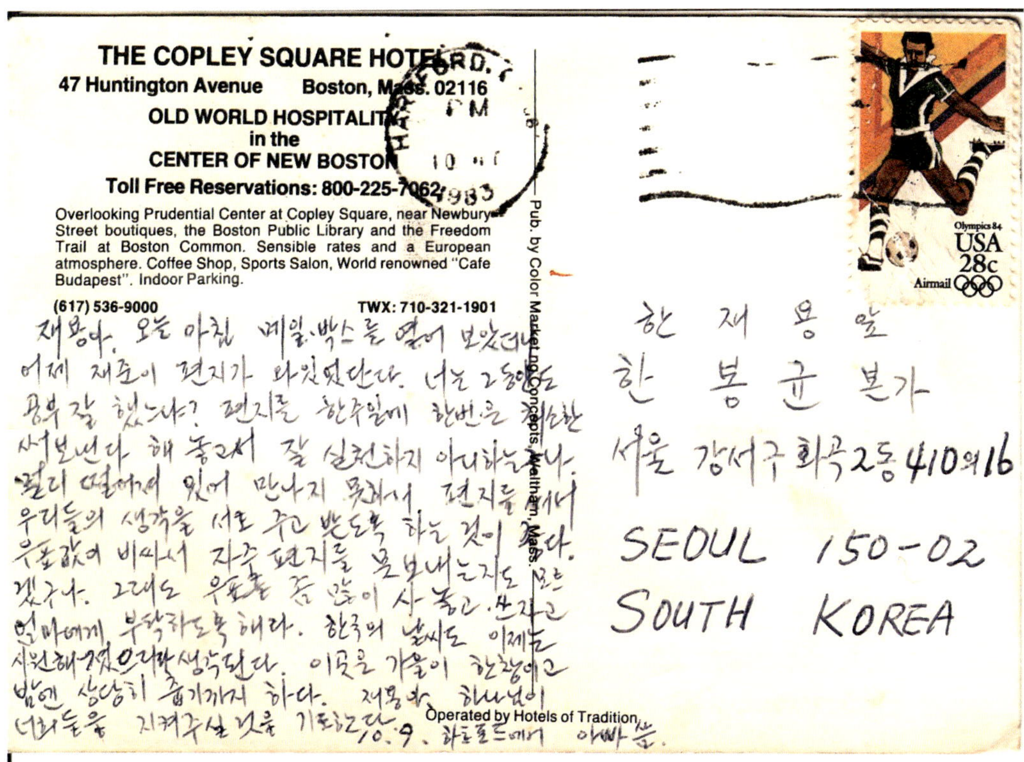

THE COPLEY SQUARE HOTEL
47 Huntington Avenue Boston, Mass. 02116
OLD WORLD HOSPITALITY
in the
CENTER OF NEW BOSTON
Toll Free Reservations: 800-225-7062
Overlooking Prudential Center at Copley Square, near Newbury Street boutiques, the Boston Public Library and the Freedom Trail at Boston Common. Sensible rates and a European atmosphere. Coffee Shop, Sports Salon, World renowned "Cafe Budapest". Indoor Parking.
(617) 536-9000 TWX: 710-321-1901

재용아. 오늘 아침 메일박스를 열어 보았더니 어제 재준이 편지가 와있었단다. 너는 그동안도 공부 잘 했느냐? 편지를 한주일에 한번은 최소한 써보낸다 해 놓고서 잘 실천하지 아니하는구나. 멀리 떨어져 있어 만나지 못하니 편지를 써서 우리들의 생각을 서로 주고 받도록 하는 것이 좋다. 우표값이 비싸서 자주 편지를 못보내는지도 모르겠구나. 그래도 우표를 좀 많이 사 놓고 쓰자고 엄마에게 부탁하도록 해라. 한국의 날씨도 이제는 시원해졌으리라 생각된다. 이곳은 가을이 한창이고 밤엔 상당히 춥기까지 하다. 재용아, 하나님이 너희들을 지켜주실 것을 기도한다. 10. 9. 하트포드에서 아빠 씀.

Pub. by Color Market no Concepts, Waltham, Mass.
Operated by Hotels of Tradition

Olympics 84 USA 28c Airmail

한 재 용 앞
한 봉 균 본가
서울 강서구 화곡2동 410의16
SEOUL 150-02
SOUTH KOREA

1983년 12월 16일

재용아,

네가 11월 12일, 20일, 26일 세 차례에 걸쳐 보내준 편지에는 장난감 사오라는 내용이 대부분이었다. 나는 너의 편지를 다 읽으면서 네가 생각한 것처럼 얼굴을 찡그리지 않았고 오히려 웃음이 나와서 나 혼자 편지를 읽으면서 소리를 내어 웃어 버렸단다.

재용이가 편지를 잘 쓰는데 감탄했고, 용기 있게 나에게 그런 것들을 사가지고 오라고 하는 너의 태도에 또한 감탄했단다. 그리고 너는 또 상장을 그렇게 많이 타고 있으니 아빠는 기쁘게 생각된다.

그리고 목사님에게 쓴 편지를 직접 교회 주소로 보내지 않고 나에게 보냈느냐? 지난 주일(12/11) 전해드리긴 했다.

너의 주문 내용은 ①그림으로 그려 보낸 접는 오락 ②시계 ③모형들 ④비디오 테이프인 것으로 내 수첩에 적어 놓았다. 그러나 뉴욕에 갈 기회가 있을런지. 아무쪼록 노력할 것이다. 송곳은 나는 받은 바 없으니 이모한테 다시 알아보아라.

재용아, 겨울방학 동안에는 몸 튼튼히 하고 보람 있는 방학이 되도록 계획을 잘 수립해서 지내도록 하여라.

나에게 편지도 좀 자주 보내주기 바란다. 할아버지 할머니에게 말동무가 잘 되도록 신경을 쓰도록 하여라. 너희 모두에게 이 겨울에도 하나님이 건강하게 지내게 해주시기를 빌면서 이만 쓴다.

Hartford에서.

- 재용에게

한 재용 앞
한 봉 균 보냄
서울 강서구 화곡2동 410의16
SEOUL, 150-02
SOUTH KOREA

the Continental card

Newport Postcards, Inc., 8 Marion St., Newport, R.I. 02840

TREADWAY INN, NEWPORT, R.I. Luxury Hotel
located on waterfront in Newport, R.I.
311713-Color Photo: Les Smith

12월 16일
Hartford에서 아빠 씀.

©Mike Roberts Color Productions
Oakland, CA 94623

USAirmail
Blanche Stuart Scott
Pioneer Pilot

- 재용에게 보낸 엽서

1983년 12월 19일

재용아,

잘 있었느냐. 이 편지 받을 때는 방학을 맞이하겠구나. 방학을 계획성 있게 잘 보내도록 하여라. 내가 와 있는 집은 아들 둘, 딸 하나를 키워 큰아들과 딸은 가정을 가지고 있어 따로 살고 둘째 아들은 총각인데도 함께 안 살고 따로 소그마한 집을 가지고 산단다.

그런데 오늘 그 둘째 아들이 사는 집에 가보았는데 그 총각은 공장에 다니면서 일을 하는데 손을 다쳐서 '기브스'를 하고 있었단다. 그런데 그 분의 집은 영어로 Mobile House라고 하는데 차(트레일러)로 끌고 움직일 수 있는 집이란다. 재미있는 집이야. 값이 싸고 집을 통째로 끌고 이사가 가능하니 말이다.

안녕. (호재 편지에 계속)

- 재용에게

HAMMERSMITH FARM

Ocean Drive - Newport, Rhode Island

Historic oceanside 28 room "summer cottage" built in 1887 by John W. Auchincloss in which four generations have spent their summers. The scene of wedding reception of Jacqueline Bouvier and John F. Kennedy and was used as a "Summer White House" during the Kennedy Administration. The house and spacious grounds are open to visitors April through November.

Mike Roberts Color-Litho. "Bursheen" Finished. Made Only By MWM Co., Aurora, Mo. Picturesque Studios. 492 Providence Hwy. Dedham, MA 02026

180,593

28c USAirmail Blanche Stuart Scott Pioneer Pilot

POSTCARD

한 재 용 앞

한 봉 균 본가

서울 강서구 화곡2동

410의 16

SEOUL, 150-02

SOUTH KOREA

1983년 12월 23일

재용아,

방학을 어떻게 지내고 있나?

할아버지 할머니는 가셨는지? 너희가 잘 동무해 주었느냐?

나는 요즈음 내가 묵고 있는 집 할머니가 아침식사 후 교회에 데려다 주면 그곳에서 여러 나라에서 온 학생들과 얘기도 하고 교회의 '밴'차로 구경도 다닌단다. 저녁에는 미국인 가정에서 초대하여 저녁을 맛있는 양식으로 이틀을 먹은 일이 있기도 하단다. 밤에 잠잘 때 난방이 안 되는 방이라서 쪼그리고 잠을 자는 게 좀 곤란한 일이지, 다른 것은 모두 흥미롭단다. 주인 할아버지 할머니와 영어로 얘기를 많이 하니 영어실력이 많이 느는 것 같기도 하다. 앞으로 1주일을 이렇게 더 지내고 Hartford로 돌아갈 생각이다. 궁금한 것 있으면 편지로 물어보기 바란다. 안녕. Merry Christmas!

– 재용에게

OLD SALEM
Winston-Salem, North Carolina
"Salem From the Southwest," 1824 painting by Daniel Welfare.

재용아. 방학을 어떻게 지내고 있나?
할아버지 할머니는 가셨는지? 너희가
잘 동무해 주었느냐? 나는 요즈음 내가
묵고 있는 집 할머니가 아침식사 후 교회에
데려다 주면 그곳에서 여러나라에서 온
학생들과 얘기도하고 교회의 "밴"차로
구경도 다닌단다. 저녁에는 미국인 가정에서
초대하여 저녁을 맛있는 양식으로 이틀을
먹은 일이 있기도하단다. 밤에 잠잘때 난방이
안되는 방이라서 쪼그리고 잠을 자는게 좀
곤란한 일이지 다른 것은 모두 흥미롭단다.
주인 할아버지 할머니와 영어로 얘기를 많이
하니 영어실력이 많이 느는것같기도하다.
앞으로 1주일을 이렇게 더 지내고 Hartford로
돌아갈 생각이다. 궁금한것 있으면 편지로
물어보기 바란다. 안녕.
12/23. 아빠 씀. Merry Christmas!

Dist. by Old Salem, Inc., Drawer F, Salem Station, Winston-Salem, NC 27108

441108

28c USAirmail Blanche Stuart Scott Pioneer Pilot

POST CARD

한재용앞
한봉균 본가
서울 강서구 화곡2동 410의16
SEOUL, 150-02
SOUTH KOREA

2001년 1월 25일

이곳 서울은 그렇게도 매섭던 추위가 요 며칠 새에는 좀 풀렸단다.

효정이 분만일이 가까워 오니 그곳에 있는 너희들이나 이곳의 식구들이 다 한마음으로 무사분만을 기원하는 마음뿐이구나. 효정이 모친께서는 마음도 몸도 정성을 다하시는 모습이 눈에 선하구나.

좋은 소식 전해주게 되기를 하나님께 기도하고 있다.

전화로 얘기한 아기 이름의 작명과 해명에 대하여 여기에 기록해 보낸다. 축복받은 아기의 이름이 될 것으로 믿는다.

한현석(韓賢錫)의 작명(作名)과 해명(解名)

1. 한자의 음과 뜻

韓 : ① 한나라 한(nation)
② 나라이름 한(name of a state)
③ 성(姓) 한

賢 : ① 어질 현(有德行)
② 좋을 현(善也)
③ 나을 현(勝也)
④ wise, sage, worthy

錫 : ① 주석 석(tin)
② 줄 석 (賜也)

2. 이름의 구성

韓 賢 錫

획수 → 17 15 16

음양(陰陽) → ○ ○ ● - 음(●) 양(○)이 조화되어 吉한 배치

純音(●●●), 純陽(○○○)은 불량한 배치

天干順五行 → 金 土 土 - 五行相生되어 吉한 배치

音五行 → 土 土 金 - 〃

주) 1) 天干順五行 : 1, 2(甲乙)은 木,

3, 4(丙丁)은 火,

5, 6(戊己)은 土,

7, 8(庚辛)은 金,

9, 10(壬癸)은 水이며, 획수가 10획 이상이면

10단위수는 제외하고 단수로 오행을 정함.

2) 音五行

土 - 喉音 = 子音이 ㅇ, ㅎ으로 된 것.

金 - 齒音 = 자음이 ㅅ, ㅈ, ㅊ으로 된 것.

水 - 脣音 = 자음이 ㅁ, ㅂ, ㅍ으로 된 것.

土 - 舌音 = 자음이 ㄴ, ㄷ, ㄹ, ㅌ으로 된 것.

木 - 牙音 = 자음이 ㄱ, ㅋ으로 된 것.

3) 五行에는 天干順五行과 音五行을 성명에 병용함.

3. 이름의 解名

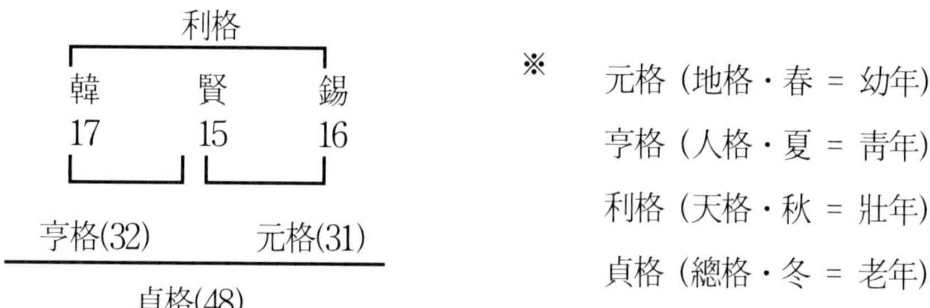

(1) 五行配置의 내용

① 天干順五行 :

金土土 → 승벽심(勝癖心, 好勝之癖의 준말, 겨루어 이기기를 좋아하는 性癖, 승벽을 부리다 등)이 있고, 노력가이며 만사가 여의하니 福祿(복과 록 즉 행복)이 쌍전(雙全, 두 가지 일이나 두쪽이 모두 온전하다)

② 音五行 :

土土金 → 소극적이며 성공이 늦음, 그러나 相生의 吉한 배치임

(2) 元亨利貞의 格 내용

① 元格(幼年・春)

(31) → 隆昌格(prosperity, 융성하고 번창함)

- 지혜와 용기를 겸비하니 의지가 굳다.
- 대업을 완수하고 뭇사람을 영도하는 덕망이 있으므로 부귀 겸비하여 이름을 날리는 大吉한 數理

② 亨格(靑年・夏)

(32) → 僥倖格(good luck)

・의외로 귀인이 도와주는 수리

・그리고 결정적인 기회를 잘 잡아 치부하니 집안이 융창하다.

・다만 배은망덕하는 일이 없도록 할 것이며, 순리를 따르라.

③ 利格(壯年・秋)

(33) → 昇天格(ascension, 하늘에 오름, 飛昇)

・재주와 덕을 겸비하고 용기와 과단성으로 뜻을 세워 위엄이 천하를 진동한다.

・천하의 부응(符應, 天命과 人事가 일치함)이나, 다만 지나치게 곧아 일을 그르치기 쉽다.

④ 貞格(老年・冬)

(48) → 貴人格(a noble man)

・지혜 있고 덕망이 높으니 뭇사람의 모범이 되어 권위와 명망이 진동하고 천부의 부귀를 누리고 안락장수하는 吉한 數理

4. 女兒일 경우의 이름

韓 慧 燕 (한혜연)

(1) 한자의 음과 뜻, 획수

慧(15획) - ① 지혜 혜(wise), (才智)

② 총명할 해(智也), (sagacious)

③ 밝을 혜(明也)

④ 영리할 혜

⑤ 똑똑할 혜

燕(16획) - ① 제비연(swallow, 玄鳥)

② 편안할 연(安也)

③ 쉴 연(息也)

④ 잔치할 연(宴也)

⑤ 나라이름 연(國名)

(2) 五行의 풀이

① 天干順五行

韓 慧 燕

(17) (15) (16)

金(7)土(5)土(6) → 승벽심, 노력가이며, 만사가 여의하니 복록이 쌍전

② 音五行

土(한)土(혜)土(연) - 융통성이 적고, 성공이 늦으나 대체로 평탄하다.

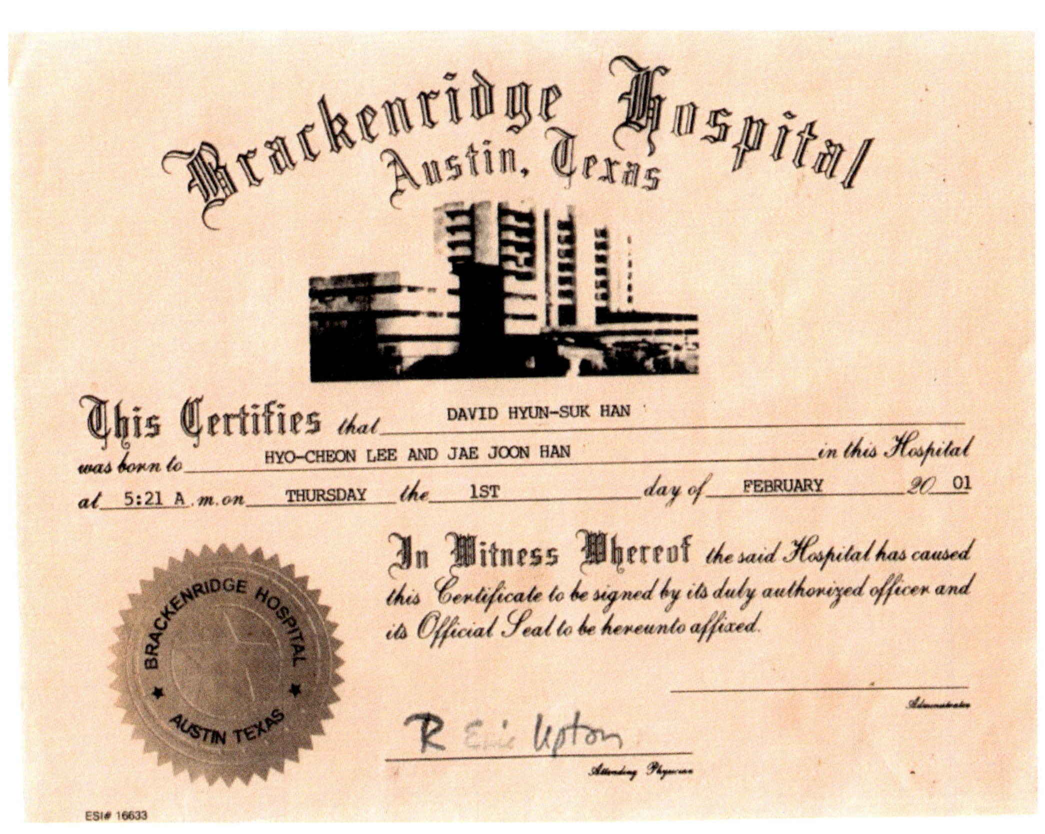

Brackenridge Hospital
Austin, Texas

This Certifies *that* DAVID HYUN-SUK HAN

was born to HYO-CHEON LEE AND JAE JOON HAN *in this Hospital*

at 5:21 A.*m. on* THURSDAY *the* 1ST *day of* FEBRUARY *20* 01

In Witness Whereof *the said Hospital has caused this Certificate to be signed by its duly authorized officer and its Official Seal to be hereunto affixed.*

BRACKENRIDGE HOSPITAL
AUSTIN TEXAS

Administrator

R Eric Upton

Attending Physician

ESI# 16633

- 장남 재준이 미국 유학중에 탄생한 현석의 출생증명서

(아이의 출생에 따라 Brackenridge Hospital, Austin, Texas에서 발급하는 출생증명서에 태어나는 아이의 이름이 기록되는 것이라 하여, 출생 전에 미리 태어날 아이의 이름을 작명하여 보내주게 된 것이다.)

2004년 8월 16일

4년 동안이나 살았던 거처를 옮겼으니 여러 가지로 착잡한 생각도 있었으리라.

산도 설고 물도 설은 이국땅에서, 고국의 부모형제들로부터 물질적 지원도 별로 없는 형편에서 처자식까지 거느리고 학업을 수행해야하는 네가 아니냐. 너의 마음을 넉넉히 채워주지 못하는 아비가 안타깝구나. 아직은 유동성이 좀 있으니 너무 어렵게 지내지 말기 바란다. 돌아오는 9월 30일로 만기가 되면 찾아서, 한 해 정도의 이곳 우리 집 생활비만큼은 보통예금으로 돌리고 너한테도 얼마 정도를 환율 추이를 봐가면서 송금할 터이니 예비로 가지고 있도록 하는 게 좋겠다.

우리식구가 목동 7단지의 아파트에서 7년 정도를 살다가 화곡동에 다시 와서 살 때의 겪은 일인데, 어느 주말 춘천에서 퇴근길에 화곡동집으로 오면서 목동 7단지 722동 옆을 지나노라니 우리 가족이 살던 2층 벽면이 보였는데 그 순간 나는 눈시울을 약간 적시게 되었던 일을 기억하고 있다. 사람이 한 집에 사는 동안 혈육의 관계를 가지고 있는 가족에 대해서만 정을 가지게 되는 것이 아니라 몸담고 사는 집의 구석구석, 가구 하나하나에까지도 정을 느끼게 되는 것이 아니겠느냐? 우리 가족이 너만 서울에 남겨두고 동경에서 살 때의 기억이 또 하나 있다. 너의 담임선생님 댁에서의 하숙생활을 끝내고 너가 재수를 하는 동안 신당동 이모 댁에서 거하게 됨에 따라, 화곡동집에서 우리 가족이 모두 정들여 기르던 개 '오토'를 그 이모 댁에 보내게 되어 한동안 '오토'는 너와 함께 그 당시 이모네 집에 있었지, 숙자는 결혼을 시켜 독립하게 되었고.

서울에 남겨둔 너의 안부가 궁금하여 신당동 이모 댁에 국제전화를 걸면, 그 집 마당에 있던 '오토'가 짖는 소리도 현해탄을 건너 전화기로 듣게 되고 그 순간 '오토'가 보고 싶어졌고 이모 집에 맡기고 간 우리를 원망하면서 멍멍 짖는 것만 같은 정감을 느끼게 되었던 기억이 남아 있다.

이렇듯, 우리는 한동안 함께하던 모든 사물에 애착을 느끼게 되는지라, 너가 낯선 타국에서 어렵게 구하여 처자식과 함께 사개성상이나 살면서 불편한 점도 많았겠지만 보금자리삼고 살았으며, 더구나 현석이를 낳아 그 집에서 지금까지 양육한 집이라 막상 이사를 하게 되니 감회가 여러 가지로 교차되었으리라 생각되는구나.

좋은 글을 친구로부터 받아보고, 너에게도 보냈다. 세 번째 보낸 것이 제대로 보내진 것 같고 앞의 두 번 보낸 것은 잘못된 듯하다. 남들로부터 받은 내용을 내가 다시 보내는 것은 오늘 처음 해보았다.

이 정도의 편지를 치는데도 내 실력으로는 두 시간이상 걸리는구나. 재용이 최근에 다시 너희 어머니와 나에게 cell phone을 교체해 주었는데 이곳 서울시각과 함께 그곳 달라스 시각도 볼 수 있게 해주었기에 지금 너희쪽 시간이 am 6:47을 보여주고 있다. 이곳은 pm 9:47이고, 그러니 너희는 지금 잠자는 시간이 되겠다.

부디 모두 건강하게 지내게 되도록 기도한다. 안녕!

- 받는이 : "한재준"<hjaejoon@yahoo.com>

2004년 9월 30일

9월 25일에 보내준 편지를 이제야 열어보았다.

반갑게 읽었다. 현석이 피부병이 나서 병원에 다녀왔다고 했고, 약을 바르고 있다고는 했으나, 피부의 어느 부위에 문제가 생겼는지에 대해 궁금하구나. 그곳은 아직도 덥다고 하니 좀 힘들겠구나. 그 곳도 날씨가 빨리 시원해져야 피부병 치료에도 도움이 될 텐데.

우리는 올해 추석명절을 잘 보냈다고 생각한다. 너희 가족은 멀리 떨어져 있기는 해도.

효정이 전화해 줘서 반가웠고, 이국만리에 떨어져 사는 너희는 나름대로 유학생 이웃들과 교회의 사람들과 함께 외로움을 달래기를 기대했단다. 이곳 우리는 고향에 내려가서 여러 곳에 흩어져 있는 조상의 산소에 벌초하고 묘소주위를 정리하는 데 3일 동안이 소요될 것으로 보았기에, 나는 20일(월)에 내려갔고 어머니와 지연이는 23일(목)에 내려와 합류해 지내다가 25일(토)에 일산집으로 돌아왔단다. 강릉 고모네 집과 호산에 있는 본가에서 춘천형님과 함께 머물렀는데, 호산에서 벌초하러 다니는 동안에는 마침 장위동의 큰형수께서 호산집을 수리하는 공사를 감독하기 위하여 와 계시고 있었기에 식사와 잠자는데 불편함이 없이 지낼 수 있었단다. 집에 돌아오면서 곧 주일날이 되었고, 추석날에는 재혁이도, 재용이 내외도 올 것이기 때문에 음식 준비하는데 어머니 도와주느라 e-mail도 열어보지 못하고 있던 차에 효정이 전화를 받았단다.

여기 이런저런 소식 전하는 것 읽으면서 우리의 형편을 짐작하기 바라고 이 편지를 치고 있다. 무슨 얘기인지 잘 이해되지 않는 부분도 있을 같기도 하고, 아무튼 금년 추석은 나로서는 작년의 추석에 비하면 happy했다고 하겠다. 거기다 효정이도 그곳은 추석 전날인데도 이곳 시간에 맞추어 전화를 걸어주었으니 더욱 그러했다.

효정이는 괜찮다고 했으나, 수고가 많을 줄 알고 있다. 집안 살림에 현석이 돌보는 일에 피아노 아르바이트에 정말 힘들겠지만 잘 해나가고 있으니 고맙게 생각한다. 재준이 공부도 어렵겠지만 기어이 해낼 것이라 믿고 기도하고 있다.

이곳은 계절은 가을이 완연하나, 세상은 시끄럽다. 그곳 Austin도 날씨가 좀 시원해졌으면 좋겠구나. 이곳에서 보는 미국 뉴스는 대통령선거가 관심사이고, 누가 대통령이 되는 것이 우리의 남북문제를 잘 해결하는데 도움이 될 것인지를 측량해보고 있단다.

효정아, 오늘은 여기서 줄이겠다. 시간 내어 성경을 읽고 기도하기에도 힘쓰기 바란다.

안녕!

- 받는이 : "이효정" hyocalm@yahoo.com:
"한재준"hjaejoon@yahoo.com
보낸 시간 : 2004-09-30 (목) 23:05:09 GMT +09:00 (서울)

2004년 12월 11일

재준아,

보내온 e-mail 내용과 너와의 전화 통화내용을 다시 한 번 생각해보고 나니 너에게 꼭 얼마동안이라도 실천해보도록 당부할 것이 있다.

생수요법이라고 해도 되겠다.

(1) 아침에 잠자리에서 일어나면서 곧 생수 한 컵 마시고 난 후, 면도하고 용변보고 샤워하는 등 일과 준비하도록 할 것.
(2) 하루에 생수 2 liter 정도를 마시도록 할 것.

생수는 사야하는지, 그 곳은 수돗물을 그냥 마시는지는 모르겠으나, 사야하는 경우에는 학교에 갈 때도 꼭 가방에 넣어 휴대하고 다니면서 수시로 마시도록 할 것

너는 약을 상시 복용하고 있고, 그 기간도 장기간 지속되고 있는 것을 생각하

면, 이 생수 마시기를 반드시 병행하는 것이 좋을 것으로 생각된다. 건강하게 살고자 노력하는 사람이 건강을 누리고 살 수 있다고 여겨진다.

너는 피곤하니 오줌색깔이 누렇다고 했다. 생수를 많이 마시면 오줌색깔이 맑아질 것이다.

몸 안의 약물 등 노폐물이 물을 자꾸 마시게 되면 오줌과 함께 몸 밖으로 빨리빨리 배설될 것이 아니겠느냐?

재준아, 나는 이 생수요법을 계속 실행하려고 한다. 더운 여름에는 생수 많이 마시기가 용이했다. 등산을 하면서 땀을 많이 흘리는 날은 2 liter 정도의 생수마시기가 쉬웠으나 요즈음은 날씨가 차서 땀이 많이 나지 않으니 생수마시는 양이 줄게 된다. 따라서 오줌색깔도 맑기가 덜하는 것을 관찰하게 된다. 생수를 많이 마시면 곧 오줌색깔이 맑게 되는 것을 보게 된다.

너의 경우는 생활여건이 이곳과는 다르지만 물을 많이 마시도록 노력해야 한다. 날씨가 그래도 덜 추울 것이니 생수마시기가 나으리라 생각은 된다마는 도서관에서 주로 시간을 보내니 땀 흘릴 때가 별로 없어 목마르지 않으니 물이 마시고 싶어지지 않을 것이다. 물을 마시고 싶을 때만 물을 마시려면 이 생수요법은 거론할 일이 못되는 것이다. 물을 늘 옆에 가까이 두고 의식적으로 수시로 마셔야 생수요법이 실천되는 것이다.

감기에 걸렸을 때도 물을 많이 마시면 좋은 것도 너는 알고 있을 것이다. 재준아, 이 글을 보게 되거든 꼭 2 liter 들이 병생수를 꾸러미로 사서 놓고, 작은 물통을 구하여 물을 담아 가방에 넣고 학교에서 공부하는 틈틈이 마시도록 하여라. 학교에서 그냥 마실 수 있는 물이 있다면 그 물을 수시로 먹으면 될 것이다. 이 방법을 얼마동안 실천하고 나면 생수마시는 일이 쉬워지는 것은 물론이다. 효정이도 물론 실행하는 것이 좋을 것이다

오늘 너와의 통화에서, 너로부터 장기간 약을 복용하고 있음에 따른 부작용 얘기를 듣고 보니 왜 좀 더 일찍이 생수마시기를 권하지 못했을까 자책감을 느꼈다.

이 생수마시기는, 우리 교회의 어떤 장로가 스스로 연구하고 실행하고 있는 체험사례에서 얻은 것이기도 하지만 많은 사람들이 알고 있고 또 실천에 옮기고 있는 생활지혜이기도 한 것이란다. 나이든 노인들의 경우 물을 많이 마시는 노인에게서는 몸에서 노인 냄새도 덜 난다는 얘기도 생수를 많이 마시는 70대 노인한테서 듣기고 했다. 이 아버지는 앞으로도 계속 실행할 것이다. 재준아, 그냥 지나치지 말고 부디 명심하여 한동안이라도 실행해 보기 바란다.

- 받는이 : “한재준” hjaejoon@yahoo.com;
“이효정” hyocalm@yahoo.com
보낸 시간 : 2004-12-11 (토) 02:29:49 GMT +09:00 (서울)

2005년 1월 1일

이제 우리 앞에 새해가 펼쳐지고 있다.

돌이켜보면 지나간 한해에는, 우리 가족들에게는 좋은 일도 있었지만 마음 아픈 일도 있었다. 하나님의 가호가 있어 우리는 이 모든 것들을 극복하고 꿋꿋하게 살아왔다. 너희 모두가 성실하고 올바르게 살아온 것을 나는 고맙게 생각한다.

새해에서의 삶을 시작하는 시점에서 잠시라도 우리는 한 번 자신과 가족에 대해 생각하고 가도록 하자.

우리의 근본은 가족이니 말이다. 나와 부모형제 그리고 자식, 이것이 귀중한 것이니 이것을 늘 뇌리에 누고 살아야 할 것이다. 우리가 근본을 알고 또 낢을 알아야 자신의 삶을 성공적으로 살게 될 것이다.

또 하나는 새해에도 순간순간을 귀중하게 여기고 보람 있게 보내도록 노력하자. 시간을 아무렇게나 보내지 말도록 하자.

건강이 중요한 것을 늘 인식하고 육체와 정신이 함께 건강한 상태를 유지하도록 노력하자.

타인의 마음을 서운하게 하는 그 어떤 언행도 하지 않도록 하자.

때때로 하나님께 도움을 청하고 지혜를 구하는 삶이 되도록 하자.

새해를 맞이하는 시각에

아버지는 너희가 잘 되기를 바라며

- 받는이 : "한재준" hjaejoon@yahoo.com;
"한재혁" pianimed@lycos.co.kr:
"한재용" mdkoji@daum.net:
"한재용" mdcoji@medimail.co.kr:
"한재혁" pianimed@hanmail.net:
"한호재" 한호재@nate.com:
"이효정" hyocalm@yahoo.com
보낸 시간 : 2005-01-01 (토) 00:52:35 GMT +09:00 (서울)

2005년 1월 8일

산모와 신생아가 있는 세브란스병원에, 현석이 할머니가 오늘 다녀오면서 너희가 보내준 지연이용 옷과 비타민, 그리고 효정이 써 보낸 엽서도 잘 받았다. 이번에 태어난 재용이네 애기용품도 몇 가지 마련해 보내왔다는 얘기도 들었다. 더할 나위 없이 반가웠다. 유학생 처지의 생활형편에 그렇게 사려 깊은 효정이의 정성이 고맙구나. 지연이 비타민 또 한동안 잘 먹이도록 할게. 그리고 보내준 옷도 입혀보니 참 좋구나. 여유 없는 형편에서 보내준 것들임을 생각하니 더욱 대견스럽다. 효정이도 시간을 쪼개어 쓰는 형편일 터인데, 언제 그렇게 신생아용품까지 준비해 보내느라고 정말 애썼구나. 부디 형제간에 우애 있게 지내는 너희들이 되기를 바라며 이만 줄인다. 안녕!

- 받는이 : "한재준" hjaejoon@yahoo.com;
"이효정" hyocalm@yahoo.com
보낸 시간 : 2005-01-08(토) 22:11:39 GMT +09:00 (서울)

2005년 1월 17일

귀여운 정연이 모습을 조금 전에야 보았다. 코 밑에서 입까지의 길이가 긴 것이 인상적이구나. 의지가 굳고 줏대가 있는 사람으로 성장할 것 같구나. 깨끗해 보이는 애기 옷을 잘 구하여 입혔구나. 아주 짙게 까만 머리카락도 인상적이다. 병원의 신생아실 유리창 밖에서 보았고, 오늘도 화면으로만 보았는지라, 새로 태어나 이 세상에 함께 숨 쉬고 있는 우리의 혈연(血緣)을 하루속히 더 가까이서 대하고 싶구나.

정연(娗延)이 이름을 구성하고 있는 정(娗)字는 그 뜻이 '여자로서 단정하다'라는 의미를 가진 글자이고, 연(延)字는 그 뜻이 '뻗는다. 잇는다. 늘인다.'라는 의미를 가진 글자이고, 우리 집 손녀들의 돌림자로 택한 字이기도 하다. 정연(姃延)이는 여자로서 우아하고 단정한 사람으로 성장하고 발전하기를 바라는 마음으로 지은 이름이다.

- 받는이 : "한재용" mdcoji@medimail.co.kr
보낸 시간 : 2005-01-17 (월) 04:12:23 GMT +09:00 (서울)
----------원본 메시지 --------------
- 보낸 사람 : "한봉균" hahn910@naver.com
받는 사람 : "권자영" jay93@medimail.co.kr
참조 :
날짜 : 2005-01-17 03:06

지인(知人)에게

1997년 3월

안녕하십니까?

저의 연임을 기뻐해 주시면서 보내주신 축전을 잘 받았습니다.

잊지 않고 마음에 두고 격려해 주시는 깊은 뜻에 진심으로 감사드립니다.

뵈올 날이 있겠으나 우선 이렇게 지면으로 인사드리는 것을 널리 이해해 주시기 바랍니다.

늘 건강하시고 하시는 일에 큰 성취 있으시기를 기원합니다.

- 부산은행 이재술 감사님께

1998년 3월 일

만물(萬物)이 소생하는 새봄을 맞이하여 삼가 존체만안(尊體萬安) 하심을 기원(祈願)합니다.

이번 저희 은행(銀行)의 주주총회(株主總會)에서 부족한 제가 상임감사(常任監事)로 선임(選任)된 데 대하여 바쁘신 중에도 따뜻한 축하(祝賀)와 격려(激勵)를 보내주셨음에 깊은 감사(感謝)를 드립니다.

미력(微力)하나마 새로운 소임(所任)에 최선(最善)을 다하여 기대(期待)에 보답(報答)코자 하오니 앞으로도 변함없는 성원(聲援)을 보내주시기를 바라오며, 늘 하나님의 가호(加護)가 함께 하시기를 기원(祈願)합니다.

- 강원은행 상임감사 피선임 인사장

韓 奉 均 감사

40년 강원 삼척 출생으로 삼척공고 연세대 상학과를 졸업。68년 한국은행에 입행. 외환분야에서 주로 근무했다。강원은행이 94년 국제업무를 강화하면서 적임자를 물색하는 과정에서 상무로 영입됐다。주말마다 산을 찾는 등산애찬론자。부인 이전사 여사와 4남。

- 1998년 2월 28일(토)
한국경제신문의 98은행주총인사
신규 · 승진 임원 프로필 중에서

2004년 8월 16일

무더위도 한풀 꺾이는 것 같은데,

그동안 보내준 좋은 글들, 가슴과 머리를 시원하게 해주는 영상들과 사진들, 모두 모두 잘 보았소. 고마움을 이렇게 몇 자 띄워 보냅니다.

특히 귀하의 옥고(玉稿)는 소생한테는 나름대로 새로운 세계를 보여주었다오. 미국의 지방정부들이 하는 일, 그 곳 공무원들이 업무를 수행하는 모습들은 다른 데서는 별로 볼 수 없는 내용들이었지요.

더위는 잘 보냈는지요.

소생의 며칠 전 어느 하루의 소일담(消日談) —

말복(末伏)이 지나고 이틀째인 지난 11일, 북한산 향로봉(해발535m)에서 내려다 본 장안(長安)의 모든 것들이 마지막 기승을 부리는 더위에 헉헉대는 것만 같았고, 이글거리는 태양아래서 시멘트와 돌로 지은 건물들이 열을 내뿜는 듯했고, 기어가는 것만 같은 그 많은 자동차와 지붕도 빈쩍이며 열기를 내어놓고, 온 아스팔트 길바닥이 작열하는 8월의 태양에 후줄근해져 있는 것처럼 보이고 있었고, 산 아래 도시에서는 기계문명의 굉음이, 산속의 숲속에서는 매미들의 합창소리가 이따금씩 불어오는 바람을 타고 귓전을 지나고, 그 바람은 등어리에 흘러내린 땀에 젖은 러닝셔츠를 마르게 해주고…. 입추(立秋)가 지나고 말복(末伏)도 지났건마는 더위가 여전히 맹위를 떨치던 날, 이열치열의 방법으로, 혼자일 수도 있는 하나의 자유의 길이기도 한 북한산을 찾을 수밖에는 별묘수가 없었던 소생의 올 여름 하루의 이야기입니다.

이 여름을, 고마운 좋은 친구가 보내준 유익한 내용의 글들과 아름다운 사진들을 때때로 대하면서 잘 보내고 있다고, 감히 적으면서 한편 아무것도 보내지 못하는 소생의 무재주 무성의 언제 쯤 달라질는지….

이만 줄입니다.

- 받는이 : tedibea@naver.com

보낸 시간 : 2004-08-16 (월) 01:08:06 GMT +09:00 (서울)

2004년 12월 31일

청죽형,

이제 한 시간 남짓이 있으면 또 한해가 가고 새해가 오는군요.

새해에도 청죽형에게 보람 있는 일 많기를 바랍니다.

댁내에도 만복이 깃들기를 빕니다.

올 한 해 동안 소생에게 베풀어준 일들에 대해 마음으로부터의 감사를 보냅니다. 때로는 깊은 밤중에도 청죽형이 컴퓨터 앞에 앉아, 불초 소생에게 유익이 되거나 안목을 넓히라고 보내준 내용들에 대해서도 고마운 뜻을 여기 담아 보냅니다.

아쉬운 점은, 이 한해 동안에는 함께 산행을 많이 하지 못한 것이지요.

오늘 예정했던 송년등산도 취소되었으니 말이요. 등산 그 자체가 목적이 아닌 것은 알고 있습니다. 건강유지에도 좋고, 좋은 친구 되어 나누는 우정이 좋고, 산천경개 함께 즐기며 보내는 것이 좋고, 그렇게 지내노라면 우정의 길에 잡초가 무성하여 길을 막지 못할 것이니 그 또한 좋을 것이니 말이요.

정단장,

언제 그 활발하던 산행팀이 혹시 해단식이라도 가진 바 있었는지요? 해단이 된 게 아니라면 일요일에만 할 것이 아니라 평일에도 등산할 기회를 만들어 소생도 함께할 기회를 주시기 바랍니다.

늘 그렇게 살아 왔지만, 을유년 새해에도 보람 있는 일 많이 하는 생활이 되도록 합시다.

저물어가는 2004년을 마무리하는 시각에

- 받는이 : "정의경"<ekjeoung38@hanmail.net>

보낸 시간 : 2004-12-31 (금) 22:55:49 GMT +09:00 (서울)

2007년 12월 26일

닥더리,

이 해도 어언 간에 저물어 가는데
이렇게라도 일자(一字) 소식에 묻히어
친구의 옆에 가고자 하네.

한 해 동안 보내준 그 많은 배려에
고마운 마음
속에서 꺼내어
몇 마디 찍어 보내는 이 심사
미루어 생각해 주기 바라고.

오는 해에는
뜻하는 일
많이 이루어져서
보다 보람 있는 해가 되기를….

정해년(丁亥年)을 보내며

- 받는이 : 이용길

보낸 시간 : 2007-12-26 (tn) 01:21:52 CMT +09:00 (서울)

2008년 1월 3일

창남이,

참 오래간만일세.
또 한 해
아니 몇 해가 어언간에 지나갔는데
일자(一字) 소식도 없이 지나온 것
자괴(自愧)를 금치 못하네.

두타산 산행은 물론이고 산에 가던 날
부인께서 새벽밥을 정성껏 마련해 주셔서 맛있게 들던 그 일들은
평생의 귀한 추억으로 남아 있다네.

그때 청옥산 오르기를 후일로 남겨두고
친구와 헤어졌는데
그 후로도 나와 함께 가장 많은 산행을 하며 지냈던
이동범 군은 그 기약을 이루지 못하고

지난 12월 13일 유명을 달리하고 말았다네.
너무 늦게야 진단받은 위암에서 이겨내지 못한 탓으로…

그때 받은 창남이 내외분의 온정을
그 후로도 때때로 우리는 반추하곤 하였기에
이렇게라도 고마운 마음을 여기에 함께 담아 보내고 있네.

새해에도
친구의 가정에 만복이 깃들기를…

- 받는이 : "김창남"<changnamy@hanmail.net
보낸 시간 : 2008-01-03 (목) 15:06:34 GMT +09:00 (서울)

2009년 2월 4일 수요일

예헌제(艾軒齊)의 창남이,

보내준 예촌일기 반갑게 받았네. 참 오래간만일세!
부인께 안부를 전해 주기를 바라네.
오늘도, 봉정마을 그 예헌제가 있는 고택(古宅)의 툇마루에 창남이와 함께 앉아 있는 기분으로 예촌일기를 넘겨보았지. 책은 엊그제 오후에 받아 보았네.
일몰(日沒)을 한 시간쯤 남겨 놓고 6km 정도 거리에 있는 한강까지 걷기 운동할 생각으로 아파트를 나갈 때였지. 현관의 우편함에 꽂혀 있는 우편물 가운데서 창남이 보내준 것이 있어 봉투를 열어 보니 예촌일기(艾村日記)라는 제하(題下)의 앞면 표지 사진에서 그윽한 분위기를 느끼게 하는 창남이 엮은 책자가 아닌가! 정말 기뻤네. 나는 안양천을 따라 한강 합류지점까지 걸으면서 이 책장을 넘겼고, 창남이는 나로 하여금 이것저것 생각하게 하였지. 어느덧 이제 나이를 꽤 먹었음이 분명해. 창남이가 쓴 글 속에서도 여러 군데 이런 것을 적었지.

예촌일기 p.13의 아래에서 13~11째줄, p.14의 아래에서 4~3째줄, p.16의 위에서 3~6째줄, p.18의 아래에서 4~3째줄, p.20의 맨 아랫줄, p.21의 맨 윗줄, p.28의 아래에서 5째 줄부터 p.29의 위에서 2째줄까지, p.30의 아래에서 4째줄부터 끝까지…….

이처럼 여러 곳에 적은 창남이 생각과 같이 이제 우리는 이 세상에 있을 시간이 얼마 남지 않았음을 순간순간 느끼고, 남은 시간이 귀한 줄을 날마다 절감할 수밖에 없네.

나는 이곳 안양천 산책길을 따라 안양천과 한강이 합류하는 지점까지 걷는 동안 석양을 받으며 예촌일기를 읽고 걸으면서 위에 적은 곳들을 주머니에서 볼펜을 꺼내어 줄을 그어 보았다네.

정말로 그러네. 그러니 남은 날들을 잘 지내야지.

예촌일기의 수신인 중에는 어느새 우리와는 유명을 달리한 친구가 둘이나 됐구려! 아이참! 창남이, 이 소생도 예촌일기의 모임에 같이 하게 된 것 정녕 기쁨이었네. 오늘은 이만 줄이네.

- 김창남에게

합본부록
(合本附錄)

여기에 수록한 '도매물가지수의 개편결과'는 필자가 당시 한국은행 조사제2부 물가조사과에서 1975년 기준 우리나라의 도매물가지수 개편업무 (7차개편)의 책임을 맡아, 동료직원들과 함께 한 해 동안에 걸친 작업을 마치고 나서 그 개편의 요지를 국문과 영문으로 집필하여, 한은조사월보(1977. 5월, 제31권 제5호)와 영문 판계간, Quarterly Economic Review(1977. 9월)에 각각 게재되었다. 이번에 이 문집을 만들면서 당시의 게재내용을 그대로 사진판으로 옮겨 부록으로 싣는다.

또한 끝으로 필자가 한은동경사무소(韓銀東京事務所) 근무시절 (1987~1990), 일본의 중앙은행인 일은(日銀)에서 세계유수의 몇몇 중앙은행을 일은 행내보(行內報)인 '니찌깅'(にちぎん)에 소개하는 특집을 기획하면서, 그 두 번째로 가장 가까운 이웃 나라의 중앙은행인 한은(韓銀)을 1990. 2월 발행한 '니찌깅'에 소개한 바 있었다.

그 내용을 당시 필자가 본점 기획부의 협조를 받아 '니찌깅' 편집 담당자들과 함께 작성하여 게재하게 되었는데, 이 또한 당시 '니찌깅'에 소개된 내용을 그대로 사진판으로 옮겨 이 문집에 싣게 되었다.

都賣物價指數의 改編結果

Ⅰ. 머 리 말

1910年에 처음으로 編制된 以來 여러차례의 改編을 거쳐 現在에 이르고 있는 當行의 都賣物價指數는 우리나라에서 가장 오랜 歷史를 지니고 있는 經濟統計이며 諸般 經濟政策樹立 및 그 效果分析의 貴重한 基礎資料로써 널리 利用되어 왔다.

第1次 去來段階에서의 價格動向을 測定하여 商品의 全般的인 需給動向을 把握할 目的으로 當初에는 不過 30個品目을 對象으로 單純算術平均法에 의하여 編制되었던 都賣物價指數는 그間 36年, 47年, 55年, 60年, 65年, 70年 基準으로 6次의 改編을 거치는 過程에서 많은 改善과 發展을 거듭하여 왔다. 그리고 이번의 1975年基準指數改編에서는 1970年以後의 急速한 工業化推進에 따른 우리經濟의 高度成長과 特히 1973年의 「오일·쇼크」에서 비롯된 國際資源波動으로 나타난 우리나라 經濟構造의 變動을 보다 充實히 反映하는 一般目的指數로서의 그 機能을 다할 수 있도록 指數精度의 提高에 主眼點을 두었다.

따라서 이번의 指數改編에서는 1970年 改編以後 새로운 成長業種의 物價動向分析이 可能하도록 基本分類體系를 擴充하였으며 指數對象範圍도 擴大하여 農水產物中 從來에는 除外되었던 菜蔬類 鮮魚類等의 生鮮食品을 包含시켰으며 또한 新製品의 開發에 따른 商品의 多樣化現象에 따라 調査對象品目數도 擴大하였다.

本稿에서는 먼저 本指數의 改編槪要를 通하여 1975年基準都賣物價指數의 改編內容을 說明하고 改編結果로 나타난 價格調査對象品目數와 加重値의 變動狀況을 살펴본 다음 끝으로 新舊指數의 乖離要因을 分析하여 보고자 한다.

Ⅱ. 改 編 概 要

1. 指數의 性格

都賣物價指數는 周知하는 바와 같이 國內市場의 第1次 去來段階에서 形成되는 모든 商品價格의 平均變動狀況을 測定하기 위하여 作成되는 指數로서 여기에 使用된 都賣(wholesale)라는 뜻은 大量去來가 이루어지는 包括的場所를 意味하는 것이지 通俗的인 都賣商(wholesalers) 또는 代理店에서의 販賣를 가리키는 것은 아니다. 따라서 이 指數의 編制에 使用되는 價格은 第1次 商去來價格 즉 國內生產品의 경우는 生產者販賣價格을, 輸入品의 경우는 輸入業者販賣價格을 原則으로 하고 다만 이것이 不可能할 경우에 限해서 大量都賣商 또는 中間都賣商의 販賣價格을 採擇하게 된다.

都賣物價指數는 그 對象範圍가 廣範하여 一般的인 物價水準의 變動을 測定할 수 있고 이에 따른 商品의 全般的인 需給動向을 把握할 수 있기 때문에 通常 一般目的指數(general purpose index)라고 불리어지고 있으며 貨幣購買力測定의 尺度로서 利用되고 있다. 또한 都賣物價指數는 特殊物價指數라고 볼 수 있는 消費者物價指數, 輸出入物價指數, 農家販賣·購入價格指數等에 比하여 價格變動의 先導性이 있는 生產者 또는 輸入者의 販賣價格을 捕捉하게 됨으로 物價變動에 對한 代表性이 높아 物價라는 槪念에 가장 接近된 指數의 性格을 가지고 있다.

한편 都賣物價指數는 그 構成에 있어서 個別商品指數와 이들 個別商品을 性質別로 分類한 基本分類指數로 되어 있으며 이는 다시 特定의 利用目的에 따라 여러 가지 基準에 의하여 分類함으로써 用途別分類指數 產業別分類指數와 같은 特殊分類指數로도 作成하고 있어 利用者의 目的에 따른 物價分析이 可能하도록 하고 있다.

2. 基準年度 및 改編目的

指數計算에 있어서 基準時加重算術平均法을 採擇하고 있는 現行 都賣物價指數編制方式에 있어서는 經濟構造의 變動에 따라 基準時點의 加重値가 現實로부터 遊離되는 現象이 必然的으로 發生하게 됨으로 一定 期間마다 基準時의 變更 및 加重値의 再調整이 不可避하며 이렇게 함으로써 指數의 精度를 提高시킬 수 있게 된다. UN統計委員會에서는 基準時의 變更을 적어도 10年마다 그리고 特히 第2次 大戰以後는 急速한 經濟變動의 趨勢에 비추어 이 期間을 더욱 短縮하여 5年마다 指數體系의 改編을 檢討할 것을 各國에 勸告하고 있다. 따라서 이번의 指數改編에서는 1970年에 이어 指數 및 加重値의 基準年度로서 1975年을 採擇하였다.

지난 70年代 前半期동안 우리經濟는 刮目할만한 成長을 記錄하였으며 이에 따라 產業構造의 高度化와 함께 經濟構造가 크게 變貌하여 왔음으로 이에 相應한 加重値를 얻고자 하는 데 이번 指數改編의 第一次的인 目的이 있었다고 하겠다.

一般的으로 加重値老朽度를 檢證하기 위한 手段으로는「파아쉐·첵크」方法이 利用되고 있는 바 1970年基準指數를 1975年 現在로 하여 檢證하여 본 結果 總指數의 乖離度는 15.7%로 나타났으며 13個의 基本分類指數 가운데 10個 指數

가 一般的인 乖離許容限界인 ±5%를 크게 超過하고 있어 基準年度改編의 必要性을 現實的으로 나타내 주었다. (表 1 參照) 이 밖에도 1975年을 基準年으로 選擇한 背景으로는 다음과 같은 몇가지 理由를 들 수 있다.

① 1973年의 「오일·쇼크」에서 비롯된 國際資源波動으로 因하여 世界經濟는 큰 變化를 겪었으며 工業化推進過程에 있었던 우리나라의 經濟도 國內產業, 流通, 消費構造에 상당한 變化가 있었는 바 이에 副應하여 基準年을 最近年으로 옮길 必要性이 있으며

② 第4次 經濟開發5個年計劃의 成果를 分析評價하는데 有效한 指標가 될 수 있도록 同計劃의 基準年度인 1975年과 本指數의 基準年을 一致시키는 것이 便利하며

③ 產業生產指數, 消費者物價指數, 農家販賣·購入價格指數 및 國民所得統計의 不變市場價格基準年等이 모두 1975年으로 變更됨으로 이들 諸指標와의 相互比較를 容易하게 하기 위한 點

〈表 1〉 1970年 基準指數의 「파아쉐·첵크」

	75年指數		파아쉐·첵크
	라스파이레스 指數	파아쉐 指數	$\left(\frac{L-P}{L}\right)\%$
總指數	**249.2**	**210.0**	**15.7**
農水產食品	297.5	260.9	12.3
加工食品	247.1	215.2	12.9
纖維및그製品	171.3	136.7	20.2
木材및그製品	202.1	210.2	−4.0
紙類	236.1	223.4	5.4
生고무 및 고무製品	174.3	160.6	7.9
化學製品	241.1	209.6	13.1
合成樹脂 및 그製品	229.4	219.1	4.5
土石및유리製品	234.2	221.3	5.5
金屬 및 그 製品	203.3	183.5	9.7
機械및그 部分品	167.2	149.9	10.3
燃料및電力	424.2	400.1	5.7
雜品	164.0	163.5	0.3

等을 副次的인 理由로 들 수 있겠다.

3. 母集團의 範圍

都賣物價指數의 母集團은 國內 第1次 去來段階에서 商去來의 形態로 賣買된 모든 國內生產品 및 輸入商品을 對象으로 하되 다음과 같은경우에는 母集團에서 除外하였다.

組織的인 體系에서 生產되는 商品들은 原則的으로는 모두 母集團에 包含되나 藝術作品, 船舶, 航空機, 鐵道車輛, 出版印刷物, 寶石類, 산動物, 栽培用種苗等은 個別的으로 價格이 形成되거나 代表性있는 品質規格을 選定하기가 困難한 關係로 價格變動을 直接的으로 測定하기가 事實上 不可能하기 때문에 本指數의 母集團對象에서 除外하였다. 그리고 企業이 購入하는 產業用電力인 大動力과 小動力은 母集團에 包含하였으나 家庭에 直接販賣되는 家庭用電氣는 小賣去來의 性格을 띠고 있기 때문에 除外하였다.

또한 國內生產工產品中 輸出된 것은 母集團에서 除外하였다. 從來 우리나라 都賣物價指數의 母集團 對象範圍는 國內 需要充當財(國內生產品中 國內販賣品 및 輸入品)에 限定하는 home sales型[1]을 採擇하여 輸出品을 母集團에서 除外하여 왔다. 이는 製造業製品의 輸出은 大部分 生產者가 貿易業을 兼營하고 있거나 그렇지 못한 境遇에는 他貿易業者로 하여금 代行輸出케 하고 있어 國內市場去來가 成立되지 않는 것이 一般的일 뿐더러 설사 輸出 또는 製造過程에서 國內去來가 이루어지는 경우라 하더라도 金融 稅制上의 諸般支援措置로 말미암아 內需用去來와 輸出用去來間에는 價格體系上의 현격한 差異가 存在한다는 點 때문이었다. 그러나 農水產物의 輸出額은 國內出荷額에서 差減하지 아니하였는 바 農水產物의

註 : 1) 指數의 對象範圍를 國內需要充當財 (國內品, 輸入品)에 限定하는 home sales型을 採擇하는 例로는 「덴마크」가 있으며 日本, 美國, 伊太利等 主要 各國에서는 廣範圍하게 輸出品도 包含하는 total supply型을 採擇하고 있다.

輸出을 위하여는 分散되어 있는 小規模의 生産者로부터 國內去來를 通한 收集過程이 隨伴될 뿐만 아니라 輸出品과 國內需要品의 去來過程에서 形成되는 價格體系가 一般的으로 同一하다는 點에서 工産品輸出의 境遇와는 相異하기 때문이다. 따라서 이번의 指數改編에 있어서도 工産品의 輸出額은 國內出荷額에서 差減함으로써 母集團 範圍에서 除外하였으나 農水産物의 輸出額은 母集團에 包含하였다.

또한 輸入品中 自家需要用 輸入分은 母集團에서 除外하였다. 이는 KFX民間輸入中 國內市販分만이 輸入商品 그 自體로서 國內市場 去來가 이루어지고 實需要者 輸入分은 輸入商品 그 自體로서는 國內市場에 나타나지 않기 때문이다.

1970年 基準指數의 改編時까지는 農水産品中 菜蔬類 및 鮮魚介類는 去來量 및 價格이 季節에 따라 甚한 變動을 보이고 市場出廻가 長期間 中斷된다는 理由로 母集團에서 除外되어 왔으나 近來에 와서는 栽培技術의 向上, 遠洋漁業과 養殖漁業의 發達, 貯藏施設의 擴充等으로 市場出廻期間의 長期化傾向이 顯著함으로 이번의 指數改編에서는 母集團範圍에 包含시켜 一般目的指數로서의 指數機能提高와 모든 産業의 平均價格動向 내지는 價格水準測定을 爲한 都賣物價指數의 作成目的에 보다 接近되도록 하였다.

4. 母集團去來額의 推計와 價格調査對象品目의 選定

(1) 母集團去來額의 推計

加重值算定의 基礎가 되는 國內去來額의 推計를 위하여는 主로 1975年 鑛工業統計調査暫定集計結果表(經濟企劃院), 貿易統計(關稅廳), 農林統計年報(農水産部) 및 各種 關聯統計를 基礎資料로 利用하여 다음과 같이 推計하였다.

① 國內生産品去來額

A. 鑛工業生産品

鑛工業生産品의 國內去來額은 主로 1975年鑛工業統計暫定集計結果表上의 品目別 出荷額을 都賣物價指數 品目分類別로 再分類하여 當該品目과 同一한 輸出商品의 通關額을 差減하는 한편 KFX民間輸入額中 國內去來額(通關額+關稅額+防衛稅額)을 加算함과 同時에 政府에서 輸入한 備蓄物資의 放出實績을 品目別로 加算하여 推計하였다.

但 鑛工業統計暫定集計結果表上의 品目分類가 當行 都賣物價指數의 調査對象品目分類와 一致하지 않는 경우 또는 品目別出荷額과 輸出入商品의 通關額을 直接 比較調整할 수 없는 一部 品目의 경우에는 國內去來額推計를 위하여 鑛工業統計暫定集計結果表上의 出荷額을 使用하지 아니하고 政府關係部處 및 關係機關의 資料 또는 業界統計를 利用하였다.

以上과 같은 鑛工業生産品의 國內去來額推計方式을 要約하면 다음과 같다.

鑛工業生産品國內去來額=1975年出荷額－輸出額(國聯軍物品軍納額包含)+KFX民間輸入中 國內去來額+政府輸入中 放出額

B. 農産品

農産物은 鑛工業生産物의 경우와는 달리 出荷額에 關한 統計資料가 없으므로 品目別 出荷量을 別途로 推計한 후 單價를 곱하여 去來額을 算定하였다.

品目別 去來額算出을 위하여 農水産部의 農林統計年報, 農家經濟調査結果報告, 主要農産物商品化統計 및 其他資料(政府糧穀收買 및 放出實績等)를 基礎로 하여 推計한 1973～75年의 3個年間 平均去來量과 農業協同組合中央會에서 調査한 1975年 品目別 農家販賣價格을 利用하였다. 但 政府放出糧穀은 政府糧穀放出實績 및 放出價

格에 의하여 去來額을 算出하였다. 農産物의 去來量을 推計함에 있어서 3個年을 平均한 廣礎法을 採擇한 理由는 氣候條件에 따라 큰 變動幅을 가지고 있는 農産物生産量의 特定年度에 있을 수 있는 異例的인 要因을 緩和하기 위한 것이다. 去來額算出을 위한 價格으로서 單一年度인 1975年의 平均價格을 適用한 것은 改編指數의 加重值算出을 爲하여 使用된 鑛工業 生産品 出荷額을 비롯한 모든 去來額이 基準年度인 1975年의 것으로 되어있고 그들 去來額計算에 適用된 價格은 1975年度의 價格水準이기 때문이다. 또한 農産物은 一般的으로 月別去來量 把握이 不可能하여 年度別로 去來量을 推計하였으므로 年平均價格을 適用 하였다.

한편 母集團範圍에서 이미 記述한 바와 같이 農産物의 境遇는 生産者가 散在되어 있어 輸出을 위한 收集過程에서 國內去來가 이루어지고 있을뿐만 아니라 工産品의 경우와는 달리 輸出去來와 國內去來間의 價格體系가 다르지 않은 것이 一般的인 樣相임으로 輸出額을 差減하지 아니하고 國內去來額을 算定하였다. 또한 農産物의 輸入은 KFX民間輸入의 경우도 大部分 原料用의 實需要者輸入으로 加重值母集團去來額에 計上되지 아니하며 政府의 直接輸入은 그 性格上 價格調節用으로 放出되는 分만이 母集團의 對象이 됨으로 輸入額을 計上하지 않고 政府의 農産物放出實績을 計上함으로써 國內生産農産物의 政府收買分放出實績과 함께 國內去來額으로 捕捉된다.

上述한 바를 算式으로 表示하면 一般的으로 農産物의 去來額은

農産品去來額＝1973～75年(生産量×商品化率[2])의 3個年平均去來量×1975年平均農家販賣價格으로 要約되나 米麥의 경우는 다음과 같이 算式을 一部 變形하여 去來額을 推計하였다.

(i) 一般米麥去來額＝1973～75年 {(生産量×商品化率)－政府收買量} 의 3個年平均去來量×1975年平均農家販賣價格

(ii) 政府放出米麥去來額＝1973～75年政府米麥放出實績의 3個年平均×1975年平均放出價格

(iii) 1975年中 米麥國內去來額＝(i)＋(ii)

C. 水産品

水産物의 漁獲量 및 去來量도 年度別 起伏이 심하다는 점을 考慮하여 農産物의 경우와 같이 3個年을 平均하는 廣礎法을 使用하여 去來量을 推計하였다. 따라서 水産物去來額은 水産統計年報(水産廳)의 魚種別 委託販賣量과 委託販賣價格에 依하여 다음과 같이 算定하였다.

水産物去來額＝1973～75年의 3個年魚種別平均委託販賣量×1975年平均委託販賣價格

D. 電 力

韓國電力統計(韓國電力株式會社)를 利用하여 1975年中의 韓國電力株式會社의 料金收入總額에서 家庭에 供給한 電氣의 料金은 除外하고 企業이 購入하는 電力인 動力部分販賣實績을 小動力과 大動力으로 區分하여 各各의 去來額으로 하였다.

② 輸出額

旣述한 바와 같이 鑛工業生産品의 輸出額을 母集團의 去來額에서 除外하기 위하여 品目別 輸出額을 別途 推計하고 이를 1975年中 外國換對顧客買入率(1「달러」當483원)을 適用 換算하여 鑛工業統計調査結果表上의 國內出荷額에서 品目別로 差減하였다. 品目別輸出額은 貿易統計年報(關稅廳)上의 1975年中 商品別通關額을 基礎로 하여 算

註 : 2) 商品化率은 農家의 年間生産量에 對한 商品化量(販賣量)의 比率을 말하며 商品化率은 狹義와 廣義로 區分한다. 狹義의 商品化率은 農家에서 糧穀을 販賣한 量(物物交換 包含), 現物로 納付한 租稅·公課와 搗精料를 包含하여 算出하며 廣義의 商品化率은 狹義의 商品化量과 實物勞賃, 現物補助贈與, 現物로 支拂한 各種 賃借料까지를 包含하여 算出한다. 本指數改編에서 農産物去來額推計에 使用된 商品化率은 狹義의 商品化率로 하였다.

定하였으며 通關統計에는 包含되지 않는 軍納輸出額에 關하여는 資料(韓國物品軍納組合)를 別途로 蒐集하여 利用하였다. 그런데 國際聯合의 標準國際貿易分類(SITC)方式에 依한 通關統計와 韓國標準商品分類方式에 依한 鑛工業統計調査間의 品目分類方式上의 不一致를 調整하기 위한 作業이 別途로 必要하였는 바 이와같은 品目別 相互連結作業은 다음에 說明하는 輸入品의 國內去來額推計過程에서도 行하여졌다.

③ 輸入商品國內去來額

輸入品의 國內去來額은 1975年中의 商品別通關額(CIF基準)을 基礎로 하여 輸入額中 國內市場에 供給된 部分의 總원貨評價額에 依하여 推計되었다.

輸入을 財源別로 보면 借款, 公共援助, 請求權資金, 救護 및 其他輸入과 KFX輸入으로 區分되는데 KFX輸入을 除外한 其他資金으로 輸入된 物品은 國內市場에서 流通되지 아니하므로 加重値母集團에 包含시키지 않았다. 또한 KFX輸入가운데서도 政府輸入과 輸出用原資材輸入도 輸入商品 그 自體로서는 國內市場에 나타나지 아니하므로 除外되며 內需用輸入品 가운데서도 實需要者輸入品인 경우에는 輸入商品 그 自體로서는 역시 國內市場에서 流通되지 않으므로 加重値의 母集團에서 除外된다. 즉 輸入品에 있어서는 國內 市場去來部分만을 抽出하여 加重値母集團에 包含시켰다.

따라서 輸入品의 國內去來額을 把握하기 위하여는 KFX內需用民間輸入品에 對한 商品別 商社別 輸入實績資料(關稅廳)를 別途로 利用하였다. 이 資料에 依據 輸入業體에 對하여 輸入物品의 品目別市販率 實査過程을 通하여 實需要者輸入分과 輸入業者의 國內市場販賣分을 區分하여 輸入額中 純粹한 國內去來額을 算出, 加重値母集團에 包含시켰다.

한편 政府輸入中 市場供給分을 放出實績統計(調達廳)에 依하여 品目別로 去來額에 加算하였음은 鑛工業生産品 國內去來額推計方法에서 既述한 바와 같다. 以上의 輸入商品國內去來額推計過程을 要約하면 다음과 같다.

輸入商品國內去來分 =

總輸入 − (借款輸入
請求權資金輸入
公共援助輸入
救護 및 其他輸入)

− (KFX政府輸入
KFX輸出用原資材輸入
KFX內需用民間輸入中 實需要者輸入)

＋政府輸入中 市場供給分

또한 輸入品의 國內去來額을 推計함에 있어서는 輸入通關額(CIF價格)에 關稅額, 防衛稅額 및 輸入業者「마진」을 附加하여 推計하여야 하지만 個個 輸入業者의 「마진」은 把握하기가 困難한 것임으로 關稅額(關稅率表利用)과 防衛稅額만을 別途로 計算하여 該當品目通關額에 附加하였다. 그리고 輸入額의 원貨換算을 위하여는 1975年中 外國換對顧客賣渡率(1「달러」當 485원)을 適用하였다.

(2) 價格調査品目의 選定

一般目的指數의 性格을 갖는 理想的인 都賣物價指數의 算出을 위하여서는 加重値母集團을 構成하고 있는 모든 商品을 指數品目으로 總網羅하여 價格變動을 調査하여야 할 것이지만 實際로는 價格調査와 指數編制上의 制約性 때문에 母集團 가운데서 商品群別로 代表性 있는 品目을 價格調査品目으로 選定하여 指數를 作成함으로써 全體物價를 測定하게 된다.

이러한 代表性이 있는 品目을 價格調査對象品目으로 選定하는 데 있어서는 첫째 選定品目의 代表度를 考慮하여 基準年인 1975年中 品目別

去來額이 加重値母集團 總去來額(1975年中 8兆 2,165億원)의 $\frac{1}{10,000}$(8.2億원)以上의 去來比重을 차지한 것으로서, 둘째 그 品目의 價格變動이 同種商品群(非選定品目包含)의 價格變動을 代表할 수 있어야 하며, 세째 品質規格이 可及的 繼續性을 지니고 있어 價格系列의 比較가 可能한 品目이어야 할 것이 選定의 基準이 되었다. 이러한 基準에 合當하지 못함으로써 價格調査對象에서 除外된 品目의 去來額은 選定品目中 屬性, 用途, 價格動向等이 類似한 品目의 去來額에 附加(imputation)시킴으로써 指數上의 偏倚(bias)現象을 最小化시켰다.

(3) 加重値決定方法

都賣物價指數는 價格變動의 加重平均指數이며 加重値母集團은 基準年度中 國內에서 生產·加工되거나 海外로부터 輸入되어 國內 第1次 去來段階로 流入된 商品의 總去來額을 나타낸다. 따라서 品目別로 相異한 움직임을 보이는 價格指數들을 綜合함에 있어서 個別品目에 주어지는 重要度가 곧 加重値이며 이는 基準年度中의 加重値母集團總去來額에서 차지하는 該當品目의 去來額比率로서 計算된다. 그러므로 基準年度를 1970年에서 1975年으로 變更하는 이번의 指數改編도 1970年以後의 變貌된 經濟構造에 符合하는 加重値를 얻고자 하는 데 가장 큰 目的이 있는 것이다.

本指數에서 價格調査對象品目으로 選定된 商品의 加重値는 곧 그 商品의 市場去來比重(市販量×價格)을 意味하는 것이라고 할 수 있다. 그러나 實際로는 本指數의 價格調査對象品目으로 選定된 品目들의 加重値는 앞에서 指摘한 바와 같이 그들 商品自體의 去來額에 그들 商品과 屬性, 用途, 價格動向, 製造過程等이 類似한 商品으로서 去來比重이 매우 작아서 基準額에 未達되거나 直接的인 價格調査가 困難하여 品目選定에서 除外된 關聯商品들의 去來額이 附加되어 決定된 것이다. 이렇게 함으로써 이들 價格調査對象品目들의 價格變動이 非調査品目들의 價格變動까지를 總指數에 反映하여 一般的인 物價水準의 測定을 可能하게 하는 것이다.

加重値의 算定方法을 좀더 具體的으로 살펴보면 먼저 當該調査品目의 屬性, 價格動向等과 同一하다고 認定되는 非選定品目의 경우는 그 去來額을 直接調査對象으로 選定된 品目의 去來額에 附加하여 當該調査品目의 加重値를 決定하게 되지만 非選定品目의 去來額을 直接 附加하기에 適合한 調査品目이 없는 경우에는 類似性으로 보아 가장 가깝다고 認定되는 商品群에 屬한 各各의 調査對象品目들에게 그들의 去來額比率에 따라 按分附加(imputation)하여 加重値를 決定한다. 만일 脫落되는 品目과 類似한 性質, 用途, 價格動向을 가진 商品群이 없을 경우에는 小分類, 中分類順으로 次上位의 分類에 屬하는 品目들의 去來額比率에 따라 按分附加한다. 이러한 過程은 물론 數次에 걸쳐서 行하여지는 경우도 있다. 그리고 品目別加重値는 最終的으로 附加된 品目別去來額의 加重値母集團總額에 對한 1,000分比로 表示하고 있다.

5. 分類方法의 改編

(1) 基本分類

1970年基準指數에서는 13個 大分類를 두었으나 이번의 指數改編에서는 15個 大分類로 擴大하였다.

價格調査對象品目의 基本分類에 있어서 商品의 屬性과 用途를 一次的으로 考慮하되 產業分

類方式을 加味調和시키는 分類方式을 採擇하였다는 點에서는 從前과 差異가 없으나 그 間의 產業構造變遷에 따라 成長業種으로 比重이 커진 石油類製品, 電氣機器, 非鐵金屬製品을 各各 獨立된 大分類로 新設하는 한편 獨立된 大分類로 存續시키기에는 그 比重이 매우 작은 고무製品을 合成樹脂製品에 統合하여 하나의 大分類로 하였는 바 이들 分類의 名稱과 內容은 다음과 같다.

A. 石油類 및 그 製品……1970年 基準指數 改編以後 石油類의 甚한 價格昻騰 및 石油化學工業의 發展으로 比重이 높아졌기 때문에 이번 改編에서는 從來의 「燃料 및 電力」 分類에 包含되었던 石油類와 「化學製品」의 中分類로 되어있던 石油化學製品中에서 납사 一次分解로 生產되는 製品까지를 各各 分離하여 「石油類 및 그 製品」이라는 獨立된 大分類로 하였고 「燃料 및 電力」의 大分類名稱은 「石炭및 電力」으로 바꾸었다.

B. 電氣機械器具……機械工業育成 施策에 따라 그 間 機械類全般, 特히 電子機械製品이 成長業種으로 크게 發展하였기 때문에 一般機械器具와 電氣機械器具를 모두 包含하고 있던 從來의 「機械및 그 部分品」에서 電氣機械器具만을 別途의 大分類로 分離 獨立시켜 國民生活과의 關係가 漸次 깊어지고 있는 이들 商品의 價格動向을 別途 把握할 수 있도록 하였다.

C. 非鐵金屬 및 그 製品……金屬은 그 屬性과 用途에 있어서 크게 鐵鋼類와 非鐵金屬으로 區分될 뿐만 아니라 加重値와 品目數도 比較的 큰 편이어서 1970年基準指數 分類의 「金屬 및 그 製品」을 이번 改編에서는 「鐵鋼 및 그 製品」과 「非鐵金屬 및 그 製品」으로 兩者를 獨立된 大分類로 分離하여 價格動向을 別途 把握할 수 있게 하였다.

D. 合成樹脂 및 고무製品……加重値推計 結果 그 比重이 顯著히 작아 獨立分類로서의 意義가 喪失된 「生고무 및 고무製品」과 「合成樹脂 및 同製品」을 商品의 代替性 및 外國의 例(美國)等에 비추어 「合成樹脂 및 고무製品」으로 統合하여 單一 大分類로 하였다.

以上과 같이 旣存分類를 分割 및 統合함으로써 基本分類를 改編하는 以外에 基本分類間의 品目調整도 다음과 같이 行하였다.

A. 農水產食品과 加工食品……舊指數分類에서 農水產食品으로 分類한 牛乳 참기름 菜種油 米糠油等은 상당한 加工過程을 거치는 것임으로 加工食品에 歸屬시켰다.

B. 雜品의 品目數 縮少…商品의 屬性과 用途로 보아 어느 特定分類에 包含시킬 것인지가 不明確한 商品群을 便宜上 「雜品」으로 分類하고 있

<表 2> 基本分類 新·舊 對比表

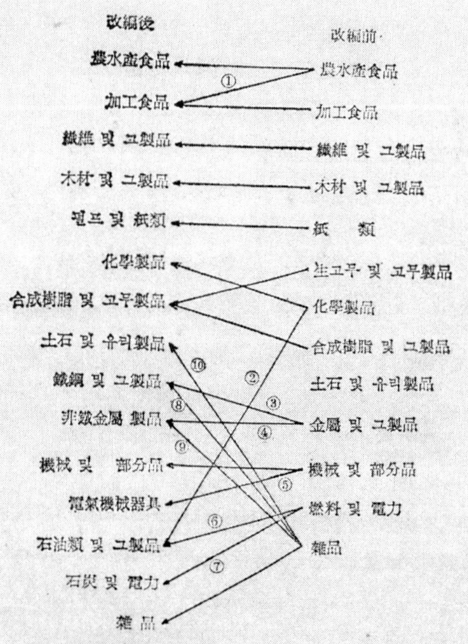

品目移動의 例 :

① 牛乳 참기름 菜種油 米糠油 ② 潤滑油 그리스 납사 아스팔트 솔벤트 ③ 鐵鋼製品 ④ 非鐵金屬製品 ⑤ 電氣機械器具 ⑥ 石油類 및 그製品 ⑦ 石炭 및 電力 ⑧ 鐵鑛石 ⑨ 銅鑛石 ⑩ 研磨布

으나 物價要因分析等 여러面에서 「雜品」으로 分類된 商品數와 加重値는 적은 狀態가 바람직한 現象이라 할수 있겠다.

이러한 觀點에서 舊指數上의 「雜品」分類에 包含되어 있던 品目을 可能한 限 特定有關分類에 歸屬시켰는 바 鐵鑛石은 「鐵鋼 및 그製品」에, 銅鑛石 鉛鑛石은 「非鐵金屬」에, 硏磨布는 「土石 및 유리製品」에 各各 包含시켰다. (表 2 參照)

(2) 特殊分類

都賣物價指數作成의 基本的 目的은 貨幣의 一般的 購買力을 測定함에 있으므로 總指數가 그 中心이 됨은 더 말할 나위가 없다. 그러나 工業化의 進展에 따른 産業構造의 急速한 變動과 經濟分野의 擴大, 細分 및 國內外 市場與件의 變動, 그리고 政府의 政策變更에 따라 總指數變動을 主導하는 部門도 달라진다. 따라서 總指數變動樣相과 그 要因을 보다 具體的으로 迅速正確히 把握하기 爲하여는 이와같은 物價變動 主導部門의 움직임을 보다 明確히 分析하여야할 必要가 있으며 이를 爲하여는 物價變動의 樣相과 그 要因이 類似한 品目들을 集團化하여 類別指數를 作成할 必要가 있다. 이와같은 必要性에 副應코자 基本分類外에 別途로 各側面에서의 分類別指數를 作成하고 있는 것이 特殊分類로서 8個의 分類를 두고 있다.

現存 8個의 特殊分類는 從來의 2個 分類에서 지난 1975年에 指數改編과는 別途로 擴大한 것임으로 이번 改編에서는 本特殊分類는 그대로 使用하기로 하였다. (表 3 參照)

<表 3> 特殊分類體系

特殊分類體系
食料品 食料品以外 分類
食料品
食料品以外
用途別分類
原資材
資本財
消費財
産業別分類
農林水産品
工産品
鑛産品
原資材 內外依存別 分類
輸入原資材高依存商品
輸入原資材低依存商品
國産 原資材 依存商品
生産要素別分類
勞動集約商品
資本集約商品
其他(輸入商品)
市場形態別分類
競爭商品
非競爭商品
季節性에 依한 分類
季節商品
非季節商品
輸出比重에 의한 分類
高輸出商品
低輸出商品
內需商品

6. 指數의 算式

本指數의 算式으로서는 從來의 「라스파이레스」算式인 基準時加重算術平均法을 그대로 利用하였다.

物價指數를 算出하는 方法으로는 ① 基準時加重算術平均法(Laspeyres 算式) ② 比較時加重算術平均法(Paasche 算式) ③ 「휫셔」의 理想式(①式과 ②式의 幾何平均法)의 3가지가 代表的으로 利用되고 있는데 이들 中에서 都賣物價指數의 算式으로는 基準時의 加重値와 價格, 그리고 比較時의 價格만이 使用되는 「라스파이레스」式이 計算上의 便宜性을 지니고 있어 世界的으로 널리 利用되고 있다.

이와같이 「라스파이레스」式은 加重値가 基準時의 去來額基準으로 固定되어 있으므로 「파아쉐」式 및 「휫셔」式과는 달리 個別指數의 變動없이는 總指數가 變動하지 아니하며 指數의 計算

이 容易하다는 長點을 지니고 있는 反面에 基準時와 比較時의 去來量이 同一하다고 假定하고 있으므로 急激한 產業構造 및 價格構造의 變化로 去來構造가 달라지는 경우에는 그 正確性이 적어지는 短點을 지니고 있다. 따라서 加重値의 現實反映이 微弱해지는 統計的 屬性에 對處하고 指數의 精度를 提高하기 爲하여서는 數個年마다 基準年度의 變更이 不可避하게된다.

當行 都賣物價指數의 算式인 「라스파이레스」式은 다음과 같이 表示된다.

$$I_{0t} = \frac{\Sigma p_t q_0}{\Sigma p_0 q_0} = \frac{\Sigma \frac{p_t}{p_0} \cdot p_0 q_0}{\Sigma p_0 q_0}$$

p : 價格　　q : 數量
添字$_0$: 基準時　　添字$_t$: 比較時
I_{0t} : 比較時의 物價指數

Ⅲ. 改 編 結 果

1. 加重値推計結果

(1) 調查對象品目數

加重値母集團인 1975年中 第1次 流通過程에서의 國內總去來額은 8兆2,165億원으로 1970年의 1兆4,768億원에 比하여 約 4.6倍 增加하였으며 價格調查對象品目은 1970年基準指數의 523個에서 90個가 增加한 613個 品目이 되었는 바 品目數의 增減內譯을 보다 具體的으로 보면 新規追加 202個 品目, 脫落 88個 品目, 統合에 따른 減少 25個 品目, 分割로 因한 增加 1個 品目으로 統合分割에 따른 增減을 考慮하면 114個 品目의 純增을 보인 셈이다. (表 4 參照) 價格調查品目數의 增減을 類別로 보면 全般的으로 增加

<表 4>

調查對象品目數의 增減

	品目數						
	75年基準	70年基準	增減	追加	脫落	統合	分割
農水產食品	38	26	12	13	−1	—	—
加工食品	57	53	4	13	−9	—	—
纖維및그製品	70	60	10	21	−7	−4	—
木材및그製品	18	17	1	5	−4	—	—
펄프및紙類	25	21	4	9	−5	—	—
化學製品	103	85	18	32	−13	−1	—
合成樹脂및고무製品	41	35	6	14	−6	−2	—
土石및유리製品	33	30	3	11	−7	−1	—
鐵鋼및그製品	59	49	10	23	−8	−5	—
非鐵金屬및그製品	30	19	11	12	−1	—	—
機械및部分品	52	49	3	17	−13	−1	—
電氣機械器具	42	21	21	22	−2	—	1
石油類및그製品	20	15	5	6	—	−1	—
石炭및電力	4	9	−5	—	−4	−1	—
雜品	21	34	−13	4	−8	−9	—
合計	**613**	**523**	**90**	**202**	**−88**	**−25**	**1**

하였으며 特別히 品目數가 많이 增加한 分類로는 改編指數의 精度向上을 위하여 菜蔬類 및 鮮魚類等 生鮮食品을 指數對象範圍에 追加 包含시킴에 따라 12 個品目이 增加한「農水産食品」, 電氣洗濯機 電子밥통等 21個 品目이 增加한「電氣機械器具」및 政府의 重化學工業育成策과 石油化學系列工業의 發達에 힘입어 18個 品目이 增加한「化學製品」等이다. 또한「纖維 및 그 製品」은 化學纖維工業의 伸張에 따라 10個 品目이 增加하였으며「鐵鋼 및 그 製品」과「非鐵金屬 및 그 製品」으로 兩分된 金屬製品도 新製品의 出現과 商品의 多樣化로 品目數가 各各 크게 增加하였다. 한편「雜品」은 從來의 品名別로 加重値를

<表 5> 品目統合 및 分割內譯

75年基準指數大分類	75年基準指數品目	70年基準指數品目
纖維 및 그 製品	純綿糸	綿糸 20手, 綿糸 23手, 綿糸 30手
	毛混紡織物	毛混紡織物(冬), 毛混紡織物(夏)
	메리야스內衣	메리야스內衣(冬), 메리야스內衣(夏)
化學製品	燐酸肥料	溶性燐肥, 重過石
合成樹脂및고무製品	고무벨트	平型고무벨트, V型고무벨트, 콘베이어벨트
土石및유리製品	板유리	板유리 2mm, 板유리 3mm
鐵鋼 및 그 製品	異型鐵筋	異型鐵筋 19mm, 異型鐵筋 12mm, 異型鐵筋 9mm
	中型形鋼	形鋼 65mm, 形鋼 50mm
	薄板	薄板 0.45mm, 薄板 0.23mm
	灰鑄物	鑄鐵物 GC25, 鑄鐵物GC15
機械및部分品	베아링	볼베아링, 롤러베아링
石油類및그製品	揮發油	揮發油(高級), 揮發油(普通)
石炭및電力	無煙粉炭	無煙粉炭(石公炭) 無煙粉炭(民營炭)
雜品	필터있는담배	한강, 청자, 은하수, 명승, 환희, 파고다, 아리랑, 비둘기, 남대문
	필터없는담배	새마을
	眼鏡	眼鏡알, 眼鏡테
電氣機械器具	送電變壓器 配電變壓器	變壓器
計	18品目	42品目

策定하였던 담배를 葉煙草,「필터」있는 담배,「필터」없는 담배로 品目分類方式을 變更함에 따라 品目數 減少와「雜品」에 包含되어 있던 品目을 可能한 限 該當分類에 歸屬시킴에 따른 減少等으로 13個 品目이나 크게 減少하였는바 이와 같은「雜品」의 品目數減縮으로 從來 物價動向分析上 不明確하던 點이 어느정도 是正되었다.

또한 1970年基準指數에서는 一部 品目에 對하여는 2個以上의 品質規格을 價格調査品目(指數系列品目)으로 選定하였으나 이번 指數改編에서는 複數品質規格을 指數系列品目으로 選定하는 方法을 止揚하여 統合함으로써 하나의 品目으로 하였고 必要한 경우에는 品目分割로 價格動向을 別途 把握할 수 있게 하였다. (表 5 參照)

(2) 代表度(Coverage)

調査對象品目의 實去來額이 加重値母集團總去來額에서 차지하는 比率은 84.5%로 代表度(coverage)의 水準은 상당히 높은 것으로 나타났다. (表 6 參照)

<表 6> 加重値母集團總去來額 및 代表度

(單位 : 10億원)

	加重値母集團總去來額			代表度
	調査品目實去來額(A)	附加額(B)	計(A+B)	(A)/(A+B)(%)
農水産食品	1,254	186	1,440	87.1
加工食品	786	97	883	89.0
纖維및그製品	965	99	1,064	90.7
木材및그製品	152	46	198	76.8
펄프및紙類	176	44	220	80.0
化學製品	561	108	669	83.9
合成樹脂및고무製品	215	80	295	72.9
土石및유리製品	238	52	290	82.1
鐵鋼및그製品	333	93	426	78.2
非鐵金屬製品	135	37	172	78.5
機械및部分品	238	163	401	59.4
電氣機械器具	206	89	295	69.8
石油類및그製品	885	11	896	98.8
石炭및電力	422	59	481	87.7
雜品	376	110	486	77.4
合計	6,941	1,275	8,216	84.5

類別代表度를보면 品目別加重値가 比較的 分散되어있는「機械및 部分品」과「電氣機械器具」의 代表度가 各各 59.5%, 69.7%로 가장 낮게 나타나고 있는 바 實際로 兩分類中에는 加重値 10以上인 單一品目이 하나도 없음을 볼 수 있다. 一般的으로 商品이 多樣化되어 調査對象品目이 增加하면 할 수록 代表度는 낮아지고 個別品目의 加重値가 分散되는 傾向을 나타내고 있다. 調査對象品目數가 523個品目이었던 1970年基準指數에서는 加重値 10以上인 것이 20個 品目이었으나

<表 7> **加重値 10以上인 品目**

	品目	新加重値	舊加重値
1. 農水産食品			
	쌀	58.4	88.3
	보리쌀	10.8	10.3
	쇠고기	16.2	15.6
	닭	—	11.2
2. 加工食品			
	小麥粉	15.2	20.2
	燒酎	10.8	11.7
	麥酒	—	14.0
	濁酒	—	14.2
3. 纖維製品			
	아크릴 SF	11.0	—
	폴리에스터 F	11.2	—
	메리야스外衣	—	11.1
4. 木材및그製品			
	合板	—	12.4
5. 化學製品			
	尿素肥料	—	11.4
6. 土石및유리製品	시멘트	13.2	22.1
7. 機械및部分品	乘用車	—	14.4
8. 石油類 및 그 製品	揮發油	10.9	12.3
	輕油	19.4	11.4
	방카 C 油	45.9	14.6
9. 石炭및電力			
	煉炭	16.2	23.6
	無煙粉炭	13.8	25.6
	大動力	24.4	26.0
10. 雜品			
	「필터」있는담배	29.0	40.9
	飼料	10.7	—
合計		**16品目**	**20品目**

1975年基準指數에서는 16個 品目으로 줄어들어 加重値偏重化 現象이 많이 緩和되었음을 보여주고있다. (表 7 參照)

(3) 加重値變動內容

1975年을 基準으로 推計한 新加重値를 舊加重値와 比較하여 보면 第3次 經濟開發計劃 完了에 따른 産業構造의 高度化가 加重値의 變貌를 通하여 다음과 같이 反映되고 있다.

첫째 獨立分類로 新設된「石油類 및 그 製品」은 1970年 以後「오일·쇼크」에서 비롯된 價格의 急騰(573.0%)과 石油化學工業의 伸張으로 加重値가 99.1% 增加하였고「電氣機械器具」도 價格上昇率(35.9%)이 相對的으로 낮았음에도 不拘하고 家電製品 및 電子部品을 비롯한 電氣電子製品의 去來量 急增(574.8%)의 影響으로 品目數와 加重値(64.7%)가 크게 增加하였다.「化學製品」에 있어서도 政府의 重化學工業育成施策과 石油化學部門의 發展을 反映하여 品目數와 加重値가 增加하였다.

둘째「農水産食品」은 쌀을 비롯한 大部分의 農産品이 平均增加率(133.8%)에 훨씬 未達되는 去來量增加率을 보임에 따라 加重値가 크게 減少하였으나 生鮮食品(菜蔬類, 鮮魚類等)의 新規追加로 品目數가 增加하여 結果的으로 加重値는 0.2% 增加하였다.

세째「加工食品」은 去來量의 增加率이 相對的으로 낮았기 때문에 加重値(−22.1%)가 크게 減少하였으며, 시멘트가 主宗인「土石및 유리製品」도 價格 및 去來量의 增加率이 相對的으로 낮았기 때문에 加重値(−27.3%)가 減少하였다. (表 8, 9 參照)

이를 다시 類別 및 主要品目別로 보면 다음과 같다.

<表 8> **1975年基準 基本分類別 加重値 및 增減要因**

	國內去來額(百萬원)		加 重 値				增 減 要 因		
	7 5 年	7 0 年	75年基準	70年基準	增 減	增減率 (%)	去來額 增減率 (%)	價 格[1] 增減率 (%)	去來量[2] 增減率 (%)
	8,216,467	1,476,835	1,000.0	1,000.0	—	—	456.4	138.0	133.8
農水產食品	1,440,252	258,443	175.3	175.0	0.3	0.2	457.3	182.4	97.3
加工食品	883,221	203,803	107.5	138.0	−30.5	−22.1	333.4	131.8	87.0
纖維및그製品	1,064,016	185,934	129.5	125.9	3.6	2.9	472.3	61.5	254.4
木材및그製品	198,222	44,896	24.1	30.4	−6.3	−20.7	341.5	97.9	123.1
펄프및紙類	219,946	34,706	26.8	23.5	3.3	14.0	533.7	134.3	170.5
化學製品	669,435	115,341	81.5	78.1	3.4	4.4	480.4	128.5	154.0
合成樹脂및고무製品	294,587	52,428	35.9	35.5	0.4	1.1	461.9	104.9	174.2
土石및유리製品	289,562	71,479	35.2	48.4	−13.2	−27.3	305.1	128.1	77.6
鐵鋼및그製品	426,026	82,260	51.8	55.7	−3.9	−7.0	417.9	101.4	157.1
非鐵金屬및그製品	172,271	28,355	21.0	19.2	1.8	9.4	507.6	87.1	224.7
機械및部分品	400,905	81,374	48.8	55.1	−6.3	−11.4	392.7	36.5	261.0
電氣機械器具	295,229	32,195	35.9	21.8	14.1	64.7	817.0	35.9	574.8
石油類및그製品	896,434	80,931	109.1	54.8	54.3	99.1	1,007.7	573.0	64.6
石炭및電力	480,747	101,016	58.5	68.4	−9.9	−14.5	375.9	126.8	109.8
雜品	485,614	103,674	59.1	70.2	−11.1	−15.8	368.4	60.3	192.2

註：1) 都賣物價指數 利用

2) 去來額$=T$, 價格$=p$, 去來量$=q$, $T=p\cdot q$, 價格增減分$=\triangle p$, 去來量增減分$=\triangle q$, 去來額增減分$=\triangle T$라고 하면,

$$T+\triangle T=(p+\triangle p)(q+\triangle q)$$
$$=pq+p\triangle q+q\triangle p+\triangle p\triangle q$$
$$\triangle T=p\triangle q+q\triangle p+\triangle p\triangle q$$
$$\frac{\triangle T}{T}=\frac{p\triangle q+q\triangle p+\triangle p\triangle q}{pq}=\frac{\triangle p}{p}+\frac{\triangle q}{q}+\frac{\triangle p}{p}\cdot\frac{\triangle q}{q}$$

價格增減率$=\frac{\triangle p}{p}=a$, 去來量增減率$=\frac{\triangle q}{q}=b$, 去來額增減率$=\frac{\triangle T}{T}=c$라고 하면 $c=a+b+ab$임으로 $b=\frac{c-a}{1+a}$에서 去來量增減率을 算出

① 農水產食品

쌀(−29.9), 콩等의 去來量增加率이 相對的으로 낮아 加重値가 크게 減少하였으나 栽培技術의 向上과 貯藏施設의 擴充으로 市場出廻期間의 長期化傾向이 顯著하여진 菜蔬類 鮮魚類等의 生鮮食品을 新規로 追加시킨 關係로 類別全體로는 175.0에서 175.3으로 0.3(0.2%) 增加하였다.

② 加工食品

牛乳 아이스크림等의 乳製品과 菓子類의 加重値가 同業種의 成長性을 反映 增加하였으나 小麥粉 라면等과 麥酒 濁酒를 비롯한 酒類의 價格및 去來量이 相對的으로 낮아 加重値가 크게 減少함으로써 類別全體의 加重値는 138.0에서 107.5로 30.5(−22.1%) 減少하여 15個 分類中 가장 심한 加重値 減少現象을 보였다.

③ 纖維 및 그 製品

綿織物 毛織物 메리야스外衣等의 去來量의 相對的 減少로 加重値가 低下하였으나 아크릴SF(+7.2) 폴리에스터F(+8.9) 나일론F等 化纖糸의 加重値가 1970年 以後 化學纖維工業의 急激한 伸張을 反映하여 增加함으로써 類別全體로는 125.9에서 129.5로 3.6(2.9%) 增加하였다.

④ 木材 및 그 製品

羅王原木 羅王角材의 加重値가 多少 增加하였으나 內需用의 去來量 低增加(33.7%)로 因하여 合板의 加重値가 크게 減少 함으로써 類別全

體로는 30.4에서 24.1로 6.3(−20.7%) 減少하였다.

⑤ 펄프 및 紙類

新聞用紙 白上紙 板紙의 加重値가 약간 減少하였으나 펄프의 新規 追加로 類別全體로는 23.5에서 26.8로 3.3(14.0%) 增加하였다.

⑥ 化學製品

化粧品 醫藥品等의 加重値가 減少하였으나 重化學工業育成策에 힘입은 石油化學製品의 加重値 增加로 類別全體로는 78.1에서 81.5로 3.4(4.4%) 增加하였다.

⑦ 合成樹脂 및 고무製品

自動車타이어 天然고무等 고무製品의 價格騰貴率이 相對的으로 낮았기 때문에 同製品의 加重値는 減少하였으나 폴리프로필렌樹脂 尿素樹脂等 合成樹脂製品의 加重値가 增加함으로써 類別全體로는 35.5에서 35.9로 0.4(1.1%) 增加하였다.

⑧ 土石 및 유리製品

콘크리트파일 生石灰等이 新規品目으로 追加되었으나 시멘트(−8.9) 板유리 스레트等이 建築資材需要減少를 反映하여 去來量의 增加率이 相對的으로 낮은 데 基因되어 全般的인 加重値 減少現象을 보임으로써 類別全體로는 48.4에서 35.2로 13.2(−27.3%)나 大幅 減少 하였다.

⑨ 鐵鋼 및 그 製品

1970年基準指數에서는 鐵鋼과 非鐵金屬을 함께 包括하는「金屬 및 그 製品」으로 分類되었으나 1975年基準 基本分類에서는「鐵鋼 및 그 製品」과「非鐵金屬 및 그 製品」으로 各各 獨立된 大分類로 分離하였는 바 핫코일 厚板 스텐레스鋼板等의 鋼板類와 빌레트를 비롯한 鐵鋼素材의 加重値가 浦項綜合製鐵의 稼動및 擴張으로 크게 增加하였으나 鐵筋(−7.5) 冷延薄板 石油스토브等의 加重値 減少로 類別全體로는 55.7에서 51.8로 3.9(−7.0%) 減少하였다.

⑩ 非鐵金屬 및 그 製品

金 알미늄솥等의 加重値는 多少 減少하였으나 亞鉛鑛石等의 非鐵鑛石의 加重値가 增加하여 類別全體로는 19.2에서 21.0으로 1.8(9.4%) 增加하였다.

⑪ 機械 및 部分品

耕耘機를 비롯한 農機械 建設裝備 自動車 部分品等의 加重値는 增加하였으나 乘用車 發動機等의 加重値가 減少하여 類別全體로는 55.1에서 48.8로 6.3(−11.4%) 減少하였다.

⑫ 電氣機械器具

이번 改編作業에서는 電氣製品製造工業의 成長結果를 反映하고 그들의 價格動向을 別途 把握할 수 있도록 하기 위하여 旣存「機械 및 그 部分品」에서「電氣機械器具」를 別途의 大分類로 分離 獨立시켰는 바 電氣곤로 電話機等의 加重値가 多少 減少하였으나 TV受像機(+2.6) 冷藏庫 電氣部分品等의 加重値가 큰 幅으로 增加함으로써 類別全體로는 21.8에서 35.9로 14.1(64.7%)의 加重値 增加現象을 보였다.

⑬ 石油類 및 그 製品

1970年基準指數 分類에서는「燃料 및 電力」에 包含되어 있던「石油類 및 그 製品」을 이번 改編에서는 獨立된 大分類로 하였다. 揮發油(−2.8) 프로판等의 加重値가 약간 減少하였으나 產業用油類 消費의 增加와 價格의 急騰으로 방카C油(+31.3)와 輕油를 비롯한 大部分의 石油類製品의 加重値가 大幅的인 增加現象을 보여 類別全體로는 54.8에서 109.1로 54.3(99.1%) 增加함으로써 15個 分類中 가장 큰 加重値 增加現象을 보였다.

⑭ 石炭 및 電力

產業用電力은 1970年과 비슷한 水準을 維持

〈表 9〉 主要品目의 加重值 및 增減要因

	75年基準 加重值	70年基準 加重值	加重值 增減	加重值 增減率 (%)	增減要因	
					價格增減率 (%)	去來量增減率 (%)
總 指 數	**1,000.0**	**1,000.0**	—	—	**138.0**	**133.8**
쌀	58.4	88.3	−29.9	−33.9	214.5	17.0
쇠 고 기	16.2	15.6	0.6	3.8	120.9	88.2
小 麥 粉	15.2	20.2	− 5.0	−24.8	219.3	31.1
아 크 릴 S F	11.0	3.8	7.2	189.5	7.8	1,394.0
폴 리 에 스 터 F	11.2	2.3	8.9	387.0	15.5	2,245.5
시 멘 트	13.2	22.1	− 8.9	−40.3	138.6	39.3
鐵 筋	6.7	14.2	− 7.5	−52.8	108.3	26.0
乘 用 車	7.4	14.4	− 7.0	−48.6	63.6	74.8
T. V. 受 像 機	8.8	6.2	2.6	41.9	11.0	611.4
揮 發 油	10.9	13.7	− 2.8	−20.4	624.9	−38.9
煉 炭	16.2	23.6	− 7.4	−31.4	111.0	81.0
방 카 C 油	45.9	14.6	31.3	214.4	828.8	88.3
電 力	28.5	28.6	− 0.1	− 0.4	123.2	115.4
필 터 담 배	29.0	38.1	− 9.1	−23.9	34.7	99.4
飼 料	10.7	7.1	3.6	50.7	165.4	215.9

註: 去來量增減率은 去來額增減率과 價格增減率에서 逆算하였음.
但 쇠고기는 畜產行政便覽(農水產部), 電力은 韓國電力統計(韓國電力), 담배는 鑛工業「센서스」에 依한 去來量 增減率임.

하였으나 煉炭(−7.4) 無煙粉炭等의 石炭類 加重值가 큰 幅으로 減少하여 類別全體로는 68.4에서 58.5로 9.9(−14.5%) 減少하였다.

⑮ 雜 品

皮革類 飼料(+3.6)等의 加重值는 增加하였으나 煙草類 필터等의 加重值가 減少하였고 物價動向分析의 明確化를 위하여 「雜品」에 包含되어 있던 品目을 可能한 限 該當分類에 歸屬시킴에따라 類別全體로는 70.2에서 59.1로 11.1(−15.8%) 減少하였다.

加重值 算出結果를 다시 特殊分類別로 보면 食料品의 品目數는 生鮮食品等의 追加로 17個가 늘었으나 加重值는 小麥粉 라면 雪糖 酒類等 加工食品의 加重值가 大幅 減少함으로써 舊指數보다 30.2(−9.6%) 減少한 反面 食料品以外는 新製品의 開發에 따른 品目의 多樣化로 加重值가 30.2(4.4%)增加하였다. 우리나라 國民經濟에서 占하는 食料品과 食料品以外의 比重을 加重值의 構成比로 보면 食料品은 1970年基準의 31.3%에서 28.3%로 9.6% 減少한 反面 食料品以外는

〈表 10〉 特殊分類別 品目數 및 加重值增減

	品目數				加重值			
	新	舊	增減	增減率 (%)	新	舊	增減	增減率 (%)
總 指 數	613	523	90	17.2	1,000.0	1,000.0	—	—
食 料 品	96	79	17	21.5	282.8	313.0	−30.2	− 9.6
食 料 品 以 外	517	444	73	16.4	717.2	687.0	30.2	4.4
原 資 材	310	254	56	22.1	497.6	423.2	74.4	17.6
資 本 財	44	39	5	12.8	49.0	52.7	−3.7	−7.0
消 費 財	259	230	29	12.6	453.4	524.1	−70.7	−13.5

68.7%에서 71.7%로 4.4% 높아져 食料品의 比重이 漸次 낮아지고 있음을 보여주고 있다.

또한 用途別分類로 보면 原資材는 化纖系, 化學製品等의 急速한 伸張으로 加重値가 74.4(17.6%) 增加하였고 品目數도 56個 品目이나 늘어났다. 그러나 消費財는 品目數로는 29個 品目이 增加하였으나 加重値는 70.7(−13.5%)이나 減少하여 그 比重이 크게 低下되었으며 資本財는 品目數와 加重値가 모두 가장 적은 움직임을 보였다. (表 10 參照)

2. 指數算出結果

1975年을 基準으로한 新指數를 算出한 結果 1975年 12月 指數는 105.5(同年 1月 對比 12.8% 上昇), 1976年 12月은 115.4(前年末月對比 9.4% 上昇), 1977年 4月 現在는 120.3 (前年末月對比 4.2% 上昇)으로 나타났다.

한편 比較의 便宜上 1970年 基準舊指數를 1975=100으로 換算하여 보면 1975年 12月은 106.1(同年 1月對比 13.8%上昇), 1976年 12月은 115.5 (前年末月對比 8.9%上昇), 그리고1977年 4月 現在로는 120.4(前年末月對比 4.3% 上昇)로 各各 計算된다. 이와같이 換算된 舊指數와 新指數를 比較하여 보면 上昇率에 있어서 0.1% 「포인트」 ~1.0% 「포인트」의 乖離現象을 보이고 있는바, 이는 指數改編에 따라 既存品目의 加重値 크기의 變化, 價格調査品目의 追加 및 脫落現象, 舊指數에 있어서의 總指數水準과 個別指數水準間의 隔差等에 基因된 必然的인 現象으로 그 要因을 年度別로 살펴보면 다음과 같다. (表 11, 圖 1 參照)

〈表 11〉 新·舊指數의 變動率比較 1975=100

	1975. 12		1976. 12.		1977. 4	
	總指數	上昇率(%)	總指數	上昇率(%)	總指數	上昇率(%)
新 (75年 基 準)	105.5	12.8	115.4	9.4	120.3	4.2
舊 (70年 基 準)	106.1	13.8	115.5	8.9	120.4	4.3
上昇率乖離(%「포인트」)		− 1.0		0.5		0.1

註: 上昇率은 前年末月對比 但 1975年은 同年 1月 對比임.

(1) 1975年末 新·舊指數

1975年 12月 現在 新指數는 同年1月 對比 12.8% 上昇함으로써 同期間中 13.8% 騰貴한 舊指數보다 1.0% 「포인트」 낮은 上昇率을 보였다.

이는 舊指數에서 同期間中 上昇寄與度가 컸던 食料品中 쌀 雪糖 酒類의 加重値가 新指數에서는 減少함으로써 食料品의 寄與度가 舊指數 보다 1.28%「포인트」 低下한 反面 食料品以外의 寄與度는 0.31%「포인트」 增加한 데 基因되었다.

이를 다시 用途別로 보면 原資材의 寄與度가 0.69%「포인트」 減少하였는 바 이는 石油類製品의 加重値가 크게 增加(99.1%)하였음에도 不拘하고 總指數에 比하여 높은 水準에 있던 石油類指數가 (1975年 石油類의 舊指數 673.0, 總舊指數 238.0) 石油類價格의 暴騰期以後인 1975年으로의 基準年度 變更에 따라 總指數와 비슷한 水準으로 調整됨으로써 新指數에 對한 寄與度가 0.46%「포인트」 減少한 데 基因되었다. 또한 消費財도 쌀, 豆類等 一部 農産品의 加重値減少로 寄與度가 0.34%「포인트」 低下하였으나 資本財의 寄與度는 0.06%「포인트」 增加하였다. (表 12, 圖 1 參照)

(2) 1976年末 新·舊指數

1976年 12月 現在 新指數는 前年末月對比 9.4% 上昇함으로써 同期間中 8.9% 上昇한 舊指數보다 上昇率이 0.5%「포인트」 높은 水準으로 나타났다.

이와같은 1976年中 新舊指數 上昇率乖離의 主因으로는 쌀 豆類等의 加重值 減少效果가 커 新指數에서 더 낮은 上昇寄與度를 보이긴 하였으나 追加品目인 菜蔬類, 鮮魚類等의 生鮮食品과 食料品 以外의 主要 騰貴品目인 肥料, 纖維製品, 非鐵金屬製品, 紙類等의 加重值가 增加됨으로써 이들의 寄與度가 커진 데 基因하였다. 이를 다시 用途別分類로 보면 原資材와 資本財의 寄與度는 舊指數보다 各各 0.62%「포인트」, 0.02%「포인트」 增加하였으나 消費財는 一部 農產品의 加重值 減少로 舊指數보다 0.13%「포인트」 減少한 것으로 나타났다. (表 13, 圖 1 參照)

〈圖 1〉 新舊指數上昇推移

1975=100

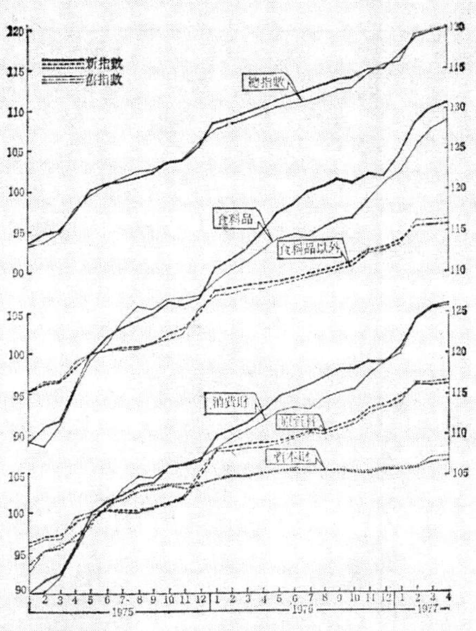

<表 12> 主要品目別 新·舊指數 乖離(1975年 12月 現在)
(1975年 1月 對比)

	加重值增減 新	加重值增減 舊	加重值增減 增減率(%)	指數騰落率(%) 新	指數騰落率(%) 舊	寄與度(%「포인트」) 新	寄與度(%「포인트」) 舊	寄與度乖離 新-舊
總指數	**1,000.0**	**1,000.0**	**—**	**12.8**	**13.8**	**12.83**	**13.80**	**−0.97**
食料品 쌀	58.4	88.3	−33.9	18.0	15.4	1.01	1.78	−0.77
食料品 콩	3.0	8.3	−63.9	26.3	26.3	0.08	0.19	−0.11
食料品 사과	8.0	6.9	15.9	78.4	78.4	0.47	0.76	−0.29
食料品 小麥粉	15.2	20.2	−24.8	30.6	30.6	0.41	0.73	−0.32
食料品 麥酒	8.1	14.0	−42.1	32.0	32.0	0.23	0.31	−0.08
食料品 雪糖	7.9	9.1	−13.2	20.6	20.6	0.16	0.33	0.17
食料品 물오징어	3.0	—	—	42.8	—	0.12	—	0.12
食料品 갈치	2.0	—	—	−58.7	—	−0.17	—	−0.17
食料品計	282.8	313.0	−9.6	20.3	20.6	5.47	6.75	−1.28
食料品以外 아크릴糸	11.0	3.8	189.5	23.6	23.6	0.24	0.04	0.20
食料品以外 시멘트	14.2	22.1	−35.7	17.4	17.4	0.23	0.37	−0.14
食料品以外 石炭類	30.0	39.5	−24.1	21.8	21.8	0.60	0.77	−0.17
食料品以外 방카C油	45.9	14.6	214.4	2.9	8.9	0.43	0.50	−0.07
食料品以外計	717.2	687.0	4.4	10.1	10.5	7.36	7.05	0.31
用途別 原資材	497.6	423.2	17.6	8.4	9.8	4.33	5.02	−0.69
用途別 資本財	49.0	52.7	−7.0	10.6	12.0	0.52	0.46	0.06
用途別 消費財	453.4	524.1	−13.5	18.2	18.3	7.98	8.32	−0.34

〈表 13〉 主要品目別 新·舊指數 乖離(1976年 12月 現在)
(前年末月 對比)

		加重値增減			指數騰落率(%)		寄與度(%「포인트」)		寄與度乖離
		新	舊	增減率(%)	新	舊	新	舊	新一舊
總指數		1,000.0	1,000.0	—	9.4	8.9	9.38	8.87	0.51
食料品	쌀	58.4	88.3	−33.9	14.8	13.8	0.87	1.61	−0.74
	사과	8.0	6.9	15.9	23.2	23.2	0.22	0.35	−0.13
	콩	3.0	8.3	−63.9	35.9	35.9	0.12	0.29	−0.17
	무우	3.3	—	—	26.6	—	0.06	—	0.06
	배추	3.7	—	—	58.7	—	0.22	—	0.22
	물오징어	3.0	—	—	31.1	—	0.12	—	0.12
	明太	3.2	—	—	35.3	—	0.12	—	0.12
	조기	2.3	—	—	−27.7	—	−0.07	—	−0.07
	食料品計	282.8	313.0	−9.6	14.2	12.6	4.02	4.35	−0.33
食料品以外	純綿糸	18.7	13.4	−35.1	12.2	12.2	0.10	0.16	−0.06
	아크릴糸	11.0	3.8	189.5	10.8	10.8	0.12	0.02	0.10
	肥料	21.9	19.5	12.3	42.6	42.6	1.18	0.99	0.19
	非鑛金屬	21.0	19.2	9.4	9.9	7.5	0.20	0.11	0.09
	紙類	26.8	23.5	14.0	2.4	3.7	0.06	0.08	−0.02
	石炭類	30.0	39.5	−24.1	7.0	7.0	0.21	0.26	−0.05
	食料品以外計	717.2	687.0	4.4	7.5	7.0	5.36	4.52	0.84
用途別	原資材	497.6	423.2	17.6	8.5	7.3	4.20	3.58	0.62
	資本財	49.0	52.7	−7.0	1.7	1.7	0.08	0.06	0.02
	消費財	453.4	524.1	−13.5	11.2	11.2	5.10	5.23	−0.13

(3) 1976年平均 新·舊指數

1976年平均 新指數는 前年平均 新指數에 比하여 12.1% 上昇함으로써 同期間中 11.2% 上昇한 舊指數보다 0.9%「포인트」 높은 水準의 上昇率을 보였다.

이와같은 新·舊指數 上昇率間의 乖離는 同期間中 主要 騰貴品目이었던 食料品以外中 纖維化學, 紙類等의 加重値가 新指數에서 增大됨으로써 總指數에 對한 寄與度가 더 커진 데 基因되었다. (表 14 參照)

〈表 14〉 新·舊指數의 乖離要因 分析(1976年平均)
(75年平均 對比)

		新指數				舊指數				新·舊指數寄與度乖離
		加重値	騰落率(%)	寄與度(%「포인트」)	寄與率(%)	加重値	騰落率(%)	寄與度(%「포인트」)	寄與率(%)	新一舊
總指數		1,000.0	12.1	12.10	100.0	1,000.0	11.2	11.18	100.0	0.92
	食料品	282.8	17.6	4.98	41.2	313.0	14.5	4.98	44.5	0.00
	食料品以外	717.2	9.9	7.12	58.8	687.0	9.4	6.20	55.5	0.92
	纖維 및 그 製品	129.5	7.5	0.97	8.0	125.9	9.0	0.77	6.9	0.20
	펄프 및 紙類	26.8	4.0	0.11	0.9	23.5	3.7	0.08	0.7	0.03
	化學製品	81.5	24.8	2.03	16.8	78.1	26.0	1.71	15.3	0.32
用途別	原資材	497.6	10.2	5.08	42.0	423.2	11.2	4.80	42.9	0.28
	資本財	49.0	5.0	0.25	2.1	52.7	5.1	0.20	1.8	0.05
	消費財	453.4	15.0	6.77	55.9	524.1	13.2	6.18	55.3	0.59

(4) 1977年 4月 現在

1975年基準 都賣物價指數는 1977年 4月 現在 120.3으로 前年末月比 4.2% 上昇한 것으로 나타났는 바 이는 同期間中 4.3% 上昇한 1970年基準舊指數에 比하여 그 上昇率이 0.1%「포인트」 낮은 水準이다.

이와같이 新指數의 同期間中 上昇率이 舊指數보다 낮게 나타난 主因은 食料品以外中 主要騰貴品目인 石炭類 및 綿糸의 加重値가 減少됨에 따라 食料品以外의 總指數 上昇에 對한 寄與度가 舊指數보다 0.21%「포인트」 減少된 데 基因하였다. 그러나 食料品은 鮮魚類等 生鮮食品의 價格騰貴로 新指數의 寄與度가 舊指數보다 0.16%「포인트」 增大하였다. 또한 新·舊指數 上昇率間의 乖離要因을 用途別分類로 보면 原資材分野의 上昇寄與度가 新指數에서 0.33%「포인트」 낮아진 때문인 데 이는 前記한 바 있는 食料品以外의 寄與度 減少와 同一한 要因에서 緣由된 結果이다. (表 15, 圖 1 參照)

〈表 15〉 主要 品目別 新·舊指數 乘離(1977年 4月 現在)

(前年 末月 對比)

		加重値增減			指數騰落率(%)		寄與度(%「포인트」)		寄與度乖離
		新	舊	增減率(%)	新	舊	新	舊	新一舊
總指數		**1,000.0**	**1,000.0**	—	**4.2**	**4.3**	**4.24**	**4.29**	**−0.05**
食料品	쌀	58.4	88.3	−33.9	1.6	1.1	0.10	0.14	−0.04
	사과	8.0	6.9	15.9	41.3	41.3	0.44	0.71	−0.27
	쇠고기	16.2	15.6	3.8	16.4	16.4	0.36	0.32	0.04
	麥酒	8.1	14.0	−42.1	2.8	2.8	0.02	0.03	−0.01
	雪糖	7.9	9.1	−13.2	−5.2	−5.2	−0.03	−0.07	0.04
	明太	3.2	—	—	48.7	—	0.16	—	0.16
	食料品計	282.8	313.0	−9.6	7.7	6.0	2.31	2.15	0.16
食料品以外	純綿糸	8.7	13.4	−35.1	27.7	27.7	0.23	0.38	−0.15
	煉炭	16.2	23.6	−31.4	24.9	24.9	0.38	0.54	−0.16
	無煙粉炭	13.8	15.6	−11.5	34.0	34.0	0.48	0.65	−0.17
	食料品以外計	717.2	637.0	4.4	2.7	3.3	1.93	2.14	0.21
用途別	原資材	497.6	423.2	17.6	2.3	3.0	1.13	1.46	−0.33
	資本財	49.0	52.7	− 7.0	1.2	1.2	0.06	0.04	0.02
	消費財	453.4	524.1	−13.5	6.5	5.6	3.05	2.79	0.26

Ⅳ. 맺음말

以上에서 1975年基準都賣物價指數의 改編過程을 段階別로 說明하고 改編結果 推計된 加重値의 變動內容과 新舊指數間의 乖離要因에 關하여 살펴 보았는 데 都賣物價 指數編制以來 第7次 改編인 이번의 改編結果 나타난 主要特徵을 要約하면 다음과 같다. 첫째 產業構造面에서 比重이 높아진 石油類 및 그 製品과 電氣機械器具를 分離 獨立시키는 等 基本分類 體系를 從前의 13個 分類에서 15個 分類로 擴充改編함으로써 指數利用度를 提高시켰고 最近 顯著해진 栽培技術의 向上, 遠洋漁業의 發展 및 貯藏施設의 擴充等으로 因하여 季節性이 크게 緩和된 菜蔬類 및 鮮魚類等을 指數對象範圍에 包含시킴으로써 指數의 現實反映度가 높아지도록 하였다. 둘째 加

重値母集團인 第1次 流通段階에서의 國內總去來額은 舊基準年度인 1970年의 1兆4,768億원에서 1975年中에는 8兆2,165億원으로 約 4.6倍 增加하였으며 調査對象品目은 主로 電氣機械 및 化學製品 등의 新製品開發로 因한 商品의 多樣化에 따라 從前의 523個에서 613個 品目으로 增加되었고 이에 따라 品目別 加重値 偏重化現象이 相當히 緩和된 것으로 나타났다. 세째 基本分類別 加重値增減狀況을 보면 石油類 및 電氣機械器具의 加重値가 各各 油類波動으로 因한 價格著騰과 去來量의 急增으로 크게 增加한 反面 土石 및 유리製品과 加工食品은 相對的 低成長으로 加重値가 顯著하게 減少하였으며 品目別로는 방카C油의 加重値增加와 쌀의 加重値減少現象이 가장 두드러지게 나타났다는 點等이다.

周知하는 바와 같이 當行은 1955年基準指數부터 UN統計委員會의 勸告案에 따라 5年마다 都賣物價指數體系를 改編하여 왔는 바 이는 經濟發展에 따른 産業構造 및 去來構造의 變化로 因하여 必然的으로 惹起되는 加重値의 現實反映度弱化現象을 避하고 指數의 精度를 提高시키기 위함이었는 바 앞으로도 指數編制 및 改編過程을 通하여 이러한 努力을 繼續 傾注하여야 할 것으로 생각된다.

1964년 1월 1일 등록(번호 : 라-133호) 매월 1회 25일 발행
1957년 12월 27일 제3종우편물 인가 1977년 5월25일 발행
정 간 위 심 의 필 (36-5-111) 우편번호 : 100

1977년5월 한국은행

조사월보

제31권 제5호

▷1977년도 제1·4분기보고서
▷국제변동환율제하에서의 개발도상국 환율정책
▷도매물가지수의 개편결과

한 국 은 행

5
1977

- 1977년 5월호(제 31권 제 5호) 한국은행 조사월보

조사월보 제31권 총차례 색인

— 제31권 제1호 (1977년 1월호)~제31권 제12호 (1977년 12월호) —

기 념 사

보 고

논 고 와 자 료

- 1977년 12월호(제 31권 12호)에 게재된 조사월보 총차례 색인

Summary of the 1975 Base Wholesale Price Index Revision

Bong-Kyun Han

I. Introduction

The wholesale price index compiled by the Bank of Korea is the oldest economic indicator in Korea and has been extensively used as data for economic analysis and policy-making. The index was first published in July 1910.

The index published in 1910 was calculated by the simple arithmetic mean of 30 price relatives. Since then, the index has been revised several times in order to follow changes in the structure of the economy, using as the base years 1936, 1947, 1955, 1960, 1965, 1970 and 1975.

The first 1936 base index revision adopted the method of the simple geometric mean of price relatives. The most important development in the history of the index was that the weight system was introduced for the purpose of reflecting the relative importance of commodities by their transaction value in the markets in the 1947 base index. Another major development was that the importance of the group indexes has been emphasized since the 1955 base index. Also in the course of the revisions, the number of selected commodities has increased, reclassifications have been implemented and the number of the major groups has expanded.

From the 1955 base index onward, the Bank has carried out revisions every five years to keep pace with rapid changes in the industrial structure.

In compiling the current 1975 base index, the seventh revision, the coverage of the index universe has been expanded to include some fresh foodstuffs excluded in the previous indexes, the number of selected commodities has been increased to 613, and the major groups have been reclassified and expanded to 15 so that the index has become increasingly representative of general primary market price changes.

This paper attempts to briefly review the 1975 base wholesale price index revision, and analyze the results of weight estimation and index calculation.

II. Outline of the Revision

1. Purpose of the revision

As the wholesale price index is calculated

(Table 1) **Principal differences in the wholesale price indexes**

Base period	July 1910 base index	1936 base index	1947 base index	1955 base index	1960 base index	1965 base index	1970 base index	1975 base index
Computation formula	Simple arithmetic mean	Simple geometric mean	Weighted arithmetic mean	Weighted arithmetic mean	Weighted arithmetic mean	Weighted arithmetic mean	Weighted arithmetic mean	Weighted arithmetic mean
Number of commodities selected	30	80	45	199	412	471	523	613
Major sources for estimation of weight	—	—	Administrative statistics	Survey on mining and manufacturing industries, 1955 by the B.O.K.	Census on mining and manufacturing industries, 1960	National income estimation data, 1965 Input-output table, 1963	Report on mining and manufacturing survey, 1969 Index numbers of producers ship ments 1969 and 1970 Statistical year book of agriculture and forestry, 1970	Report on mining and manufacturing survey, 1975 Yearbook of agriculture and forestry, 1975 Yearbook of fisheries statistics, 1975, etc.
Reference areas	Seoul	Seoul	Seoul	Seoul and the 9 cities where branch offices of the B.O.K. are located.	Seoul and the 9 cities where branch offices of the B.O.K. are located.	Seoul and the 9 cities where branch offices of the B.O.K. are located.	Seoul, the 12 cities where branch offices of the B.O.K. are located, and 2 other medium size cities	Seoul, the 13 cities where branch offices of the B.O.K. are located, and 2 other medium-size cities
Frequency of price data collection	Unknown	Unknown	Once a week	Thrice a month(5th, 15th, 25th)(Agricultural foods, six times a month)	Thrice a month (5th, 15th, 25th)	Thrice a month (5th, 15th, 25th)	Thrice a month (5th, 15th, 25th)	Thrice a month (5th, 15th, 25th)
Basic groups	Major groups: 2	Major groups: 10	Major groups: 10	Major groups: 10 Subgroups: 34 Commodity classes: 12	Major groups: 11 Subgroups: 32 Commodity classes: 17	Major groups: 12 Subgroups: 52 Commodity classes: 17	Major groups: 13 Subgroups: 46 Commodity classes: 65	Major groups: 15 Subgroups: 59 Commodity classes: 92
Special groups	None	None	Producer goods and Consumer goods	Grains and Nongrains, Producer goods and Consumer goods, Export goods and Import goods, Building materials and All other commodities	Grains and Nongrains, Foodstuffs and All other commodities, Producer goods (Raw materials, Building materials, Others) and Consumer goods	Grains and Nongrains, Foodstuffs and All other commodities, Producer goods(Raw materials, Building materials, and Others)and Consumer goods(Durable goods and Nondurable goods)	Foodstuffs and All other commodities, Producer goods (Raw materials, Building materials, and Others), Capital goods, and Consumer goods (Durable goods and Nondurable goods)	See page 32
Period of index calculation	July 1910 ~ June 1945	January 1936 ~ April 1949	January 1947 ~ April 1961	January 1955 ~ 1963 December	January 1960 ~ December 1967	January 1965 ~ August 1971	January 1970 ~ March 1977	January 1975 ~

according to the base-weighted average of price relatives for each item, it is necessary for the index weights to be revised at given intervals to reflect incessantly changing economy. During the first half of the 1970's our economy recorded remarkable growth and experienced rapid changes in its structure. Accordingly, the primary purpose of the 1975 base revision was to update the index weights for each priced commodity to reflect changes in production and marketing patterns which followed the last 1970 base revision.

To prove how far out-of-date the index weights were, in general, the Paasche Check Method was used. When the 1970 base index was checked as of 1975, the check showed that the divergence of the all-commodity index was 15.7 per cent while 10 of the old 13 basic group indexes exceeded the general tolerance limit of ±5 per cent. With a view to correct such significant divergences and to reflect the changed industrial structure, the change of the base year to a recent year was considered to be necessary.

The major reasons having set 1975 as the base for the index are as follows:

(a) to reflect fully the remarkable economic growth and changes in the economic structure, especially after the oil upheaval of 1973.

(b) to use its advantage as the base year of the Fourth Five-Year Economic Development Plan for analyzing and evaluating the Plan's achievements.

(c) to facilitate the comparison of the index with such economic indicators as the industrial production index, the consumer price index, the price index of farm product received by farmers, the price index of farm supplies paid by farmers, etc. because their base years have also been shifted or will be shifted to 1975.

2. Weight universe

The weight universe of the index covers all commodities sold in commercial transaction in the domestic primary markets in 1975. All commodities systematically produced in the country are represented as well as those imported for sale, but such items as works of art, ships, aircraft, railway carriages, publications, jewelry, livestock, etc. are not included because they are individually priced, or because selection of representative commodity specifications and direct measurement of price changes are so difficult that price comparisons are actually impossible. Exports of manufactured products are not included either because these transactions are not carried out in domestic markets while imports are included if they were sold in the domestic markets. Traditionally, the Bank has adopted the home sales type as the weight calculation method in which the weight universe is limited to the goods for domestic demand, i.e., goods produced in or imported into this country and bought and sold in domestic markets.

Electric power for industrial use purchased by enterprises is included in the universe, but electricity for home consumers is not included because these transactions are conceptually retail. Government sales of some commodities to manipulate market prices (e.g., rice released by the government) are also included because they can be considered competitive with commercial market sales. In previous indexes, some fresh foodstuffs such as vegetables, and fresh and frozen fish were not included because they were subject to sharp seasonal and irregular fluctuations in quantity and price. The 1975 base index, however, covers them because of improved cultivation methods, the progress in deep-sea fisheries, and the expansion of storage facilities in recent years.

3. Estimation of weight universe and selection of representative commodities

(1) Estimation of weight universe transaction value

The necessary data in estimating the trade value were mainly obtained from the report on mining and manufacturing survey, the statistical yearbook of agriculture and forestry, the statistical yearbook of foreign trade, etc.

The transaction values are estimated by using the formula: the value of shipments of domestic products *plus* the value of import goods sold in the domestic markets *minus* the value of exports of manufactured products.

In general, it is usual that domestic commercial transactions in manufactured exports do not occur because manufacturers usually operate their trade business or they have their products exported by other export traders without competitive commercial market sales. Even though some manufactured export products are traded in domestic markets, there are apparent differences in price movements between transactions for domestic demand and those for export demand because of various supporting measures in the financial and taxation system. Export values of manufacturing goods, therefore, deducted from domestic shipments. Exceptionally, export values of agricultural and marine products were not deducted from domestic transaction values because the export of agricultural and marine products is different from that of industrial products in that domestic transactions are needed in the collection stages for export from the broadly dispersed small scale producers, and the price movements in domestic markets are generally identical for goods for export and domestic demand.

On the other hand, import goods not traded in domestic markets, e.g., imports for importer's use, relief goods, imports with foreign loans, raw materials for producing export goods, etc. are not included in weight calculation. Accordingly, the market-sales portion of individual import goods is included in the weight calculation because only the amount of commercial imports are transacted in domestic markets.

(2) Selection and weight estimation of representative commodities

To measure the level of prices correctly, it is desirable that the index be based on the price relatives of all commodities in the weight universe. The index, however, must be compiled using the price relatives of representative commodities selected from various commodity classes because of restrictions on the price data collection and index compilation. In this revision representative commodities were selected applying the following criteria:

(a) amount of transactions (more than 1/10,000 of the total transaction value in the 1975 weight universe),

(b) representativeness of cognate commodities in price movements,

(c) possibility of obtaining comparable price quotations.

Each selected commodity actually is considered to be representative of a class of commodities and is assigned its own transaction value plus the transaction values of nonselected commodities whose characteristics, end-uses, price movements and manufacturing processes are known or assumed to be similar. Consequently, the weight for each selected commodity is expressed in proportion (down to one decimal place) to the total transaction value (8,216.5 billion won) of all commodities, which is equal to a total weight of 1,000.0.

4. Classification

The 1975 base index is made up of 15 major groups, 59 subgroups, and 92 commodity classes as basic groups. As a further benefit to index users, the index provides eight special groups by regrouping price series.

(1) Basic groups

The classification method of basic group does not differ from the previous in that first, the use and nature of commodities provide the framework for the classification scheme and second, the Korean Standard Industrial Classification method is applied. According to this method, "petroleum and related products," "electrical machinery and parts," and "nonferrous metal products" have been newly established as major groups. The former major groups, "synthetic resins and their products" and "rubber and rubber products" have been integrated into "plastic and rubber products" as a major group. The details of major improvements in the 1975 base index classifications follow:

(a) Petroleum and related products: In the previous index, fuels in the former major group "fules and power" and the petrochemical products (firstly derived from naphtha) in "chemical products" were separated from these groups. "Petroleum and related products" has been newly established as a major group because these commodities have increased their weights so much due to remarkable price increases and growth of the industry since 1970.

(b) Electrical machinery and parts: The machine industry, especially the electrical machine industry has been rapidly developed thanks to promotion measures. "Electrical machinery and parts" has been separated from the former "machinery and machine parts" as a major group.

(c) Nonferrous metal products: Metals can be divided into two sections of iron and nonferrous metals by their natures and uses and also their weights are relatively large. Because of this, the former "metal and metal products" have been divided into two major groups, "iron and steel products" and "nonferrous metal products."

(d) Plastic and rubber products: As a result of estimating weights it has been shown that the weights of the former "synthetic resins and their products" and "rubber and rubber products" have been markedly reduced and have become insignificant enough not to require separate major group status. They have, therefore, been merged

(Table 2) **Comparison of major groups between 1975 base and 1970 base indexes**

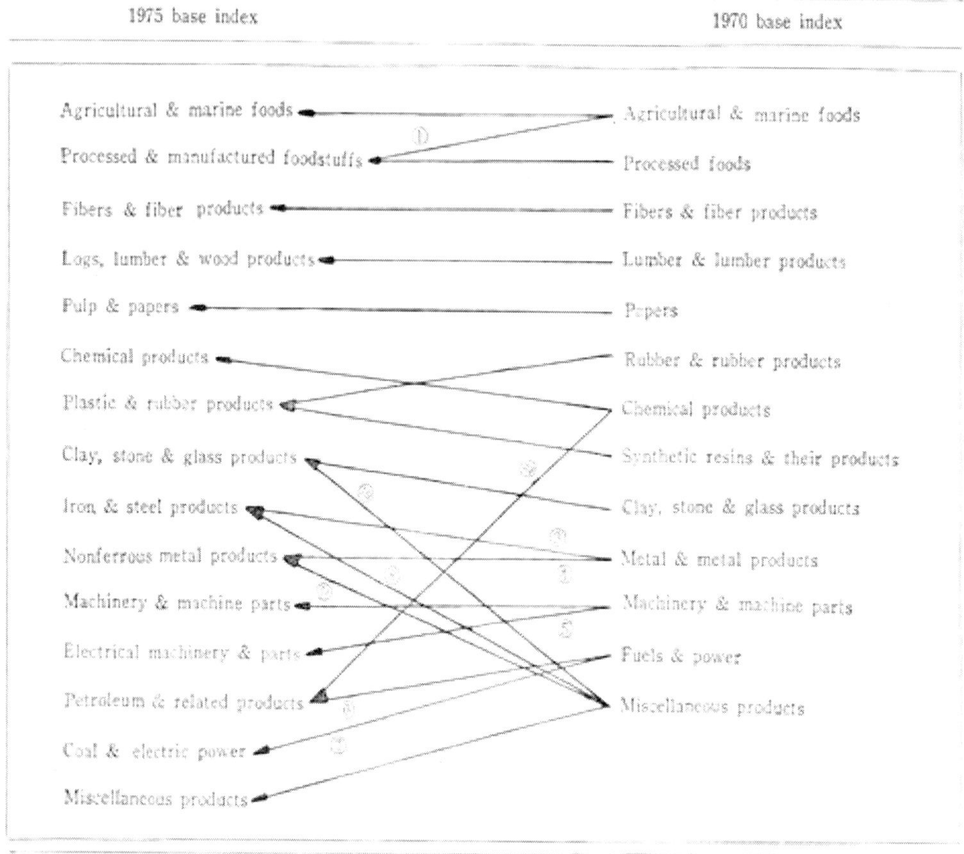

Examples of commodities transferred
① *Fresh processed milk, sesame oil, rape oil, rice-bran oil*
② *Lubricating oil, grease, naphtha, solvent*
③ *Steel products*
④ *Nonferrous metal products*
⑤ *Electric machinery & equipment*
⑥ *Petroleum products*
⑦ *Coal & electric power*
⑧ *Iron ore*
⑨ *Copper ore*
⑩ *Abrasive cloth*

into "plastic and rubber products" as one major group.

(2) Special groups

The all-commodity index plays the greatest role in measuring the level of wholesale price index, that is, the measurement of the purchasing power of money. The leading sectors of wholesale prices vary from time to time according to changes in the industrial structure and policy, and the expansion of economic scale. Accordingly, to understand the various causes and patterns of wholesale price movements correctly, a number of special group indexes are calculated by regrouping all commodities according to different criteria. The index provides eight special groups as follows:

(a) Group by foodstuffs and nonfood materials

Foodstuffs

All other commodities excluding foodstuffs

(b) Groups by use

Producer goods

Raw materials

Construction materials

Fuel and power

Capital goods

Consumer goods

Durable goods

Nondurable goods

(c) Groups by industry

Agricultural, forestry and marine products

Manufacturing products

Mining products

(d) Groups by degree of dependence on domestic or foreign raw materials

Goods with high dependence on imported raw materials

Goods with low dependence on imported raw materials

Goods with maximal dependence on domestic raw materials

(e) Groups by factor of production

Labor intensive goods

Capital intensive goods

Others (imported goods)

(f) Groups by market share

Competitive goods

Noncompetitive goods

(g) Groups by seasonality

Seasonal goods

Nonseasonal goods

(h) Groups by degree of exports

Goods primarily exported

Goods exported to lesser degree

Goods primarily for domestic use

5. Formula

The index is calculated by the Laspeyres type weighted arithmetic mean of price relatives:

$$I_{ot}=\frac{\Sigma\left(\frac{P_t}{P_o}\right) P_o Q_o}{\Sigma P_o \, Q_o}$$

6. Compilation of linked indexes

The 1970 base indexes are linked to the 1975 base indexes by the following formula:

$$\text{1975 base index}=\text{1970 base index}\times\frac{100}{\text{1970 base average index for 1975}}$$

III. Results of the Revision

1. Representative commodities and weights

(1) Number of priced items

The total shipment value increased by 4.6 times from 1,476.8 billion won for 1970 to 8,216.5 billion won for 1975. The number of priced items increased by 90 from 523 to 613.

In detail 202 items have been added, 88 items dropped, 25 items reduced by integration and 1 item augmented by division. Consequently there has been a true increase of 114 items.

The number of items in most major groups increased as shown in Table 3, especially agricultural and marine foods, electrical machinery and parts, chemical products, and fibers and fiber products. Agricultural and marine foods increased by twelve items due to the fresh foodstuffs such as vegetables, and fresh and forzen fish newly included in the weight universe. Electrical machinery and parts and chemical products increased by twenty-one items and eighteen items respectively because of the development of these industries, and also fibers and fiber products increased by ten items as a result of the growth of the synthetic fiber industry. Miscellaneous products decreased by thirteen items because various representative items of tobacco in the 1970 base index have been integrated into two items, the filter cigarettes and nonfilter cigarettes in the 1975 base index, and also because some commodities such as iron ore, copper ore, abrasive cloth, etc. included in this major group have been moved into other groups according to their nature, use and price trend etc. in the 1975 base index. Table 4 shows details of the integration and division of items.

(Table 3) **Change in number of priced items**

	Revised	Previous	Change	Added	Dropped	Integrated	Divided
Agricultural & marine foods	38	26	12	13	−1	—	—
Processed & manufactured foodstuffs	57	53	4	13	−9	—	—
Fibers & fiber products	70	60	10	21	−7	−4	—
Logs, lumber & wood products	18	17	1	5	−4	—	—
Pulp & papers	25	21	4	9	−5	—	—
Chemical products	103	85	18	32	−13	−1	—
Plastics & rubber products	41	35	6	14	−6	−2	—
Clay, stone & glass products	33	30	3	11	−7	−1	—
Iron & steel products	59	49	10	23	−8	−5	—
Nonferrous metal products	30	19	11	12	−1	—	—
Machinery & machine parts	52	49	3	17	−13	−1	—
Electrical machinery & parts	42	21	21	22	−2	—	1
Petroleum & related products	20	15	5	6	—	−1	—
Coal & electric power	4	9	−5	—	−4	−1	—
Miscellaneous products	21	34	−13	4	−8	−9	—
Total	**613**	**523**	**90**	**202**	**−88**	**−25**	**1**

(2) Coverage

The total transaction value of selected representative commodities runs as high as 84.5 per cent of the weight universe. The coverage of each major group is shown in Table 5.

In reviewing the major groups, the coverages for machinery and machine parts and electrical machinery and parts, for which the weights

(Table 4) **Integration and division of commodities**

	Revised	Previous
Fibers & fiber products	Wholly cotton yarn	Cotton yarn 20 count, Cotton yarn 23 count, Cotton yarn 30 count
	Mixed woolen fabrics	Blended fabrics(for winter), Blended fabrics (for summer)
	Knitted underwear	Knitted underwear (for winter), Knitted underwear (for summer)
Chemical products	Phosphatic fertilizer	Phosphate fertilizer, Superphosphate of lime
Plastics & rubber products	Rubber belt	Flat rubber belt, V rubber belt, Conveyor belt
Clay, stone & glass products	Sheet glass	Plate glass (2mm thick), Plate glass(3mm thick)
Iron & steel products	Reinforced bars	Steel bar(19mm), Steel bar(12mm), Steel bar(9mm)
	Section, medium sized	Steel shape(65mm), Steel shape(50mm)
	Sheet	Steel sheet (0.45mm), Steel sheet (0.23mm)
	Gray iron casting	Cast-iron(general), Cast-iron(machinery)
Machinery & machine parts	Bearing	Ball bearing, Roller bearing
Petroleum & related products	Gasoline	Gasoline(premium), Gasoline(regular)
Coal & electric power	Anthracite, slack	Anthracite, slack(Daehan Coal Corp.'s), Anthracite, slack(private mines)
Miscellaneous products	Cigarettes, filter tip	Hangang brand, Cheongja brand, Sports brand, Pagoda brand, Arirang brand, Hwanhy brand, Bidulgy brand, Namdaemoon brand, Eunhasu brand
	Cigarettes, nonfilter tip	Saemaeul brand
	Spectacles	Spectacle lens, Spectacle frame
Electrical machinery & parts	Distributing transformer, Transmission transformer	Transformer
Total	18	42

(Table 5) **Transaction value and coverage for selected commodities**

	Transaction value(billion won)			Coverage(%) (A/A+B)
	Selected (A)	Imputed (B)	Total (A+B)	
Agricultural & marine foods	1,254	186	1,440	87.1
Processed & manufactured foodstuffs	786	97	883	89.0
Fibers & fiber products	965	99	1,064	90.7
Logs, lumber & wood products	152	46	198	76.8
Pulp & papers	176	44	220	80.0
Chemical products	561	108	669	83.9
Plastics & rubber products	215	80	295	72.9
Clay, stone & glass products	238	52	290	82.1
Iron & steel products	333	93	426	78.2
Nonferrous metal products	135	37	172	78.5
Machinery & machine parts	238	163	401	59.4
Electrical machinery parts	206	89	295	69.8
Petroleum & related products	885	11	896	98.8
Coal & electric power	422	59	481	87.7
Miscellaneous products	376	110	486	77.4
Total	**6,941**	**1,275**	**8,216**	**84.5**

(Table 6) **Commodities having weights of more than 10.0**

	Commodities	Revised	Previous
Agricultural & marine foods	Rice	58.4	88.3
	Barley	10.8	10.3
	Beef	16.2	15.6
	Chicken	—	11.2
Processed & manufactured foodstuffs	Wheat flour	15.2	20.2
	Soju	10.8	11.7
	Beer	—	14.0
	Tagju	—	14.2
Fibers & fiber products	Acrylic staple fiber	11.0	—
	Polyester filament	11.2	—
	Knitted outerwear	—	11.1
Logs, lumber & wood products	Plywood	—	12.4
Chemical products	Urea fertilizer	—	11.4
Clay, stone & glass products	Cement	14.2	22.1
Machinery & machine parts	Passenger car	—	14.4
Petroleum & related products	Gasoline	10.9	12.3
	Diesel fuel oil	19.4	11.4
	Bunker C oil	45.9	14.6
Coal & electric power	Briquet	16.2	23.6
	Anthracite, slack	13.8	25.6
	Electric power, large	24.4	26.0
Miscellaneous products	Cigarettes, filter tip	29.0	40.9
	Feedstuffs	10.7	—
Number of items		16	20

are distributed evenly, show low rates of 59.4 per cent and 69.8 per cent respectively, while the coverages for petroleum and related products and fibers and fiber products, for which the weights are distributed unevenly, show high rates of 98.8 per cent and 90.7 per cent respectively.

Generally the result of the weight estimate shows that the more commodities increase by the diversification of products, the lower the coverages of the priced item groups are while the weights of items are equally scattered.

As for the weight structure in the 1975 base index, sixteen items have weights of more than 10.0 while twenty items in the 1970 base index did. This fact verifies the phenomenon of uneven weight distribution has been alleviated. Table 6 shows commodities having weights of more than 10.0.

(3) Weight

When the weight structure of the 1975 base index is analyzed in comparison with that of the 1970 base index, the result reflects changes in the industrial structure influenced by the

(Table 7) **Causes of weight variations**

	Transaction value (million won)		Weight				Causes of weight variations		
	1975	1970	Revised	Previous	Change	Rate (%)	Change of Transaction value(%)	Change[1] of Price (%)	Change[2] of Quantity (%)
Total	**8,216,467**	**1,476,835**	**1,000.0**	**1,000.0**	—	—	**456.4**	**138.0**	**133.8**
Agricultural & marine foods	1,440,252	258,443	175.3	175.0	0.3	0.2	457.3	182.4	97.3
Processed & manufactured foodstuffs	883,221	203,803	107.5	138.0	−30.5	−22.1	333.4	131.8	87.0
Fibers & fiber products	1,064,016	185,934	129.5	125.9	3.6	2.9	472.3	61.5	254.4
Logs, lumber & wood products	198,222	44,893	24.1	30.4	−6.3	−20.7	341.5	97.9	123.1
Pulp & papers	219,946	34,706	26.8	23.5	3.3	14.0	533.7	134.3	170.5
Chemical products	669,435	115,341	81.5	78.1	3.4	4.4	480.4	128.5	154.0
Plastics & rubber products	294,587	52,428	35.9	35.5	0.4	1.1	461.9	104.9	174.2
Clay, stone & glass products	233,562	71,479	35.2	48.4	−13.2	−27.3	305.1	128.1	77.6
Iron & steel products	426,026	82,260	51.8	55.7	−3.9	−7.0	417.9	101.4	157.1
Nonferrous metal products	172,271	28,355	21.0	19.2	1.8	9.4	507.6	87.1	224.7
Machinery & machine parts	400,935	81,374	48.8	55.1	−6.3	−11.4	392.7	36.5	261.0
Electrical machinery & parts	295,229	32,195	35.9	21.8	14.1	64.7	817.0	35.9	574.8
Petroleum & related products	896,434	80,931	109.1	54.8	54.3	99.1	1,007.7	573.0	64.6
Coal & electric power	480,747	101,016	58.5	63.4	−9.9	−14.5	375.9	126.8	109.8
Miscellaneous products	485,614	103,674	59.1	70.2	−11.1	−15.8	368.4	60.3	192.2

Note : 1) Calculated from the wholesale price index

2) Derived as follows :

$$T=p\cdot q$$

$$T+\triangle T=(p+\triangle p)(q+\triangle q)$$

$$=pq+p\triangle q+q\triangle p+\triangle p\triangle q$$

Where T *= transaction value,* p *= price,* q *= transaction quantity,* $\triangle$ *= increment*

Therefore $\triangle T=p\triangle q+q\triangle p+\triangle p\triangle q$

$$\frac{\triangle T}{T}=\frac{p\triangle q+q\triangle p+\triangle p\triangle q}{pq}=\frac{\triangle p}{p}+\frac{\triangle q}{q}+\frac{\triangle p}{p}\cdot\frac{\triangle q}{q}$$

Letting increase rate of price $=\frac{\triangle p}{p}=a$*, increase rate of transaction quantity* $=\frac{\triangle q}{q}=b$*, and increase rate of transaction value* $=\frac{\triangle T}{T}=c$*, we have* $c=a+b+ab$*. Hence, taking* $b=\frac{1-a}{1+a}$*, we obtain the increase rate of transaction quantity.*

successful implementation of the Third Five-Year Economic Development Plan. The details of the weight variation follow: First, the weights for petroleum and related products increased by 99.1 per cent owing to the rapid price rise (573.0%) since the oil crisis and to the remarkable growth of the petroleum refinery industry. The weights for electrical machinery and parts showed a 64.7 per cent increase reflecting the rapid increase of transaction quantities (574.8%). Chemical products increased much in weight and item number due to the remarkable development of the industries concerned. Second, most of agricultural and marine foods, such as rice, decreased much in weight because the increase rate were far below the average increase rate of 133.8 per cent in transaction quantities. As a result, the weight, however, increased by 0.2 per cent due to the addition of fresh foodstuffs in the weight estimate. Third, the processed and manufactured foodstuffs, and clay, stone and glass products showed a large decrease of 22.1 per cent and 27.3 per cent respectively in their weights under the influence of the relatively lower increase of transaction quantities. The causes of weight variations by major group are given in Table 7.

2. Comparison of the old and new indexes

As a result of the 1975 base revision, the all-commodity index for December 1975 is shown as 105.5, an increase of 12.8 per cent over that of January of the same year, and the index for December 1976 is also shown as 115.4, an increase of 9.4 per cent over that of December 1975.

(Chart 1) Comparison between the new and old indexes

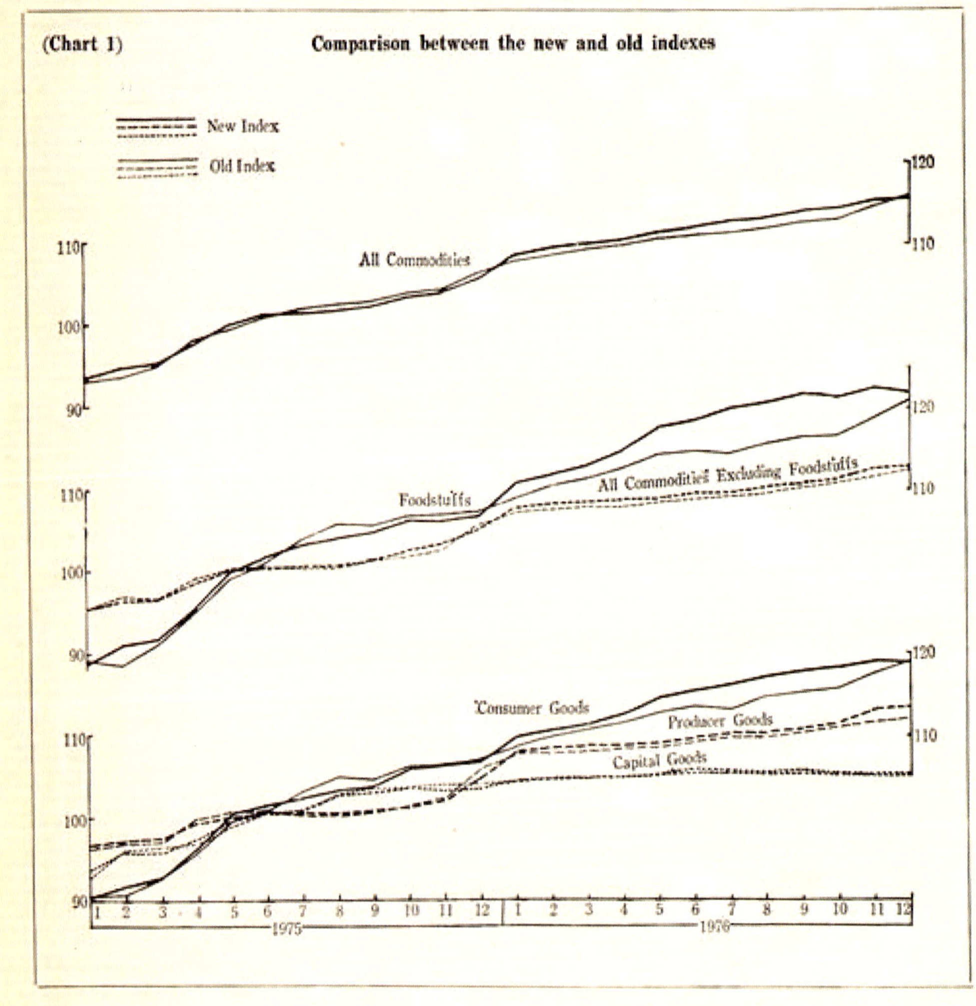

For convenience sake, conversion of the 1970 base old indexes to the 1975=100 base shows that the index for December 1975 is 106.1, an increase of 13.8 per cent over that of January of the same year, and the index for December 1976 is 115.5, an increase of 8.9 per cent over that of December 1975.

Comparing the new with the old index as shown in Table 8 and Chart 1, the gaps of 0.5 to 1.0 percentage points in the increase rate are found. These gaps occurred due to the changes in weights, the addition and deletion of priced items, and the difference between the levels of the all-commodity index and the individual price index in the old index.

(Table 8) Comparison of increase rate between the new and old indexes

1975=100

	1975. 12		1976. 12	
	All commodity index	Increase rate [1] (%)	All commodity index	Increase rate [2] (%)
The new (1975 base)	105.5	12.8	115.4	9.4
The old (1970 base)	106.1	13.8	115.5	8.9
Gap (%point)		−1.0		0.5

Note: 1) *Over the index for January of the same year*

2) *Over the index for December 1975*

QUARTERLY
ECONOMIC REVIEW

September 1977

CONTENTS

THE BANK OF KOREA

- 1977년 9월호 한국은행의 Quarterly Economic Review

Central Banks in the World ②

韓国銀行

アンニョンハシムニカ、「にちぎん」読者の皆さん。

私は、韓国銀行（The Bank of Korea、以下「BOK」と言う）東京事務所に勤務している韓です。本店企画部の協力の下に、韓国の中央銀行であるBOKの紹介をしたいと思います。

BOKの旧館は辰野金吾博士の設計

韓国は、一九四五年に独立を回復しましたが、当時の混乱した経済の収拾と金融正常化を図り、また、独立国家として近代的な金融制度を早期に確立するため、中央銀行の設立が緊急の課題として持ち上がりました。そして、一九五〇年五月に「韓国銀行法」が公布され、同年六月に現在のBOKが設立されました。

本店の建物についてお話ししますと、旧館は、短いBOKの前史の時代（一九〇九年に設立され、一九一一年に「朝鮮銀行」に改称されるまでの旧BOKの時代）に建てられました。これは、日本銀行と同じく辰野金吾博士の設計により建築されたルネッサンス様式の石造建物で、国の文化財に指定されています。

旧館の後方には十階建ての新館がありますが、これは一九八七年に完成したもので、竣工セレモニーには澄田前総裁にも出席していただきました。

海外には八か所に事務所を配置

次に、組織を紹介しましょう。

❶金融通貨運営委員会…韓国における通貨と信用のコントロールに関する最高の意思決定機関であり、BOKの業務運営全般を監督しています。

委員は、いわゆる官職指定である財務部長官（日本の大蔵大臣に相当）およびBOK総裁のほか、経済企画院長官の推薦者が一名、金融界、農水産部長官、商工部長官の推薦者がそれぞれ二名、合計九名で構成されており、委員会は毎月第一および第三木曜日に開かれます。

議長は、財務部長官（不在のときはBOK総裁）が務め、議事は七名以上出席の会議において過半数により決定されます。

BOK総裁は、財務部長官の推薦により大統領から任命され、任期は四年、また、官職指定による二名を除く七名の委員の任期は三年です。

❷本部部署…ソウルにある本店には、BOKの業務運営の企画、審査分析等を行う企画部、金融調節等の企画、運営を行う資金部、預金、貸出等を取扱う業務部、内外の経済動向調査および経済統計の作成等を行っている調査第一および第二部、外国為替市場のコントロール等を行っている外為管理部および国際金融部のほか、発券部、国庫部など十七部二室があります。

❸銀行監督院部署…BOKには金融機関の監督・検査機関として銀行監督院があります。院内には局間調整等を行う総務局、金融機関の監督に関わる企画、調査等を行う監督企画局のほか、実際に金融機関の検査を行う検査第一～六局など十一局があります。銀行監督院長は、

金融通貨運営委員会の推薦により大統領から任命され、任期は四年です。

❹支店、事務所…国内には十五の支店、十一の事務所があるほか、海外にも八か所（東京、ニューヨーク、ロンドン、パリ、フランクフルト、シンガポール、香港、リヤド）に事務所が配置されています。

その他、本店にはBOKの業務を検査する監事室があります。

BOKの職員数（昨年九月末）は、役員が総裁、副総裁、理事五名および銀行監督院長、副院長、副院長補三名、さらに監事一名の計十三名、一般職員が約四千名（男子二千五百五十名、女子千四百五十名）です。

なお、BOKは無資本の特殊法人のため出資者はいません。

総裁　金（キム）　建（ケン）

1929年生まれ、60歳。ソウル大学政治学科卒、'51年BOK入行、'55年米国ハーディン・サイモン大学大学院卒。'62年駐西独韓国大使館商務官、'73年BOK資金部長、'75年理事、'80年1月韓国輸出入銀行専務理事、同年7月BOK副総裁、'82年銀行監督院院長、'83年韓国証券取引所理事長などを経て'88年3月BOK総裁に就任。

BOKみずから「通貨安定証券」を発行

次に、BOKの機能について金融政策運営面の主な特徴を紹介しましょう。

韓国の金融政策は、通貨価値の安定のほか、銀行、信用制度の健全化と国家資源の有効的利用を図ることに主眼が置かれています。こうしたこともあってBOKは、通貨総量の適正水準維持と金融資金配分の効率性を一層高くすることに力点を置いて政策を運営しています。

BOKは、中央銀行の伝統的な信用調節手段である貸出政策、オペレーション政策、預金準備率操作を通じて金融調節を行っています。オペレーションについては国債を含めて適当な操作玉が市中に少ないため、BOKみずから「通貨安定証券」という特殊な譲渡性証券を発行して、金融機関および一般に売出す形で流動性をコントロールしている状況です。

極めて広い権限を持つ銀行監督院

BOKは、中央銀行としては相当広範囲にわたる業務を行っています。ここで特徴的な業務をいくつか挙げてみましょう。

まず韓国における金融機関の監督、検査については、原則としてBOKの銀行監督院が一元的に行っている点が挙げられます。

銀行監督院は、各金融機関に対し、年一回以上の抜打ち検査を行っています。また同院には、金融機関の新設、合併、定款および資本金の変更、支店の開廃等の許認可権のほか、検査の結果次第では、金融機関に対して取引停止、営業認可の取消を命令することができるなど、極めて広い権限が与えられています。

二番目に、外国為替の管理に関しては、国の外貨準備を保有、管理し、外為市場への介入をBOKの権限で行うほか、ウォン貨の為替レートを複数の外国通貨の変動を勘案して毎日決定、発表しています。さらに、IMF等韓国が加盟しているあらゆる国際金融機関とのすべての取引、交渉、処理において政府を代表する役割を遂行しています。

三番目に、BOKが作成、発表している統計は非常に間口がはいという点が挙げられます。

BOKでは、金融・経済に関する各種情勢判断レポートはもとより、金融、財政、物価、賃金、国際収支等の諸統計を作成・発表していますが、日本では経済企画庁等官庁が作成している国民所得統計、産業連関表なども BOKが所管しているのも特徴と言えましょう。

BOKの作成した統計は正確かつ詳細なものであるため、BOKは韓国のシンクタンクとして国民から高い信頼を得ています。こうしたことからBOKは、政府の経済政策の企画、執行面においても非常に大きな役割を果たしています。

四番目に、BOKでは、産業育成のための政府の投融資資金を国から、また財形貯蓄制度により貯蓄された資金を財形貯蓄機関等から、それぞれ預かり、国民経済的にみて優先度の高い貸付先を調査、決定したうえで、金融機関を通じて融資する仕事も行っています。

韓国の銀行券、貨幣は韓国造幣公社が印刷、製造し、いずれもBOKが発行しています。韓国は儒教の国ですので、銀行券のデザインは四券種のうち二つに儒学者が採用されています。

また、「政府の銀行」という面では、国庫金の出納事務について代理店制度を採っているなどほぼ日本銀行と同様ですが、国会で認められた範囲内において、政府への貸出も行っている点は異なっています。

"創立四十周年"盛大な記念式典を予定

さて、BOKでは、韓国の金融・経済国際化の進展に対応し、各国中央銀行との関係強化を図る趣旨から、昨年九月に「第一回主要国中央銀行職員招請セミナー」を開催しました。

本セミナーは、約二週間にわたってBOKの組織、機能や韓国の金融・経済等について講義、討論を行うという内容ので、日本銀行をはじめ、米英、仏、西独等の先進国やセアンザ加盟国など十八か国の中央銀行から十八名の参加を得ましたが、BOKおよび韓国経済に対する理解増進を図ることができました。

また、BOKは今年六月に創立四十周年を迎えることから、主要国のエコノミストや中央銀行役職員を招いて盛大に記念式典を行うほか、貨幣博物館（旧館を改装）のオープン、BOK四十年史の刊行等様々な記念行事を予定しています。

最後になりましたが、BOKは最も近い隣国日本の中央銀行である日本銀行に、毎年多くの職員が訪問するなど大変親密なお付き合いをさせていただいています。とくに、私の勤務している東京事務所は、在京各国中央銀行事務所等の中でも一番お世話になっていると思います。「にちぎん」の誌上をお借りして厚くお礼申し上げます。

アンニョンヒケーシブシ■

▼BOK行内報に紹介された第1回セミナーの参加者

◀BOKの行内報「韓銀消息」

（まとめ　佐藤）

The Bank of Korea

首都ソウルの金融街(南大門路)に位置する本店(旧・新館<右>、別館<左>)

BOKのロゴマーク

BOKの本支店網

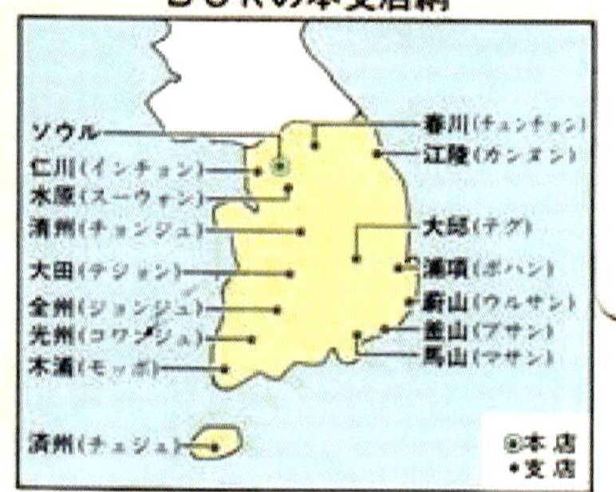

韓国の銀行券・貨幣

500ウォン紙幣…(表) 豊臣秀吉派遣の水軍を撃破した英雄李 舜臣将軍(1545～1598)。(裏) 同将軍の忠節を追慕するために建立された顕忠祠。

1000ウォン紙幣…(表)韓国儒教の発展に貢献した李朝時代の儒学者李 滉(1501～1570)。(裏)李 滉の位はいが祭られている陶山書院。

5000ウォン紙幣…(表)韓国儒教の発展に大きな影響を与えた李朝時代の儒学者李 珥(1536～1584)。(裏)李 珥の生家で宝物に指定されている烏竹軒。

10000ウォン紙幣…(表)世宗大王(1397～1450)。李朝第4代の王でハングル文字の創製等文化面に貢献。(裏)当時の迎賓館慶会楼(19世紀に再建)。

500ウォン貨

鶴

100ウォン貨

李 舜臣将軍

50ウォン貨

稲穂

10ウォン貨

多宝塔

5ウォン貨

亀船

1ウォン貨

ムクゲ(国花)

\- 1990년 2월호 일은(日銀)의 행내보(行內報) '니찌깅'

□ 저자 약력

1968년 02월 연세대학교 상경대학 상학과 졸업
1968년 01월 한국은행 입행
1979년 12월 한국은행 외환관리부 심사과장
1982년 03월 한국은행 외환관리부 특수관리과장
1982년 07월 한국은행 대구지점 차장
1983년 05월~1984년 05월
미국 University of Connecticut에 학술연수 파견,
Public Management Development Programs과정 수학
1984년 06월 한국은행 인천지점 차장
1985년 09월 한국은행 외환관리부 차장
1987년 07월 한국은행 동경사무소 차장
1990년 09월 한국은행 외환관리부 수석부부장(1급)
1991년 03월 한국은행 은행감독원 금융개선국장
1993년 한국은행 창원지점장
1994년 강원은행 상무이사
1998년 강원은행 상임감사
1998년 12월 (주)대양상호신용금고 상임감사
2000년 08월 (주)대양상호신용금고 사임

한봉균 문집 **흔적**(痕迹)

2014년 2월 10일 인쇄
2014년 2월 15일 발행
발행인 신 용 호
발행처 **창조문학사**
서울 서대문구 가좌로 86 동천아카데미 5층
등록번호 제1－263호
전화 02-374-9011 팩스 02-374-5217
이메일: hmpo@hanmail.net

정가 25,000원